MOÇAMBIQUE

O BRASIL É AQUI

Amanda Rossi

MOÇAMBIQUE
O BRASIL É AQUI

1ª edição

EDITORA RECORD
RIO DE JANEIRO • SÃO PAULO
2015

CIP-BRASIL. CATALOGAÇÃO NA PUBLICAÇÃO
SINDICATO NACIONAL DOS EDITORES DE LIVROS, RJ

R741m
Rossi, Amanda
　　Moçambique, o Brasil é aqui / Amanda Rossi. - 1. ed. - Rio de Janeiro: Record, 2015.
　　　il.

　　Inclui bibliografia
　　ISBN 978-85-01-10365-9

　　1. Moçambique - Relações - Brasil. 2. Brasil - Relações - Moçambique. 3. Moçambique - História. 4. Moçambique - Política e governo - História. I. Título.

15-20593
CDD: 327.690679
CDU: 94(679)

Copyright © Amanda Rossi, 2015

Mapa: Rafael Nobre e Igor Arume | Babilonia Cultura Editorial

Todos os direitos reservados. Proibida a reprodução, armazenamento ou transmissão de partes deste livro através de quaisquer meios, sem prévia autorização por escrito.

Texto revisado segundo o novo Acordo Ortográfico da Língua Portuguesa.

Direitos exclusivos desta edição reservados pela
EDITORA RECORD LTDA.
Rua Argentina, 171 - 20921-380 - Rio de Janeiro, RJ - Tel.: 2585-2000

Impresso no Brasil

ISBN 978-85-01-10365-9

Seja um leitor preferencial Record.
Cadastre-se e receba informações sobre nossos lançamentos e nossas promoções.

Atendimento direto ao leitor:
mdireto@record.com.br ou (21) 2585-2002.

Para o vô Isidoro

SUMÁRIO

Agradecimentos	11
Quem está em Moçambique?	15
Indicadores Brasil-Moçambique	21
Introdução	23
O Brasil é aqui	29
Lula da Silva, o africano	49
A chegada à África	67
Auge e derrocada	81
O carvão é verde-amarelo	93
Vale, a locomotiva brasileira	109
Os reassentados	123
O perdão e as obras	139
O amigo chinês	153
Os doadores do norte	167
Brasil, o novo doador	177
Cooperação com jeitinho	191
A fábrica contra a aids	205
O Conselho de Segurança	219
Os camponeses	231
A savana vai virar cerrado	247
A terra mais barata do mundo	257
Fé nos irmãos brasileiros	271
A revolta do SMS	281
O feitiço das armas	297
O leão e a onça	311

Apêndices	327
Entrevista: Lula	327
Entrevista: Mia Couto	355
Notas	365
Fontes	397

AGRADECIMENTOS

Ao Antônio Prista, que Malangatana chamava de curandeiro e que José Craveirinha definiu como o mais moçambicano entre os moçambicanos. E quem considero o primeiro membro da minha família de Moçambique. Ao restante da família, os irmãos Joana Borges, Dover Mavila, Miguel Cherba e Celso Eduardo Mahuaie. A todos vocês, minha gratidão e meu carinho.

À Editora Record pela confiança nesta autora novata e pelo impulso para transformar em livro a história do Brasil na África.

À fotógrafa e parceira Brisa Chander, que em 2013 rodou comigo mais de 1.000 quilômetros em Moçambique. Algumas das belas fotos que ela fez estão publicadas neste livro. A João Fideles, com quem planejei e concretizei o sonho de viver na África, em 2010.

À Universidade Pedagógica, de Moçambique, especialmente aos docentes Marisa Mendonça, Sarita Henriksen e Nobre dos Santos pelo suporte em 2010 e 2013. A Pascoal Nkula e Abdul Satar, que viabilizaram o apoio da Escola de Comunicações e Artes da Universidade Eduardo Mondlane (UEM), em 2010. Ao professor Francisco Conceição, da UEM, pelas referências teóricas, entre elas o pesquisador Joseph Hanlon, a quem também agradeço. Ao historiador Jerry Dávila, que me introduziu no avanço da ditadura brasileira na África.

Ao jornalista Eduardo Castro, da Empresa Brasil de Comunicação, com quem cobri a revolta popular de setembro de 2010, em Maputo. À ONG Justiça Ambiental e ao documentarista Peter Steudner, que acompanhei em visitas a Cateme e 25 de Setembro, reassentamentos das famílias removidas pela Vale, em 2013. À União Nacional de Camponeses, que me auxiliou em encontros com comunidades camponesas nas províncias de Niassa e Nampula, também em 2013 – particularmente a Pêssego, Abdul e Lima. Obrigada ao ativista Jeremias Vunjanhe.

Aos assessores de comunicação da Vale e da Odebrecht em Moçambique, que organizaram visitas aos empreendimentos dessas empresas no país. Aos profissionais da Embrapa, da Fiocruz e da Universidade

Aberta do Brasil sediados em Moçambique, que também abriram as portas dos projetos onde trabalham, entre eles José Luiz Bellini Leite, Henoque Silva, Celso Mutadiua, Lícia de Oliveira, Noémia Muissa, Oreste Preti. A Frederico Paiva, da FGV.

Há ainda aqueles que mereciam ter o nome citado, mas serão mantidos no anonimato. Ou porque solicitaram que sua identidade não fosse revelada ou porque optei por preservá-los. Espero que se sintam reconhecidos nesta referência de soslaio. Especialmente, as fontes das centenas de documentos confidenciais do Itamaraty produzidos entre 2003 e 2009, até agora inéditos, essenciais para recosturar a história do Brasil em Moçambique – e em toda a África.

Ao Mia Couto, pela inspiração na maneira de olhar e narrar Moçambique. E pela entrevista publicada no final deste livro. Aos profissionais do Instituto Lula, especialmente Celso Marcondes, José Chrispiniano e Gabriella Gualberto, que receberam insistentes pedidos de entrevista com o ex-presidente, também incluída nos anexos desta publicação. Obrigada, inclusive, ao próprio Luiz Inácio Lula da Silva.

Entre os jornalistas, ao amigo Lázaro Mabunda, repórter investigativo moçambicano, pela ajuda para contatar fontes do país. A Cláudio Tognolli, Fábio Zanini e Nancy Nuyen, que opinaram sobre o embrião deste livro-reportagem, em 2011. A José Roberto de Toledo, Daniel Bramatti, Cláudia Belford e Luís Fernando Bovo, do grupo O Estado de S. Paulo, por apoiarem meu retorno para Moçambique em 2013. A João Fellet, autor do livro *Candongueiro*, por incentivar a publicação e por me colocar diante da porta certa. Ao documentarista Chico Carneiro, que compartilhou comigo importantes fotografias de Moçambique.

O processo de produção deste livro poderia ter levado muitos meses mais, preso no limbo de milhares de arquivos de computador, se não fosse o Evernote, um banco de dados livre e gratuito. Por isso, deixo meu agradecimento aos criadores desta ferramenta. Obrigada a Danylo Martins, que me ajudou na transcrição das entrevistas.

A escrita destas páginas contou com a colaboração de grandes amigos. Carol Oms e Guilherme Rosa foram meus editores informais. Carol Pires, João Fellet e Mari Desidério também leram, criticaram e alteraram trechos do manuscrito. Paula Sacchetta apoiou a batalha pela entrevista com Lula, e Bruno Lupion ajudou a prepará-la e editá-la. Sou muito grata a vocês.

Também leram e comentaram diferentes capítulos Silvio Cascione, Daniel Bramatti, Jerry Dávila, Lázaro Mabunda, Elisa Estronioli, Lilian Venturini, Joana Borges, Chico Carneiro. Muito obrigada a cada um de vocês. Ainda contribuíram em outras fases Juliana Borges, Patrícia Gemily e Giuseppe Lira, Bruce Carosini e Sergio Bila.

Ajudaram-me a seguir em frente Sensei Yasuyuki Sasaki, Amadeu Amaral, Wanda Pereira, Elza e Kenya Piacentini, Nanci Raminelli. A vocês, minha admiração e gratidão. Ao Gabriel Zerino, com amor, pelo aconchego e companheirismo nos longos meses de escrita. Ao amigo Henrique Mendonça, por tornar cada um dos meus dias mais doce.

A Pedro e Frida, meus pais, e também ao Caio, meu irmão, que me apoiaram sempre e de todas as maneiras. Meu amor e gratidão não caberiam em um pedaço de agradecimento, por isso estão em cada linha deste livro, que também é dedicado a vocês. Obrigada a minhas queridas avós, Penha e Maria, que cuidaram da neta em pensamento e oração.

Muitas pessoas – moçambicanos, brasileiros ou estrangeiros a esses dois mundos – dividiram comigo suas vidas, histórias, experiências, opiniões, pesquisas. O livro tenta ser uma síntese do amplo tempo que elas me deram. A todas as fontes deste trabalho, ainda que não citadas ao longo do livro, muito obrigada.

E agradeço de peito cheio ao povo moçambicano, que me mostrou a cara do país real e me deu de presente uma paixão por Moçambique. Que permitiu, tantas vezes, que eu retirasse a armadura de jornalista para ser alguém comum, que não grava, não anota, não pergunta, mas sente com todos os sentidos e com o coração. Que fez com que eu me considerasse um pouco dali, com uma capulana (tecido típico africano) enrolada na cintura, trafegando de chapa e caixa-aberta (os precários transportes coletivos) e misturando meu português para me fazer melhor entender.

Obrigada é um jeito de agradecer. Em Moçambique, há muitos outros: khanimambo (na língua changana), koshukuru (macua), nabonga (chope), ndatenda (nhungué), hinkomu (ronga), takhuta (sena), zicomo (jaua).

QUEM ESTÁ EM MOÇAMBIQUE?

Fazendo negócios:

. **Vale** – explora carvão em Moatize, norte de Moçambique. Para exportar o minério, constrói parte de uma ferrovia de 912 quilômetros de extensão e um porto. É o maior investimento corrente do Brasil na África, estimado em 8,2 bilhões de dólares, de 2008 a 2016. O valor equivale a mais da metade do PIB anual moçambicano, fazendo da Vale uma das principais investidoras no país. Obteve concessão para explorar o carvão de Moatize, em 2004, com apoio do governo de Luiz Inácio Lula da Silva, e iniciou a extração em 2011. Mais de 1,3 mil famílias moçambicanas foram removidas para dar lugar à mina e muitas outras devem ser reassentadas no projeto da ferrovia. Contratou construtoras brasileiras, expandindo a gama de negócios do Brasil em Moçambique.

. **Banco Nacional de Desenvolvimento Econômico e Social (BNDES)** – financiou as obras do Aeroporto Internacional de Nacala, no norte de Moçambique, a cargo da Odebrecht. Foram 125 milhões de dólares, concedidos entre 2011 e 2015. Fora de Angola, foi o primeiro empréstimo do BNDES para construção civil na África. O banco também aprovou financiamento para as obras da barragem de água de Moamba Major, na região metropolitana da capital de Moçambique, iniciadas pela Andrade Gutierrez em 2014. O valor do empréstimo é de 466 milhões de dólares.

. **Odebrecht** – chegou a Moçambique em 2008 para erguer a primeira mina de carvão da Vale. Em seguida, passou a atuar nas obras da segunda mina. Em 2011, iniciou a construção do Aeroporto Internacional de Nacala, com financiamento do BNDES. Tinha planos de construir uma zona industrial na mesma cidade e de criar um sistema de transporte coletivo em Maputo, tudo com crédito do BNDES. Ainda tem interesse na produção agrícola no Corredor de Nacala, região localizada entre a mina da Vale e a cidade de Nacala.

. **Andrade Gutierrez** – iniciou em 2014 a construção da barragem de Moamba Major, voltada ao abastecimento de água potável para a região metropolitana de Maputo, com financiamento do BNDES. Deverá ser uma das maiores obras do Brasil no continente.

. **Camargo Corrêa** – junto com a Odebrecht, ergueu a primeira fase do empreendimento da Vale em Moatize. Em 2010, ganhou concessão para construir e operar o projeto da hidrelétrica de Mphanda Nkuwa, em Tete, norte de Moçambique – a 100 quilômetros de onde a Vale extrai carvão. O empreendimento está avaliado em mais de 3 bilhões de dólares. No mesmo ano, a Camargo Corrêa ainda comprou uma fabricante de cimento em Nacala. Nos anos seguintes, expandiu a atuação no setor e se tornou uma das maiores indústrias em solo moçambicano.

. **OAS** – executa as obras terrestres do porto de carvão da Vale, em Nacala.

. **FGV Agro** – *think tank* de promoção do agronegócio, ligada à Fundação Getulio Vargas (FGV), negocia plano de investimento privado na agricultura na região do Corredor de Nacala, norte de Moçambique. É o Fundo Corredor de Nacala, que prevê captar no mercado cerca de 500 milhões de dólares para aplicar em produção agrícola, comercialização de insumos e logística de escoamento a partir de 2015. A produção seria feita em conjunto com agricultores do Brasil em 50 mil hectares, que poderiam ser ampliados para 350 mil nos anos seguintes. Pequenos produtores locais também seriam incorporados ao projeto. A FGV Agro é parceira da Vale, para quem fez seus primeiros estudos agrícolas na África.

. **Grupo Pinesso** – grande produtora de soja no Brasil, é a primeira empresa brasileira a cultivar o grão em Moçambique. Em sociedade com uma companhia portuguesa e outra moçambicana, iniciou o plantio em uma área de 500 hectares, em 2012, em Lioma, no Corredor de Nacala. Tinha planos de criar uma unidade de produção de sementes.

. **Embraer** – das doze aeronaves das Linhas Aéreas de Moçambique, única companhia de aviação civil do país, oito eram da Embraer, adquiridas a partir de 2009.

. **Petrobras Biocombustível** – subsidiária da Petrobras, é sócia da empresa brasileira Guarani, que tem uma usina de produção de açúcar a partir da cana na região central de Moçambique. A estatal tinha o objetivo de transformar o empreendimento na sua primeira unidade africana de produção de biocombustível. Em 2012, anunciou um investimento de 20 milhões de dólares na iniciativa – valor ainda não desembolsado. O negócio moçambicano ainda compreende um plantio de cana de mais de 14 mil hectares.

. **Eletrobras** – participou da elaboração de um estudo de viabilidade sobre um sistema de transmissão de energia, partindo da província de Tete até Maputo, a capital do país, com 1,5 mil quilômetros de extensão. Avaliava a possibilidade de ter participação minoritária na hidrelétrica de Mphanda Nkwua, da Camargo Corrêa.

. **Banco do Brasil** – forneceu 22,2 milhões de dólares em créditos para exportação de bens brasileiros, entre 2005 (quando o Brasil perdoou a dívida moçambicana, de 315 milhões de dólares, pré-requisito para fazer novos empréstimos) e 2014.

. **Rede Record** – tornou-se acionista da Miramar, canal da TV aberta moçambicana, em 2010. A Miramar é líder de audiência desde então e compete com a programação da Rede Globo, exibida em outras emissoras locais. Entre os maiores sucessos até agora estão as novelas *Escrava Isaura* e *Mutantes*. O *Programa da Tarde*, com Ana Hickmann, e o *Domingo Espetacular* também são exibidos. A Miramar tentou mudar o nome para Record Moçambique, mas não foi autorizada por tratar-se de concessão pública.

. **BRF** – conglomerado criado a partir da fusão da Sadia com a Perdigão, a BRF é uma das maiores exportadoras brasileiras para Moçambique. Um dos principais produtos de venda é o frango congelado. Sua introdução no mercado gerou prejuízo para a indústria local, que passou a combater o Brasil com uma bem-humorada propaganda na TV. Nela, uma gorda galinha moçambicana tira de cena uma magra galinha brasileira, que canta uma paródia de Garota de Ipanema, de Vinicius de Morais.

Prestando cooperação:

. **Fiocruz** – implementa uma fábrica de medicamentos, a primeira de Moçambique. A unidade deve produzir componentes do coquetel anti-HIV e remédios de atenção básica de saúde. O projeto foi assinado na primeira viagem de Lula à África, em 2003. Dez anos depois, foi produzido o primeiro lote. É a mais longa iniciativa de cooperação do Brasil na África. Também é a mais dispendiosa: o custo estimado para o Brasil é de 20 milhões de dólares. A Vale contribuiu com mais 4,5 milhões de dólares. A Fiocruz ainda montou seu primeiro escritório africano em Moçambique e prevê a construção de um banco de leite humano.

. **Embrapa** – realiza em Moçambique seu maior projeto na África: a vertente de pesquisa do ProSAVANA, que pretende adaptar para a savana africana a experiência do Brasil com o cerrado. A área foco do projeto é o Corredor de Nacala. Na região, a Embrapa conta com dois campos de experimentos, onde testa variedades brasileiras de soja, trigo, milho, algodão, feijão e arroz desde 2012. O objetivo é produzir recomendações de cultivo tanto para agricultores familiares como para o agronegócio. A Embrapa também inaugurou em Moçambique seu segundo escritório na África – o primeiro foi em Gana.

. **Ministério da Educação (MEC)** – é responsável pela Universidade Aberta do Brasil em Moçambique, projeto para formar professores do Ensino Básico em universidades brasileiras, via internet. Iniciado em

2011, enfrentou dificuldades de execução. A meta era atingir 7.290 alunos em 2014, mas apenas 630 estavam em aulas em 2013. Existem três polos no país. Em 2013, foram aprovados outros cinco. É o projeto de cooperação do Brasil com a África que tem o maior orçamento: 30 milhões de dólares até 2019.

. **Ministério do Desenvolvimento Agrário (MDA)** – em 2012, aprovou crédito de 97,6 milhões de dólares no Banco do Brasil para Moçambique adquirir máquinas e equipamentos agrícolas brasileiros, dentro do programa Mais Alimentos África. Um primeiro lote de 250 tratores chegou ao país em março de 2015. Também foram concedidos créditos para Gana e Zimbábue.

. **Ministério do Desenvolvimento Social (MDS)** – é parceiro do PAA África (Purchase from Africans for Africa), programa-piloto que visa a combater a fome e gerar renda para pequenos agricultores. O projeto foi inspirado no PAA brasileiro (Programa de Aquisição de Alimentos) e é realizado em conjunto com a Organização das Nações Unidas para Agricultura e Alimentação (FAO). As atividades começaram em 2013, na província de Tete, a mesma onde a Vale está instalada. Além de Moçambique, a iniciativa ocorre na Etiópia, Malaui, Níger e Senegal.

. **SENAI** – planeja a construção de um centro de formação profissional em Maputo. O projeto arquitetônico da unidade está pronto, mas a execução foi interrompida devido a cortes no orçamento de cooperação durante o governo de Dilma Rousseff. O custo estimado é de 4 milhões de dólares. Já existem centros do SENAI em Angola, Cabo Verde, Guiné-Bissau e São Tomé e Príncipe.

. **Caixa Econômica** – participou de projetos na área de habitação popular. Com a Universidade de São Paulo (USP), auxiliou na elaboração de uma política habitacional. Com a Universidade de Campinas (Unicamp), testou técnicas de construção de baixo orçamento. Com a Universidade Federal do Rio Grande do Sul (UFRGS), estruturou um centro de pesquisa em habitação. O custo é de 2,4 milhões de dólares.

. **Instituto Nacional do Seguro Social (INSS)** – auxiliou na modernização do sistema de segurança social moçambicano, que ainda opera em papel. Projeto orçado em 2,8 milhões de dólares.

. **Ministério do Esporte** – doou uma fábrica de bolas de futebol, basquete, vôlei e handebol. Em 2008, mais de 17 toneladas de matéria-prima e maquinário foram transportadas do Brasil para Moçambique em um navio da Vale, e descarregadas em um centro de artesanato de Maputo. Em junho de 2009, a fábrica foi inaugurada pelo então ministro Orlando Silva. Oito meses depois, parou de funcionar devido à indisponibilidade de matéria-prima na região. Foram gastos mais de 200 mil dólares na iniciativa. Hoje, as máquinas continuam inoperantes e o Ministério não sabe dar informações sobre o projeto.

Outras atividades:

. **Igreja Universal do Reino de Deus** – é uma das maiores igrejas evangélicas em Moçambique. Chegou ao país em 1992. Hoje tem mais de trinta templos só em Maputo. Em 2011, inaugurou sua maior unidade moçambicana, com capacidade para 3 mil pessoas, uma das principais do grupo na África. Na ocasião, mais de 60 mil pessoas tentaram assistir ao culto do bispo Edir Macedo. Houve tumulto e duas pessoas morreram asfixiadas. Exibe programas religiosos na TV Miramar, administrada pela Record desde 2010. Em todo o continente, a Universal tem pelo menos 1.100 templos e cerca de 590 mil membros.

INDICADORES BRASIL - MOÇAMBIQUE*

	Brasil	Moçambique
População	200 milhões	25,8 milhões
População rural	15%	69%
População abaixo da linha da pobreza	8,9%	54,7%
Desnutrição	5%	28%
Índice de Desenvolvimento Humano	Alto, posição 79	Baixo, posição 178
PIB	US$ 2.246 bilhões	US$ 15 bilhões
Renda per capita	US$ 14,7 mil	US$ 1,1 mil
Taxa de crescimento	2%	7%
População analfabeta	9%	49%
População com ensino secundário	49%	4%
Acesso a energia elétrica	99%	15%
Acesso a água potável	98%	49%
Acesso a saneamento básico	81%	21%
Expectativa de vida	74 anos	50 anos
Usuários de internet	52%	5%
Contas de celular	271 milhões	12 milhões (2013)
Exportações para o outro país	US$ 124 milhões	US$ 25 milhões

* Dados do Banco Mundial (últimos indicadores disponíveis até 2014). Exceto "Índice de Desenvolvimento Humano", do Relatório de Desenvolvimento Humano da ONU de 2014; "População com ensino secundário", do Relatório de Desenvolvimento Humano da ONU de 2013; e "Exportações para o outro país", do Sistema de Análise das Informações de Comércio Exterior (*AliceWeb*).

INTRODUÇÃO

Desembarquei em Moçambique pela primeira vez em março de 2010, esperando encontrar em cores um velho retrato da África. Um continente que vivia as consequências de guerras civis, miséria e fome, receita que afastou os sonhos pós-independência. Essa era a imagem que ainda ecoava no Brasil.

O que observei, porém, foi uma África em busca de reverter o estereótipo. Uma África otimista, que via a democracia se consolidar e a economia crescer, despertando o apetite econômico de novos atores globais. Entre os vorazes, encontrei o Brasil.

O Brasil está na África de maneiras que os brasileiros desconhecem. Nossas relações com o continente foram amarradas nos porões dos navios negreiros, ao longo de mais de três séculos. Mas só a partir do começo do governo do Partido dos Trabalhadores (PT) – em 2003, 115 anos depois da abolição da escravidão – passamos a costurar novas relações políticas e econômicas de maneira ostensiva.

Vinte dos 39 postos diplomáticos atuais do Brasil em países africanos foram abertos por Luiz Inácio Lula da Silva. Em oito anos de governo, o então presidente fez 34 visitas ao continente – todos os antecessores, juntos, realizaram quinze. Iniciativas brasileiras de ajuda à África também aumentaram: de menos de 10 para 43 dos 54 países africanos.

A ampliação das relações políticas abriu caminho para que empresas nacionais expandissem seus negócios. Calcula-se que quinhentas companhias brasileiras se instalaram na África neste século. A balança comercial com os africanos subiu de 6 bilhões, em 2003, para 28,5 bilhões de dólares, em 2013. Isso significa que eles são o nosso quinto maior comprador, atrás de China, Estados Unidos, Argentina e Países Baixos.

Além disso, desde 2003, bancos públicos do Brasil ofereceram mais de 4 bilhões de dólares para empresas do país exportarem para nações africanas. As construtoras foram as que mais se beneficiaram com esse crédito.

Quando cheguei a Moçambique, em 2010, as bases das iniciativas brasileiras ainda estavam sendo cimentadas. Os resultados viriam apenas nos anos seguintes. Então, em 2013, eu voltei. E Moçambique me recebeu com um protesto contra a Vale. Naquele ano, a política externa brasileira para a África completava uma década. Suas primeiras contradições começavam a rugir.

A Vale começou a extrair carvão em Moatize, norte de Moçambique, em 2011. É o maior investimento brasileiro na África, conquistado com o apoio do governo Lula. Em abril de 2013, um dia após a minha chegada a Maputo, capital do país, produtores de tijolos artesanais bloquearam as entradas para a mina por dois dias. Eles haviam sido retirados de suas terras para abrir espaço para a instalação da multinacional e estavam insatisfeitos.

Viajei às pressas para a região, em um voo da única empresa aérea moçambicana. O avião era brasileiro, da Embraer. Lá, acompanhei os tijoleiros em negociação com a Vale, em um local vizinho a uma Igreja Universal do Reino de Deus. Entre os manifestantes, havia quem já tivesse trabalhado para a Odebrecht. Muito havia mudado em apenas três anos. O Brasil estava por todos os lados.

Apesar do protesto, não se pode dizer que a aproximação brasileira seja repelida pela África. O continente busca aumentar as relações conosco e se abre para a nossa chegada. Um sinal disso apareceu pouco depois, em dezembro de 2013, no velório de Nelson Mandela.

Cerca de cem chefes de Estado de todo o mundo estavam presentes na cerimônia. Além dos africanos, apenas cinco foram convidados a falar. O primeiro foi Barack Obama – como Mandela, o primeiro presidente negro do seu país. Logo na sequência, falou Dilma Rousseff. Em seguida, dois líderes de potências emergentes: Índia e China. Cuba, que contribuiu na luta contra o colonialismo na África, foi convidada de honra. As potências europeias, que remetem bilhões de dólares em ajuda ao continente africano todos os anos, assistiram da plateia.

O púlpito do velório dava pistas sobre o posicionamento africano no novo desenho geopolítico do mundo. Se até a queda do muro de Berlim o globo se dividia entre Leste e Oeste, hoje o recorte se dá entre os países desenvolvidos do Norte e os emergentes do Sul. Nas estimativas da ONU, até 2020, China, Brasil e Índia ultrapassarão o grupo formado por Estados Unidos, Alemanha, França, Reino Unido, Itália e Canadá em peso econômico. Por isso, era simbólico que entre os convidados a falar na cerimônia estivessem as potências emergentes, não os antigos aliados europeus.

Antes marcada pelas relações com o Norte, a África agora expande as ligações com o Sul. Exemplo disso é que, nos últimos anos, a China ultrapassou os EUA como o maior parceiro comercial africano. A mudança abriu uma disputa por espaço na África entre os dois hemisférios geopolíticos. Os do Sul criticam as velhas relações africanas com o Norte. Já os do Norte afirmam que a atuação chinesa é neocolonial e também começam a prestar atenção no Brasil. Ainda há uma briga setorizada no Sul. China e Brasil competem pela amizade africana.

A África já não se parece com aquele velho retrato. Além das mudanças nas relações externas, as economias locais dispararam nos últimos quinze anos. Seis dos dez países do mundo que mais cresceram no período são africanos. A classe média do continente é a que mais aumenta no globo. Em vinte anos dobrou – são mais de 300 milhões de pessoas (uma vez e meia a população do Brasil). Essa ascensão econômica foi chamada de "renascimento africano".

De olho nesse cenário, empresários brasileiros pressionam o Planalto por mais estímulos aos negócios. Viram as oportunidades crescerem com Lula e não ficaram satisfeitos com sua saída do poder. O motivo é que, no governo Dilma, as relações esfriaram e a África começou a trocar o Brasil por outros parceiros. Em 2013, as exportações brasileiras para a região caíram enquanto as importações de bens africanos subiram – sobretudo petróleo. Foi a primeira vez que isso ocorreu em quatorze anos.

Por outro lado, a sociedade civil brasileira começa a pedir cautela na expansão do Brasil para a África. No dia seguinte à morte de Mandela, movimentos sociais foram à sede do Instituto Lula, em São Paulo, para discutir um projeto do governo federal iniciado no mandato do ex-presidente: o ProSAVANA, que quer transformar a savana de Moçambique em um celeiro agrícola.

A conclusão deles foi a pior possível. O programa iria exportar "nossos conflitos no campo", favorecendo o agronegócio em detrimento dos camponeses. "Eu sou militante do PT há quinze anos e fico assustado com essa cooperação. Me parece que a gente deixou a condição de explorado e passou a explorar", disse um membro da Confederação dos Trabalhadores na Agricultura.

Moçambique, ex-colônia de Portugal, voltada para o oceano Índico e de costas para o Brasil, é a melhor tela para representar a chegada brasileira à África. Embora nossas trocas comerciais com o país sejam muito menores do que com Angola e Nigéria, por exemplo, é lá que estão as principais e mais simbólicas iniciativas desde Lula, tanto do governo como do setor privado.

Nenhum outro país africano recebeu do Brasil tanta cooperação (termo que se refere a iniciativas destinadas a mitigar calamidades ou a apoiar o desenvolvimento social). Desde o primeiro ano de Lula no Planalto, mais de trinta instituições públicas brasileiras implementaram projetos de apoio para Moçambique, entre as quais pelo menos um terço dos 39 ministérios.

A maioria das ações é de pequeno porte, mas existem algumas de vulto. As maiores, mais caras e mais duradouras estão em Moçambique: uma fábrica de medicamentos contra a aids, em conjunto com a Fiocruz; o ProSAVANA, do qual participa a Embrapa; e a Universidade Aberta do Brasil, programa de ensino a distância do Ministério da Educação.

Também em Moçambique está a exploração de carvão da Vale. A mineradora prevê aplicar, de 2008 a 2016, uma soma equivalente a 60% do Produto Interno Bruto (PIB) anual moçambicano. A administração Lula ajudou no processo de instalação da multinacional, angariando simpatias ao projeto brasileiro por meio de apoio político e de promessas de crédito do Banco Nacional de Desenvolvimento Econômico e Social (BNDES).

Depois de chegar a solo moçambicano, a Vale contratou grandes construtoras brasileiras. Em seguida, elas se desgarraram da mineradora e começaram a pleitear empréstimos do BNDES a fim de construir para o governo moçambicano. A Odebrecht foi a pioneira, com as obras de um aeroporto. Isso só foi possível após a anulação de dívidas de 315 milhões de dólares de Moçambique com o Brasil, em 2004. É o maior perdão brasileiro já concedido na África.

Também escolheram Moçambique para abrigar o maior projeto do agronegócio brasileiro no continente africano. É uma iniciativa privada, ainda em negociação, do *think tank* FGV Agro. A ideia é vender insumos agrícolas, além de financiar agricultores do Brasil para produzirem em milhares de hectares cedidos pelo governo moçambicano. A agricultura desperta interesse até da Petrobras, que desejava criar no país sua primeira unidade de produção de etanol na África.

Juntas, Vale, diversas construtoras e FGV Agro estão tornando Moçambique um dos maiores polos de negócios do Brasil na África.

Moçambique ainda lidera a voz de oposição contra a expansão do Brasil pela África. É ali que ocorre o maior número de protestos e reclamações contra a presença brasileira, motivados pela ação da Vale, por conta de projetos agrícolas e pela exportação de frango, que prejudicou a produção local.

A seguir o leitor terá um retrato atualizado da África e das suas relações com o Brasil, resultado de uma extensa apuração. Para escrever este livro, atravessei milhares de quilômetros por terra e pelos céus de Moçambique, ao longo de uma vivência de sete meses no país, entre 2010 e 2013.

Nesse último ano, durante uma temporada de 46 dias, visitei os grandes projetos brasileiros que já estavam em funcionamento. Além da mina de carvão da Vale e dos reassentamentos de pessoas removidas para dar lugar ao negócio, percorri por terra a região pela qual uma ferrovia de 912 quilômetros vai passar, em construção pela mineradora.

É ao longo dessa via que o agronegócio do Brasil planeja se instalar. Ali, conheci a primeira fazenda de soja gerida por brasileiros em Moçambique e estive no canteiro de obras do aeroporto da Odebrecht. Fui aos principais projetos de cooperação do governo brasileiro, como a fábrica da Fiocruz, os campos da Embrapa e a Universidade Aberta do Brasil.

Entrevistei também dezenas de figuras importantes nas relações com a África, entre elas o ex-presidente Lula, personagem principal desta história. Analisei centenas de arquivos sigilosos do Itamaraty, até agora inéditos. Trata-se de correspondência trocada entre a Embaixada do Brasil em Maputo e Brasília, de 2003 a 2009. Os documentos registram, por exemplo, como o governo brasileiro atuou em favor da Vale, fez lobby por um assento no Conselho de Segurança das Nações Unidas e negociou seu projeto de cooperação mais importante, a fábrica de remédios contra o HIV. Esse material só deve ser aberto pelo Itamaraty a partir de 2018, no caso dos documentos mais antigos, e 2024, no caso dos mais recentes.

A tarefa que me atribuí ao escrever este livro de reportagem é mostrar uma primeira imagem da chegada do Brasil a esta nova África. Escolheu-se Moçambique como foco porque é o país mais revelador desse retrato. A cena é muito colorida e está aberta para diferentes interpretações. Eu apenas conto histórias. As avaliações cabem ao leitor.

Há, porém, algo em que eu acredito: são os moçambicanos – e os africanos – que precisam guiar seus próprios caminhos. Independentemente de quem lhes ofereça a mão (e o bolso): europeus, americanos, chineses ou mesmo nós, brasileiros. Como dizia Samora Machel, o primeiro presidente moçambicano, a luta continua. Como clamava Mandela, é um longo caminho rumo à liberdade.

O BRASIL É AQUI

Mal desci do carro em Moatize, norte de Moçambique, percebi que minha mochila era inconveniente. Os dezesseis homens que combatiam a Vale eram como leopardos camuflados entre arbustos. Observavam, imóveis, para distinguir o predador da presa – os olhos ativos, os rostos calados, numa combinação de medo e potência. Com discrição, voltei para o veículo e escondi a bolsa antes que eles a vissem. Não temia por nada que houvesse dentro dela. O receio vinha do símbolo costurado do lado de fora: uma bandeira do Brasil.

Estávamos no ponto central da cidade, localizado a 9 quilômetros da mina de carvão da Vale – o maior investimento corrente do Brasil na África. Na primeira fase do empreendimento, a abertura da mina inicial, o gasto foi de 1,8 bilhão de dólares. A segunda, que inclui uma nova mina, uma ferrovia e um porto, deve consumir outros 6,4 bilhões de dólares até 2016. O valor total representa mais da metade do PIB anual moçambicano. Para dar lugar ao negócio, 1.365 famílias e cerca de quinhentos oleiros (produtores de tijolos de barro) foram removidos das terras que ocupavam.

Já sem a mochila, me aproximei daqueles homens. Eram os oleiros mais combativos e, nos dias anteriores, 16 e 17 de abril de 2013, estiveram na linha de frente de protestos que paralisaram as minas brasileiras. No momento do nosso encontro, eles aguardavam o início da primeira reunião de negociação com a mineradora. O local de espera era a rotatória de Moatize. Trata-se de um dos poucos pontos asfaltados e o único planejado da cidade de cerca de 100 mil habitantes. O restante da região se espalha desordenadamente pela savana.

Eu havia comprado a bandeira do Brasil como um preparativo para minha primeira viagem para Moçambique, em 2010, um ano antes de a Vale dar início à produção de carvão. Era uma estratégia de aproximação que deu certo. O símbolo pregado na mochila abria portas, motivava conversas, inaugurava amizades, quebrava preconceitos. Eu não era europeia nem americana, origens que carregavam autoridade e distinção. Era brasileira. Fazia toda a diferença. Vinha do país do futebol, das novelas e de "Lula da Silva", o presidente "amigo de África" que grande parte dos moçambicanos parecia conhecer, desde a capital Maputo até pequenos povoados rurais.

Três anos depois, os mesmos verde e amarelo, também cores do logotipo da Vale, inspiravam cautela em meio aos oleiros. Não éramos bem-vindos. A conversa deles era em português (a língua oficial de Moçambique) e eu só revelei meu sotaque brasileiro após o primeiro contato ser feito pela ONG Justiça Ambiental. A organização, uma das vozes mais críticas à Vale em Moçambique, foi que me apresentou aos oleiros. Aos poucos, os olhos dos homens foram se acalmando. Eles farejaram em mim um bicho fora da cadeia alimentar – nem presa, nem predador.

– Esses da Vale vieram com boas promessas. Só que acabaram por mudar. Eles estão aqui para cinquenta anos. E nós vamos fazer que atividades? – questionou Isaac Sinababa, fazendo referência ao tempo da concessão de exploração, de 25 anos, renováveis por mais 25.

Sinababa era o porta-voz dos oleiros. Foi o primeiro a me oferecer um sorriso, em meio à barba farta. De camisa de mangas longas por dentro da calça social clara, Sinababa costurava a narrativa sobre a disputa com a multinacional brasileira. A produção de tijolos era uma atividade que ele desempenhava desde a infância, fonte de sustento dos cinco filhos, e que fazia dele um pequeno empresário. Mas, sob o chão barrento usado na olaria, havia uma riqueza mais preciosa: o carvão. Para que a Vale pudesse extraí-lo, o negócio de Sinababa foi desfeito.

A princípio, Sinababa se entusiasmou com a chegada da empresa brasileira e esperava participar do propagado desenvolvimento que desembarcaria em Moatize. Nos primeiros anos, tudo correu bem. A mineradora pagou 60 mil meticais (4,5 mil reais)[1] para cada forno de produção de tijolos retirado. Também ofereceu cursos de capacitação para formar mão de obra na região. Sinababa aproveitou a oportunidade e se tornou canalizador, uma nova profissão que ele cita com orgulho. A satisfação, contudo, não durou.

– Aquelas pessoas que a Vale formou não foram enquadradas no serviço. Então nós fomos pedir emprego. Onde? Nós entramos na

Odebrecht, que estava a fazer todas as bases da mina da Vale. Eu entrei em 22 de setembro de 2008 e fiz o trabalho. Só que, quando terminaram os trabalhos da mina, começaram a tirar as pessoas. A Odebrecht tinha 5 mil e poucos homens, fora os subcontratados. Todos nós perdemos emprego. Para retornar para a região onde fazíamos fabrico de tijolos, a Vale já ocupou. Agora, fica a pessoa desempregada – reclamou Sinababa.

Os demais oleiros ouviam Sinababa com deferência. Suas peles eram de um negro reluzente como carvão, os cabelos raspados, a barba feita. Apesar de os olhos terem amainado, a expressão dos rostos continuava fechada, ajudando a presumir a tensão dos protestos ocorridos dias antes.

No primeiro dia das manifestações, antes mesmo de o sol aparecer, os oleiros bloquearam a entrada de acesso à mina da Vale. Estacionaram um pequeno caminhão em posição perpendicular à estrada para impedir o trânsito e dispararam ameaças contra os trabalhadores que chegavam para o expediente: "Se passar, vai morrer lá na frente!" Não houve quem ousasse verificar se eram palavras vazias. Ninguém entrou e, sem funcionários, a Vale parou. Os dezesseis oleiros não estavam sozinhos. Estimam que cerca de duzentas pessoas participaram da manifestação, que prosseguiu até o dia seguinte, quando foi reprimida pela Força de Intervenção Rápida, a temida FIR, o batalhão de choque moçambicano.

Por um lado, a presença do Brasil em Moçambique, alavancada pela Vale, foi marcada pela expectativa de que os brasileiros ajudassem o país africano a crescer e a se desenvolver. Em 2012, Moçambique tinha o terceiro pior IDH do mundo e uma pequenina economia (equivalente à de Sergipe, o sexto estado brasileiro mais pobre). Por outro lado, há uma oposição em ascensão. O Brasil vai deixando de ser visto apenas como um país amigo e passa a ser questionado pelos impactos sociais dos seus interesses econômicos na África. De povo irmão, estamos virando o primo rico.

– Você, jornalista lá no Brasil, diga: esse desenvolvimento que tira daqui de Moçambique é para levar para o Brasil, para vocês viverem melhor lá. Então, os moçambicanos aqui [devem] viver mal. É isso? É bom isso? – questionou Saize Roia, líder de uma das comunidades removidas pela Vale. Em 2012, elas bloquearam a ferrovia que transporta o carvão, em protesto contra a má qualidade das casas que receberam da empresa.

Fazia menos de quatro dias que eu havia pousado em Moçambique, um país do tamanho de São Paulo e de Minas Gerais juntos, com 25 milhões de habitantes. Ali, passaria uma nova temporada de 46 dias para conhecer projetos de empresas e do governo brasileiro, iniciados desde minha primeira visita ao país, em 2010. O mais importante, para mim, era ir a Moatize, a 1,6 mil quilômetros da capital Maputo. O meu cronograma previa uma viagem à região só dali a um mês, mas a urgência da manifestação alterou os planos. Logo depois de obter a documentação de jornalista estrangeira no Gabinete da Informação, uma exigência para fazer reportagens, peguei um voo de Maputo para Tete, capital da província onde ficam as reservas de carvão.

Ao embarcar no aeroporto de Maputo, tive uma primeira surpresa. O avião era brasileiro, um Embraer 190, com capacidade para 93 passageiros. Das doze aeronaves das Linhas Aéreas de Moçambique (LAM), a única companhia de aviação civil do país, oito eram da Embraer, compradas a partir de 2009. Os modelos brasileiros de pequeno porte fazem sucesso na África, onde a quantidade de pessoas com poder aquisitivo para voar é reduzida, garantindo à Embraer um fantástico crescimento. Moral da história: eu viajava para acompanhar a oposição contra uma multinacional brasileira em um avião do Brasil.

Cheguei a Moatize no dia seguinte aos protestos. Diante das ameaças de novas manifestações, a Vale marcou uma primeira reunião com os oleiros para aquele dia, na sede do poder público de Moatize. Era uma construção branca e simples, de um andar, anunciada por uma bandeira de Moçambique muito surrada. Ficava em volta da rotatória onde encontrei os oleiros.

No quarteirão ao lado, ainda em torno do largo, uma casa silenciosa aguardava pelo movimento da noite. Na fachada, estava pintada de vermelho a frase "Jesus Cristo é o Senhor" e a imagem de uma pomba branca dentro de um coração vermelho. Era mais um templo da brasileira Igreja Universal do Reino de Deus.

A Universal entrou em Moçambique em 1992 com um único pastor. Nos anos seguintes, se multiplicou como coelhos. Só em Maputo existem mais de trinta templos. Um deles é a maior construção religiosa do país, com capacidade para três mil pessoas.

Sua inauguração, em 2011, virou reportagem elogiosa na TV Record brasileira,[2] que não fez nenhuma referência ao fato mais importante daquele dia: duas pessoas morreram asfixiadas na tentativa de assistir ao culto do bispo Edir Macedo. Um público de 60 mil fiéis se aglomerava do lado de fora. A igreja confirmou as mortes. No dia seguinte, Macedo foi recebido pessoalmente pelo presidente de Moçambique, Armando Guebuza. A Universal não é a única a pregar os ensinamentos de um Jesus brasileiro para os moçambicanos. Outras evangélicas se tornaram importantes produtos de exportação do Brasil para a África.

– É assim: ela é baixinha, não é? – disse o oleiro Sinababa, apontando para o meu 1,60 metro. Em seguida, indicou um dos ativistas da ONG Justiça Ambiental: – E ele é muito alto, não é? Se eu, que estou no meio dos dois, sou o governo, o que eu tenho que fazer? Tenho que mediar, não é? Não posso deixar que o grande faça mal a ela porque é baixinha. Mas isso não está a acontecer. O governo está sempre do lado da Vale.

A negociação entre o governo de Moçambique e a empresa brasileira não era, contudo, de igual para igual. No ano em que o contrato da Vale foi assinado, o valor de mercado da mineradora era de 154 bilhões de dólares. E o PIB do país, de 8,6 bilhões.[3] Em outras palavras, o então presidente da Vale, Roger Agnelli, tinha dezessete vezes mais força econômica do que o presidente moçambicano. Em entrevista concedida dias depois dos protestos dos oleiros, o diretor da Vale para África, Ásia e Austrália, Ricardo Saad, defendeu a mineradora:

– Um dos grandes desafios é administrar a expectativa. Todo o mundo torceu e teve a expectativa de que sua vida e o país iriam mudar da noite para o dia. E não é assim que as coisas acontecem. Todos esses benefícios de que a gente fala ocorrerão ao longo do tempo.

Os oleiros entraram para a reunião com a Vale e, para aguardá-los, eu me sentei em uma barraca de palha que vendia refrigerantes logo ali. Do celular da dona da lojinha, vinha o som que iria embalar a espera: Paula Fernandes, a cantora sertaneja de Minas Gerais. Puxei assunto com a moçambicana, que me contou, orgulhosa, que tinha dois gigabytes de música brasileira e que amava a nossa televisão. O programa de maior sucesso era a novela *Balacobaco*, retransmitida pela Rede Record, que assumiu o controle de um canal local em 2010 e se tornou líder de audiência. A grade da Rede Globo também era exibida por outra emissora moçambicana.

Eu observava a composição das cenas ao meu redor um tanto desnorteada, suando com o calor de mais de 35°C de Moatize. Lá estava eu, poucos dias após cruzar o oceano Atlântico, a 8,5 mil quilômetros do Brasil. Aguardava o término de uma negociação entre a Vale e um grupo de manifestantes, gente que ficou desempregada depois de trabalhar para a Odebrecht, escutando conversas sobre a novela da Record, ao som da cantora mineira Paula Fernandes, de frente para uma Igreja Universal, na sequência de voar em um avião da Embraer.

Poderia ser Itabira, a pequena cidade mineira onde a Vale foi criada para extrair ferro. Mas a rota bandeira moçambicana hasteada no prédio do governo e uma outra, pintada no tronco de um enorme baobá, não deixavam dúvida. Recordei a confidência do poeta itabirano, Carlos Drummond de Andrade: Itabira é apenas uma fotografia na parede. Eu havia retornado para Moçambique. A diferença era que agora o Brasil também ficava lá.

***

A chegada da Vale em Moçambique é a maior conquista econômica do Brasil na África neste século. Só se compara a um acordo de financiamento para Angola, em vigência desde os anos 1990, pelo qual o petróleo do país africano é dado como garantia para empréstimos de bancos públicos do Brasil – destinados, sobretudo, a obras de construtoras brasileiras em solo angolano. Foi esse trato que acendeu o estopim da nossa expansão em Angola. Em Moçambique, quem fez isso foi a Vale.

Antes da mineradora, a presença brasileira em Moçambique era pequena. Depois, o país se tornou um dos principais polos de negócios brasileiros no continente africano. As atividades da Vale são tão relevantes por conta de dois fatores: primeiro, devido ao volume de investimento envolvido; segundo, por conta do poder de atração de outras empresas de grande porte do Brasil, que prestam serviços.

A multinacional levou consigo algumas das maiores construtoras nacionais para erguerem obras do projeto de carvão, como Odebrecht, Camargo Corrêa e OAS. Quando o trabalho acabou, as empreiteiras continuaram em Moçambique fazendo novos negócios. Também foi a Vale que levou para Moçambique a organização FGV Agro, ligada à Fundação Getulio Vargas, para estudar o potencial regional de produção de biocombustíveis. Hoje, a FGV Agro conduz um projeto que pode expandir o agronegócio brasileiro no continente. Todos esses novos negócios se mantiveram no campo gravitacional da Vale, no norte de Moçambique. É a porção mais larga do país.

A noroeste fica a província de Tete, onde está a mina de Moatize. Também é lá que a Camargo Corrêa pretende construir a hidrelétrica de Mphanda Nkuwa. Caso saia do papel, será uma das maiores obras do Brasil na África, com custo estimado de mais de 3 bilhões de dólares. A capacidade instalada prevista é 1,5 mil MW (um terço da energia assegurada por Belo Monte). Uma área de 100 quilômetros quadrados deve ser alagada, provocando a remoção de 462 famílias. A concessão do empreendimento foi assinada em 2010, mas ainda não há perspectiva para o início da construção. Nem Moçambique nem as linhas de crédito públicas do Brasil para a África conseguem pagar por uma obra dessa envergadura.

Já a nordeste, está o Corredor de Nacala, que abrange as províncias de Niassa, Nampula e Zambézia. A região deve ser cortada por uma ferrovia da Vale de 912 quilômetros, construída para escoar o carvão até o mar. O Corredor tem um elevado potencial agrícola, atraindo a FGV Agro e agricultores individuais do Brasil, e já abriga a primeira fazenda de soja com capital brasileiro.

Assim, o norte de Moçambique caminha para se tornar um "pequeno Brasil" em solo africano. Sem nenhuma representação diplomática brasileira, a região também nunca recebeu a visita de um presidente brasileiro. Quem dá a tônica da presença do Brasil são os interesses privados, embora quase sempre com o empurrão do Estado – apoio institucional ou crédito.

A mais de 1,5 mil quilômetros dali, no extremo sul de Moçambique, fica Maputo, o eixo político do país. É onde ocorre o grosso das negociações com o Brasil e onde estão as sedes das empresas brasileiras. As maiores operam no mesmo edifício, o novo e moderno Jat 5. São três blocos contíguos, envidraçados, com dezessete andares e vista para a baía de Maputo. Ao contrário da maioria dos prédios da cidade, os elevadores funcionam. Nos 10º, 12º e 13º andares, está a Vale. No 8º, a Camargo Corrêa. No 7º, a Odebrecht.

Apesar disso, em Maputo, a presença do Brasil é menos evidente do que no norte de Moçambique. É abafada pela atuação dos países europeus e dos Estados Unidos, que financiam um terço do orçamento do deficitário Estado moçambicano. E também pela China, que fez de Maputo um canteiro de obras.

Maputo é o retrato do contraditório país, que vem crescendo sem modificar o severo quadro de miséria. A economia de Moçambique sobe a uma taxa média de 8% ao ano, desde 2001. Os principais projetos econômicos estão relacionados à exploração de recursos naturais. Primeiro, veio a produção de alumínio, consumindo grande parte da energia elétrica gerada no país. Em seguida, o carvão, explorado pela Vale. Agora, o país está afoito com recentes descobertas de gás natural na província de Cabo Delgado, também no norte moçambicano. As reservas não começaram a ser extraídas, mas a expectativa é que estejam entre as cinco maiores do mundo, superiores às da Bolívia. Também espera-se encontrar petróleo.

Ainda assim, a economia é muito pequena. Se a renda nacional fosse distribuída igualmente entre toda a população, daria 1,1 mil dólares por pessoa em um ano. É a sétima mais baixa do mundo – para efeito de comparação, no Brasil, são 14,7 mil dólares por pessoa.[4] Mas, como não existe distribuição igualitária, esse dado é apenas um parâmetro estatístico. A realidade é muito pior.

Vivem abaixo da linha da pobreza 54% dos moçambicanos, segundo a última pesquisa nacional, de 2009. Isso significa viver com menos de 18 meticais por dia, o que não dá nem 200 dólares anuais. É o mesmo percentual registrado seis anos antes. Vale notar que nesse período o PIB cresceu 55%.[5] Assim, Moçambique está distante da meta que a ONU traçou para o país: diminuir a taxa de miseráveis para 40% da população até 2015.

A combinação entre crescimento econômico e continuidade da miséria está estampada na capital, uma movimentada cidade de 1,2 milhão de habitantes, dividida em duas. A parte central é o "cimento", que ganhou esse apelido por concentrar as vias asfaltadas e os prédios de concreto. Planejada na época colonial, é uma região bonita, com uma malha de vias largas e arborizadas. Após a independência, em 1975, Moçambique se aproximou do socialismo e as principais avenidas foram rebatizadas em homenagem a revolucionários de todo o mundo: o russo Vladimir Lenin, o alemão Karl Marx, o vietnamita Ho Chi Minh, o zambiano Kenneth Kaunda, o angolano Agostinho Neto.

No cimento, o trânsito de carros de luxo é intenso. Porém, a região está longe de ser rica. O asfalto é precário. Calçadas estão destruídas porque os veículos estacionam sobre elas. A coleta de lixo é irregular e latões abarrotados esparramam sujeira pelas ruas. Fachadas de prédios estão abandonadas. Mesmo assim, o cimento é imponente se comparado ao resto da cidade.

Além do centro, casas de madeira, barro e palha, conhecidas como "caniço", compõem e nomeiam a imensa periferia. Há diversos contornos: desde favelas, como a Mafalala, até vilas rurais, como o Matendene. Visualmente, esses bairros têm em comum a simplicidade das habitações, as vias estreitas e sem traçado definido, onde só trafegam pedestres, bem como a ausência de saneamento básico. Há muito lixo acumulado e esgoto a céu aberto.

Ali, o som também é diferente. A maioria abandona o português, língua materna para menos de 10% da população, em prol do changana, idioma do povo machangana, natural da região.[6] Em Moçambique, são faladas mais de 31 línguas africanas, sem contar os dialetos. É um indício audível da variedade das culturas. Há no país povos patriarcais e polígamos, no sul, como os machangana, e matriarcais, no norte, como os macuas. Para um brasileiro, a diversidade linguística surpreende. Já para um moçambicano, é difícil compreender que nas ruas do Brasil, também colonizado por Portugal, só se ouça português.[7]

Entre o caniço e o cimento, trafegam fervilhantes os chapas, vans particulares que fazem o transporte urbano por 7 meticais (mais ou menos 50 centavos de real). Preenchem a lacuna deixada pela falta de ônibus, chamados em Moçambique de machimbombos, costurando caminhos arriscados entre os carros e a ponto de atropelar qualquer pedestre desavisado. Bastante deteriorados pelo uso contínuo em estradas precárias, só circulam em lotação máxima. Em uma Kombi onde caberiam quinze pessoas sentadas, se espremem 25. As pessoas pouco se mexem e quase não conversam, muito menos reclamam. É como se reduzissem a velocidade do coração e da respiração para esperar o trajeto acabar.

A economia informal se estende por toda a Maputo. O chão é a grande vitrine. Nele, estão dispostos os mais variados produtos, em uma cuidadosa organização geométrica. Sapatos usados, por exemplo, são distribuídos nas calçadas em linhas diagonais. Roupas "de calamidade", doadas nos países ricos e revendidas na África, são esticadas pelos cantos. Frutas e celulares asiáticos são reunidos em montinhos piramidais. Em alguns pontos da cidade, andar a pé é um jogo de amarelinha, procurando espaços entre o comércio de rua.

Como quase todas as metrópoles africanas, Maputo é caótica, tumultuada, barulhenta, colorida e marginal. O caos urbano cessa de súbito na troca do dia pela noite. É um movimento de despedida, guiado pelo sol, que se põe em cores improváveis. Todos os dias, uma bola de fogo desce caudalosa sobre a cidade. O horizonte fumega, para em seguida se esfumaçar com a queima da lenha que cozinha a janta no caniço. Sem o sol, a população também se põe. Os comércios se desmontam, os chapas congestionam o trânsito e as pessoas se apressam para voltar para casa, fazendo os últimos burburinhos do dia. Em muitos lugares, não há energia elétrica e é preciso concentrar as atividades quando há luz natural.

Noturna, Maputo esvazia. Para um forasteiro, essa visão da noite calada dá a entender que as pessoas se escondem por medo. Mas não. Medo mesmo os moçambicanos têm de São Paulo. Muitas vezes, recebi um tapinha de pesar ao dizer que vinha da maior metrópole da América Latina. Todos os dias, a televisão assusta Moçambique com trágicas notícias brasileiras: assassinatos intrafamiliares, perseguições policiais, acidentes de trânsito paulistanos. Crimes que comovem mais o país do que o principal tipo de violência urbana presente ali: linchamentos de suspeitos de cometer delitos, mortos a pauladas ou queimados em pneus.

Não são só as novelas que passam na televisão de Moçambique. Na emissora da Record, o *Programa da Tarde*, com Ana Hickmann, e o *Domingo Espetacular* fazem sucesso. Eles podem ser leves para os brasileiros, mas têm más notícias o suficiente para criar uma imagem perigosa do Brasil entre os moçambicanos. Já foi pior. O *Cidade Alerta*, de José Luiz Datena, foi exibido por um ano e depois retirado do ar por determinação ministerial, devido ao excesso de violência.[8]

***

Enquanto chamam pouca atenção na capital, no norte do país os empreendimentos brasileiros estão em ebulição. O principal, claro, é a Vale, que se tornou a maior investidora privada de Moçambique em 2012 – superando qualquer negócio de Portugal, a ex-metrópole; da China, que promove uma corrida mais robusta para a África; e dos Estados Unidos.

Em uma concessão de 240 quilômetros quadrados, a Vale abre o chão para retirar carvão. Ao mesmo tempo, atravessa todo o norte com o projeto da ferrovia de 912 quilômetros que vai transportar o minério até a cidade portuária de Nacala, no sentido oeste-leste. Mais de mil famílias que vivem na região devem ser impactadas pelas obras. São dois trechos. O primeiro está sendo construído do zero, partindo das minas e parando no meio do trajeto. O segundo segue de lá até o mar, atravessando a região do Corredor de Nacala.

Nesse segundo trecho, já há uma linha de ferro em operação, que a Vale vai reformar. Minha ideia era percorrê-la para registrar a paisagem antes da chegada do Brasil ao local. Assim, o Corredor de Nacala foi minha terceira parada em Moçambique, em 2013, depois de Moatize e de Maputo.

O entroncamento entre os dois trechos ferroviários, onde eu iria pegar o trem, é marcado no mapa pela cidade de Cuamba, com cerca de 100 mil habitantes. Seu destino foi traçado pela Vale: se tornar um polo logístico dos novos negócios brasileiros. Enquanto isso não ocorre, Cuamba é apenas uma estreita e preguiçosa cidade, à margem dos trilhos, à espera do desenvolvimento prometido com a chegada da locomotiva brasileira.

– Vai mudar muito Cuamba. Precisamos. É por causa desse projeto de Lula da Silva.

"Qual projeto?", perguntei. Pedro Paposeco, motorista do único táxi de Cuamba, me olhou de lado, desconfiado. Sem meias-palavras, despachou:

– E por acaso a menina brasileira não conhece o carvão de Moatize?

Paposeco não via meandros. Para ele, estava tudo muito retilíneo. Foi depois que "Lula da Silva" visitou Moçambique que o negócio da Vale em Moatize prosperou. Na cabeça do moçambicano, era óbvio, portanto, que o político brasileiro tinha responsabilidade na empreitada.

Cuamba esperava a chegada do Brasil havia anos. O acordo entre Moçambique e a Vale foi fechado em 2004. Depois disso, foram sete anos até que a multinacional começasse a extrair carvão e mais um para o anúncio da construção da ferrovia. Agora, finalmente, os trilhos vindos de Moatize iriam alcançar Cuamba. Paposeco anteviu as mudanças que seriam trazidas pelo "desenvolvimento brasileiro" e se preparou para aproveitá-las. Transformou o carro em táxi e colou anúncios nas poucas pousadas da cidade. Os estrangeiros trazidos pelos novos movimentos, como eu, precisariam de meios para se locomover.

As ambições de Paposeco não paravam aí. Ele queria mesmo era montar um hotel de fim de semana, onde os brasileiros pudessem descansar. Já tinha até escolhido o lugar: a serra de Mitucué, uma enorme montanha de pedra na saída de Cuamba, com paredões de rocha vertical de 700 metros de altura, encravada em um solo liso. No seu cume vivem "homens pequeninos", disse Paposeco, afinando a voz na letra "i". Pigmeus, cuja existência atestava sem nunca tê-los visto. "E por acaso é preciso ver para saber que existem?", inquiriu.

– Avisa lá os brasileiros: aqui tem o Pedro Paposeco, com terras no pé de Mitucué para fazer um hotel. Só que Paposeco não tem dinheiro. Estou a procurar um sócio. Vai ter muitos brasileiros aqui no hotel quando Cuamba for grande, por causa desses [homens] da Vale.

Em seguida, Paposeco desatou a falar das novelas brasileiras, nas quais as pessoas se namoram em beijos diurnos nos quais ele desacreditava: "A menina diga lá: vocês brasileiros fazem daquele jeito mesmo?" Os casais moçambicanos nem de mãos dadas andam nas ruas, quanto mais saem a se beijar por aí. O taxista gargalhava a ponto de esconder a cabeça no meio do volante e levantar saltitante com o impacto do pneu em um buraco.

Pedro Paposeco conversava enquanto dirigia velozmente pela precária estrada de terra vermelha. Desviava dos buracos no último instante, sem frear, como se tivessem sido abertos naquele segundo e fosse impossível prever a pancada, sacolejando o automóvel e levantando poeira. Eu contorcia o rosto a cada obstáculo, preocupada com o veículo, mas Paposeco ria alto de suas estripulias no volante, um riso inocente e farto, movimentando a alma dentro do corpo volumoso.

Era preciso correr. Cheguei a Cuamba já com o dia se alaranjando e às 16h parti com Paposeco. Antes de o sol se pôr em definitivo, por volta das 18h, precisávamos encontrar Patrícia Loureiro Batista de Assis, natural de Aquidauana, Mato Grosso. Ela era a gerente do Projeto Lioma, a primeira fazenda de soja de brasileiros em solo moçambicano, a pouco mais de 70 quilômetros ao sul de Cuamba, por uma estrada muito ruim Aquela era a única chance de conhecer o negócio, porque eu ficaria na região apenas naquele dia – na manhã seguinte, às 5h, pegaria o trem em Cuamba para rumar a leste, sentido oceano Índico. O cair da tarde dava a toada da ansiedade, aumentando os danos ao carro de Paposeco.

Um cronograma apertado é talvez a maior angústia de um jornalista na estrada. Ainda mais se a logística não permitir flexibilidade. Era o caso. O percurso da ferrovia antes da reforma da Vale era uma história a ser contada. Além disso, perder o bilhete do dia seguinte significaria o risco de faltar à visita agendada a uma obra da Odebrecht, financiada com dinheiro público brasileiro. Enquanto cruzava o norte de Moçambique, eu fazia malabarismo para nenhuma história cair.

Finalmente, depois de muita estrada, encontramos Patrícia. O Projeto Lioma, que ela gerencia, é um negócio da Agromoz, empresa com participação do Grupo Pinesso, um grande produtor de soja brasileiro. Foi formado por seis irmãos da família Pinesso, no Paraná, nos anos 1950. Na década de 1980, seguiu o movimento de expansão agrícola para o Mato Grosso e o Mato Grosso do Sul. Agora, a África é sua nova fronteira agrícola.

Em Moçambique, são 2 mil hectares de área, dos quais 500 foram desmatados e plantados com soja em 2012. É pouco se comparado aos planos do Grupo Pinesso para sua atuação em Moçambique, que incluem outra fazenda de milhares de hectares para produzir sementes da oleaginosa. Por outro lado, é um tamanho incompreensível para os agricultores moçambicanos, cuja área média de cultivo é menor que dois hectares.

A fazenda de soja fica em uma planície cercada por uma cadeia de montanhas de pedra, no estilo de Mitucué, a serra dos pigmeus. No meio da cordilheira, há um cume pontiagudo e sobre ele um pequeno rochedo, lembrando uma mão com o indicador apontando o céu. A paisagem é de emudecer. Chegamos quando o expediente já tinha se encerrado e os maquinários importados do Brasil descansavam do dia de trabalho. Eram tratores e colheitadeiras, que destoavam do entorno. A quase totalidade da agricultura moçambicana é praticada apenas com enxada. Pintada de rosa no lusco-fusco, a plantação brasileira ficava ainda mais exuberante.

– Aqui era bruto. Desmatamos pra poder plantar. Fizemos, gostamos e agora vamos expandir mais – disse Patrícia de Assis.

Aos 37 anos, a pele queimada pelo trabalho no sol, Assis liderava os 142 funcionários do Projeto Lioma. Entre um cigarro e outro, narrava a curiosidade dos moçambicanos com uma mulher no comando de uma fazenda. Na zona rural, o domínio é quase sempre deles, que também têm a exclusividade do fumo. O desafio não a assustava. Moçambique era "tranquila", disse, comparado ao seu trabalho anterior. Depois de atuar no Grupo Pinesso no Brasil, Assis foi chamada para tocar os primeiros negócios da empresa na África, de produção de algodão no Sudão. Mas não gostou do ambiente violento – houve "uns conflitos por causa da religião deles", contou.

– O Pinesso me chamou para Moçambique em primeiro de agosto de 2012. Como eu sempre ouvi falar que estava vindo brasileiro pra cá, respondi "Vou sim". Dia 13, eu já estava aqui. Me adaptei muito bem! Aqui é mais ou menos parecido com o Brasil! Não sei te explicar... em relação ao cerrado, a essas estradas... Tem lugares no interiorzão do Brasil que fazem lembrar muito – disse.

Lembram, de fato. Porém, com peculiaridades. Patrícia contraiu malária duas vezes em menos de um ano. Nivaldo e Aguinei, outros mato-grossenses que trabalhavam com ela, também. A doença, em declínio no Brasil, é a principal causa de morte em Moçambique.

Os três eram pioneiros, os primeiros brasileiros a produzirem grãos em larga escala em Moçambique. Mas, diferentemente dos pioneiros que desbravaram o Centro-Oeste e o Norte do Brasil, Patrícia, Nivaldo e Aguinei não eram os fazendeiros, os donos do capital – das terras, das máquinas e dos insumos. Eram apenas funcionários de um agronegócio que opera como empresa multinacional. Na expansão do Brasil para a África, é esse o padrão que deve se repetir.

O principal objetivo do Projeto Lioma – e das demais iniciativas brasileiras que começam a desbravar Moçambique – é produzir grãos para exportação. Mas, por enquanto, toda a colheita é vendida para alimentar o frango produzido no país. É uma ligeira ironia da história.

Poucos anos antes, a presença brasileira provocou prejuízos na indústria frigorífica local. A importação de frango do Brasil, de marcas como Perdigão e Sadia, explodiu a tal ponto que, de 2003 a 2013, as carnes foram nosso principal produto de venda para Moçambique, no valor de 100 milhões de dólares. Em seguida, vieram as aeronaves da Embraer: 99 milhões de dólares. Mais barato que o produto local, o frango brasileiro se tornou um concorrente difícil de se vencer.

Os moçambicanos não fugiram da disputa. Uma das suas armas foi uma propaganda bem-humorada na televisão, exibida em 2009. Nela, um frango com fantasia de carnaval canta uma paródia de Garota de Ipanema, de Vinicius de Morais. Em vez de "Olha que coisa mais linda, mais cheia de graça, é essa menina que vem e que passa", o bicho cacareja "Quem quer jantar a galinha que é importada, que vem fechadinha, você não vê nada, é seca e magrinha, vem cheia de ar". Em seguida, uma rechonchuda galinha em vestes moçambicanas entra em cena e espanta a brasileira: "Afasta, magricela, você só tem costela." Seu canto termina com uma assertiva: "O frango nacional é melhor." Virou um sucesso.

***

Na madrugada seguinte à visita ao Projeto Lioma, fiquei à espera do trem que sairia de Cuamba para Nampula, a maior cidade do norte de Moçambique. Uma fila de mulheres, a maioria com crianças, também aguardava a partida – a taxa de natalidade no país é altíssima: cincos filhos por mulher. (No Brasil, não chega a dois.) Elas estavam coloridas, cobertas pelas capulanas, um corte de tecido africano estampado, usado para mil serventias. É roupa e também acessório: amarrado na cintura ou na cabeça, prende os filhos nas costas, serve como trouxa, vira esteira no chão e dá suporte para diferentes tipos de comércios.

Às 5h, partiu o trem, enferrujado e velho, rangendo nos trilhos calejados. Em um futuro próximo, após o término da reforma feita pela Vale, esse caminho de ferro deve se tornar uma importante peça na economia moçambicana, transportando carvão, além da soja cultivada pelos brasileiros. Enquanto isso não ocorria, a ferrovia levava pobres passageiros e magros carregamentos.

Pela frente, tínhamos dez horas de viagem até Nampula. Eram 350 quilômetros, com cerca de trinta paradas. Em cada uma delas, outro movimento ganhava velocidade fora dos vagões. Mulheres de todas as idades, homens jovens e crianças levantavam-se da sua espera pelo trem, recolhiam os produtos que traziam consigo e se apressavam em direção às janelas. Parecia um enxame que acabara de ser atacado, zumbindo em um caótico conjunto de movimentos não coordenados. Levavam baldes coloridos na cabeça, sacolas nos braços e disputavam os passageiros.

Eram camponeses da região, que se aproximavam para vender o que suas roças produziam naqueles tempos quentes de maio: amendoim, banana, feijões, mamão, limão, laranja, cenoura, cana doce, mandioca, alface, pimentão, cebola, mexerica, pimenta, castanha de caju, milho, tomate, couve, alho. O comércio rendia um dinheiro miúdo, importante para comprar o que não nasce na terra: o sabão, o sal, a capulana, o caderno escolar.

Os camponeses são o rosto da agricultura moçambicana, cujas áreas de plantio têm em média 1,5 hectare – no Brasil, são 65 hectares em média; no Centro-Oeste brasileiro, 330.[9] Além disso, eles representam a população de Moçambique. No país, sete em cada dez pessoas vivem na zona rural e dependem da terra para o seu sustento. Em geral, produzem milho, feijão, amendoim e mapira (um tipo de sorgo, um cereal que lembra uma pequena espiga de milho, bastante consumido na África). A produção é orgânica, por falta de acesso a insumos. A natureza também dá mangas, cajus, mafuras, maçanicas, ervas medicinais e carvão vegetal.

Estima-se que metade dos camponeses produza para o próprio consumo, sem obter nenhuma renda, e que a outra metade, em sua maioria, consiga somente uma renda magra. É o caso dos camponeses que levam suas colheitas para os trilhos do trem. Os passageiros são os únicos compradores da sua produção. Falta mercado para a agricultura. Por outro lado, a distribuição é falha e o mesmo alimento que é colhido em algumas regiões falta em outras, precisando ser importado. Assim, apesar da aparente fartura ao longo da ferrovia, Moçambique vive sob a sombra da fome – 44% das crianças menores de cinco anos sofrem de desnutrição.[10]

O governo brasileiro diz que pode melhorar essa realidade agrícola com o ProSAVANA, um dos seus principais projetos de ajuda à África. Realizada em conjunto com o Japão, a iniciativa tem o objetivo de desenvolver a agricultura exatamente no Corredor de Nacala, uma região de savana do tamanho do Ceará e com 4 milhões de pessoas. O ponto de partida é a experiência brasileira com um bioma parecido, o cerrado.

O cerrado, que se estende do Sudeste ao Centro-Oeste do Brasil, era tido como terra imprestável para a agricultura até os anos 1970. Uma das iniciativas voltadas a mudar aquela realidade foi o PRODECER, implementado em parceria com o Japão. O programa estimulou a colonização agrícola e o uso de tecnologia, e transformou as regiões-alvo em grandes produtoras – sobretudo soja para exportação. Em 2009, Brasil e Japão decidiram adaptar esta experiência em Moçambique e lançaram o ProSAVANA, com duração prevista de vinte anos. Além da transferência de tecnologias agrícolas brasileiras, espera-se atrair investidores privados para o Corredor de Nacala.

Em outras palavras, o ProSAVANA misturou no mesmo baralho as cartas da ajuda do Brasil à África e as do negócio. Nunca antes isso tinha ocorrido. Por isso, o ProSAVANA fez surgir o primeiro caso de oposição à cooperação brasileira. Movimentos sociais do campo moçambicanos e ONGs estão se mobilizando contra o programa, temerosos de que camponeses sejam expulsos de suas terras para abrir caminho para o agronegócio. O Brasil já tinha sido colocado em xeque em outras ocasiões devido à atuação de empresas privadas – sobretudo a Vale –, mas nunca antes um projeto do governo esteve no olho do furacão.

De volta ao trem, as janelas dos vagões emolduravam pequenos montes de pedras. Vez por outra, mostravam casas de taipa das aldeias rurais e diminutos roçados, de pouco mais de um hectare. As cidades eram poucas, pequenos vilarejos perdidos no tempo, ainda com sinais de destruição da guerra civil que acabou em 1992. Dentro de poucos anos, essa paisagem pacata da ferrovia de Cuamba-Nampula pode se tornar apenas uma memória do que era o Corredor de Nacala antes da fixação do Brasil em Moçambique.

***

A ferrovia da Vale não terminará em Nampula. Ela deve prosseguir por um terceiro e último trecho, de cerca de 200 quilômetros, até a cidade portuária de Nacala, a ponta do Corredor de Nacala. No meio do caminho, um outro distrito tem potencial para ficar verde e amarelo: Monapo, que guarda sob a terra uma enorme reserva de fosfato, um importante componente de fertilizantes agrícolas. Ali, a Vale ganhou concessão para pesquisar mais de 1.000 quilômetros quadrados.

Já a cidade de Nacala sonha em debutar como um novo polo econômico de Moçambique. Foi transformada em uma zona econômica especial e oferece isenções tributárias para a instalação de negócios. Os brasileiros são os responsáveis pelos maiores empreendimentos e prometem dar o pontapé inicial para a transformação da região de 300 mil habitantes: uma grandiosa obra da Vale e outra da Odebrecht. Por isso, depois da viagem de trem, segui para Nacala.

Sem nenhuma grande atividade econômica – mineral, agrícola ou industrial –, o diferencial de Nacala é sua condição geográfica. Tem um porto natural, formado por uma baía profunda, visível na cor negra do mar, que contrasta com o verde-claro das paradisíacas praias a poucos quilômetros dali. Os colonos portugueses foram os primeiros a aproveitar essa vantagem, inaugurando um porto em um dos lados da baía.

Em torno dele, surgiu uma cidade, conhecida como Nacala-Porto. Já do outro lado da baía, está uma pequena vila conhecida por Nacala-a-Velha. Ali, a Vale constrói seu próprio terminal portuário para exportar o carvão de Moatize, que vai chegar pela ferrovia. A construtora brasileira OAS é responsável por parte das obras.

A visão da baía entre os dois portos, o antigo e o da Vale, preenche o mirante do novo Aeroporto Internacional de Nacala, localizado em uma região de maior altitude. É uma obra da Odebrecht, contratada pelo governo moçambicano e financiada pelo Banco Nacional de Desenvolvimento Econômico e Social (BNDES). O crédito de 125 milhões de dólares só pôde ser oferecido após o nome de Moçambique ter sido limpo na praça brasileira. O país nos devia 331 milhões de dólares, dos quais 315 foram perdoados pelo governo Lula.

Quando visitei as obras do aeroporto, o movimento de veículos e operários era intenso, como se houvesse uma furiosa demanda reprimida esperando para utilizar a nova infraestrutura. Não era o caso. O aeroporto está dimensionado para receber 500 mil passageiros ao ano.

É mais de uma vez e meia a população de Nacala, cujas demandas ainda são bem mais elementares. Só um quarto das pessoas tem eletricidade. Apenas metade, água encanada.[11]

Não era na população local que o aeroporto de Nacala estava de olho, mas nos investidores estrangeiros. Construído com base nas expectativas de desenvolvimento futuro, será o segundo maior de Moçambique, atrás apenas do da capital. Contudo, se os negócios previstos para a região demorarem para sair, é possível que o movimento inicial seja baixo e que a obra vire um elefante branco. Quem paga a conta – do BNDES – é o Estado moçambicano. A própria Odebrecht teve dúvidas sobre a viabilidade do aeroporto, mas depois espanou o pessimismo:

– Esse país evoluiu muito rápido. Daqui a quatro anos, a gente não vai reconhecer. Você viu o investimento da Vale em Nacala. Há dois anos, o porto era um fantasma. Hoje, está lotado. É impressionante o que aconteceu e o que vai acontecer daqui pra frente. Se você pensar no Corredor de Nacala, com o ProSAVANA e todas essas iniciativas... Até nós, que não somos do ramo agroindustrial, estamos interessados. Imagine outras empresas! Tudo isso é uma coisa atrás da outra, aquela bola de neve – comentou Miguel Peres, então diretor da Odebrecht em Moçambique, em 2013, em entrevista concedida no escritório em Maputo.

É mesmo difícil imaginar o que será dessa pacata região dentro de dez ou vinte anos, quando a ferrovia, o porto e o aeroporto estiverem em funcionamento, carregando carvão, grãos e empresários. Até lá, na estrada entre Nacala-Porto e Nacala-a-Velha, os poucos carros que trafegam competem com grupos de mulheres que equilibram longas ramagens nas cabeças, utilizadas para renovar os telhados das casas de taipa. Suas vidas continuam iguais, alheias ao desenvolvimento que se tornou vizinho sem se apresentar

Enquanto isso, em Moatize, onde a presença brasileira já muda a paisagem, os oleiros que combatiam a Vale não conseguiram acordo e ameaçavam voltar a protestar

LULA DA SILVA, O AFRICANO

– Eu tenho feito apelos e mais apelos para os empresários brasileiros que investem nos países africanos. Que tenham um comportamento diferenciado, para o Brasil não ser tratado como um país imperialista – disse Luiz Inácio Lula da Silva, na manhã de 18 de dezembro de 2013, quando concedeu entrevista exclusiva para este livro.

O ex-presidente tinha muito a falar. É o principal personagem da expansão das relações do Brasil com o continente africano. Há um "antes e depois" de Lula. Com ele na liderança, o país atravessou o oceano Atlântico com embaixadas, iniciativas de ajuda à África e negócios, muitos negócios.

Em Moçambique, por exemplo, quando Lula assumiu o governo, em 2003, o Brasil não estava lá. A Vale não tinha se instalado. As empreiteiras brasileiras não realizavam nenhuma obra e o BNDES não emprestava. O setor do agronegócio nem sonhava em produzir no Corredor de Nacala. As aeronaves da Embraer não cruzavam os céus moçambicanos. O governo federal não realizava nenhum projeto de "solidariedade" de grande porte.

Os poucos indícios do verde e amarelo eram as novelas retransmitidas na TV aberta local e as igrejas evangélicas que ganhavam terreno. Nos dez anos que se seguiram, Moçambique se tornou, ao lado de Angola, o maior polo do Brasil na África.

Após a saída de Lula da presidência, a África foi eleita um dos seus principais focos de atuação. Por isso, na entrevista, o ex-presidente estava bem-informado sobre a oposição contra a Vale em Moçambique. Falou que os protestos contra a mineradora prejudicavam a imagem brasileira no continente e contou que conversou com representantes da empresa a este respeito.

De traje casual e barba raspada, com exceção do bigode, o petista demonstrava preocupação. A sede econômica brasileira, estimulada pelo seu governo, poderia desmentir a mensagem que ele espalhava desde a eleição de 2002: com o Brasil não haveria imperialismo, mas "companheirismo". Em novembro de 2003, por exemplo, em Maputo, na primeira viagem à África como presidente, Lula discursou:

— Essa relação que o Brasil pretende manter com os países da África não é uma relação de um país imperialista com vocação de hegemonia. Nós já estamos cansados, já fomos colonizados, já nos libertamos do hegemonismo. Nós queremos parceria, queremos companheirismo.

A entrevista ocorreu no Instituto Lula, organização em que o ex-presidente passou a atuar. É uma casa despretensiosa, em frente ao Parque da Independência, no Ipiranga, Zona Sul de São Paulo. Sentado na outra ponta do mesmo sofá onde estava Lula, o jornalista Franklin Martins, seu ex-ministro da Secretaria de Comunicação Social, acompanhou a entrevista com uma certa irritação. Quando perguntei a Lula se o Brasil era imperialista, Martins fez sinal para o assessor de imprensa do instituto encerrar a entrevista. O ex-chefe de Estado não se importou e respondeu:

— Não é. E não deve ter vocação para isso. O Brasil deve ser uma espécie de meeiro, muito mais um "parceirista". Uma empresa brasileira que vai para a Argentina precisa trabalhar com a ideia de se associar com uma empresa argentina, para que a gente tenha uma empresa latino-americana grande. Que a gente não vá engolindo as empresas, como os americanos e os ingleses fizeram conosco.

Uma das paredes da sala de Lula no instituto era ocupada por um mapa-múndi de quase dois metros de comprimento. Sobre a África, estavam fincados cerca de cinquenta pinos coloridos em mais de vinte países, lembrando um tabuleiro do jogo *War*. Não se tratava de conquista de posições bélicas, contudo. Era sim um mapa do *soft power* brasileiro, expressão cunhada para representar um tipo de influência externa não militar e sem coerção econômica, guiado por diplomacia e cooperação.

Os pinos sinalizavam as visitas de Lula. Vermelho para as realizadas no primeiro mandato; azul, no segundo; e verde como ex-presidente. Se tivesse ido de uma só vez, Lula teria passado mais de dois meses na África. Junto com ele, embarcaram missões de governo e empresariais. Moçambique e Angola são os únicos países africanos em que o Brasil está presente de fato. Mas as viagens de Lula também levaram o país, de forma mais tímida e esporádica, para regiões onde nunca antes estivera (sobretudo as não falantes de português), espalhando a bandeira brasileira no mapa africano.

***

A tônica da ida do governo Lula para a África foi a construção de uma nova geopolítica, em que o sul (que engloba os emergentes e as nações em desenvolvimento) se unisse para se fortalecer em relação ao norte (os países desenvolvidos).

O aumento das relações econômicas entre o próprio sul (sul-sul) era visto como o principal alicerce desse empreendimento geopolítico. Assim, o ex-presidente sempre defendeu os negócios – aliás, o tópico principal da entrevista.

Também era preciso que o sul conquistasse espaço político, com mais representação nas organizações multilaterais. Nesse quesito, a maior pretensão do Brasil foi obter uma vaga permanente no Conselho de Segurança das Nações Unidas. O apoio da África era cobiçado, pois o continente tinha 41% dos votos necessários para alterar a composição do órgão.

Além de promover laços econômicos e políticos, o governo petista chegou à África dizendo que ofereceria uma ajuda desinteressada para pagar uma dívida histórica: os três séculos de escravidão. Os africanos levados à força pelo Atlântico construíram o Brasil e formaram seu povo. Agora, o país retribuiria cooperando em áreas como educação, saúde e agricultura, sem pedir nada em troca. Porém, este se revelaria o aspecto menos importante da atuação brasileira no continente.

Passada uma década da política africana petista, a principal faceta da presença do Brasil é econômica. Entre 2003 e 2013, o comércio exterior entre as duas regiões subiu de 6,1 para 28,5 bilhões de dólares – crescimento acima do registrado pela balança comercial brasileira em geral. Ainda assim, a África continua a representar apenas uma pequena parcela da balança total, 6%. É pouco, mas suficiente para fazer do continente nosso quinto maior comprador, atrás da China, Estados

Unidos, Argentina e Países Baixos – além de ser nosso maior fornecedor de petróleo.[1]

Nessa mesma década, pelo menos quinhentas empresas brasileiras se instalaram em países africanos – em 1995, havia apenas treze, segundo cálculos do Ministério do Desenvolvimento, Indústria e Comércio (MDIC). A maior é a Vale, que planeja investimentos de 8,2 bilhões de dólares em Moçambique. O BNDES começou a financiar obras de empreiteiras, fechando créditos de cerca de 3 bilhões de dólares. Odebrecht, Camargo Corrêa e Andrade Gutierrez receberam a maior parte, para mais de quarenta projetos em Angola. O Banco do Brasil emprestou outro 1,3 bilhão de dólares para vendas externas para a África. A Petrobras se mobilizou para fechar negócios de petróleo e biocombustíveis. Empresários do agronegócio aceleraram o passo para cultivar grãos.

Na entrevista, Lula defendeu a presença econômica do Brasil na África. Disse ficar "orgulhoso" quando empresas brasileiras se transformam em multinacionais. Justificou o lobby do seu governo para a instalação da Vale em Moçambique pela necessidade de o Brasil ter acesso ao carvão. E questionou para que serve um governo senão para promover negócios do país.

– O senhor fala muito dos empresários. Eles assumiram a linha de frente nas relações com a África? – questionei.

– Deixa eu te contar por que eu falo muito dos empresários. É porque nós, os dirigentes políticos, fazemos o discurso, o Itamaraty prepara o memorando, mas para as coisas acontecerem tem que ter os agentes que vão fazer as coisas acontecerem. Você percebe?

– E os empresários são os principais agentes?

– Eles têm interesse econômico. Vamos pegar o caso da Vale. Ela tem interesse em colocar dinheiro lá, gerar emprego, gerar crescimento do seu patrimônio, vai ajudar na infraestrutura. As coisas começam a acontecer. O meu medo é que, se não tiver o empresariado por trás, as coisas ficam mais difíceis de acontecer. Você tem que despertar interesse neles.

Uma vez despertado o interesse, como o governo poderia garantir que as empresas brasileiras tivessem o "comportamento diferenciado" de que falou Lula, "para o Brasil não ser tratado como um país imperialista"? Fiz essa pergunta ao ex-presidente. Segundo ele, há espaço para ação do governo, já que muitos negócios dependem de apoio político e econômico do Estado para serem concretizados. Porém, até agora, o governo tem exigido muito pouco das empresas.

Já o escritor Mia Couto, um dos moçambicanos mais conhecidos no mundo, não é tão otimista: as companhias do Brasil não teriam como ser diferentes porque agem de acordo com uma ética global, a do lucro, que não pode ser regulada nas fronteiras nacionais.

Algumas das forças que hoje conduzem o Brasil tanto faz que estejam no Brasil como nos Estados Unidos, na China ou em qualquer lugar. São forças que se conduzem pelas linguagens globais do lucro, do mercado, da relação com os interesses econômicos e financeiros. Não haverá grande diferença – concluiu Mia Couto, em entrevista concedida para este livro, em 21 de maio de 2013, em Maputo.

O escritor falava com conhecimento de causa. Além de ter publicado mais de 20 livros, Mia Couto é biólogo e dirige uma empresa que prepara estudos de impacto ambiental em Moçambique, a Impacto. Nos últimos anos, o Brasil entrou no seu portfólio de clientes. Por exemplo, o projeto da hidrelétrica de Mphanda Nkuwa, da Camargo Corrêa, perto da mina da Vale.

– Com o Brasil, havia uma expectativa ingênua de que iríamos nos entender melhor. E depois se revelou algo que é igual à lógica dos outros, dessas empresas poderosas do mundo inteiro. Há um ressentimento. Se viesse uma empresa da França, da Inglaterra, não haveria expectativa de que fosse diferente. Então o resultado final é mais grave ainda, porque há uma desilusão [com o Brasil] – falou Mia Couto.

Lula e Mia Couto se encontraram em São Paulo em 2012, mas não tiveram chance de falar desse assunto. Contei a visão do escritor para o ex-presidente, que reconheceu o risco de que a lógica de negócios brasileira se torne "igual à dos outros", como disse Mia Couto. Mas o ex-presidente parecia acreditar em uma receita de longo prazo para ser diferente: um desenvolvimento em etapas. O governo brasileiro estimularia a expansão de empresas para a África – "não apenas as empreiteiras", mas bancos e indústrias. As companhias, então, fariam negócios com empresários africanos, incentivando o surgimento de empresas africanas. Haveria mais crescimento. Em seguida, mais consumo e melhoria das condições sociais.

– Não é uma coisa simples de fazer. É muito mais fácil a gente falar, mas na hora de fazer... – disse Lula.

A ideia não está descolada do que pedem as principais instituições africanas. A União Africana, por exemplo, o maior órgão político do continente, quer mais investimentos externos e menos intervenção política estrangeira. Além dela, a Comissão Econômica para a África das Nações Unidas (UNECA), entidade econômica africana mais importante, defende mais presença brasileira. Porém, em áreas novas, como agricultura e industrialização. Até que isso ocorra, o guineense Carlos Lopes, no comando da UNECA, parece concordar com Mia Couto. O Brasil "aparece como os antigos", diz Lopes.

– Não há prejuízo para a África, mas acho que o Brasil pode fazer muito mais. O Brasil está presente na África pela mineração e pela construção. É um modelo antigo e dos outros. Se esse modelo não evoluir, vai se esgotar. Em vez do Brasil aproveitar uma vantagem comparativa, aparece como os antigos. Tem sido assim e ainda não vejo um movimento de mudança – opinou Lopes, falando por telefone da Etiópia, onde fica sediado, em agosto de 2013.

***

A balança do ex-presidente Lula pendia tanto para os empresários não apenas porque o peso deles era maior. O desequilíbrio também estava na outra ponta, a cooperação sul-sul, a principal moeda da solidariedade que o país defende. Os valores gastos pelo Brasil nessa área são baixos.

De 2003 a 2012, o Brasil doou cerca de 90 milhões de dólares em alimentos e medicamentos para a África. A Agência Brasileira de Cooperação (ABC), ligada ao Itamaraty, gastou outros 49 milhões de dólares em projetos de transferência de conhecimento e tecnologia, em 43 das 54 nações africanas – nas áreas de saúde e educação, por exemplo. O único número expressivo da solidariedade brasileira é o perdão de dívidas: cerca de 1 bilhão de dólares.[2] No entanto, trata-se de uma limpeza de registros, não implicando gasto real.

Comparada com outros países, a contribuição brasileira é muito modesta. A cooperação do Brasil, a sétima maior economia mundial, representa 4% do volume de ajuda fornecido pela Inglaterra, a sexta economia. Equivale à de Portugal, na posição 44 do ranking do PIB. Lula criticou:

– Se você pegar os fundos que nós temos na ABC, é uma vergonha! Aquilo está mais para uma ONG do que para uma agência de colaboração. Nós poderíamos ter 1 bilhão de dólares naquela agência. Não temos porque a nossa cabeça ainda é pequena. Toda vez que você vai discutir isso, você esbarra no Orçamento. Ele está tão comprometido com as coisas velhas que dificilmente consegue colocar coisa nova, sobretudo quando pensa em solidariedade – reclamou um amargurado Lula. Vale lembrar que o Poder Executivo, comandado pelo presidente, elabora o Orçamento.

Apesar de pequenos em comparação com outros países, os números da cooperação do Brasil cresceram nos anos 2000. Esse aumento fez o país ser reconhecido como um novo parceiro africano. O diplomata Olyntho Vieira, que coordenou o apoio nacional em agricultura, disse que todo país para onde viajava pedia uma unidade da Embrapa: "Se fosse atender a todos os pedidos, hoje haveria 150 filiais pelo mundo."

Porém, em seguida, os países africanos ficaram frustrados com os magros resultados da solidariedade do Brasil. O país prometia demais nas viagens presidenciais, mas executava de menos. A maior parte das iniciativas era de pequeno porte; as poucas de grande porte demoravam muito para sair do papel. O principal motivo era a falta de recursos para o setor. Para piorar, o orçamento para projetos de cooperação na África foi cortado drasticamente na gestão de Dilma Rousseff.

– Os recursos para cooperação caíram bastante – cutuquei Lula.

– Caíram não, praticamente acabaram – retrucou o ex-presidente.

Os africanos passaram a reclamar abertamente: queriam mais fôlego do Brasil na "solidariedade". Lamentavam, inclusive, para homens de negócio brasileiros, aqueles que realmente estavam colocando dinheiro na África. Entre eles, Miguel Peres, então diretor da Odebrecht moçambicana, em 2013:

— Tem um pouco de insatisfação aqui em Moçambique. [As pessoas dizem] "Poxa, o Brasil tem tantos programas, mas a gente não vê andar." Eu ouvi isso de personagens do governo. É como eu te digo: as empresas têm que continuar puxando o Brasil.

***

"Lula da Silva", como é chamado em países africanos, seguiu promovendo a presença do Brasil no continente após virar ex-presidente Apoia negócios e contrapõe a China, uma nova concorrente pela amizade africana. Também é garoto-propaganda de políticas sociais petistas, anunciando o potencial de replicá-las no continente. O combate à fome na África se tornou uma bandeira mais importante do que quando o político comandava o Brasil.

Do lado africano, as autoridades continuam a receber Lula com honras de chefe de Estado. Em março de 2013, por exemplo, ele foi convidado a visitar o Benin. Na chegada, o cerimonial beninense se desculpou. não pôde colocar bandeiras do Brasil e outdoors nas ruas celebrando a visita porque a legislação do país só permitia que isso fosse feito para presidentes no cargo. Em compensação, Lula foi presenteado pelo presidente Boni Yayi com um objeto simbólico. "Como você é o rei da África", brincou o beninense, "vou te dar um trono". O brasileiro voltou para casa com uma cadeira real africana, além de caixas de abacaxi.

— Sua liderança fez do Brasil um dos países que mais rápido têm tirado as pessoas da pobreza. Por isso falamos de um "modelo brasileiro de desenvolvimento". Nós, na África, olhamos o Brasil como um exemplo – disse o presidente de Gana, John Dramani Mahama, ao receber Lula no mesmo mês, em Acra, capital do seu país. E emendou:
— Bem-vindo de volta a casa.[3]

Lula é bem-visto pelas autoridades africanas porque incluiu a África na política externa brasileira, implementando medidas de estímulo econômico e iniciativas de cooperação. Mas não foi só isso. Conta a seu favor a defesa da construção de uma nova geopolítica, com mais peso para o sul e mais autonomia em relação às potências e instituições multilaterais, como o FMI e o Banco Mundial. O petista também sempre realçou a importância e o potencial do continente africano.

Já do lado brasileiro, Lula continua a receber personalidades e empresários interessados nas relações que seu governo construiu com a África. Muitos preferem procurá-lo a bater na porta da sua sucessora, considerada mais fria com os assuntos africanos.

Um dos ilustres visitantes de Lula no Brasil foi o presidente da Guiné, Alpha Condé, em novembro de 2013. O governo Lula foi peça fundamental para a instalação da Vale em Moçambique e o guineense esperava que o petista pudesse contribuir com as conturbadas negociações da mineradora em seu país. A viagem não era oficial, mas de caráter particular. Condé não se encontrou com Dilma.

– O presidente Lula continua sendo visto como uma entidade acima do bem e do mal na África. Ele aqui é superquerido. O efeito da vinda dele é sempre tão positivo, cativador das audiências. [...] Eu acho que as empresas estão com saudade dele – disse Peres, da Odebrecht.

A fala de Peres era cheia de entusiasmo. Não havia constrangimento com a informação que viera à tona meses antes: a empreiteira, uma das maiores multinacionais brasileiras na África, patrocinara algumas das idas do ex-presidente ao continente. A história apareceu na manchete do jornal *Folha de S.Paulo*, em 22 de março de 2013, causando polêmica no Brasil. Além da Odebrecht, outras empresas que se beneficiaram da expansão internacional do país financiaram viagens de Lula, tanto para o continente africano como para a América Latina.

Oficialmente, o patrocínio pagava por palestras de Lula nos locais visitados (renderiam até 300 mil reais). Mas, nas visitas, o ex-presidente supostamente ajudaria empresas brasileiras junto aos governos locais. Em agosto de 2011, por exemplo, Lula viajou para a Bolívia com a OAS. Lá, se encontrou com o presidente Evo Morales, com quem teria tratado dos negócios da construtora no país, segundo a *Folha*.[4] Já em Moçambique, a embaixadora brasileira Lígia Scherer relatou a respeito da visita de Lula ao país, em novembro de 2012, paga pela Camargo Corrêa:

– A estada do ex-mandatário contribuiu para alterar alguns conteúdos das discussões, públicas e no interior do governo [moçambicano], sobre a atuação do Brasil em Moçambique. [...] Ao associar seu prestígio às empresas que aqui operam, o ex-presidente Lula desenvolveu, aos olhos moçambicanos, compromisso com os resultados da atividade empresarial brasileira – escreveu Scherer para o Itamaraty, em correspondência sigilosa obtida pela *Folha*.

O Instituto Lula confirmou o patrocínio das construtoras. A Odebrecht foi além: pediu publicamente que Lula viajasse mais. "Ele tem feito o que presidentes e ex-presidentes dos grandes países do Hemisfério Norte fazem, com naturalidade, quando apoiam suas empresas nacionais na busca de maior participação no comércio internacional. Ou não seria papel de nossos governantes vender minérios, bens e serviços que gerem riquezas para o país?", escreveu Marcelo Odebrecht, presidente da empresa, em artigo na mesma *Folha*, em abril de 2013.[5]

Lula e Marcelo Odebrecht pensavam parecido. Na entrevista para este livro, o petista questionou: "O que faz o rei da Espanha?" Em seguida, enumerou ações de chefes de Estado em favor dos negócios dos seus países. Perguntei-lhe a respeito do patrocínio das empreiteiras.

– Não há conflito de interesse. Nem com empresa de construção, nem com banco, nem com empresa de automóvel. Eu viajo e faço palestra gratuita para sindicato, para comunidade de base, para qualquer coisa. Agora, quando sou contratado para fazer palestras, eu vou com o mesmo carinho para Nova York, Madri, Paris, Londres, como eu vou para Moçambique, Guiné Equatorial, Adis Abeba [capital da Etiópia]. Quem quiser é só me contratar. Não tenho preconceito de categoria – respondeu Lula.

– Mas essas empresas foram grandes beneficiadas pelo aumento da presença do Brasil na África – insisti.

– Se não fossem, não estariam lá. Se estivessem tendo prejuízo na África e não tivessem contrato, não iriam para lá. Eu não fui convidado a fazer nenhuma palestra em São Tomé e Príncipe, porque não tem nenhuma empresa lá.

No mês seguinte à publicação da reportagem da Folha, Lula disse em evento em São Paulo: "Não sou lobista"[6] parafraseando o dicionário Houaiss, lobby é a atividade de pressão sobre políticos e poderes públicos, que visa exercer influência sobre estes. Uma executiva da Andrade Gutierrez, que participou de missões empresariais à África quando Lula era presidente, o definiu de outra forma: um "caixeiro-viajante".

Segundo essa executiva, Lula agia da seguinte maneira durante as viagens africanas: primeiro, questionava o que as principais empresas brasileiras queriam. Em seguida, apresentava a proposta delas a autoridades africanas e colocava os dois lados em contato. Assim, criava-se "um compromisso político" com Lula de que o negócio aconteceria. Por isso, as empresas adoravam as missões empresariais em companhia do petista. Ele era um imbatível fomentador de negócios.

– As missões brasileiras à África eram impressionantes! Tinha missão a cada três meses. Há países, como a República Centro-Africana e Burkina Faso, aonde a gente nunca iria se não fossem as missões que o governo brasileiro tinha naquela época. A gente só foi pra Gana porque o presidente Lula foi para lá primeiro. [Com Dilma,] isso acabou – falou Miguel Peres, da Odebrecht.

As construtoras brasileiras estão entre as maiores beneficiadas pela política africana petista. A relação delas com o Estado brasileiro extrapola o recebimento de apoio político e de crédito público para a realização de obras na África. Essas empresas também figuram entre as principais financiadoras de campanhas políticas no Brasil e entre os principais contratos do governo federal. Em 2014, a Operação Lava-Jato da Polícia Federal colocou essa relação em xeque.

***

Lula chegou à presidência na hora certa para lançar uma política africana para o Brasil. O contexto da África no início do século XXI era favorável. Em 2001, foi criado um plano continental de desenvolvimento econômico, a Nova Parceria para o Desenvolvimento da África (NEPAD). Em 2002, refundou-se uma aliança política, a União Africana – como a

União Europeia. A mensagem enviada ao mundo era de otimismo. A África estava decidida a vencer o estereótipo de continente perdido, assolado por conflitos armados, ditaduras, pobreza, fome e epidemias.

Além das mudanças econômicas e políticas, a África dava início a uma transformação geopolítica – naquela altura ainda pouco perceptível. Abria-se para novos parceiros, favorecendo o sul em detrimento ao norte. Isso casou com o apetite da China, que se aproximou com fôlego e deu combustível para o crescimento africano.

Havia também espaço para o Brasil. Mesmo sem fazer muito, o país se beneficiou do novo crescimento africano nos últimos anos de Fernando Henrique Cardoso à frente do governo. Entre 2001 e 2002, as exportações para o continente subiram 33% ao ano, em média. É uma taxa de crescimento parecida com a do primeiro mandato de Lula, de 34%. Foi o auge. No segundo mandato do petista, o aumento médio anual foi de 6%.[7]

Contudo, para o Brasil avançar mais, não bastava repartir a colheita das transformações africanas. A aproximação iria exigir a criação de uma nova política de relações internacionais com a África. Seria preciso construir parcerias e conhecer interesses atualizados, além de prospectar mercados e fazer lobby econômico. A única exceção era Angola, onde o Brasil já tinha fortes laços desde os anos 1980. Fora isso, seria preciso começar quase do zero.

Nos seus últimos anos no poder, FHC flertou com a ideia de lançar uma política africana e tomou algumas medidas. No entanto, deixou a concretização da tarefa para Lula. O líder do PT tinha uma vantagem: a simpatia de políticos africanos.

– Lula trouxe uma lufada de esperança. Oxalá seja bem-sucedido porque daria esperança a todos aqui na África! – disse Graça Machel em encontro em Maputo com a então ministra da Igualdade Racial brasileira, Matilde Ribeiro, em meados de 2003.[8]

Graça é uma das maiores lideranças entre as mulheres africanas. Foi esposa de Samora Machel, o primeiro presidente e herói moçambicano, que morreu em um misterioso acidente aéreo no final dos anos 1980. Em 1998, Graça se casou novamente com outro grande símbolo da luta pela liberdade, Nelson Mandela, acompanhando-o até a morte do líder, em 2013. E se aproximou de Lula.

A simbologia de um metalúrgico no poder era muito forte para Moçambique. Nas mãos do partido FRELIMO desde a independência, em 1975, o país viveu uma década de socialismo. Nesse período, o operário foi uma figura exaltada. Embora houvesse poucas indústrias no país, era considerado "o homem novo" de uma nação que lutava contra o subdesenvolvimento gerado por mais de um século de colonialismo português.

Até 2002, os versos do hino nacional eram "o povo moçambicano, de operários e camponeses", "lutando contra a burguesia" e fazendo da pátria "um túmulo do capitalismo e da exploração". E clamavam: "Viva viva a FRELIMO, guia do povo moçambicano." Era uma displicente contradição. Moçambique aderiu à economia de mercado e sepultou o socialismo em 1987. O regime de partido único foi substituído pela democracia em 1994.

O hino gerou atritos políticos e decidiu-se alterá-lo. Durante o processo, o escritor Mia Couto foi chamado às pressas na Assembleia da República (o Congresso) para resolver o que fazer com um trecho que citava um "sol vermelho". A cor comunista do astro não era aceita pela Resistência Nacional de Moçambique (RENAMO), grupo anticomunista que lutou contra a FRELIMO em uma guerra civil que durou dezesseis anos, transformando-se em partido político após o fim do conflito. A solução foi usar "sol de junho", em referência ao mês da independência.

A bandeira também se tornou alvo de polêmica. Nela, um triângulo vermelho avança, à esquerda, sobre três faixas com as cores verde, preta e amarela. Dentro dele, um livro se abre em cima de uma estrela. No primeiro plano, uma Kalashnikov, a AK-47, aparece cruzada com uma enxada, em uma releitura da foice e do martelo comunistas. O armamento foi herdado da antiga União Soviética. É a única bandeira do mundo com uma arma. Houve um acalorado debate público para mudar a bandeira. Ficou do mesmo jeito.

Assim, a FRELIMO exultou a chegada do ex-operário Lula, vinte anos depois da primeira visita de um presidente brasileiro à África.

Em novembro de 1983, João Figueiredo foi a cinco países para prospectar oportunidades de negócios, dando sequência à aproximação com o continente promovida por seus antecessores militares, Emílio Médici e Ernesto Geisel. Em Lagos, então capital nigeriana, Figueiredo deixou escapar uma bomba: era a favor das eleições diretas para presidente. Foi a primeira vez que um chefe de Estado da ditadura fez tal afirmação. E foi o caminho que o Brasil tomou.

Depois de Figueiredo, todos os presidentes foram à África. José Sarney foi o primeiro a visitar Angola. Fernando Collor também esteve em Angola, bem como em Moçambique e mais dois países. Itamar Franco passou pelo Senegal. Fernando Henrique bateu o recorde até aquele momento, viajando quatro vezes – duas para a África do Sul, uma para Angola e outra para Moçambique. No total, nos vinte anos de Figueiredo a FHC, foram quinze visitas.

Lula superou todos os antecessores juntos: fez 34 visitas como presidente.[9] Suas viagens foram a primeira estratégia para aproximar o Brasil da África. Moçambique é o segundo país africano ao qual o petista mais foi, atrás de África do Sul, a economia mais importante do continente. Foram três passagens por Maputo nos oito anos de governo e uma como ex-presidente.

– A política é uma coisa química, é como se fosse o aroma de um perfume. As pessoas precisam se conhecer, se olhar nos olhos, pegar na mão – justificou em uma de suas passagens por Moçambique.

O petista foi criticado por incluir nas paradas países cujos regimes eram liderados por ditadores e/ou violavam direitos humanos. Especialmente por conta da visita à Guiné Equatorial, comandada há mais de trinta anos por Obiang Nguema, que chegou ao poder por meio de golpe de Estado. Por outro lado, pouco se contesta sobre Angola, um dos principais focos do interesse econômico brasileiro. Lá, o presidente José Eduardo dos Santos está no poder desde 1979.

– Tem gente que é contra, que é a favor, mas você tem que pensar nos interesses estratégicos do Brasil em cada país. E, em função disso, no respeito aos direitos humanos, ao jeito das pessoas, à cultura das pessoas. Eles que decidem, não somos nós. Eu não posso chegar num país e dizer: se vocês não fizerem assim, não tem relação – defendeu Lula, na entrevista para o livro.

***

Na primeira viagem de Lula à África no cargo de presidente do Brasil, em 2003, estavam no roteiro de uma semana São Tomé e Príncipe, Angola, Moçambique, Namíbia e África do Sul. Moçambique foi um dos países que mais mexeu com o político. Lá, ele descobriu semelhanças entre brasileiros e africanos, se sentiu em casa e fez alianças que levaria para a vida inteira. A principal delas com o então chefe de Estado Joaquim Chissano.

Junto com Lula, embarcaram para a África doze ministros. Era quase um terço dos chefes da Esplanada, que ficou desfalcada em Brasília. Nunca antes e nunca depois na história do Brasil houve uma comitiva ministerial tão grande para o continente africano. Além do chanceler Celso Amorim, foram os representantes das pastas da Saúde, Educação, Segurança Alimentar e Combate à Fome, Esporte, Assistência Social, Cultura, Ciência e Tecnologia, Trabalho, Desenvolvimento e os secretários de Igualdade Racial e da Pesca, com status de ministros.

Também viajaram no avião presidencial parlamentares de partidos da situação e da oposição (PT e PFL, hoje DEM). Além de nove "convidados especiais", como o tesoureiro da campanha eleitoral de Lula em 2002, Delúbio Soares, e Emílio Odebrecht, dono da construtora que leva seu nome. Odebrecht pegou uma carona até Angola, onde estão seus mais importantes negócios na África, e de lá não seguiu a comitiva.

A primeira parada da viagem foi em São Tomé e Príncipe. Nunca antes um chefe de Estado ou mesmo um ministro brasileiro tinha ido ao país. Lá, Lula inaugurou uma Embaixada brasileira, a primeira na África desde 1990.

A abertura de postos diplomáticos foi a segunda chave da política africana lulista (recordando que a primeira foram as viagens). Em uma década, foram criados vinte dos 39 existentes na África – que tem 54 países.[10] Em 2013, o embaixador Paulo Cordeiro de Andrade Pinto, responsável por África e Oriente Médio no governo Dilma, abriu um mapa da África na mesa de jantar do seu apartamento funcional em Brasília para falar sobre o assunto:

– A gente quase começou a brincar de batalha naval. Agora, estamos enchendo aquela ossatura que cresceu muito rápido. Eu tenho lugares onde o embaixador está só com um funcionário – explicou Paulo Cordeiro. Em outras palavras, a expansão dos postos diplomáticas foi veloz, mas precária. Além de falta de pessoal, algumas embaixadas tinham recursos limitados.

Naquela primeira viagem à África do governo petista, a visita brasileira a São Tomé e Príncipe tinha um motivo simbólico. O arquipélago colonizado por Portugal embarcou boa parte dos escravos transportados para o Brasil. Vale lembrar que o discurso da aproximação com a África estava assentado no pagamento da dívida da escravidão.

Como parte dessa simbologia, Lula também foi à Ilha de Gorée, no Senegal, um porto de saída de navios negreiros. Foi a parada mais emocionante na África em todo o seu governo. A comitiva visitou a "porta do nunca mais", por onde passavam escravos sem esperança de jamais retornar, e viu os grilhões que cerceavam a liberdade. Os ministros não esconderam o choro. Gilberto Gil, no comando da pasta da Cultura, foi o que mais se comoveu. Lula discursou:

– Queria dizer ao povo do Senegal e da África que não tenho nenhuma responsabilidade pelo que aconteceu nos séculos XVIII, XVII e XVI. Mas penso que é uma boa política dizer ao povo do Senegal e ao povo da África: perdão pelo que fizemos aos negros.

Foi um dos gestos mais simbólicos de Lula na África. Em resposta, o presidente do Senegal, Abdoulaye Wade, chamou o brasileiro de "o primeiro presidente negro do Brasil" e acrescentou: "Considere-se um africano."[11]

***

Por que Lula decidiu criar uma política africana? O ex-presidente responde:

– Eu sempre achei que o Brasil deveria ocupar um espaço no mundo maior do que tinha. Eu sonhava em quebrar o complexo de vira-lata dos brasileiros. E, se o Brasil ficasse tentando conquistar um espaço internacional pedindo licença para os donos desse espaço, ele jamais teria. Jamais alguém vai emprestar a dama para dançar com outro! O Brasil tinha que cavar o seu próprio espaço. Qual era o espaço do Brasil? Era estabelecer relações com os iguais. A partir de uma articulação política sul-sul, criar uma contrapartida de negociação com o norte. Nós tínhamos para negociar, de um lado, a América Latina, de outro, a África. Tudo isso representa uma pequena população de 1,5 bilhão de habitantes – falou Lula.

A América Latina era um elemento antigo no discurso do PT. Um dos braços fortes da política externa de Lula e Dilma, o assessor especial da Presidência Marco Aurélio Garcia foi um dos fundadores do Foro de São Paulo, que reuniu grupos de esquerda da região nos anos 1990. Muitos deles chegaram ao poder na década de 2000, como os partidos de Evo Morales, na Bolívia, de Hugo Chávez e Nicolás Maduro, na Venezuela, além do próprio PT.

A África, por sua vez, era uma ideia abstrata no partido. Quem fez as apresentações entre o PT e o continente foi Celso Amorim, chanceler nos dois mandatos de Lula. Segundo o ex-presidente, foi uma sorte ter na sua equipe o diplomata, uma pessoa "comprometida com a África".

Para Amorim, a chegada de Lula ao poder representou a possibilidade de o Brasil redescobrir a África. Em outras palavras, voltar a ter uma política africana depois de quase duas décadas de interrupção. Isso porque, de 1970 a 1985, o regime militar cruzou o Atlântico em busca de negócios pela primeira vez. Amorim acompanhou de perto alguns dos momentos mais importantes dessa história: ele trabalhou no gabinete do chanceler de Ernesto Geisel, que criou o primeiro plano para levar o Brasil para Moçambique e Angola.

Para o governo moçambicano, nas mãos do partido FRELIMO, a chegada de Lula à África também era o óleo para as relações enferrujadas. Muitos dos quadros frelimistas negociaram com o regime militar do Brasil. Chissano, por exemplo, o presidente moçambicano que se tornou companheiro de Lula, fora ministro dos Negócios Exteriores nos primeiros anos após a independência.

A 1.100 quilômetros do burburinho provocado em Maputo pela chegada de Lula, em 2003, restavam, silenciosos, os despojos dessa aproximação anterior do Brasil com a África. Entre manchas de ferrugem, ainda se lia a inscrição "indústria brasileira" em uma locomotiva abandonada ao largo da ferrovia de Sena, no centro de Moçambique. O abandono era tanto que, ao longo dos anos, uma árvore cresceu margeando as ferragens. A máquina estava abraçada pela savana. O cineasta brasileiro Chico Carneiro foi quem encontrou a cena.

A locomotiva foi comprada pelo governo de Moçambique da General Electric brasileira, entre 1979 e 1980. Na época, o Brasil ainda tratou da instalação de uma mina de carvão, planejou "obras de grande vulto" e introduziu o plantio de soja.

Porém, a locomotiva brasileira parou de rodar. Moçambique viveu, na segunda metade dos anos 1980, os momentos mais difíceis da guerra civil. Nos embates, a ferrovia de Sena foi totalmente destruída. Trilhos e dormentes foram arrancados da terra pela RENAMO e, em alguns trechos, aquecidos em fogueiras e depois vergados em "u" para que não pudessem ser recolocados.[12] O país entrou em crise. Não foi só Moçambique. A África como um todo estagnou.

Acabava assim a primeira fase de relações com a África e começava um vácuo que durou até o final dos anos 1990. A locomotiva abraçada pela árvore não saiu do lugar durante quase vinte anos. Era uma memória viva da guerra e da crise econômica, bem como a prova do longo tempo necessário para superar as consequências de ambas. Tornou-se também o registro silencioso de que o Brasil já havia descoberto a África, embora no momento do retorno brasileiro as conexões estivessem esquecidas e enferrujadas.[13]

A CHEGADA À ÁFRICA

– O senhor acha o Brasil imperialista? – questionou o repórter brasileiro.
– Claro! E o senhor, o que acha? – respondeu Joaquim Chissano.
Era agosto de 1975, apenas dois meses após a independência de Moçambique de Portugal. O jornalista Newton Carlos, do jornal *Folha de S.Paulo*, cobria a conferência de chanceleres dos países não alinhados aos blocos capitalista e comunista, em Lima, Peru. Lá, encontrou Chissano, ministro das Relações Exteriores moçambicano, e quis saber como ele via o avanço do Brasil na África.[1] Onze anos depois, Chissano se tornaria o segundo presidente de Moçambique. E, no último de seus dezesseis anos no cargo, abriria as portas para a chegada de Lula.

Em meados dos anos 1970, Moçambique observava o Brasil se aproximar pela primeira vez. As relações eram tensas. A FRELIMO tinha antipatia do governo militar, no comando do Brasil desde 1964, porque este não apoiou a luta africana contra o colonialismo português. Com tendências marxistas, a FRELIMO também desconfiava do regime brasileiro que perseguia, torturava e assassinava comunistas em casa e sorria para eles no exterior. O movimento moçambicano tinha, inclusive, feito amigos entre inimigos da ditadura que estavam na clandestinidade, como Luís Carlos Prestes, principal nome do Partido Comunista Brasileiro (PCB).

Não era só de Moçambique que o regime militar se aproximava. A África como um todo tinha se tornado um dos eixos mais importantes da política externa do governo do general Ernesto Geisel, o quarto dos cinco presidentes militares da ditadura. O continente poderia fornecer petróleo, comprar produtos industrializados do "milagre econômico" e fortalecer a posição internacional do Brasil.

Por isso, Geisel montou uma política africana, com foco em Moçambique e Angola, vistas como nossas zonas de influência naturais devido à colonização portuguesa. Moçambique, especificamente, era considerada o teste de fogo para a entrada brasileira na África. Era preciso conquistar a simpatia da áspera FRELIMO para ganhar a confiança do resto dos países africanos.

Apesar do impulso dado por Geisel, ele não foi o primeiro presidente do Brasil a olhar para a África. Desde os anos 1960, o país ensaiava uma aproximação com o continente. Os movimentos iniciais ocorreram na passagem relâmpago de Jânio Quadros pela presidência da República, em 1961. Aquele momento era o ápice da descolonização africana. Um terço dos países havia conquistado a independência no ano anterior, levando a ONU a decretar 1960 o "Ano da África".

Nos seus sete meses de governo, Quadros promoveu uma mudança radical nas relações internacionais do Brasil, com a adoção da Política Externa Independente. A premissa era que o país tinha alcançado um status importante no mundo e deveria assumir uma posição mais independente, sem se alinhar ao bloco comandado pelos Estados Unidos nem ao liderado pela União Soviética.

Para isso, precisaria manter contatos com ambos. Como o Brasil já se relacionava com os EUA, a novidade da política de Quadros foram as relações com os países socialistas. Nesse sentido, foram feitos contatos diplomáticos com a URSS e tomadas medidas de agrado a Cuba, como a condecoração de Che Guevara com a Ordem do Cruzeiro do Sul. A direita brasileira ficou enfurecida e o clima de oposição ao presidente se acirrou, culminando na renúncia – dias depois da homenagem ao latino-americano.

Porém, ao contrário do que esbravejavam seus opositores, Quadros não estava conduzindo o Brasil para o socialismo. Suas intenções eram outras. Para ele, o conflito leste versus oeste da Guerra Fria, de cunho ideológico, era justaposto por um conflito econômico "entre o norte e o sul deste globo, porções que se distanciam progressivamente em nível de vida, a primeira enriquecendo e a segunda empobrecendo. Acreditamos que nada se possa fazer de mais eficaz para a neutralização do conflito ideológico do que a eliminação progressiva e rápida dessa diferenciação norte-sul: nenhum outro objetivo merece maior empenho do mundo ocidental".[2]

Assim, a Política Externa Independente pretendia tornar o Brasil mais próximo daqueles que compartilhavam da sua condição de território do sul, o que traria mais oportunidades comerciais e contribuiria para a paz em um cenário de Guerra Fria. O principal passo nesse sentido foram os contatos com o "mundo afro-asiático", uma medida inédita na política brasileira.

Foi Quadros quem lançou as bases do pensamento político que até hoje atravessa as relações do Brasil com a África. Dizia que o país tinha uma dívida devido à escravidão. Além disso, os problemas enfrentados pelos dois lados do Atlântico eram semelhantes e, por isso, as respostas poderiam ser compartilhadas. Brasileiros e africanos eram vistos como povos irmãos na luta contra o subdesenvolvimento.

– O nosso esforço em África, por mais intenso que venha a ser, não poderá senão constituir uma modesta retribuição, um pequeno pagamento da imensa dívida que o Brasil tem para com o povo africano – declarou Quadros na notável mensagem para o Congresso Nacional em que apresentou sua nova política externa, em 15 de março de 1961. Inaugurava um discurso que seria retomado por Lula mais de quatro décadas depois.

A aproximação com o continente não foi retórica. Em 1961, Quadros abriu a primeira Embaixada na África que se tornava independente, em Gana. O país foi o primeiro na região Subsaariana a se libertar do colonialismo europeu, em 1957, e era visto como um guia africano. Era liderado por Kwame Nkrumah, um dos maiores nomes do pan-africanismo, um movimento que pregava a emancipação de todo o continente. Criar uma Embaixada em Gana era, portanto, um movimento simbólico, que sinalizava uma abertura para o novo momento africano.

Chegar à África, contudo, exigiria do Itamaraty um esforço monumental. Os laços teriam de ser construídos do zero, já que ambas as regiões eram desconhecidas uma da outra.

– A verdade é que ainda se sabe muito pouco em meu país sobre o que realmente se passa na África. Ocorre, por outro lado, o mesmo fenômeno de parte dos africanos para conosco. A ignorância é quase absoluta – escreveu Raymundo Souza Dantas, adido de imprensa de

Quadros, nomeado embaixador em Gana.[3] Foi o primeiro – e, até 2011, o único – negro a ocupar o topo da hierarquia do Itamaraty.

Nomear um negro para a Embaixada inaugural na África pareceu a Quadros uma boa ideia. Mas não pegou bem. Nkrumah teria considerado racista a atitude e sugerido que o Brasil enviasse um negro para a Suécia, se quisesse demonstrar que era um país sem preconceito racial.[4] O ganense apontou uma contradição verdadeira. Posteriormente, Souza Dantas desabafou que sofria preconceito racial no Itamaraty.

João Goulart, que assumiu após a renúncia de Quadros, deu continuidade à Política Externa Independente e à sutil ida à África. Até 1964, foram abertas embaixadas na Nigéria e no Senegal e consulados em Angola e Moçambique, que ainda não estavam independentes.[5]

A estreia da política africana do Brasil, com Quadros e Goulart, tinha contradições. Dizia apoiar a luta contra o colonialismo e o imperialismo, mas não rompeu com Portugal – que fechava o cerco a Angola, Moçambique, Guiné-Bissau, Cabo Verde e São Tomé e Príncipe, justamente quando o resto do continente se libertava. Nas votações que se somavam nas Nações Unidas sobre o tema, os diplomatas brasileiros assumiam posições favoráveis ou neutras em relação aos interesses portugueses. A postura gerava desconfiança entre as novas nações africanas.

Outra contradição era que o Brasil se apresentava na África como uma democracia racial, uma nação de convivência cordial entre brancos e negros, que teria surgido graças à colonização portuguesa. No entanto, vivia uma forte desigualdade de cor. A incongruência era evidente na história do chanceler de Jânio Quadros, Afonso Arinos, que propôs a legislação proibindo a discriminação racial em 1951, quando era deputado federal. Se havia discriminação, a convivência cordial era um mito.

O conceito de democracia racial fora elaborado pelo sociólogo Gilberto Freyre e serviu de respaldo teórico para Portugal justificar o colonialismo. Não foi um uso desautorizado. Pelo contrário. O pernambucano fazia elogios à dominação portuguesa, que estaria criando nos trópicos novas sociedades de convivência harmoniosa entre diferentes raças, como a que ele enxergava no Brasil. Era a ideia do lusotropicalismo.[6]

– O lusotropicalismo de Gilberto Freyre matou mais do que a G3 [rifle de assalto usado pelo Exército português] – disse um membro do Partido Africano para a Independência da Guiné e Cabo Verde (PAIGC) para o Centro de Estudos Afro-Asiáticos do Rio de Janeiro, em 1974.[7]

Celso Amorim, o chanceler de Lula, ingressou no Itamaraty durante o governo Goulart. Admirador do então chanceler San Tiago Dantas, Amorim já declarou que a política externa empreendida por ele foi um dos fatores que o fizeram optar pela carreira diplomática. Logo depois, em 1964, veio o golpe militar. O Brasil em que Amorim teria de atuar era outro. Foi "um trauma" na sua geração no Instituto Rio Branco, que forma os quadros da diplomacia, disse uma vez.[8]

Os primeiros anos do regime militar, sob o comando rígido do general Castelo Branco, até 1967, e do marechal Costa e Silva, de 1967 até 1969, interromperam a Política Externa Independente e fecharam o Brasil para a África. Mesmo as pequenas conquistas de posições se diluíram. Os embaixadores em Gana e na Nigéria, por exemplo, voltaram para o Brasil.

Ainda pior foi o fato de os dois militares terem apoiado a repressão de Portugal aos movimentos que lutavam pela independência na África. Em conjunto com a polícia secreta do ditador português António Salazar, o brasileiro DOPS (Departamento de Ordem Política e Social) prendeu nacionalistas africanos que viviam no Rio de Janeiro.[9]

Para completar, o Brasil enviou aparato militar para os mares de Angola, onde realizou manobras conjuntas com a Marinha portuguesa. O escritor brasileiro Rubem Braga, que fora embaixador de Jânio Quadros na Tunísia, criticou a ousadia em um artigo no *Diário de Notícias*, sugerindo que "na volta, navios de guerra brasileiros escoltem a réplica de um navio negreiro para tornar mais impressiva nossa solidariedade ao colonialismo luso".[10]

***

A posição de Castelo Branco e Costa e Silva não foi definitiva durante a ditadura. No governo de Emílio Médici (1969 a 1974) o jogo mudou e o Brasil se voltou novamente para a África. O país crescia – o dito "milagre econômico" – e buscava mercados para sua produção industrial. Por outro lado, tinha uma forte dependência energética e era estratégico que conquistasse novos fornecedores de combustível. A crise do petróleo de 1973 agravaria esse quadro.

O momento decisivo na política africana de Médici ocorreu em 1972, quando o chanceler Mário Gibson Barboza fez uma viagem de um mês pela África – a mais longa missão ministerial que o Brasil já realizou para o continente. Acompanhado de uma numerosa comitiva de diplomatas, Barboza visitou nove países, escolhidos ou por interesses econômicos, ou por motivos simbólicos. Alguns produziam petróleo e tinham potencial para comprar bens industrializados. Outros foram importantes portos de saída de escravos para o Brasil. Ficaram fora do trajeto os territórios portugueses, onde a luta pela independência se intensificava.

Foi uma viagem de encontros com as origens africanas do Brasil. O diplomata Alberto da Costa e Silva, um dos maiores estudiosos sobre a África, era um dos membros da comitiva e descreveu com entusiasmo a passagem pelo Daomé (hoje Benin) – terra de povos africanos traficados para a Bahia.

Os brasileiros foram recebidos em um casarão semelhante à sede de uma velha fazenda nordestina, onde foi servido peixe com pirão, mocotó, feijoada e efó. Estavam presentes casais de sobrenome Silva, Barbosa, Soares – descendentes de escravos ou mercadores de escravos que viveram no Brasil e depois retornaram à África. Foi realizado um ritual de Xangô e uma apresentação de música e dança que lembraram a Costa e Silva um cordão carnavalesco.

Durante três séculos, estima-se que 5 milhões de africanos feitos escravos chegaram ao Brasil,[11] dando ao país a maior população negra fora da África e moldando a cultura brasileira. Nenhum outro lugar do mundo recebeu tantos escravos. "O Brasil se formou na escravidão, o processo mais longo da nossa história", analisou o mesmo Alberto da Costa e Silva.[12] O Brasil também influenciou a África. Os navios negreiros não seguiam para o continente vazios, mas cheios de cachaça, tabaco, açúcar, mandioca, milho.

Na esteira das trocas comerciais, sobretudo de escravos, surgiram laços políticos, tanto que o Brasil chegou a ser um dos maiores pontos de contato da África. Quando nos tornamos independentes, em 1822, os primeiros soberanos a reconhecerem o novo país americano foram os obás (reis) do Benin e de Lagos,[13] com quem o Brasil traficava pessoas. Naquela altura, a configuração da África era completamente diferente. Existiam apenas alguns entrepostos comerciais europeus, que avançavam pouco além do litoral. Na maior parte do continente, resistiam os reinados africanos.

Tamanhas conexões preocuparam Portugal. O tratado em que a ex-metrópole reconhece a autonomia do Brasil diz no terceiro artigo: o novo país não poderia aceitar propostas das colônias portuguesas para se reunirem ao Império brasileiro.[14] Portugal não estava enlouquecendo. De fato, houve correntes em Angola e Moçambique defendendo sua união ao Brasil.[15]

A Inglaterra, que iniciava sua Revolução Industrial, também não via com bons olhos os vínculos brasileiros com a África. O trabalho escravo era incompatível com seu novo sistema de produção, baseado em mão de obra assalariada – em condições extremamente precárias. Em meados do século XIX, a coroa britânica passou a policiar os mares para coibir o tráfico de seres humanos e também restringiu outros tipos de comércio. Com isso, "a África desapareceu por um tempo das preocupações do Estado brasileiro", segundo Alberto da Costa e Silva.[16] E se tornou um alvo da Europa, que foi avançando e desmantelando as estruturas de poder africanas, até a partilha completa do continente na Conferência de Berlim, de 1884 a 1885.

Foi um período de calmaria no Atlântico. No entanto, as relações entre Brasil e África foram tão grandes até o século XIX que suas marcas resistiram, como puderam sentir os diplomatas do Itamaraty que viajaram para o continente nos anos 1970. As semelhanças eram muitas. A sensação era como descobrir um parente muito velho e perceber um passado comum nas fotografias e memórias. As emoções da comitiva foram resumidas pelo diplomata Alberto da Costa e Silva:

– Parecia não ter existido a longa ausência de contatos diretos entre os dois lados do Atlântico [...] Como se, de repente, deixassem de existir a geografia e a história, e espaço e o tempo. E o mar fosse mentira.[17]

Enquanto vigorou o colonialismo europeu na África, perdurou um silêncio nas relações brasileiro-africanas. E foi exatamente na ruína do sistema colonial, na década de 1960, que as conexões políticas e diplomáticas voltaram a se estabelecer. Já nos anos 1970, quando as colônias portuguesas se aproximavam da independência, foram reatados os laços econômicos.

Foi a viagem de Gibson Barboza, em 1972, que abriu as portas da África para os negócios brasileiros. A Petrobras, por exemplo, fez importantes contatos. Na Nigéria, a comitiva chegou junto com um navio de carga cheio de mercadorias produzidas no Brasil, entre elas chuveiros elétricos que "causaram sensação". "Para espanto dos africanos, eles custam apenas 10 dólares e podem ser usados seguidamente, enquanto os aquecedores existentes no país custam 280 dólares e servem no máximo para cinco banhos", escreveu a revista *Veja* na época.[18]

Os negócios brasileiros começavam a se exibir na África. Era um avanço inédito, mas ainda pouco perante o que se esperava para os anos seguintes. "O principal resultado da viagem será ainda o despertar das empresas brasileiras para as possibilidades – por hora ainda modestas – que estão a seu dispor nos países africanos", concluiu a reportagem de *Veja*. Aos poucos, isso começou a acontecer. Seguiu-se ao périplo de Barboza uma espetacular mudança na balança comercial. Em 1970, a África respondia por aproximadamente 3% das compras e vendas internacionais do Brasil. Em 1985, chegou a 10% – nível nunca mais visto, nem nos anos do governo Lula.[19]

***

Quadros e Goulart abriram as primeiras portas diplomáticas da África para o Brasil e criaram a linha mestra do discurso de aproximação. Médici desbravou oportunidades econômicas. Faltava, contudo, o mais importante: aportar em Angola e Moçambique. As duas maiores colônias portuguesas, cada uma localizada em um lado diferente da costa africana, eram consideradas estratégicas para o avanço do Brasil na África.

Quando Ernesto Geisel substituiu Médici, em 1974, parecia ser a vez de as colônias de Portugal conquistarem a independência. O Estado Novo de Salazar, em vigor desde 1933, estava em decadência. Já os movimentos de luta pela libertação africana se fortaleciam. Era a hora de o Brasil entrar em Angola e Moçambique.

– As vantagens de um bom relacionamento com Moçambique e Angola são óbvias. Além do interesse que representam para a expansão do nosso comércio e a nossa penetração na África, não se pode deixar de considerar o relevante valor estratégico desses Estados, situados de um lado e de outro do cone sul do continente africano – justificou o chanceler de Geisel, Antonio Azeredo da Silveira, em correspondência sigilosa para o presidente, em 1974.[20]

– Qualquer influência nossa no sentido de orientar a evolução política em Moçambique e em Angola para rumos mais moderados é fundamental. Sobretudo Moçambique, na rota do nosso abastecimento de petróleo e do comércio com o Japão. As vantagens decorrentes da similitude da língua tornam os líderes desses países mais predispostos a buscar a cooperação brasileira do que seria normalmente de esperar em vista de sua formação marxista – continuou Azeredo da Silveira.[21]

O Brasil decidiu, então, se afastar de Portugal e estabelecer contato com os movimentos que lutavam pela independência em Moçambique e Angola. Era parte de uma nova política externa, o "pragmatismo responsável". A intenção era ter melhores contatos com a China e os exportadores de petróleo no Oriente Médio e na África, sem se importar se a linha política deles divergia do regime militar.

Mas o Estado Novo português caiu antes de o Brasil tomar qualquer medida concreta a respeito de Angola e Moçambique. Em abril de 1974, a Revolução dos Cravos acabou com o regime salazarista e abriu portas para o reconhecimento da independência das colônias. A troca de bandeiras foi marcada para 1975 – no mês de junho, em Moçambique, e novembro, em Angola.

A partir daquele momento, o relacionamento com Angola e Moçambique seria uma das tarefas número um do Itamaraty no mundo. Azeredo da Silveira teve uma ideia do que fazer para facilitar a aproximação: negociar a instalação de um posto diplomático em ambos, antes mesmo das independências. A inspiração vinha do poeta João Cabral de Melo Neto, embaixador do Brasil no Senegal. No ano anterior, ele sugeriu a criação de uma Embaixada na Guiné-Bissau, a primeira colônia portuguesa a declarar independência. O Itamaraty aceitou. A medida repercutiu bem e ajudou a desfazer as resistências contra o Brasil e sua prévia postura pró-Portugal.[22]

Para colocar a ideia em prática em Angola e Moçambique, foi convocado o diplomata Ovídio Melo. Ele negociaria com os moçambicanos da FRELIMO e com as três lideranças que faziam parte do governo de transição angolano: o Movimento Popular de Libertação de Angola (MPLA), a Frente Nacional de Libertação de Angola (FNLA) e a União Nacional para a Independência Total de Angola (Unita). No começo de 1975, Melo embarcou em missão para Dar es Salam, na Tanzânia. O país fica na fronteira norte de Moçambique. Era lá que tanto a FRELIMO como o MPLA mantinham bases militares, sob auspícios do presidente socialista Julius Nyerere

A primeira tentativa de diálogo foi com a FRELIMO. Marcelino dos Santos, responsável pelas relações exteriores da frente moçambicana, se encontrou com Ovídio Melo. O brasileiro, então, apresentou a mudança do governo do Brasil, agora contrário ao colonialismo português, e sua intenção de abrir um posto diplomático em Moçambique antes da data marcada para a independência. Em nome da FRELIMO, Dos Santos pediu 20 dias para responder.

Nesse meio-tempo, Melo se dirigiu aos três movimentos angolanos. Todos concordaram com a instalação de uma Embaixada do Brasil. Então chegou a hora de ter uma nova conversa com a FRELIMO. Diplomaticamente, Melo deu as boas-novas de Angola. E a FRELIMO, qual resposta dava?

– Marcelino dos Santos respondeu-me lentamente, frisando as palavras, quase escandindo sílabas, como que para transmitir melhor a decisão coletiva de que era porta-voz: "A FRELIMO não poderia aceitar a proposta brasileira, concedendo um status especial na criação antecipada de relações diplomáticas, porque as mentes e os corações moçambicanos, depois de sofrerem quatorze anos de guerra, de verem durante todo esse tempo o Brasil apoiando Portugal, não estavam acostumados a considerar o Brasil um país amigo" – lembrou Melo, em artigo de memórias.[23]

O ministro moçambicano deixou claras as hostilidades da FRELIMO contra o Brasil. A falta de apoio à luta de libertação não era o que o movimento esperava de um povo que também conquistara sua independência da mesma metrópole e que devia muito à África, por sua origem e cultura. Ovídio Melo não estava em uma posição fácil. Carregava o fardo de anos de uma política externa alinhada a Portugal.

Além disso – e para deixar o diplomata brasileiro sem argumentos –, Marcelino dos Santos lembrou que a representação oficial que o Brasil queria abrir em Moçambique pré-independência já havia sido instalada em sentido inverso. Em 1963, durante o governo de João Goulart, a FRELIMO montara um escritório no Rio de Janeiro para propagar a luta contra o colonialismo português e arregimentar apoios. Em 1964, contudo, o regime militar que Melo representava dissolveu o escritório, prendeu seus funcionários e ameaçou extraditá-los para a Portugal salazarista – onde poderiam ser torturados.[24]

A FRELIMO não hesitou em apontar a dívida do Brasil. Se quisesse estabelecer relações, o país teria de merecer a amizade e provar compromisso. Até lá, as portas de Moçambique ficariam fechadas. Ovídio Melo saiu da sua primeira missão na África rechaçado pela FRELIMO e com um posto diplomático a ser criado em Angola.

– As relações com Moçambique dependeriam certamente do que fizéssemos em Angola. E relações de confiança com a África Negra, a longo prazo, o Brasil só poderia ter se se entendesse bem com os novos países que falam português naquele continente – escreveu Melo.[25]

***

Ovídio Melo se mudou para Luanda, em março de 1975. A situação política iria exigir dele um bom jogo de cintura. A independência angolana fora marcada para 11 de novembro e os três grupos que dividiam o governo de transição guerreavam pelo comando do novo país. A disputa era para ter o controle de Luanda e, na data estabelecida, assumir o poder. Em meados de 1975, o MPLA tomou a capital, mas perdeu posições para Unita e FNLA no sul e norte de Angola. Às vésperas de novembro, não se vislumbrava um desfecho.

Qual seria a posição do Brasil na data da independência? O país reconheceria um governo do MPLA, movimento com linhas socialistas que tinha o controle de Luanda? Ou aguardaria o final do conflito? A pergunta rondava como um mosquito teimoso as cabeças de Geisel e Azeredo da Silveira. Moçambique ajudou os dois a decidirem: não convidou o Brasil para sua festa da independência, marcada para 25 de junho. Para piorar, havia um rumor de que o PCB, na clandestinidade desde 1964, recebera convite. Nada podia ser mais frustrante para os militares.[26]

O PCB não compareceu. Miguel Arraes sim. Ele também era inimigo da ditadura e "amigo da FRELIMO". Quando estourou o golpe militar no Brasil, Arraes era governador de Pernambuco, apoiado pelo Partidão. Se recusou a renunciar ao cargo e foi preso. No ano seguinte, foi exilado na Argélia, no norte da África, onde permaneceu até a Lei da Anistia, em 1979. Lá se tornou próximo de líderes africanos e os ajudou a interpretar quais eram os interesses da ditadura brasileira na África. Na visão dele, "a posição brasileira com relação à África visa, pura e simplesmente, à conquista de mercados, em concorrência com as potências industrializadas do mundo. É, portanto, uma política semelhante à dessas potências. Não defende a luta por uma nova ordem econômica mundial".[27]

Para o governo Geisel, a mensagem que vinha de Moçambique e sua amizade com a esquerda brasileira reforçavam a ideia de que o Brasil precisava ganhar a confiança de Angola. Então, uma semana antes da data da independência angolana, o presidente decidiu que reconheceria o comando do MPLA.

O militar já sabia que a iniciativa deixaria o Brasil em uma posição isolada. Chegava de diplomatas do Itamaraty espalhados pelo mundo a informação de que a maioria dos países iria esperar o desfecho da disputa angolana para tomar uma posição.[28] O conflito tinha se tornado um desdobramento da Guerra Fria. A FNLA e a Unita recebiam apoio da África do Sul, sob apartheid, e dos Estados Unidos. De Cuba, chegavam soldados para ajudar o MPLA a defender Luanda. (Este detalhe cubano, porém, Geisel não conhecia.)

O Brasil agiu rápido. À zero hora de 11 de novembro em Angola, anunciou o reconhecimento ao governo do MPLA. Foi o primeiro país a fazê-lo. No dia seguinte, Ovídio Melo teve um encontro inesperado que lhe deu a sensação de ter marcado um gol de placa:

– Quando Ivony [esposa de Melo] e eu estávamos almoçando sozinhos no restaurante do Hotel Trópico, a primeira delegação estrangeira, recém-chegada para a festa da independência, apareceu para almoçar. Era a de Moçambique, chefiada por Marcelino dos Santos. Marcelino viu-me, veio em minha direção afavelmente, manifestou contentamento pela decisão do Brasil e informou-me que dali por diante as relações do Brasil com Moçambique seriam de amizade.[29]

De fato, quatro dias depois da independência de Angola, em 15 de novembro, Moçambique assinou relações diplomáticas com o Brasil. A estratégia do governo Geisel parecia ter sido um sucesso. De uma tacada só, o Brasil conquistava Angola e Moçambique, preparando terreno para ser aceito na África inteira.

Ninguém poderia imaginar a sequência dos acontecimentos. A movimentação de tropas cubanas em Angola, até então totalmente sigilosa, foi descoberta. A posição brasileira pró-MPLA então passou a ser narrada de uma nova forma: o regime anticomunista de Geisel fora o primeiro a legitimar um governo com tendências marxistas, apoiado por Cuba e União Soviética, sem domínio completo do território angolano. Em Brasília, formou-se uma crise política.

Dizer que Cuba apoiou Angola é um eufemismo. Fidel Castro montou uma superoperação para dar sustentáculo à permanência do MPLA em Luanda. O escritor Gabriel García Márquez reportou os detalhes da ação.[30] Em novembro, um batalhão de 650 homens foi transportado de avião em viagens sucessivas, vestindo trajes de verão e levando submetralhadoras na bagagem. Sua missão era resistir até a chegada de reforços cubanos pelo mar. Em seis meses de guerra (o conflito prosseguiu após a independência), foram 42 viagens marítimas, levando tropas, carros blindados e explosivos.

Geisel não poderia aceitar estar do mesmo lado de Cuba. Indignado, fez ele próprio um "minucioso exame de toda a correspondência recente" enviada para Brasília por Ovídio Melo, "determinante da posição por nós assumida em favor da facção angolana apoiada pela União Soviética", noticiou *O Estado de S.Paulo*.[31] O presidente achava que o diplomata poderia ter sonegado informações, devido a possíveis simpatias pessoais pelo MPLA. Resultado: Melo foi removido de Angola e mandado para o escanteio da diplomacia. Para se ter ideia da importância do assunto na época, a matéria sobre o caso de Melo foi o segundo destaque na capa do jornal.

Nos meses seguintes, o MPLA foi ganhando o reconhecimento de outros países e o Brasil deixou de ter uma posição isolada, aliviando a pressão sobre Geisel. A partir de então, a postura antecipada do Brasil deixou de ser um constrangimento e passou a ser um mérito, porque gerou um crescimento privilegiado das conexões econômicas com Angola. Hoje, é exaltada como símbolo da antiga amizade entre os dois países.

Ovídio Melo, no entanto, continuou em posição marginal. Foi promovido a embaixador somente dez anos após sua saída de Angola – ele calcula que acumulou cerca de noventa preterições. Seu nome só foi tirado do limbo da história em 2003, na passagem da comitiva de Lula por Luanda. Em um discurso orientado por Celso Amorim, o então presidente fez uma homenagem pública a Melo, que "naqueles tempos de dificuldades e incertezas, de guerra em Angola e ditadura no Brasil, soube aliar com sabedoria os valores e os interesses de ambos os países".[32] Em artigo de memórias, em 2000, Melo concluiu:

– Nas condições que o Brasil viveu durante o regime autoritário, o reconhecimento de Angola, feito sob duras dificuldades, sobressai como o gesto mais desassombrado da política externa brasileira em todos os tempos. Não lastimo o truncamento de minha carreira. Valeu a pena.[33]

AUGE E DERROCADA

À meia-noite de 25 de junho de 1975, milhares de pessoas se reuniram no Estádio da Machava, em Maputo, sob uma chuva intensa, para ver a bandeira portuguesa dar lugar à bandeira moçambicana. O país vibrava: era finalmente dono do seu destino.

E controlava seu próprio tempo. Samora Machel, herói do movimento de libertação prestes a se transformar no primeiro presidente de Moçambique, faria o anúncio da independência à meia-noite, mas chegou com 20 minutos de atraso. Era um homem de muitos gestos, movimentos bruscos de braços e cintura. Vestes militares de um verde-opaco impecável, cinto preto largo, boné quadrado, corpo firme, sorridente. "À zero hora de hoje, 25 de junho..." Sob essas ordens indiretas, os ponteiros dos relógios recuaram.[1]

Mais que um país, celebrávamos outro destino para nossas vidas. Quem tinha esperado séculos não dava conta de 20 minutos a mais – escreveu Mia Couto, relembrando a história. O escritor era um rapaz de dezenove anos entre a multidão que lotava o Estádio da Machava.[2]

Um político brasileiro também assistia à cerimônia: Miguel Arraes. Nos quatorze anos de exílio na Argélia, o pernambucano conheceu os movimentos de libertação de Moçambique, Angola e Guiné-Bissau, caindo no gosto e adquirindo a confiança de suas lideranças – especialmente Samora Machel, que recebeu em pessoa o brasileiro na celebração da independência.

– Foi emocionante assistir à descida da bandeira portuguesa e ao hasteamento da bandeira moçambicana, debaixo de aplausos e cânticos, de todo o estádio – recordaria Arraes.[3]

Por mais de uma década, moçambicanos batalharam por aquele momento. A luta ganhou força com a unificação de movimentos que resistiam ao colonialismo português na Frente de Libertação Nacional, a FRELIMO, em 1962. Logo ficou claro que Portugal não aceitaria perder a colônia por meio de diálogo e em 1964 teve início o conflito armado na fronteira norte de Moçambique.

Milhares de moçambicanos se engajaram na luta. Um deles foi Abrão Chunguane, um senhor que conheci em Maputo, em 2010. Perto de completar sessenta anos, ele guardava como ouro uma pilha de fotos antigas da época da guerra. Eram o atalho para as memórias do garoto combatente que Chunguane fora um dia. Olhando as imagens, ele ia tecendo sua história.

Antes de completar a maioridade, Chunguane fugiu para a África do Sul para não ser convocado pela tropa portuguesa. Não queria lutar ao lado dos colonos, apesar de já ter "virado português". Em Moçambique e Angola, Portugal dividiu a sociedade entre *civilizados* (portugueses que viviam na colônia), *assimilados* (africanos que assumiam costumes e modos de vida europeus e aprendiam a língua da metrópole) e *indígenas* (todos os outros). "Para fazer a quarta classe na escola, era preciso assimilar. Então eu fiquei português", contou o ex-combatente.

Na África do Sul, Chunguane começou a ouvir a rádio *Voz da FRELIMO*, proibida em terras moçambicanas, e decidiu se juntar à luta contra o colonialismo português. Cruzou três países para chegar à Tanzânia, onde a FRELIMO tinha bases militares. No caminho, conheceu outros movimentos de libertação africanos e entendeu que "não somos nós sozinhos que queremos a liberdade, a África Austral toda precisa da independência". Recebeu treinamento e foi enviado em missão para o oeste de Moçambique. Foi lá, anos depois, que Chunguane recebeu a mensagem de que Portugal cedera. "Foi uma surpresa", recordou.

Independente, Moçambique aderiu ao socialismo em 1977. Sob a liderança de Samora Machel, foram postas em prática as primeiras medidas econômicas da nova nação. A economia foi centralizada e planificada. Terras e residências de aluguel migraram para as mãos do Estado. A produção de alimentos e os serviços de saúde e educação passaram a ser subsidiados. Fábricas abandonadas por portugueses que fugiram do país foram estatizadas.

A União Soviética se tornou uma das maiores parceiras de Moçambique. Os soviéticos já apoiavam a FRELIMO desde a luta armada e ampliaram sua ajuda depois que o movimento aderiu ao socialismo. Mais do que dinheiro, a URSS contribuiu com armamento, treinamento e ajuda técnica. Soviéticos e cubanos apareceram em Moçambique para oferecer cooperação e, no sentido contrário, moçambicanos foram fazer cursos militares e civis. Chunguane foi um deles. Cursou Engenharia e Explosivos na URSS.

– Samora Machel dizia: o que nós queremos não é comida, porque quando acaba ficamos sem nada nas mãos. Queremos enxada. Temos terra para cultivar. Deem trator, máquinas para a gente produzir. E então a gente pode comer à vontade – lembrou o ex-combatente.

***

No segundo ano de independência, Machel começou um diálogo desconfiado com o Brasil, que insistia em se aproximar. O reconhecimento do MPLA em Angola pelo governo Geisel tinha quebrado o gelo com a FRELIMO e permitido a criação de uma Embaixada oficial em Maputo. E só. Prova disso era que os jornais estatais de Moçambique continuavam a estampar notícias contrárias ao governo militar e em apoio à oposição brasileira clandestina.

Em janeiro de 1978, por exemplo, a primeira página do estatal *Jornal Notícias* trouxe uma nota de Samora com o seguinte título: "Presidente Samora Machel felicita Luís Carlos Prestes." Dizia: "Em nome do Comitê Central da FRELIMO, do povo moçambicano e em meu nome pessoal, desejo transmitir-lhe as nossas felicitações, por ocasião do seu octogésimo aniversário natalício. Ao felicitá-lo a si estamos também a saudar o heroico povo irmão do Brasil, engajado numa luta dura e corajosa contra a ditadura fascista, pela instauração da democracia e progresso social, luta na qual o Camarada Prestes tem sido sempre o primeiro combatente na primeira linha."[4]

Luís Carlos Prestes contribuía a distância com a FRELIMO desde 1977, indicando militantes brasileiros para atuar no país, como Rosa Prestes, sua filha. Além de Prestes, Arraes e Leonel Brizola (o inflamado ex-deputado federal do PTB, exilado no Uruguai) também recomendavam quadros para trabalhar na África.[5]

Não era na condição de exilados que os brasileiros da esquerda chegavam, mas de funcionários públicos de Moçambique, com contratos de trabalho. Um pré-requisito era que sua militância fosse atestada por alguma organização política. Calcula-se que mais de cem pessoas se mudaram para o país africano dessa maneira.[6] Elas ajudaram a preencher o rombo de quadros qualificados, consequência da fuga em massa de portugueses às vésperas da independência. A maior parte dos brasileiros voltou para casa pouco depois, em 1979, quando a Lei da Anistia entrou em vigor.

O embaixador do Brasil em Maputo ficou furioso com a felicitação de Samora a Prestes e deu uma dura no governo moçambicano.[7] Era Ítalo Zappa, prestigiado diplomata brasileiro, conhecido como "o embaixador vermelho" por conta de suas posições "progressistas".

A relação do Brasil com a FRELIMO era do tipo "morde e assopra". Pouco depois do desentendimento em torno do caso Prestes, Zappa providenciou uma preciosa doação para a rádio do país: 46 discos de música popular brasileira, entre eles *Elis & Tom*, *Chico Buarque e Maria Betânia Ao Vivo* e *Refazenda*, de Gilberto Gil. O presente surtiu efeito em pouco tempo: Jorge Ben, por exemplo, entrou nas paradas da rádio e se tornou um dos cantores favoritos de Maputo. Diariamente, de 15 a 20 músicas brasileiras eram tocadas na principal rádio de Moçambique.[8]

As alfinetadas da FRELIMO no governo militar continuaram, mas aos poucos o partido foi assumindo uma postura mais pragmática. Com 93% da população analfabeta (a pior taxa do mundo)[9] e quase nenhuma indústria, Moçambique não estava em condições de desprezar parceiros.

Ansioso pela amizade moçambicana, o governo de Ernesto Geisel deu uma forcinha e abriu linhas de crédito no Banco do Brasil para Moçambique importar produtos da indústria brasileira. Até 1979, esse financiamento era o mais elevado de que o país africano dispunha – mais de 100 milhões de dólares. Nenhuma ex-potência colonial, nem a União Soviética, tampouco a China superavam o fôlego da ditadura nos empréstimos.[10] Entre as primeiras compras estavam locomotivas, tratores e barcos pesqueiros. Moçambique também se interessou por livros didáticos da Editora Abril e aviões usados da Varig.[11] Essa não foi uma política exclusiva para os moçambicanos. O Banco do Brasil financiou importações de diversos países africanos.

João Figueiredo (de 1979 a 1985) assumiu o lugar de Geisel e manteve a política africana. Foi durante seu governo que apareceram os efeitos das linhas de crédito. No caso de Moçambique, as vendas brasileiras eram mínimas até 1980 – menos de 100 mil dólares. Em 1982, alcançaram 99 milhões de dólares – cifra só superada outras três vezes, duas nos anos 2000.[12] O Brasil passou de inimigo a um dos maiores parceiros comerciais de Moçambique.

Com a África como um todo ocorreu o mesmo. Em 1985, as exportações para o continente atingiram ápice de 2 bilhões de dólares – número que também só seria superado na década de 2000.[13] Ainda com Figueiredo, construtoras brasileiras começaram a fazer obras africanas, como estradas na Mauritânia, em Camarões e no Congo, e a hidrelétrica de Capanda, em Angola, essa última realizada pela Odebrecht com crédito público do Brasil.

Também foi no governo Figueiredo que as relações com Moçambique mudaram de patamar. O motivo foi a primeira visita oficial de um ministro brasileiro ao país, o chanceler Ramiro Saraiva Guerreiro, em junho de 1980. Era uma estratégia para ampliar o volume de negócios. Deu certo.

O resultado mais importante foi o início das negociações em torno daquele que é hoje o mais importante ponto de ligação entre os dois países: o carvão. O minério era a maior riqueza que Moçambique poderia explorar a curto prazo, e os dirigentes da FRELIMO contavam com ele para alavancar a pobre economia do país. Já para o Brasil, era uma ótima oportunidade para expandir sua presença na África.

Empresas privadas brasileiras embarcaram nessa esteira e passaram a negociar diretamente com o governo socialista da FRELIMO. A construtora Mendes Júnior elaborou propostas "de grande vulto" na área de transportes, entre elas a ferrovia de Nacala (a cargo da Vale a partir de 2012). Consultorias agrícolas prepararam projetos produtivos em áreas superiores a 100 mil hectares. Uma delas introduziu a soja na região de Lioma (onde três décadas depois se instalaria a primeira fazenda com participação do Brasil).[14]

Músicas brasileiras tocavam na rádio. A TV moçambicana substituía programas soviéticos por produtos da Rede Globo. O Banco do Brasil pretendia instalar um escritório de representação em Maputo. A movimentação entre os dois países era tanta que a Varig negociava estabelecer um voo direto entre Maputo e Rio de Janeiro.[15] Para entender o que isso significa, hoje não existe sequer uma empresa aérea brasileira que faça voos para a África.

Também foi dada a largada para a cooperação sul-sul. Um dos projetos mais importantes daquela época foi um centro de formação profissional do Serviço Nacional de Aprendizagem Comercial (SENAC), em Maputo. O foco brasileiro, no entanto, era a abertura de oportunidades econômicas. Os projetos de assistência eram coadjuvantes, realizados na perspectiva de ampliar o prestígio do Brasil.

Aquele início da década de 1980 foi o auge das relações Brasil-Moçambique e Brasil-África no século XX. O otimismo era tanto que Figueiredo foi o primeiro presidente brasileiro a viajar para o continente, em novembro de 1983. Visitou cinco países, acompanhado do seu chanceler, do ministro de Minas e Energia, dos presidentes da Petrobras e da Varig, e do diretor da Carteira de Crédito para Comércio Exterior do Banco do Brasil. A composição da comitiva evidenciava os interesses brasileiros: explorar minérios e exportar bens e serviços com financiamento público

Figueiredo não foi, porém, para Angola e Moçambique, países onde o Brasil tinha contatos mais diversificados e nos quais mais apostava. A razão é que ambos estavam afundados na guerra.

***

A guerra civil moçambicana começou no ano seguinte à independência, 1976. Foi uma manifestação da Guerra Fria. De um lado, estava a FRELIMO, apoiada pela União Soviética. De outro, a RENAMO, financiada pelo regime do apartheid da África do Sul, que temia a sombra comunista nas suas fronteiras.

Nos primeiros anos, porém, a guerra não assumiu as dimensões desoladoras que viria a ter uma década depois. O conflito existia, mas não prejudicava a economia e os projetos de Moçambique. Na segunda metade dos anos 1980, porém, isso mudou. A guerra recrudesceu e viveu seus momentos mais difíceis. A economia despencou a olhos vistos. A infraestrutura do país era destruída, produção e exportação desarticuladas e a guerra consumia cada vez mais esforços financeiros do Estado.

Em crise econômica e militar, Moçambique não conseguiu pagar os empréstimos do Brasil para a compra de produtos industrializados, débito que, naquela época, já somava quase 200 milhões de dólares. A inadimplência levou à interrupção de novos créditos. Os efeitos na balança comercial foram imediatos. De 1983 para 1985, as exportações brasileiras para Moçambique despencaram de 86 milhões de dólares para 4 milhões de dólares. Também foram bloqueadas as discussões sobre a exploração do carvão, a construção de obras e os projetos agrícolas.[16]

O mesmo ocorreu com a África em geral. O continente entrou em crise. Outros países que recebiam financiamento brasileiro não conseguiram pagá-lo, arruinando a política africana da ditadura. De 1985 para 1986, nossas vendas externas para a África caíram pela metade. O Brasil também não ia bem. O otimismo do "milagre econômico" definhava e as contradições da política econômica do regime militar ficavam expostas. O país estava endividado e em crise inflacionária.

O ciclo de ascensão e queda das relações econômicas entre o Brasil e a África não estava fora de contexto. A participação dos países em desenvolvimento no comércio exterior global teve seu auge na primeira metade da década de 1980 e começou a cair a partir de 1985. No caso da África, a redução foi de quase 70%, de 1985 a 1995. Um dos motivos foi a deterioração dos preços de produtos primários africanos. Além disso, iniciou-se um grave ciclo de endividamento. Em 1980, a dívida externa correspondia a 31% do PIB da África Subsaariana. Em 1988, a 67%.[17]

Assim, os anos de silêncio que se seguiram entre o Brasil e a África não foram causados somente por falta de vontade política (como os discursos de Lula fazem supor), mas também pelas crises econômicas, dos dois lados, e militares, na margem africana.

– A África, que era a expectativa dos anos 1960, nos anos 1980 passou a ser um desastre, um continente sem solução na percepção do mundo, especificamente para os brasileiros. Não valia a pena investir na África. Nossa política africana estava agonizando – relatou o africanista e diplomata Alberto da Costa e Silva.[18]

Foi nessa época de crise que o Banco Mundial e o Fundo Monetário Internacional (FMI) ganharam força na África e na América Latina. Passaram a prescrever regras macroeconômicas, cuja tônica era o reajuste estrutural – um pacote neoliberal com corte de gastos públicos e redução do endividamento.

– Enfrentamos uma crise só comparável à que atingiu as economias de mercado no início dos anos 1930 – discursou José Sarney, na Assembleia Geral da ONU, em 1985. Ele acabara de se tornar o primeiro presidente do Brasil após a redemocratização.

Apesar da crise, Sarney tentou manter a política africana da ditadura. Foi no seu governo que ocorreu a maior conquista econômica do Brasil na África no século XX: a estruturação da conta-petróleo, em Angola, pela qual uma cota das vendas de petróleo do país é oferecida como garantia de empréstimos brasileiros. Após esse acordo, a presença do Brasil em Angola explodiu, especialmente por parte das construtoras.

Já em Moçambique, o fim da ditadura e a eleição de um governo democrático no Brasil foram celebrados na política local, que sempre desconfiou do regime de exceção. Uma delegação moçambicana de alto nível foi à posse de Sarney e manifestou interesse de restabelecer os vínculos entre os dois países, que haviam esfriado por causa da dívida. O convite era principalmente para destravar as conversas sobre o carvão. O Itamaraty alertou o presidente para não ficar otimista. A situação de Moçambique continuava em degradação:

– É indefinido o prazo para uma solução do conflito armado. A província de Maputo encontra-se com severo racionamento de energia em razão da derrubada de 31 torres de transmissão elétrica, e necessitando importar carvão para suas usinas termelétricas, uma vez que não há condições de transportar o carvão já produzido – alertou o então embaixador em Maputo, em 1985.[19]

Na segunda metade da década de 1980, a guerra era um impasse insolúvel. Moçambique esculpia uma identidade pós-colonialismo "na dor, na fome e na luta pela sobrevivência", como definiu um diplomata brasileiro que estava no país na época.[20]

***

Os contatos entre Brasil e África ficaram dormentes. Até que em 1991 foram remexidos por Fernando Collor de Melo, que visitou o continente ao lado da esposa Rosane e do chanceler Francisco Rezek.

Era uma viagem esdrúxula. O muro de Berlim tinha caído em 1989 e Collor acreditava que era preciso conseguir lugar na "primeira fila" na nova divisão do mundo – norte-sul, em vez de leste-oeste. Assim, a linha geral da política externa de Collor era ganhar espaço para o Brasil entre as economias desenvolvidas e afastá-lo de países em desenvolvimento e subdesenvolvidos, especialmente da África. "Seria melhor ao Brasil ser o último dos primeiros do que o primeiro dos últimos", disse Collor uma vez. O político achava que o Itamaraty tinha uma tendência terceiro-mundista e nomeou chanceleres que não eram diplomatas para fazer uma "transição".[21]

– Essas nossas relações com a África tiveram que ficar em *stand by*. Estávamos ocupados com uma tarefa hercúlea que era de fazer com que o Brasil pegasse o último trem. Por outro lado, a África estava vivendo momentos muito difíceis – declarou Collor em entrevista de 2006.[22]

Apesar desse raciocínio, Collor decidiu passar uma semana na África, onde visitou Angola, Zimbábue, Moçambique e Namíbia, sem nenhuma intenção de reatar laços. No ano seguinte, Collor foi tirado do poder por um impeachment, acusado de se beneficiar de esquemas de corrupção.

Seu vice, Itamar Franco, assumiu a presidência e escolheu para chanceler Fernando Henrique Cardoso. Mas o sociólogo não durou no cargo. Em 1993, trocou o Itamaraty pelo Ministério da Fazenda, onde germinaria o Plano Real, que controlou a inflação.

Itamar Franco precisava de um novo chanceler e convidou o conterrâneo José Aparecido de Oliveira, idealizador da Comunidade dos Países de Língua Portuguesa, a CPLP. Ao chamá-lo, o presidente mineiro tinha segundas intenções: alçar Oliveira como seu candidato a presidente nas eleições de 1994. Naquele momento, FHC era apenas "a terceira opção", contou Franco em uma das suas últimas entrevistas, em 2010.[23]

A vida política de Oliveira vinha de longe. Na década de 1960, ele fora o principal assessor de Jânio Quadros. Quando Itamar tentou alçá-lo para a Esplanada dos Ministérios, Aparecido de Oliveira recusou. Estava doente. Para ocupar o cargo, indicou um diplomata pouco conhecido e muito jovem, com apenas quarenta anos. Era Celso Amorim. Itamar topou.

Celso Amorim foi, assim, elevado ao cargo mais importante da diplomacia pelo braço direito de Jânio Quadros, o presidente autor da Política Externa Independente, que voltou o olhar brasileiro para a África pela primeira vez. No pouco tempo que restava ao governo Itamar, Amorim tentou implementar políticas africanas, sem muito sucesso. A África ainda vivia momentos difíceis.

Já Fernando Henrique Cardoso navegava no sucesso do Plano Real, que acabou lhe rendendo a eleição de presidente do Brasil, em 1994. No seu primeiro mandato, as linhas gerais da política externa foram semelhantes às implementadas por Collor: o aumento das relações com os Estados Unidos e outras economias desenvolvidas, e o fortalecimento do Mercosul. A África não era uma prioridade e foram fechados os postos diplomáticos do Brasil na Etiópia, Tanzânia, Camarões, República Democrática do Congo, Togo e Zâmbia.[24]

Porém, a orientação de FHC mudou no final dos anos 1990. O presidente despertou para as oportunidades econômicas na África, que renasciam, e procurou aproximar o Brasil de três países: Angola e Moçambique, os dois parceiros privilegiados pela ditadura militar, e África do Sul, que emergia com o fim do apartheid e a eleição de Nelson Mandela, o primeiro presidente negro do país.

Em Moçambique, por exemplo, Fernando Henrique reabriu as negociações entre a Vale e o governo moçambicano para a exploração de carvão, anunciou o primeiro perdão de dívida de um país africano pelo Brasil (até hoje, o maior que já concedemos, no valor de mais de

300 milhões de dólares, posteriormente efetivado por Lula) e ampliou a cooperação sul-sul.

Ainda não era uma estratégia para a África, mas um movimento de aproximação seletivo com esses países. Em 2001, em um almoço privado em Brasília com o então presidente moçambicano Joaquim Chissano, o brasileiro transmitiu que havia decidido promover o relançamento da política africana do Brasil, abarcando o continente como um todo.[25] Contudo, FHC deixou essa tarefa para Lula, eleito em 2002.

Com a vitória do petista, Celso Amorim foi chamado de volta para conduzir a política externa. Sua primeira missão relacionada à África foi viajar para o continente para preparar a visita inaugural que Lula faria em 2003.

– Parece haver uma verdadeira sede de Brasil no outro lado do Atlântico! – escreveu Amorim após sua chegada, em artigo na *Folha de S.Paulo*.

No periódico, Amorim contou os detalhes da viagem. Em seis dos sete países onde esteve, fora recebido diretamente pelos chefes de Estado ou de governo, "gesto que denota a importância atribuída ao diálogo diplomático com o Brasil". Moçambique foi a primeira parada. Além de se reunir com o presidente do país, Amorim teve um encontro emblemático "com um dos ícones da luta pela independência", Marcelino dos Santos.[26] O chanceler não citou o nome de nenhum dos seis chefes de Estado com quem estivera. O único nomeado no texto da *Folha* foi Marcelino dos Santos. Por que Amorim lhe deu tanta importância?

Para a história das relações entre o Brasil e a África, Marcelino dos Santos era mais importante do que qualquer um dos presidentes africanos com quem Amorim estivera. Chanceler de Samora Machel nos anos 1970, Dos Santos fechou as portas de Moçambique para o Brasil quando o governo Geisel tentou se aproximar. A postura moçambicana chocou os brasileiros, que ficaram temerosos de perder a confiança de todo o continente. Por isso, Geisel optou por uma ação enérgica em Angola: reconheceu o governo do marxista MPLA, um dos maiores escândalos diplomáticos da história do Brasil.

Quase trinta anos depois, Amorim apertava as mãos do mesmo Marcelino dos Santos. O momento simbólico foi registrado em uma fotografia. A imagem está nos arquivos que o diplomata doou para o acervo do Itamaraty, mas passa batido entre tantas outras que tirou ao longo de oito anos como chanceler de Lula. Nela, Amorim olha sorridente para a câmera, as duas mãos segurando as de Marcelino como se fossem um troféu. Nos seus olhos, um sentimento de alívio e êxito, quase como um suspiro. Já Dos Santos não parece se importar.

A mensagem de Amorim para o encontro com Marcelino dos Santos era que o Brasil preparava a inauguração de uma nova fase nas relações com a África. Dessa vez, a FRELIMO poderia confiar, o país queria ser amigo de Moçambique. Não haveria mais as contradições da ditadura militar. O Brasil vinha para ficar.

O CARVÃO É VERDE-AMARELO

Moçambicanos desconhecidos pararam brasileiros na rua para felicitar. As muitas pessoas que dizem que "tinham certeza" da vitória da Vale revelam não um conhecimento de causa, mas uma simpatia pelo Brasil – exultou Leda Lúcia Camargo, embaixadora brasileira em Maputo, em telegrama confidencial enviado para o Itamaraty, em 17 de novembro de 2004.[1]

Leda celebrava o resultado da primeira concorrência para explorar o carvão de Moatize, que deu início ao maior negócio brasileiro no continente. Foi o grande dia das novas relações do Brasil com a África, nas quais se empenhava o governo Lula. O país chegava com fôlego e era recebido com entusiasmo pelos parceiros moçambicanos.

– Excluindo Angola, onde a importância da presença da Petrobras e outras companhias não posso avaliar, acredito que a vitória da Vale seja das maiores na África para a política atual. Não conheço todos os detalhes que contém cada uma das 22 gigantescas caixas que a Vale apresentou ao governo moçambicano e consultores internacionais, mas tenho certeza de que dentro delas veio implícito o marco que dentro de cinco, dez anos fará a diferença da presença brasileira neste país – continuou Leda, antevendo o futuro.

A vitória não coroava apenas os esforços da Vale, mas o lobby do governo brasileiro para a multinacional. Desde o ano anterior, a máquina pública atuava para reforçar o poder de negociação da mineradora, aumentando "a boa vontade" das autoridades moçambicanas que escolheriam o vencedor de Moatize. As principais cartadas se deram na reta final da concorrência.

Esta é uma história inédita. Durante a apuração deste livro, chegaram até minhas mãos centenas de correspondências diplomáticas confidenciais, trocadas entre a Embaixada do Brasil em Maputo e o Itamaraty, de 2003 a 2009 (como esta em que Leda celebra a vitória da Vale). No meio desse extenso material, há dezenas de documentos sobre a Vale. Este capítulo faz referência direta a dezessete deles. Todos, sem exceção, ganharam o carimbo de "secretos" em 2012, o segundo maior grau de sigilo previsto pela Lei de Acesso à Informação, válido por quinze anos. Assim, a consulta pública só deve ser aberta a partir de 2018, para os mais antigos, e 2024, para os mais recentes.[2]

Ainda no telegrama de 17 de novembro de 2004, a embaixadora Leda Camargo passou a enumerar ações do Estado brasileiro que fortaleceram a posição da Vale:

– Parece-me ter ajudado no desfecho dessa concorrência [...] a visita a Maputo do presidente do BNDES – escreveu Leda.

O BNDES deu robustez à proposta da Vale. No meio de 2004, o então presidente do banco, Carlos Lessa, foi enviado para Moçambique em companhia do presidente da Vale para analisar possibilidades de ações complementares. Cerca de um mês depois, Lula recebeu em Brasília o chefe de Estado moçambicano, Joaquim Chissano, e indicou que o BNDES poderia participar do projeto de Moatize. Chissano lembrou-se, então, do encontro que tivera com representantes do banco meses antes: eles disseram estar dispostos a "financiar tudo".[3] Essa é a história contada pelos telegramas. Questionado a respeito, o BNDES informou que "não concedeu, por meio de qualquer modalidade de financiamento, apoio financeiro à empresa Vale S.A. para operações em Moçambique".

– Outro fator que contribuiu, com toda a certeza, para a boa vontade (que nitidamente se percebia crescente) do lado das autoridades moçambicanas, foi a assinatura do perdão da dívida pelo Brasil. Coube à Comissão Interministerial, sob a chefia da então primeira-ministra Luísa Diogo, que gestionara por aquela assinatura, aprovar o parecer dos técnicos locais e internacionais a favor da Vale – prosseguiu a mensagem de Leda.

No valor de 315 milhões de dólares, o perdão da dívida de Moçambique é o maior cancelamento de débitos concedido pelo Brasil. Fernando Henrique Cardoso foi quem anunciou o perdão, em 2000, iniciando a tramitação do assunto em Brasília. Mas foi somente no auge das discussões sobre a concorrência da Vale, em agosto de 2004, que Lula formalizou a medida. O momento escolhido para a solidariedade brasileira teria favorecido a multinacional.

— A colaboração da Embrapa, de Furnas e outras estatais brasileiras teve um caráter essencial – finalizou a embaixadora.

A Embrapa, por sua vez, se comprometeu a instalar um escritório de transferência de tecnologia em Moçambique, com financiamento da mineradora, a partir de 2005. Essa fora uma sugestão de Chissano a Lula. Na reunião de Brasília, o moçambicano recomendou que a Vale incluísse projetos de cooperação em agricultura e disse que a Embrapa poderia criar a "Embrapa Moçambique". A ideia foi adiante. O foco de atuação da instituição seria o Vale do Zambeze, região dirigida por um importante político moçambicano, que acompanhava a concorrência do carvão de perto. Mas ficou apenas na promessa. A Embrapa só se fixou em Moçambique no governo de Dilma Rousseff, sem ligação oficial com a Vale.

Por que o governo brasileiro apoiou a Vale? Fiz essa pergunta para Lula, em dezembro de 2013. Ao contrário das outras questões, a essa Lula não respondeu de imediato. Olhou para o lado, sem focar nada, e ficou quatro segundos em silêncio. Para quem emenda uma frase na outra, é um prazo embaraçoso. Depois, voltou os olhos para mim e deu uma resposta incomodada:

— Por interesse estratégico. Primeiro, porque a Vale é uma empresa brasileira. Era muito mais interessante que ela estivesse na mina de Moatize do que os chineses. [Esta é a] primeira coisa. A segunda é que o minério é uma coisa estratégica para qualquer país do mundo. E sobretudo quando se trata de carvão, que o Brasil não tem. Então, para nós, era extremamente importante a gente ter não só para exportar, mas para suprir a necessidade do mercado interno – disse Lula, revelando um Brasil que competia pelos recursos minerais africanos.

A exploração mineral não era a única vantagem. A chegada da Vale iria atrair para Moçambique "importantes empresas brasileiras", celebrou Leda no telegrama da vitória. As perspectivas que se abriam eram tantas que se fazia necessário aprimorar as vias de contato entre os dois países, incluindo a construção de uma nova Embaixada, apontou a diplomata. Leda não imaginava um prédio qualquer. Queria o topo da arquitetura. Eram novos tempos, que inspiravam a sonhar alto:

— Visto [Oscar] Niemeyer ter elaborado projetos para outras embaixadas e a Camargo Corrêa em breve estar aqui, talvez se devam ir fazendo gestões no sentido de concretizar essa possibilidade – sugeriu Leda, em um arroubo que não foi levado a sério pelo Itamaraty.[4]

***

Leda Lúcia Camargo chegou a Moçambique em 2004. Com os cabelos nos ombros, sempre impecáveis, e sobrancelhas finas, muito arqueadas, ela tem um estilo pessoal de atuar. Rapidamente se tornou próxima de figuras de alto escalão do governo moçambicano, inclusive de Chissano, presidente na época.

No período em que ocupou a Embaixada, até 2008, Leda Camargo conduziu os momentos decisivos de alguns dos mais importantes temas das novas relações do Brasil com a África. Primeiro, a instalação da Vale. Segundo, a fábrica de medicamentos contra a aids, o principal projeto de cooperação do governo brasileiro. Terceiro, a batalha pelo apoio africano para a reforma do Conselho de Segurança da ONU.

Considerada no Itamaraty como uma boa negociadora, a embaixadora é uma figura polêmica. Em 2005, a imprensa de Maputo publicou supostas declarações suas de que seu cachorro era mais limpo que os moçambicanos. A frase teria sido dita após Leda ser impedida de entrar com o animal em um shopping da capital. Ela nega o caso.[5]

Um dos principais interlocutores de Leda Camargo em Moçambique foi um informante sobre a concorrência de Moatize. Era Sérgio Vieira, "antigo combatente da luta de libertação e negociador principal do acordo de paz de 1992, um dos idealizadores da FRELIMO, poeta, personagem das mais respeitadas e reverenciadas neste país, além de amigo próximo do presidente Chissano", segundo a embaixadora o descreveu para o Itamaraty.[6] Naquela altura, Vieira era também diretor do Vale do Zambeze – a região onde a Embrapa iria atuar.

Ao listar para o Ministério das Relações Exteriores os fatores que ajudaram na vitória da Vale, Leda também incluiu as informações passadas por Sérgio Vieira. Em retribuição, a embaixadora buscou beneficiá-lo:

– Credito ao dr. Sérgio Vieira uma tal importância na condução desse processo que desde já proponho seu nome para a Ordem do Rio Branco, desde que não se toque em sua atuação no projeto da Vale, mas tendo como motivo, para aparências, o fato de ele ter chefiado a primeira visita diplomática moçambicana ao Brasil [em 1980] – escreveu Leda, sem meias-palavras, no telegrama de 17 de novembro de 2004.

A Ordem do Rio Branco é uma condecoração que o Itamaraty oferece com o objetivo de "distinguir serviços meritórios e virtudes cívicas". Apesar do pedido de Leda, Sérgio Vieira não foi condecorado. Mas por que a embaixadora exigiu que a atuação do político na "condução" do processo que levou à vitória da Vale não fosse o motivo oficial para o recebimento da Ordem, e que fosse usada outra razão "para aparências"?

Essa foi uma das perguntas que enviei ao Itamaraty. O ministério demonstrou nervosismo através de sua assessoria de imprensa, buscando saber como tive acesso aos telegramas. Informou que não poderia responder nada relacionado a eles, uma vez que eram "secretos". A embaixadora também foi procurada e, assim como a chancelaria, alegou que não poderia se pronunciar sobre documentos sigilosos. Posteriormente, Leda foi contatada para responder a perguntas gerais, não relacionadas a nenhuma documentação específica, mas não se manifestou.

Leda Camargo foi ainda mais longe em relação a Sérgio Vieira. Em julho de 2004, tentou favorecer a filha do político no Programa de Estudantes-Convênio de Graduação (PEC-G), que oferece vagas para estrangeiros em instituições de ensino superior do Brasil. Entre elas, a Universidade de São Paulo (USP), a Universidade Estadual de Campinas (Unicamp), a Universidade Nacional de Brasília (UnB) e a Universidade Federal do Rio de Janeiro (UFRJ). É um dos principais programas de cooperação do Brasil na África, desenvolvido pelo Itamaraty e Ministério da Educação (MEC).

– Tomo a liberdade de recomendar que seja considerada com especial atenção a candidatura da estudante (quarta colocada, com alta média entre 33 candidatos) ao curso de Estilismo e Moda da Universidade de Londrina. A estudante é filha de Sérgio Vieira, alta autoridade do núcleo político do governo moçambicano, um dos mais importantes integrantes do grupo que decidirá sobre as minas de Moatize – escreveu em telegrama urgente para o Itamaraty, de 21 de julho de 2004, antes da vitória da Vale.[7]

A escolha dos contemplados pelo PEC-G é feita em duas etapas. Primeiro, as embaixadas brasileiras fazem uma pré-seleção. Nessa fase, o posto diplomático de Maputo delimitou 33 nomes, entre eles o da filha de Vieira. Já a seleção final é feita em Brasília, pelo MEC, que não incluiu a garota.

Em nota, a Vale afirmou que não tem nenhuma relação com o tema. Sérgio Vieira foi contatado por e-mail e respondeu prontamente a todas as perguntas enviadas. Amigo de Leda até hoje, ele disse que nunca soube do telegrama e negou ter sinalizado para a embaixadora que a decisão de Moatize poderia ser influenciada pela escolha de sua filha ao PEC-G:

Jamais me passaria pela cabeça uma tal tentativa nojenta de corrupção. A Vale obteve a concessão porque ganhou num concurso em que participaram várias transnacionais. [...] Pelo que sei, foi a melhor proposta, trazendo uma garantia ilimitada do Banco de Desenvolvimento do Brasil [BNDES] e oferecendo o valor mais alto para obter a concessão – justificou.

Sérgio Vieira havia deixado o governo moçambicano um ano antes da entrevista, em 2012. Vendo os resultados da instalação da Vale, se tornou um ácido crítico, sobretudo dos reassentamentos de populações que viviam na área concedida para a mineradora. Segundo o político, o interesse moçambicano no negócio era "não ficarmos com os buracos e eles com tudo de riqueza. Infelizmente, já surgiram vários conflitos com a Vale, populações sentem-se espoliadas". Em evento em Maputo, no primeiro semestre de 2013, afirmou:

– Pessoas são movimentadas como mercadorias e no mero interesse do chamado investidor. O que [ele] lhes dá em troca? Uma casa a dezenas de quilômetros quando nunca pediram uma nova casa.[8]

No mesmo telegrama em que recomendou "especial atenção" para a candidatura da filha do político moçambicano para o PEC-G, Leda Camargo prosseguiu:

– [Vieira] reiterou-me também que, embora o governo local deseje ver vencedora a companhia brasileira, esse sentimento se deve não a uma preferência específica pela Vale, mas por querer atender ao interesse manifestado nesse sentido pelo presidente Lula.

A simpatia com que o governo moçambicano via Lula era outro elemento que a mineradora tinha a seu favor. Além disso, segundo os arquivos sigilosos do Itamaraty, o próprio ex-presidente participou do diálogo entre a Vale e o governo moçambicano. Em 2006, por exemplo, o presidente moçambicano Armando Guebuza procurou Lula para tratar dos negócios da mineradora. O brasileiro então se comprometeu a fazer contato com o então presidente da multinacional, Roger Agnelli, a fim de averiguar o assunto.[9] O diretor de projetos da Vale para a África, Ricardo Saad, resumiu, modesto, o apoio do governo brasileiro para a Vale:

– Certamente, o apoio e a presença do governo brasileiro foram um diferencial para nós. Tem sido e acho que vai permanecer sendo importante.

***

As negociações entre os governos do Brasil e de Moçambique sobre o carvão não começaram nos anos Lula, mas em 1980, cinco anos após a independência do país africano. A partir de então, praticamente todos os presidentes brasileiros tocaram no assunto: João Figueiredo, José Sarney, Fernando Collor, Fernando Henrique Cardoso, além do próprio Lula.

Desde antes da independência, o minério já era uma das atividades econômicas mais importantes de Moçambique e havia perspectivas de que as reservas de Tete (província onde fica Moatize) colocariam o país entre os cinco maiores produtores mundiais. Algumas delas eram a céu aberto, ou seja, poderiam ser exploradas sem a escavação de túneis, perigosos e pouco eficientes. Faltavam, porém, investidores com capital para esse tipo de empreendimento, que era muito mais caro. Moçambique estava em busca deles.

Enquanto isso não ocorria, a extração de carvão era feita em cinco minas subterrâneas pela portuguesa Companhia Carbonífera de Moçambique (CCM), em operação desde os anos 1940. As condições de trabalho eram muito precárias. Em 1976, uma das minas ruiu, matando 98 pessoas. No ano seguinte, uma nova tragédia mudou os rumos do negócio. A terra tremeu e ouviu-se um som forte e abafado. No horizonte, formou-se uma nuvem espessa em forma de cogumelo. Outra mina havia explodido. O saldo desta vez foi de 64 mortos, sem sobreviventes. Ainda no local, o diretor-geral da CCM e outros nove europeus foram cercados por mineiros e familiares das vítimas e assassinados a pedradas e golpes de porrete. A matança só parou quando o Estado posicionou carros blindados soviéticos diante da multidão.[10]

A explosão, os mineiros mortos e os europeus assassinados geraram comoção em Moçambique e no Velho Continente. Era um golpe na intenção moçambicana de atrair capital estrangeiro para explorar o carvão. Samora Machel, o presidente do país, achou por bem dar uma resposta enérgica ao caso e enviou os homens mais fortes do governo para apurar o que ocorrera em Moatize. Ao chegar à cidade, a cúpula convocou um comício.

Viemos aqui para saber por que mataram toda a direção da mina. Quem foi que matou? – perguntaram os homens de Maputo.

Fomos nós   disseram em coro 2 mil pessoas, os braços em riste.[11]

A solução dada pelo governo moçambicano foi a estatização da CCM, em 1978. Com duas das cinco minas inoperantes, as vendas caíram a um quarto do resultado obtido três anos antes.[12] A crise no setor intensificou a busca por parcerias para reformular o negócio de carvão. E o Brasil se fixou no radar moçambicano.

O despertar da negociação ocorreu em 1980: o chanceler do presidente João Figueiredo visitou Moçambique. Em retribuição, Samora Machel enviou ao Brasil Sérgio Vieira (que nos anos 2000 viria a se tornar o interlocutor da embaixadora Leda). Na época, Vieira era ministro-governador do Banco de Moçambique. O principal objetivo da viagem era tratar do carvão.

Só havia relações diplomáticas [entre Brasil e Moçambique], as econômicas e financeiras vieram na sequência da minha visita – recordou Sérgio Vieira, na entrevista por e-mail.

O diálogo avançou e, na sequência, o regime militar mandou para Moçambique uma missão técnica para identificar oportunidades minerais. Na primeira reunião que teve no país, a equipe ouviu dos moçambicanos a convicção de que carvão poderia ser a base do relacionamento econômico entre os dois países, além de permitir que Moçambique quitasse empréstimos com o Banco do Brasil.[13] Desde o ano anterior, o país africano se endividava para comprar produtos da indústria brasileira – a origem da dívida que foi perdoada em 2004.

Moçambique fez uma oferta: os brasileiros poderiam pesquisar parte das reservas de carvão. A proposta foi aceita e a estatal Companhia de Pesquisa em Recursos Minerais (CPRM) se instalou em Tete para analisar o subsolo.[14] Já o direito à exploração seria discutido depois.[15]

Na esteira do carvão, as relações de Moçambique com o Brasil explodiram. No entanto, não tiveram tempo de se consolidar. Em 1983, a guerra civil moçambicana entrou na sua fase mais crítica, provocando uma severa crise econômica. Vale recordar qual foi a reação do regime militar brasileiro: o congelamento da linha de crédito para o país africano importar mercadorias do Brasil e o abandono dos projetos que estavam em fase de negociação. O principal deles era o do carvão.

Não havia o que fazer. Se o Brasil extraísse o minério, não teria como vendê-lo. A ferrovia de Sena, a única via para escoá-lo, era um dos principais palcos da guerra. Os números das vendas da estatal moçambicana de carvão ajudam a contar a história da derrocada do negócio. Em 1980, 343 mil toneladas. Em 1983, 57 mil toneladas. Em 1985, 20 mil toneladas.[16]

Ainda assim, Moçambique não desistiu da parceria com o Brasil. Em 1985, após o fim da ditadura, tentou atrair a Nova República para a exploração do carvão. O governo Sarney se mostrou amigável e retomou o diálogo, reescalonando a dívida moçambicana. Deu certo. Na sequência, foi destinada ao Brasil uma área a noroeste do rio Rovubwe, na qual se encontrariam minas a céu aberto.[17] Era Moatize, onde hoje está a Vale.

Foi quando a Companhia Vale do Rio Doce entrou no jogo. Na época, a empresa era estatal. Em 1989, assinou um contrato com Moçambique para produzir um estudo de viabilidade de um projeto integrado de carvão – mina, porto e ferrovia.[18] A referência era a operação do minério de ferro de Carajás, no Pará. Andrade Gutierrez e Odebrecht também deveriam participar do empreendimento.

Até que, na década de 1990, o então presidente Fernando Collor foi a Moçambique com um objetivo bastante definido: dar más notícias pessoalmente, sorrindo e balançando as mãos. A iniciativa do carvão teria de ser revista, comunicou. A economia brasileira passava por ajustes, que não permitiriam mais que a mineradora fizesse os investimentos necessários, de 1,6 bilhão de dólares em dez anos.[19]

Era um balde de água fria. Moçambique considerava a exploração do carvão fundamental para alavancar seu desenvolvimento e retirar a economia do poço onde a guerra a tinha colocado. O anúncio de Collor vinha justamente no momento em que a guerra civil começava a agonizar, trazendo novas esperanças para Moçambique – em 1992, seria assinado o Acordo de Paz entre a RENAMO e a FRELIMO. Collor deu um sorriso amarelo para compensar e prometeu ser brando com a dívida que o país tinha com o Brasil, naquela altura de 300 milhões de dólares.

Nem assim Moçambique saiu da cola do Brasil. Em 1998, ano seguinte à privatização da Vale, o então vice-ministro dos Recursos Minerais, Castigo Langa, viajou ao Brasil para "oferecer de bandeja Moatize à Vale, a qual, em fase de reformulação à época, perdeu uma grande oportunidade".[20] A história foi relatada por Langa para a embaixadora Leda Camargo, em 2004 – naquela altura, ele era o ministro.

***

Finalmente, nos anos 2000, o negócio do carvão tomou um rumo decisivo. Moçambique construía um trajeto de paz e estabilidade política. A guerra acabara em 1992 e as primeiras eleições ocorreram em 1994. Porém, o país continuava sem grandes fontes de divisas. O PIB era de apenas 4,3 bilhões de dólares. Per capita, dava 235 dólares, um dos quinze menores do mundo.²¹ As esperanças estavam depositadas no carvão, um dos principais recursos de que o país dispunha para atrair grandes investimentos estrangeiros e alavancar a economia.

A Vale, privatizada, entrou nas negociações por conta própria. Mas o governo brasileiro não deixou de participar. A Embaixada do Brasil em Maputo acompanhou os movimentos da empresa de perto, recebendo informações sobre o status dos diálogos, bem como a respeito dos interesses e demandas da mineradora. Além disso, o presidente Fernando Henrique Cardoso deu um "impulso" ao negócio quando esteve em Maputo, em julho de 2000.

– As negociações estão avançando. Elas se desenvolvem a partir do impulso inicial dado pela visita a Maputo, em julho último, do presidente Fernando Henrique Cardoso – relatou ao Itamaraty o embaixador Hélder Martins de Moraes, em mensagem confidencial de fevereiro de 2001.²²

Havia vinte anos que a exploração de carvão era discutida entre Brasil e Moçambique. Fernando Henrique foi o quarto presidente brasileiro a abordá-la. O minério tinha se transformado no ponto nevrálgico das relações entre os dois países. No final do governo tucano, já estavam lançadas as bases que desenrolariam o negócio nos primeiros anos do governo Lula.

– Embora a ideia fosse manter o assunto sob sigilo ainda por algum tempo, começa-se a falar da possibilidade de a Companhia Vale do Rio Doce instalar-se em Moçambique. Ontem, Sérgio Vieira disse-me de sua satisfação por ter sabido que, finalmente, a "Vale do Rio Doce acordou", o que era muito bom porque "o comboio está a andar" – informou o embaixador que substituiu Moraes, Pedro Luiz Carneiro de Mendonça, em março de 2002.²³

O primeiro movimento da Vale com relação à administração petista foi um telefonema para o embaixador Mendonça, em fevereiro de 2003. Quem ligava era o gerente de desenvolvimento de negócios da multinacional. Ele transmitiu o interesse da empresa de receber do novo governo petista uma manifestação formal de apoio às suas pretensões junto às autoridades moçambicanas.²⁴

Duas semanas depois, o Itamaraty enviou o diplomata responsável pelo departamento de África para se reunir com a Vale, no Rio de Janeiro. A chancelaria queria conhecer melhor quais eram as expectativas quanto ao apoio que poderia ser prestado por Brasília. A mineradora foi específica: esperava a sensibilização do governo moçambicano sobre a necessidade de a extração de carvão ser integrada com a logística de escoamento. A Vale queria explorar mina, ferrovia e porto.[25]

Naquele momento, não seria possível. Moçambique já havia separado a logística e a exploração do carvão em duas concorrências diferentes. A primeira envolvia a reforma da ferrovia de Sena e já estava em curso, disputada por construtoras da Índia e da China, dois países do sul que se aproximavam da África. Ainda sob forte influência dos parceiros do Norte, Moçambique deixou a escolha sob supervisão do Banco Mundial, que contemplou os indianos. A opção que restava ao Brasil, o terceiro emergente a chegar a solo africano, era participar da disputa mineral – apenas em 2012, a Vale iria ganhar o direito de explorar uma ferrovia, no Corredor de Nacala.

A Vale entrou então na concorrência para explorar o carvão. Em reuniões com a embaixadora Leda Camargo, Sérgio Vieira sinalizou pontos que seriam importantes na disputa. Em 20 de agosto de 2004, por exemplo, solicitou fazer chegar ao presidente da Vale duas mensagens. Primeira, era exigida experiência em exploração de carvão e a Vale "deveria reforçar essa parte do projeto, sob pena de ficar defasada". Segunda, era recomendável diminuir a exposição à imprensa, pois, "apesar de tenderem à Vale, as autoridades locais precisam demonstrar isenção no julgamento final".[26]

O primeiro alerta seria repetido por Chissano em reunião com Lula, em Brasília, em 31 de agosto de 2004, quando foi assinado o perdão da dívida. O moçambicano disse que o quesito da produção de carvão era desvantajoso para a Vale e que Moçambique estava buscando reduzir seu peso, que recebia importância considerável do Banco Mundial. Lula defendeu a empresa, replicando que a Vale tinha experiência em bauxita, que emprega o mesmo processo do carvão.[27]

* * *

Fortalecida pelo perdão da dívida, pelas promessas de empréstimo do BNDES, pela parceria com a Embrapa e pelo apoio do governo Lula, a Vale ganhou a concorrência do carvão em novembro de 2004. A vitória foi celebrada no Brasil e em Moçambique, mas vista com desconfiança pela comunidade internacional. Por conta disso, a embaixadora Leda Lúcia Camargo foi posta em situações difíceis.

Perante outros cinco embaixadores, por exemplo, a embaixadora da França perguntara para a brasileira se havia "algo" no projeto e se a escolha da Vale teria a ver com a visita de Chissano ao Brasil, menos de três meses antes (Chissano e Lula se reuniram em Brasília, em 31 de agosto de 2004, ocasião em que foi assinado o perdão da dívida).[28]

Suspeita mais grave veio à tona em uma reunião entre embaixadores na sede do PNUD em Maputo, em dezembro de 2004. Um representante do FMI sugeriu a existência de uma fraude envolvendo a Vale.

Para entrar no negócio, a Vale pagou um bônus de cerca de 120 milhões de dólares para o governo moçambicano. Na cerimônia da assinatura do acordo, Roger Agnelli entregou um cheque gigante simbolizando o depósito, mas o valor ainda não se encontrava nos cofres moçambicanos segundo o funcionário do FMI. Ele "deixou pairando, quase palpável no ar, causando burburinho de sorrisos na sala, que o pagamento nunca havia existido ou havia parado em outros bolsos moçambicanos", escreveu Leda em telegrama confidencial e urgentíssimo para o Itamaraty.[29] A embaixadora brasileira estava presente ao encontro e foi incisiva, afirmando ser inaceitável levantar suspeitas sem provas em um evento daquele nível.

– Seja ciúme, rivalidade, seja ignorância ou má vontade, *"name it"*, como eles mesmos dizem, o incidente não pôde ficar despercebido redigiu Leda Camargo no telegrama.

Após a reunião entre os embaixadores, a diplomata brasileira procurou a Vale e responsáveis no governo moçambicano. Recebeu informações de que o depósito fora concretizado – depois da entrega do cheque gigante e antes da polêmica reunião no PNUD. Ou seja, o repre sentante do FMI estava informado, mas desatualizado. Esse "preço" pelo sucesso da Vale era baixo diante dos ganhos econômicos e políticos, considerou Leda Camargo.

– Ladram os cães enquanto a caravana passa – afirmou ela, na correspondência diplomática.[30]

Depois de ganhar a concorrência, a Vale começou a fazer estudos minerais em Moatize. Os resultados mostraram que a reserva tinha 1,87 bilhão de toneladas de carvão bruto e vida útil de 35 anos. A mina seria a segunda maior do mundo a céu aberto.[31]

Ainda faltava uma parte importante a decidir: a logística da operação. Em outras palavras, como escoar o carvão? No final de 2006, o presidente que sucedeu Chissano, Armando Guebuza, pediu um encontro com Lula durante reunião da Cúpula África-América do Sul (AFRAS), na Nigéria, para tratar do assunto. Guebuza disse "ter nas mãos um problema: a opção da Vale por fazer o escoamento pela via da Beira [a ferrovia de Sena, reformada pelos indianos]". E afirmou que "procurara o presidente Lula para fazer um apelo por Nacala", alternativa que ajudaria a desenvolver o norte de Moçambique. Anos depois, Nacala foi a opção de escoamento que se confirmou.[32]

Naquela época a Vale estava se preparando para pedir a concessão da terra. A vitória da concorrência de 2004 ainda não representava o direito de explorar o carvão. A empresa teria de submeter os detalhes do empreendimento para aprovação das autoridades locais.

Isso ocorreu em 2007 (lembrando que, naquele ano, a Vale tinha um poder econômico dezessete vezes maior do que o PIB de Moçambique). Logo em seguida, a multinacional começou a pressionar pela aprovação urgente da requisição. Havia um bom motivo para ter pressa. Estava para entrar em vigor uma nova legislação sobre incentivos fiscais para o setor de mineração, que iria diminuir os benefícios – o que, obviamente, não era do interesse da brasileira. Em 26 de junho de 2007, na última hora possível, o contrato com a Vale foi aprovado. No dia seguinte, foi publicada a Lei nº 11 de 2007, que atualizou as regras tributárias.

– A Vale desejava que a data do contrato antecedesse a entrada em vigor da Lei, para evitar possíveis repercussões negativas no Projeto

Moatize. Como se recorda, os incentivos fiscais que beneficiam o Projeto Moatize foram concedidos com a assinatura do contrato em novembro de 2004. O que a Vale tem feito é buscar confirmá-los e não submeter o projeto aos efeitos da nova lei – escreveu Leda Camargo em telegrama confidencial de 20 de junho de 2007.[33]

No final daquele ano, a passagem da embaixadora Leda Lúcia Camargo por Moçambique chegava ao fim, após mais de três anos de trabalho intenso. Em Maputo, foi organizado um jantar de despedida, cujo orador convidado foi ninguém menos que Roger Agnelli, da Vale.[34] Premiada pela atuação, a diplomata foi nomeada embaixadora em Praga, na Europa.

Na entrega das credenciais diplomáticas do novo embaixador brasileiro em Moçambique, em 2008, o presidente Armando Guebuza "aproveitou para pedir que o recomendasse à embaixadora Leda Lúcia Camargo, por quem, sublinhou, tem grande respeito profissional e enorme afeto pessoal – 'já era família', em suas palavras".[35]

VALE, A LOCOMOTIVA BRASILEIRA

É em meio a baobás centenários e sob um sol incisivo, cujo calor se aproxima com facilidade dos 40ºC, que se movimenta a exploração de carvão da Vale em Moatize, o maior investimento corrente do Brasil na África.

De um buraco a céu aberto de 4,5 quilômetros de comprimento, e crescendo, a multinacional esperava retirar 6,4 milhões de toneladas de minério em 2014. Em 2011, o primeiro ano de extração, a escavação tinha menos da metade da extensão. É a mina Moatize I. Ao mesmo tempo, a Vale abre uma segunda mina, a Moatize II, com expectativa de atingir o pico da produção a partir de 2018. Serão 22 milhões de toneladas anuais, o que vai tornar a brasileira uma das maiores produtoras de minério do mundo.

A mina fica encravada em uma vasta planície, pontuada vez ou outra por colinas suaves. Em uma delas está o mirante da Vale, de onde se observa a operação – apenas uma parte, porque toda ela não cabe no raio de visão. A área da concessão é de 240 quilômetros quadrados.

Lá do alto se vê a floresta margeando a mineração. Verde e seca, é formada por árvores e arbustos de pequeno porte, com troncos de casca grossa. Poucas espécies mais altas perfuram a linha de copas baixas. A mais imponente é o baobá, chamado de embondeiro em Moçambique. Ele é o ancião da terra e, como tal, emana respeito. Não com autoridade de pai, mas sabedoria de avô velho.

Há quem diga que o baobá pode chegar a quinhentos anos, mas há muito mistério em torno da sua idade. Seu tronco gigantesco, cuja circunferência pode atingir 30 metros, é oco. Assim, não é possível estimar seu acúmulo de anos pelo número de anéis no tronco, como se faz com outras árvores. Também por isso sua madeira não tem valor econômico e não há ganância em derrubá-lo. A maior riqueza de um embondeiro é a sua sombra, capaz de abrigar dezenas de pessoas.

À beira do buraco aberto pela Vale até 2013, um baobá imponente espreitava a extração do carvão. Sua base tinha um diâmetro maior do que uma picape 4x4, que vez por outra passava a sua frente. Era testemunha do avanço do Brasil – e poderia se tornar sua vítima quando o buraco aumentasse.

A camada abaixo da floresta fica visível no subterrâneo exposto da mina. As faixas de solo são bastante definidas. A primeira é a terra, uma porção amarelada; em seguida, listras cinza de material estéril – arenito, por exemplo; e, finalmente, o negro do carvão. A altura de cada camada varia. Na área da Vale, o minério é encontrado a partir de 14 metros abaixo da superfície, sendo 30 metros só de carvão em alguns trechos.

Não há pessoas ou máquinas de pequeno porte dentro da mina. Apenas veículos da mais alta tecnologia trabalham incessantemente para extrair o minério, transportá-lo e aumentar o buraco. Tudo na indústria mineira de capital intensivo é gigantesco. Um dos megacaminhões usados nas operações, o Caterpillar 797, tem capacidade de transportar 400 toneladas. Só o pneu tem 4 metros de altura e pesa 5 toneladas. Por serem enormes e pesados, eles se movem devagar. A impressão é que se arrastam lentos sob o calor, sem forças para trabalhar mais rápido.

A área de sustentabilidade ambiental da Vale garante que o buraco não vai ser aberto indefinidamente. Hoje, as boas práticas mineiras recomendam que se explore uma área nova enquanto se recupera uma antiga, tapando o rombo na terra com o material estéril que foi removido e replantando a vegetação nativa. A Vale ainda não chegou a essa fase, contudo. Por enquanto, o buraco só cresce.

Ainda no mirante da Vale, se nos virarmos a quase 90º a oeste da mina, veremos a unidade de processamento, que transforma o carvão bruto em dois tipos. O principal é o metalúrgico, matéria-prima para produção de ferro e aço, menina dos olhos da Vale. Com maior valor de mercado, foi apelidado de Chipanga, em referência ao nome do local em Moatize de onde é extraído. Segundo a empresa, é de "excelente qualidade". O outro é o carvão térmico, usado para geração de energia em usinas termelétricas.

As reservas de Tete são consideradas as maiores de carvão metalúrgico ainda não exploradas do mundo. A estimativa é que haja, somente nos solos concedidos para a Vale, 1,87 bilhão de toneladas do minério bruto. No pico de produção, mais de 70% devem resultar em carvão metalúrgico.

À direita da unidade de processamento, havia dois longos montes de carvão quando visitei a mina, em abril de 2013. Tinham um quilômetro de comprimento, cerca de 40 metros de largura e 5 metros de altura. Era um estoque a céu aberto, principalmente de carvão térmico.

— Infelizmente, estamos tendo que estocar grande parte, porque a infraestrutura logística não permite exportar toda a nossa capacidade de produção — justificou Ricardo Saad, então diretor de projetos da Vale para África, Ásia e Austrália, que do alto do mirante apontava para as pilhas de carvão acumuladas.

As expectativas da Vale eram de transportar por terra 80% da produção de 2013 e embarcar nos portos somente metade. Enquanto a capacidade de escoamento não fosse ampliada, a prioridade era exportar o carvão metalúrgico, vendido a mais de uma vez e meia o valor do térmico. Este, contudo, tem um prazo de validade e poderia ser desperdiçado se ficasse estocado ali.

Ao contrário da mina, a área de processamento é cheia de pessoas. Todas, sem exceção, vestem o mesmo uniforme: uma camisa de um verde-claro desbotado com um pequeno símbolo da Vale no lado esquerdo do peito, uma calça cargo de tom entre o cinza e o azul, além de duras botinas. Até o executivo Saad se veste assim, quando visita Moatize (ele ficava sediado em Maputo). Todos os trabalhadores também comem no mesmo refeitório, pegando a mesma fila, inclusive o diretor de operações, Altiberto Brandão.

Saad e Brandão são brasileiros. No início das atividades da Vale, o número de funcionários expatriados do Brasil era alto, mas foi sendo reduzido nos anos seguintes. Era uma exigência do contrato assinado com Moçambique. Nos cinco primeiros anos, 30% da mão de obra poderia ser estrangeira, percentual que deveria ser reduzido até chegar a 10%. Em 2013, a mineradora estava quase lá. Os moçambicanos ocupavam 86% das vagas e 36% dos cargos de chefia.[1] Nas palavras de Saad, "a Vale é uma empresa brasileira, que chega com sotaque brasileiro, mas com vontade de ser uma empresa moçambicana". A população da região notou as mudanças:

– No tempo da chegada dessas empresas, havia muitos brasileiros. Agora já voltaram para o Brasil – falou o taxista Sabão, de Tete. (Substantivos e adjetivos em português são nomes próprios comuns em Moçambique, como Doçura, Castigo, Saudade.)

***

A mina de Moatize foi a primeira concessão de carvão moçambicano para uma multinacional. O prazo é de 25 anos (até 2032), renováveis por outros 25. Mas a Vale espera ficar por muito mais tempo:

– A gente costuma dizer que é uma operação centenária, para muito longo prazo. É uma reserva de classe mundial, realmente de excelente qualidade. Faz todo sentido pensar além desse horizonte da concessão – justificou Saad.

A partir da instalação da Vale, foi dada a largada a uma corrida mineral em Tete, que se transformou em um dos principais polos econômicos moçambicanos. Toda a área no entorno da brasileira foi requisitada por outras mineradoras. Entre elas, a australiana Rio Tinto, uma das maiores concorrentes da Vale no mundo. Também foram atrás do minério empresas com capital indiano, japonês, inglês, norte-americano. Hoje, a província está loteada. O mapa dos contratos minerais é um quebra-cabeça quase sem peças ausentes.

O movimento no aeroporto localizado em Tete, capital da província de mesmo nome, ilustra a chegada dos interesses da mineração. Antes pacato, passou a receber dois voos diários de Maputo (distante 1.570 quilômetros, pouco mais do que o trecho São Paulo-Salvador), um de Johanesburgo (cidade mais importante da África do Sul, a 1.250 quilômetros), além de aviões próprios das multinacionais da mineração. A sala de embarque é uma torre de babel. Brasileiros, australianos, sul-africanos, indianos, portugueses, franceses, chineses, a maioria em uniformes de grandes empresas, se movimentam apressados com pastas, celulares, tablets e notebooks.

Vista do alto do avião, Tete se esparrama por uma longa planície, até molhar os pés no rio Zambeze, um dos maiores da África. Nesta região, o Zambeze passa calmo, escondendo seus perigos, como as cheias e os crocodilos, que levam sobretudo crianças que brincam nas águas e mulheres que usam o rio para lavar roupas. Na outra margem, a planície emerge novamente. É o distrito de Moatize, onde fica a Vale. Para chegar até lá, é preciso atravessar a ponte Samora Machel. Assim como o aeroporto, a ponte ficou congestionada depois da chegada das multinacionais. A presença estrangeira também inflacionou aluguéis e serviços.

– Não há crescimento sem dor. Tem um trânsito absurdo na ponte, as pessoas demoram mais de uma hora para atravessá-la. Há demanda absurda por moradias, então o preço sobe. Se por um lado é ruim porque inflaciona, por outro estimula que as pessoas construam mais casas para poder atender à demanda. Aí os oleiros vão poder produzir mais tijolo. Essa é a lógica: no começo, você cria um problema, mas esse problema demanda uma solução. Se ela for benfeita, vai gerar um bom resultado econômico – defendeu Saad, da Vale, fazendo referência aos fabricantes de tijolos que protestaram contra a mineradora em 2013.

Até agora, são mais problemas que soluções. Por enquanto, o maior benefício direto trazido pela Vale foi a geração de empregos. Cerca de 5,4 mil pessoas atuaram no projeto em meados de 2011, vésperas do início da produção. Depois o número foi para 14 mil em 2013 – 85% terceirizados.[2]

– Minha senhora, há poucos anos, isto aqui era tudo mato – disse o senhor Trinta China, meneando a cabeça na direção do entorno.

China é funcionário da Vale e foi destacado como motorista para me levar até a mina. Pendurado no retrovisor do carro, seu crachá balançava em um cordão vermelho onde estava impresso o nome da sua antiga empregadora: a Odebrecht. Uma das maiores multinacionais brasileiras, a construtora foi uma das principais parceiras da Vale nas obras da primeira fase de operações. Agora realiza as obras da mina Moatize II.

Depois da ponte Samora Machel, começa uma estrada nacional. Lá o desenvolvimento forasteiro trafega em picapes 4×4, caminhões modernos e maquinários de construção civil. Dos dois lados da rodovia, há um burburinho de atividade econômica. São dezenas de negócios que se apressam para acontecer. Empresas de aço, andaimes, peças para mineração, veículos, hotéis, misturados entre casas populares e um comércio informal de sofás, mesas, frutas e legumes, panelas, tudo à beira da estrada. A cena surpreende. Nos mais de 6 mil quilômetros que rodei por terra em Moçambique, eu nunca havia visto tanta atividade econômica.

Para entrar na concessão da Vale, saímos da rodovia e pegamos um asfalto secundário. De repente, desaparece o movimento e predominam as colinas de curvas suaves e os embondeiros. A sensação é de cruzar um "paraíso misterioso" (justamente o nome de um dos mais antigos hotéis da região). É um lugar calado, onde o vento soa como um suspiro e a mata nos espreita a conturbar a paisagem.

O horizonte seduz, mas não se pode dizer o mesmo do calor. A província de Tete é terra de um sol guerreiro, que acorda cedo para queimar o chão e batalha até o último resquício de dia. Às 12h, o astro é tão forte que impõe repouso e silêncio em toda a natureza. O vento não corre, os animais se escondem. Já o início da noite é um alívio, um respiro na luta diária contra o sol. Nos meses mais quentes, setembro e outubro, os termômetros podem mostrar 48°C. Nessa altura, o medo dos crocodilos não supera a necessidade de se refrescar nos rios.

– Ih, irmã, não há maneira. Ou fica-se em casa, a sofrer mesmo com o calor a girar em cima da sua cabeça, ou pode-se ir ao rio. O crocodilo vai pegar, ele está lá. A vida é assim – explicou-me a natureza das coisas uma mulher que conheci em Tete, com espontaneidade e sem terror.

***

A história da Vale começa em 1942, quando foi criada como estatal pelo governo de Getúlio Vargas. Na época, era chamada de Companhia Vale do Rio Doce (CVRD), porque seu foco de atuação era o minério de ferro da região de Itabira, na bacia do rio Doce, em Minas Gerais. Na década de 1980, o minério de ferro de Carajás, no Pará, se tornou sua atividade principal.

Em 1997, foi privatizada por Fernando Henrique Cardoso por 3,3 bilhões de dólares. Em 2006, comprou a rival canadense Inco e se tornou uma das três maiores mineradoras do mundo (junto com as australianas BHP Billiton e Rio Tinto). Deixou de ser CVRD e passou a se chamar somente Vale.

É a principal multinacional do Brasil, ao lado da Petrobras – igualmente criada por Vargas, mas que se manteve estatal. É também a maior exportadora brasileira.[3] Atua em cerca de trinta países, nos cinco continentes, e emprega diretamente em torno de 80 mil pessoas.

Na África, Moçambique é sua única operação de grande porte, embora outros projetos tenham sido negociados. O mais importante deles foi o de exploração de minério de ferro em Simandou, na Guiné. Nas viagens de Lula à África, o Brasil também apoiou a mineradora na Zâmbia, para produção de cobre, e no Gabão, para manganês, e a apresentou no Congo e na Tanzânia. A Vale, porém, ingressou somente na Zâmbia, com investimentos de 400 milhões de dólares.

– [Moatize] tem uma importância muito grande para a Vale e toda a atenção da empresa [...] Esse nosso projeto é um dos maiores em implantação na África. Certamente, hoje, em Moçambique, a Vale é o maior investidor – disse Saad.

No total, a Vale deve investir em Moçambique 8,2 bilhões de dólares de 2008 a 2016 – equivalente a 58% do PIB do país em 2012.[4] Os investimentos foram anunciados em duas fases: em 2007 e 2012. Na primeira, a multinacional usou sua subsidiária na Suíça para registrar os negócios. Em 2012, a dos Emirados Árabes Unidos.[5] Assim, o Brasil não apareceu nas anotações de investimentos estrangeiros em Moçambique, camuflado por paraísos fiscais.

O volume de investimentos em Moçambique é 60% maior do que a Petrobras prevê para toda a sua área internacional, entre 2013 e 2017. A estatal do petróleo chegou à África muito antes da Vale, na década de 1970, e se expandiu pelo continente nos anos Lula. Hoje, atua em seis países, com doze blocos exploratórios.[6] Seu avanço, contudo, foi interrompido devido à descoberta do pré-sal no Brasil, em 2006. Com o objetivo de economizar para explorar os recursos brasileiros, a Petrobras vendeu metade das suas operações africanas para o banco BTG Pactual, em 2013, por 1,5 bilhão de dólares (valor abaixo do que tentava negociar). O banco é parceiro de Roger Agnelli em uma empresa de mineração, com foco na África, criada após a saída do executivo da presidência da Vale, em 2011.

No caso da Vale, a mais recente vertente de investimentos em Moçambique começou em 2012 e deve terminar em 2016. É a construção do Corredor de Desenvolvimento de Nacala (CDN), um eixo logístico para escoar carvão. Inclui uma ferrovia que corta o norte do país e um porto, ao custo de 4,4 bilhões de dólares.

A ferrovia do CDN terá 912 quilômetros de extensão (vinte a mais que a Estrada de Ferro de Carajás, que liga as minas de minério de ferro do Pará ao porto de São Luiz do Maranhão). Começa nas minas de Moatize, entra no Malaui (país incrustado ao norte de Moçambique) e retorna ao solo moçambicano até chegar a Nacala, onde a Vale constrói um porto privado de carvão. Um trecho de 682 quilômetros já existe e será reabilitado. Outros 230 quilômetros serão construídos do zero.

O corredor é uma alternativa à ferrovia de Sena, até então a única opção para retirar o minério de Moatize. Sena é um gargalo. Não tem capacidade de escoar nem o carvão que já estava sendo extraído em 2013, menos de um terço do total previsto para 2018. Além disso, cruza a problemática região central de Moçambique, refém de chuvas que provocam fortes cheias em áreas próximas aos trilhos e também da ação armada da RENAMO, grupo de oposição ao governo moçambicano. Em 2013, os dois fatores obrigaram a Vale a reduzir os carregamentos.

Quando ficar pronta, a linha férrea do CDN vai transportar a maior parte do carvão produzido pela Vale. Sua capacidade será de 22 milhões de toneladas anuais (três vezes e meia o total de Sena). Além do minério, deve carregar 4 milhões de toneladas de outros produtos. A maior aposta da mineradora são os grãos que os brasileiros estão se movendo para produzir ao longo da região. A Vale também espera que a ferrovia seja utilizada por Malaui e Zâmbia, se transformando em um importante eixo de transporte na África Austral.

Para as obras do CDN, a Vale não recorreu às construtoras do Brasil, como fez na sua instalação em Moçambique. A única brasileira envolvida é a OAS, responsável pela parte terrestre do porto de Nacala.

Já o trabalho no mar e a ferrovia ficaram sob a responsabilidade de outras empreiteiras, da China por exemplo. Em 2013, cerca de 50 famílias foram removidas de suas terras para a construção do CDN. Até a conclusão do projeto, o número de agregados familiares impactados poderia ultrapassar mil.

***

O começo das operações da Vale em Moçambique foi sorrateiro e sem alarde. Apenas após o início da produção de carvão, em 2011, a empresa passou a chamar atenção. Dois anos depois, já estava no centro de um dos principais debates em curso no país, sobre quais benefícios ficam para a nação da exploração dos recursos minerais, um bem finito. As principais instituições de pesquisa moçambicanas estão engajadas nessa discussão.

É uma polêmica que também existiu no Brasil sobre o petróleo. Após os protestos de junho de 2013, foi definida a aplicação dos royalties do pré-sal em educação e saúde. Mas tal discussão raramente aborda a exploração mineral em geral, como o minério de ferro extraído pela Vale nas minas de Carajás, o principal produto de exportação brasileiro.

Em Moçambique, o debate é mais radical. Em 2013, foi lançada em Maputo uma campanha de "justiça fiscal" que pede a revisão dos contratos já assinados. Não é uma ideia original moçambicana. Outros países da África estão fazendo o mesmo, após se sentirem lesados por acordos feitos com multinacionais, especialmente dos países desenvolvidos, que concedem muitas vantagens para as empresas e poucas para os donos dos recursos naturais.

– O que achamos problemático é a toma pelo Estado da propriedade privada. Já a renegociação pressupõe aquilo que acontece em nossas famílias: marido e mulher renegociam todos os dias as relações em casa. Não é de interesse da empresa que haja um ambiente político ruim. Por exemplo, se o Estado moçambicano não consegue satisfazer as demandas sociais. O Estado tem que ter receita! – recomendou Adriano Nuvunga, diretor do Centro de Integridade Pública, uma prestigiada organização de investigação moçambicana.

A crítica principal recai sobre os baixos impostos pagos pela Vale. Para atrair a empresa, aliás, o governo moçambicano concedeu grandes isenções tributárias. Por outro lado, Moçambique vive uma batalha para aumentar as receitas fiscais e, assim, diminuir a dependência do dinheiro estrangeiro, que em 2012 custeou um terço do orçamento do Estado.

Para se ter uma ideia, em 2011, quando a Vale começou a vender carvão, os megaprojetos (como são chamados os maiores investimentos no país, sobretudo em energia, petróleo e minérios) geraram receitas fiscais de 2,8 bilhões de meticais (84 milhões de dólares).[7] Em contrapartida, o Estado concedeu mais do que o dobro em benefícios tributários, 7,2 bilhões de meticais (216 milhões de dólares), especialmente para os megaprojetos.[8]

– A sociedade tem pedido que celebremos contratos sem incentivos fiscais, só que isso não encoraja os investidores a trazerem dinheiro. A natureza da atividade mineral requer investir muito no início e o lucro aparece muito depois. Uma mineradora como a Vale tem muitos custos. Se a atividade começar sem incentivos fiscais, significa ter quatro, cinco anos seguidos de endividamentos muito grandes – ponderou o governador de Tete, Ratxide Gogo.

– Às vezes, na ânsia de querer lutar pelo país, a gente conhece exemplos que exageraram um pouco na dose e isso empata o investimento. Nesse sentido, Moçambique tem sido, até agora, bastante exemplar elogiou Saad, diretor da Vale.

Os incentivos tributários concedidos à Vale foram definidos no contrato de 2007, assinado somente um dia antes da alteração do regime fiscal do país. Assim, a mineradora "teve alguns benefícios superiores àqueles que as empresas agora têm", explicou o vice-ministro dos Recursos Minerais, Abdul Razak.

Um dos pontos mais polêmicos do contrato com a Vale é relativo aos royalties. A taxa é de 3% do valor do minério comercializado. Nos acordos assinados posteriormente, a taxa incide sobre o minério retirado da terra, seja ele vendido ou não. É uma grande diferença. Em 2013, a estimativa da Vale era vender metade da extração, com prioridade para o carvão metalúrgico, mais caro no mercado internacional. Já o térmico era estocado, sem gerar impostos e podendo inclusive deteriorar, enquanto a nova ferrovia não ficava pronta.

Nem Moçambique nem a Vale divulgaram projeções de quanto será pago em royalties ao longo do projeto. Mas um telegrama sigiloso enviado para o Itamaraty, em 29 de dezembro de 2008, pelo então embaixador do Brasil em Maputo, Antonio Souza e Silva, traz uma medida. Seriam 425 milhões de dólares ao longo dos 35 anos de vida útil da mina. Uma média de 12 milhões de dólares por ano.[9] Nada mais. Questionada a respeito, a empresa não se pronunciou.

Além dos benefícios nos royalties, a Vale tem isenção na maior contribuição tributária, o Imposto de Pessoa Coletiva (um imposto de renda empresarial), enquanto os custos forem maiores que os ganhos. Até 2014, a mineradora dizia não ter lucro – pelo contrário, prejuízo –, devido ao investimento na segunda mina e na construção do Corredor de Nacala.[10]

Considerando todos os tributos, a Vale pagou 6 milhões de meticais em 2008, 157 milhões em 2009, 272 milhões em 2010, 544 milhões em 2011, 1.162 milhões em 2012. Somando, foram cerca de 64 milhões de dólares em cinco anos. Nessa conta, entra o imposto de renda recolhido na fonte, tanto dos funcionários como de empresas que prestaram serviços para a mineradora. Dá para questionar se a cifra é uma contribuição fiscal equiparável ao tamanho do empreendimento.[11]

A Vale e o governo moçambicano tentam contemporizar: não se deve olhar apenas para o volume de impostos pagos, mas também para outros benefícios trazidos pelo negócio do carvão. Entre eles, geração de empregos, estímulo para a instalação de outras empresas e infraestrutura que pode auxiliar outras atividades econômicas.

– O benefício que a mineração traz será uma alavanca para outros negócios renováveis, como agricultura. Todo esse investimento na infraestrutura [ferrovia e porto] está sendo bancado pelo carvão. Não se pode olhar só para aquilo que nominalmente a gente paga de impostos – defendeu Saad.

O mesmo argumento de que os benefícios vão além dos impostos foi reciclado no Brasil, onde os lucros obtidos pela Vale em operações no exterior não foram tributados desde o início dos anos 2000. Além da Vale, todas as multinacionais, como Odebrecht, não foram taxadas.

O motivo era uma disputa judicial entre o governo federal e as empresas. Em 2001, com Fernando Henrique Cardoso, o Planalto editou uma Medida Provisória (MP) taxando os lucros no exterior. Logo em seguida, a norma foi contestada na Justiça sob alegação de que as empresas seriam bitributadas – no Brasil e fora do país. Durante viagem à Zâmbia, em 2010, Lula deu uma alfinetada pública em Roger Agnelli, então presidente da Vale, a esse respeito. Em discurso para empresários, disse:

– Meu caro Roger, você trate de acertar com os empresários da Zâmbia de colocar suas máquinas para trabalharem aqui, para que a Zâmbia possa se transformar em um país mais rico e a Vale em uma empresa mais poderosa... pagando uns impostozinhos aqui e uns impostozinhos no Brasil, porque nós somos filhos de Deus.[12]

Os débitos acumulados por todas as empresas eram estimados em 75 bilhões de reais. Só da Vale, eram 45 bilhões de reais.[13] Para enfrentar o rombo no fisco, uma MP alternativa foi editada em novembro de 2013, prevendo a renegociação do contencioso. A Vale fechou um acordo: pagaria 20 bilhões de reais ao longo de quinze anos.[14] Isso representa, praticamente, a anulação de multas e juros que incidiram sobre a dívida ao longo de uma década. Já outras multinacionais, insatisfeitas, indicaram que poderiam retirar suas sedes do Brasil.[15]

Enquanto no Brasil a Vale negociava o pagamento do contencioso, em Moçambique iniciava uma nova cruzada por redução de impostos. Em 2014, enviou para o país seu diretor global de carvão, Pedro Gutemberg. Em uma das primeiras aparições na imprensa, Gutemberg anunciou números negativos: no primeiro trimestre do ano, a mineradora teve 44 milhões de dólares de prejuízo no país. A culpa, argumentava, era de Moçambique.

– Moçambique não reúne as melhores condições para a produção de carvão em função dos custos de insumos e da localização logística no atual cenário de preços – disse o executivo para o jornal *Valor Econômico*.[16]

Quando a Vale entrou no negócio, a cotação internacional do carvão estava nas alturas. O pico foi em 2011. Desde então, despencara. A tonelada do carvão metalúrgico passara de 350 dólares para 120 dólares. A do térmico, de 140 dólares para 70 dólares.[17] Depois de esperar um Eldorado de lucros fáceis, a Vale se via metida em uma operação sem retorno a curto prazo. Não pretendia, contudo, ficar de braços cruzados nessa situação.

A multinacional anunciou, então, o objetivo de vender metade de seus ativos no Corredor de Desenvolvimento de Nacala e uma pequena parte da mina de Moatize.[18] Um dos principais interessados era o Japão. O país asiático é parceiro do governo brasileiro na promoção do ProSAVANA, o projeto de cooperação agrícola ao longo da área cruzada pela ferrovia de Nacala. No final de 2014, a Vale confirmou a venda de participações nos seus negócios moçambicanos para a japonesa Mitsui.

Ainda em 2014, a Vale também propôs uma "análise sobre a carga tributária incidente sobre toda a sua base de custos", segundo *Valor*. É importante lembrar que, de 2008 a 2012, a mineradora pagou apenas 64 milhões de dólares de impostos. Além dos benefícios na cobrança de royalties e no pagamento de imposto de renda empresarial, a Vale começou a discutir os impostos pagos para importar produtos usados nas suas operações, como explosivos e óleo diesel. Também tentou renegociar as tarifas para usar a ferrovia de Sena. Espremia Moçambique para tirar o máximo de sumo possível.

– Nós não temos nada para esconder. Não temos nada que não nos deixe orgulhosos de poder mostrar. Uma operação que respeita o meio ambiente, as pessoas, que está desenvolvendo a mão de obra local e que é sustentável. É isso! – concluiu Saad, da Vale.

OS REASSENTADOS

– Quando outro diz que a empresa Vale está a trazer desenvolvimento para a vila de Moatize ou a província de Tete... Sim, sim. Há esse desenvolvimento. Mas para aquele que não foi reassentado. Para a pessoa que foi reassentada, há grande prejuízo. Grande prejuízo! Esse prejuízo não sei quando vai acabar.

Arnaldo Saize Roia falava enquanto me olhava com profundidade. Ele é, dentre os removidos pela Vale, o mais destemido crítico da empresa. Em Moatize, são raros os que dão nome e rosto às reclamações, se deixando fotografar e ser filmado. Já Saize aponta o dedo contra a multinacional brasileira com naturalidade e carrega no semblante um plácido tom desafiador. É como um búfalo que não foge frente à aproximação de um leão faminto; ele apenas rumina o perigo, inspirando a manada a tomar coragem para enfrentar o rei da selva com ele. Um búfalo sozinho não afasta a ameaça do leão. O grupo unido o afugenta.

Quando a Vale chegou "para acabar com a pobreza", nas palavras de Saize, ele era o chefe de Chipanga, uma das comunidades que existiam na área de 240 quilômetros quadrados cedida para exploração brasileira. O chefe é uma mistura de líder tradicional das sociedades africanas rurais e de autoridade política do Estado, o porta-voz que fala e age em nome do grupo. Por isso, Saize participou diretamente das negociações de desocupação, para abrir espaço para a mineradora.

– Nós ficamos satisfeitos como a empresa vinha boa. A gente falou assim: "Boa vinda a essa empresa, porque vai acabar com o quê? Com a pobreza." Enquanto que era uma política falsa. Uma política de entrada, porque estava a fazer pesquisa. Para a gente ser aldrabado [enganado]. E fomos aldrabados mesmo! – lamentou.

O processo de reassentamento começou em 2007, quando a Vale assinou o contrato mineral com Moçambique. Primeiro, foi mapeada a ocupação existente, registrando 1.365 famílias, com suas machambas (as roças de subsistência) e pequenos negócios. As pessoas estavam distribuídas em quatro comunidades: Chipanga, Malabwe, Mithete e Bagamoyo. Em 2009, foi iniciada a remoção.

Do total de famílias, cerca de trezentas receberam uma indenização em dinheiro. Saize foi um deles. As demais foram divididas em dois reassentamentos diferentes, ambos construídos pela Vale. Aquelas que prestavam serviços ou faziam comércio foram alocadas no bairro 25 de Setembro, na cidade de Moatize, que margeia as minas de carvão. Já as que viviam da agricultura foram destinadas a uma região afastada de qualquer povoamento urbano, chamada Cateme.

O 25 de Setembro é um loteamento com 289 famílias. Seu nome alude à data do início da guerra de independência contra o regime colonialista português, em 1964. Construída a infraestrutura básica, as pessoas foram transferidas e o local foi ganhando vida. Núcleos de igrejas evangélicas brasileiras se instalaram no bairro e passaram a levar a religião para consolar os desalojados por uma empresa da mesma nacionalidade.

Em abril de 2013, passei rapidamente pelo 25 de Setembro. Era início da tarde e o calor forte da província de Tete reunia pessoas nas sombras dos baobás. Somente crianças tinham coragem de enfrentar o sol, brincando de empurrar pneu – um dos passatempos infantis mais comuns. Em um dos comércios do bairro, um grupo cercou "a jornalista" para reclamar da Vale. Eram três pessoas de início, mas aos poucos foi chegando mais gente até somarem uns dez homens, todos exaltados. A principal queixa era o desemprego, a dificuldade de obter renda, a falta do que fazer, além de problemas nas moradias construídas pela empresa:

– Nós queríamos crescer junto com aquela empresa Vale.

– O trabalho para nós é um mês, dois meses só... e acaba.

– Que tipo de emprego há de vir para mim só com 8ª classe?

– Nós é acordar, levantar e ficar [à toa]. É bom isso? Lá na zona de origem estávamos na boa.

– Os brasileiros vieram nos desgraçar.

Aquilo há de arder.

Se não consegue fazer casa, dá dinheiro e nós vamos construir.

Precisa de casa com alicerce para deixar para os netos.

No dia seguinte, eu fui a Cateme, o destino de 716 famílias catalogadas como "rurais". O reassentamento tem um desenho urbano e não será surpresa alguma caso se transforme em uma pequena cidade dentro de alguns anos. São cerca de oito ruas na longitudinal e oito na transversal, onde se distribuem as novas moradias, uma ao lado da outra.

O local onde está Cateme dá sentido literal à expressão "no meio do nada". Fica a 36 quilômetros da vila de Moatize, que sedia escolas, postos de saúde e o comércio do qual dependiam as famílias. Não há nenhum outro povoado nas proximidades. Até a estrada asfaltada está longe, a 8 quilômetros.

Antes do reassentamento, a região era um terreno virgem. Tudo teve que ser construído do zero. Além das casas e vias, foram criadas redes de abastecimento de água e de energia elétrica. Também foi erguido um posto de saúde, onde o sorridente e apressado doutor Tonito faz malabarismo para atender sozinho 75 pacientes por dia. Há ainda uma escola de ensino primário e secundário.

Nos anos finais do ensino, os alunos de Cateme são a minoria. Quem preenche os bancos escolares são estudantes vindos de outras regiões – a escola é uma das cerca de 120 do país que oferecem estudo até o último ano.[1] O motivo da ausência de estudantes de Cateme é a pobreza. Muitas famílias não conseguem nem pagar a taxa anual de 320 meticais (24 reais) para matricular os filhos na escola.

– Eu reconheço que há pessoas que não têm nada, despossuídas, que o pouco que têm precisam usar para fazer outra coisa – lamuriou-se o diretor da escola, Mario Wilson Vize.

Se, por um lado, a infraestrutura básica foi construída, por outro não foi possível reproduzir as condições de produção e comercialização existentes antes da remoção. Os novos moradores reclamam que a terra de Cateme é muito seca, ruim para machamba, o cultivo. Justamente ali, para onde foram levados aqueles que viviam da agricultura. Além disso, eles perderam acesso ao mercado de Moatize, onde vendiam produtos que plantavam, coletavam ou produziam. Desse modo, a mudança desarticulou os meios de sobrevivência e comprometeu o sustento.

Por que transferir as pessoas para tão longe da zona de origem? Ainda por cima um lugar isolado e de solo árido? A Vale joga a responsabilidade da escolha do local para o governo moçambicano.

Não é o único caso. Os dois atores vivem em um constante jogo de empurra-empurra. Os reassentados reclamam que, ao procurarem a empresa brasileira para tratar de um assunto, são orientados a levar o tema aos governantes locais. Ao chegarem lá, a resposta é inversa: a questão precisaria ser abordada com a Vale. Não há clareza sobre quais são as atribuições de cada um, criando um limbo de responsabilidades.

Além disso, no caso da localização de Cateme, a justificativa da Vale não espana as dúvidas. Um plano de reassentamento responsável não deveria prever as dificuldades que as comunidades enfrentariam ao serem enviadas para tão longe? Munida desse plano, a mineradora, que usou seu poder de pressão para negociar os benefícios fiscais com o Estado, não deveria ter contestado a tal decisão governamental que definiu onde ficaria Cateme?

Um dos possíveis motivos para a definição da localização de Cateme é a perspectiva de negócios futuros. A província de Tete está sentada em minérios. Assim, seria preciso escolher uma área com menos chances de vir a ser explorada. O mapa de licenças e contratos do setor de Moçambique mostra que, de fato, a região foi loteada nos últimos anos. São poucos os espaços vazios. Um deles é um retângulo mínimo comprido e estreito, a nordeste de Moatize. Pois é ali que fica parte de Cateme. A outra porção está dentro de uma área já concedida.

Afastada, Cateme tem uma paisagem diferente da que existia nas antigas comunidades. A começar pela falta de embondeiros (os baobás). Com troncos mais largos que as copas, eles foram apelidados de "árvore de cabeça para baixo". Servem de local de reunião e transmissão oral de conhecimento em diferentes partes da África e são considerados senhores velhos e sábios da terra. Em Moatize, estão em todo o lugar. Em Cateme, estão ausentes. Se a vegetação é diferente, sedimenta-se a suspeita de que a terra também seja. Visualmente, o solo é seco e pedregoso. Não há nenhum curso de água equivalente ao existente na área original.

A distância, o isolamento e a paisagem irreconhecível ajudaram a criar a noção de exílio entre os reassentados e a alimentar a lembrança idílica da "zona de origem".

– Lá produzia. Havia machambas, tijolos, lenhas. Havia pessoa a cortar vassoura e vender. Tinha frutas variáveis: banana, papaia, manga, cana doce, feijão, mapira e milho. A pessoa estava livre [...] Havia água. Podia criar muita coisa: boi, cabritos, galinhas. Agora sempre a psicologia da pessoa pensa naquela área. Porque havia tudo barato. Não havia problema. Mas, [em Cateme] a criação está a acabar, morrer. É um sítio muito seco, que não dá vida à comunidade. Não tem nenhum trabalho. Tá a ver o problema que se coloca? – perguntou o chefe Saize.

Eu pude entender um pouco desse desterro depois de conhecer Chipanga. Era fim de tarde, um dos momentos mais bonitos da savana africana. Na contraluz dourada do sol poente, se via apenas a silhueta negra da floresta de embondeiros e das revoadas de pássaros. Depois da batalha diária contra o calor, a natureza finalmente respirava. A terra era marrom e úmida. Notavam-se clareiras onde antes viviam os reassentados. Uma casa de alvenaria se mantinha de pé.

Quando [a Vale] tira fotografia para apresentar ao camarada presidente [da República], tira de casa de pau a pique. Para o presidente ficar aldrabado que "sim, a empresa Vale fez boas casas". Enquanto não! O bairro Chipanga tinha casa melhorada. Até hoje, há uma casa lá, em pé ainda, que não conseguiu demolir. E que poderia servir de testemunha para aquele bairro – disse Saize.

**

Cateme e 25 de Setembro lembram um jogo de Lego, com centenas de pequenas peças brancas espalhadas pelo tabuleiro de quadras. Cada residência é composta por três blocos. O principal é a casa propriamente dita, cujo número de cômodos varia de acordo com o tamanho da habitação onde a família vivia na zona de origem. Além dela, há uma cozinha externa, à meia-parede; e uma casa de banho (o nome moçambicano para "banheiro"). Essa é a composição comum de uma moradia no país, sobretudo fora das zonas mais centrais das cidades.

É simples entender a utilidade dessa exteriorização do ambiente doméstico. No caso da cozinha, o preparo de alimentos é feito com lenha, que produz muita fumaça, e é importante que esteja separada dos dormitórios. Já no da casa de banho, a existência de saneamento básico é exceção – não é o caso no reassentamento – e por isso é importante que fique afastada. No Brasil, essa composição também é encontrada em áreas mais pobres, sobretudo no Maranhão.

Ao longo dos anos, os reassentados fizeram modificações para adequar as construções aos seus hábitos e necessidades. Em muitos lugares, a meia-parede da cozinha foi preenchida de tijolos até o teto para dar origem a uma nova casa-dormitório – em alguns casos, alugada para outras famílias. E, ao lado, foi erguida uma outra área para preparo dos alimentos, nos moldes tradicionais: uma estrutura de finos troncos de árvore e cobertura de palha ou lona. No caso de Cateme, até os telhados de muitas das construções ganharam uma segunda utilidade. Foram transformados em celeiros e ficam completamente cobertos de espigas de milho colhidas pelos próprios moradores.

É possível se deixar levar pela aparência e opinar que as casas de Cateme são melhores que o padrão encontrado na região de Moatize, feitas de caniço ou de tijolo de barro, interior de chão batido e teto de palha. É uma opinião fácil, pois telhado de metal, parede e chão cimentados e pintados são mais próximos do que estamos acostumados. Mas não compete a quem olha e sim a quem habita fazer o julgamento. E os moradores têm muitas reclamações.

A principal delas é o alicerce. Eles falam disso a toda hora. Falta alicerce. Não tem alicerce. A casa vai cair por causa do alicerce. O problema do alicerce. O alicerce é a camada de cimento em cima da qual a casa se ergue. As construções da região, feitas por gente local, têm alicerces profundos, de 20, 30 centímetros. Isso é importante porque a terra é erodida rapidamente sob o sol de Tete. Se o alicerce for pouco profundo, ele vai acabar exposto, comprometendo a estrutura.

Moradores de Cateme e do 25 de Setembro dizem que avisaram a empresa contratada pela Vale para fazer as obras: daquele jeito não ia funcionar. Cada construção levava apenas um dia para ser erguida. Para fazer o alicerce, cavava-se pouco o chão. Depois, colocava-se plástico, cobria-se com uns 10 centímetros de cimento. Era preciso ir mais fundo, diziam os reassentados. Não lhes deram ouvidos.

Três anos depois da construção ser finalizada, o resultado estava visível: os alicerces finos demais para sustentar a casa ficaram expostos, arreganhados, provas de um desleixo. Em algumas casas a situação ficou tão grave que formou-se um buraco embaixo das extremidades do alicerce, preenchido com pedras pelos reassentados. A base das paredes no chão também começou a rachar. Em alguns casos, dava para colocar o dedo dentro da rachadura.

Na construção das casas, a Vale errou. Não é uma opinião. É um fato. Não há argumento contra as casas que ficam quase flutuando no chão, equilibradas na estrutura precária, que erodiu em menos de cinco anos. Não há justificativa para as rachaduras.

A Vale não foi omissa, contudo. Em 2013, as casas dos dois reassentamentos passavam por obras para reparar os danos da má construção. Uma delas era de Inácio Sandequi, de Cateme. Ao cumprimentá-lo, fui avisada: "Cuidado!" Seu sobrenome significa "não me encosta" em nhungue, o idioma local. O senhor "não me toque" deu risada e respondeu ao meu cumprimento com um aperto de mão ligeiro e desconcertado. Enquanto operários e máquinas reabilitavam a moradia de Sandequi, ele e a família aguardavam a solução do problema em duas grandes tendas montadas no seu quintal, emprestando um aspecto de campo de refugiados para Cateme.

Em Cateme, a reforma das casas não era a única novidade. Postes de energia tinham sido colocados e havia um machimbombo (nome que os moçambicanos deram para os ônibus) que ia e vinha uma vez por dia de Moatize. Também era feita a canalização do abastecimento de água.

A justificativa para tantas mudanças pode ser encontrada no início de 2012, quando a população protestou contra a qualidade das casas. A manifestação está na lembrança dos moradores como o "10 de janeiro", data em que ocorreu. Mas não se fala com naturalidade sobre ela. Há certo silêncio precavido em Cateme, como se o ar abafado e empoeirado pudesse armazenar as vozes para depois dedurar os insatisfeitos.

Sente-se um clima velado de vigilância. O cineasta brasileiro Chico Carneiro, há mais de três décadas em Moçambique, viveu uma situação curiosa em Cateme. Ele visitou o povoado para gravar uma parte do documentário *Terra, amanhã será tarde*, que mostra os crescentes conflitos agrários no país. Logo na entrada, foi parado por um funcionário da Vale que dizia que era preciso autorização para filmar. Carneiro protestou: ali não era uma área privada da Vale. Prosseguiu, mas logo foi abordado pela polícia. Só pôde continuar o trabalho acompanhado por um carro policial.

No protesto, cerca de quinhentas pessoas paralisaram a ferrovia que escoa o carvão da Vale e que passa a 300 metros da entrada do reassentamento. Aos pés dos trilhos, inclusive, está a placa que anuncia a "comunidade de Cateme": um bloco de cimento rente ao chão, pintado de branco e com escritos em preto, lembrando uma lápide. A Força de Intervenção Rápida de Moçambique foi chamada para liberar o caminho. Foram presas quatorze pessoas e houve pelo menos um ferido, com severas escoriações provadas em uma fotografia.[2]

– As pessoas reclamaram com certa razão – reconheceu Ricardo Saad, o diretor da Vale para a África, Austrália e Ásia. – Uma das lições aprendidas é que a gente não se preparou para o dia seguinte. As pessoas mudaram e, no dia seguinte, faltou transporte. Então como as pessoas poderiam vir aqui na vila [de Moatize] trazer os seus produtos ou comprar? A bomba de água quebrou. No dia seguinte, quem vai consertar a bomba? O governo não se preparou bem, a gente não se preparou bem. O apoio às famílias precisava ter sido melhor.

– São manifestações que realmente mostraram o que a população queria. E a população queria mesmo isso que está sendo resolvido. Vem uma empresa, quer retirar pessoas. Primeiro tem que cumprir [as promessas], o governo tem que exigir. Depois, mover pessoas – recomendou outro líder dos reassentados, Raul Coelho.

Em 2013, a organização internacional Human Rights Watch (Observatório dos Direitos Humanos) publicou um relatório de mais de cem páginas sobre os problemas dos reassentamentos das mineradoras de carvão de Tete, entre elas a Vale. "O que é uma casa sem comida?", questionou o título da publicação. "Os reassentados estão vivendo em locais a 40 quilômetros de distância, em terras de qualidade profundamente irregular, acesso à água não confiável e reduzido acesso a recursos-chave para obtenção de renda não agrícola. Muitos reassentamentos têm experimentado períodos de insegurança alimentar", afirmou o relatório.

O Human Rights Watch recomendou que a Vale e autoridades moçambicanas tomassem ações para reverter o quadro. E responsabilizou também o Brasil, que deveria "tomar medidas para regular e fiscalizar a conduta de direitos humanos de empresas nacionais que atuam no exterior". O Brasil, no entanto, não fez nada a respeito.

***

Raul Coelho é o chefe de Malabwe, outra das quatro comunidades reassentadas. Está no posto desde o final dos anos 1990 e também acompanhou todo o processo de transferência das centenas de famílias que representa. É um homem magro e baixo. Celular sempre à mão, ele se veste com alguma distinção: camisa e calça sociais, alguns números maiores do que o de direito, provocando a impressão de que seu peso e tamanho são ainda menores. Fala pausadamente, poupando palavras e fisionomias. Diz apenas o que é preciso ser dito, com diplomacia.

O próprio Coelho foi transferido para Cateme. No exterior da sua nova casa, há dois indícios de que ele é chefe. Uma bandeira de Moçambique tremulando em um pequeno tronco pregado há poucos metros da porta. E, na lateral, a olhos vistos, dois crânios de hipopótamos, exibidos como troféus de bravura.

Há muitos anos, Coelho ajudou a abater os bichos, que estavam destruindo machambas da comunidade. O conflito com animais selvagens é uma das principais dificuldades dos agricultores de subsistência. No caso dos elefantes, uma das armas para afugentá-los são "bombas" de fezes do bicho misturadas com pimenta, que queimam sua pele grossa. Já os leões representam um perigo para quem tem criações, como cabrito.

Mais raramente, os reis da selva experimentam carne humana e passam períodos aterrorizando aldeias, até serem mortos por caçadores.

Outro sinal da posição social de Raul Coelho é que ele tem três esposas. A poligamia é uma característica dos povos da região, mas para exercê-la é preciso ter condições de sustentar muita gente. Com a primeira mulher, Coelho teve cinco filhos, dos quais três sobreviveram. Com a segunda, teve três filhos, restando-lhe dois. Com a terceira, foram duas crianças. No total, dez membros. A mortalidade infantil de menores de cinco anos é de 87 a cada mil nascidos vivos, uma das 25 piores taxas do mundo. No Brasil, a mortalidade é de 14 a cada mil.[3]

– Na zona de origem, vivíamos na beira do rio Rovubwe, onde as pessoas se dedicavam a suas culturas. Não havia problemas de lamentações. Cada um tinha seus recursos, como conseguir se sustentar. Então aceitamos vir para aqui. Mas as terras não são favoráveis – explicou Coelho.

Cateme foi construída para abrigar as comunidades que viviam da agricultura de subsistência. Uma das primeiras necessidades dos reassentados, portanto, era obter terras para produzir. Nesse sentido, o plano de reassentamento da Vale previa que fossem concedidos dois hectares para cada uma das 716 famílias. Mas até meados de 2013 apenas o primeiro havia sido distribuído. Novamente, a justificativa da Vale era que "depende do governo designar que terra é essa".

– Dizem que não há mais terra aqui perto para poder dar às populações – falou Coelho.

As terras já distribuídas ficam localizadas nas beiradas de Cateme. Em uma manhã de abril de 2013, parti com o chefe Coelho para conhecê-las. O solo tem aspecto amarelado, é duro e pedregoso, difícil de arar com a tecnologia que se tem e se domina na região: a enxada. Havia poucos roçados de milho e mapira (um tipo de sorgo usado na alimentação). A maior parte do chão estava tomada por plantios abandonados ou por uma gramínea alta, que ultrapassava a cintura do chefe de Malabwe. Já na "zona de origem", falou Coelho, a proximidade do rio Rovubwe e de pequenos cursos de água umidificava o solo e permitia uma boa produção.

– As zonas de machamba, aqui, para prática do milho, não [dão]. Esse é que é o problema essencial. O que é necessário? É necessário que cada um arranje sua maneira – contou Coelho.

O que significava "arranjar sua maneira"? Fiquei com essa pergunta na cabeça. Depois de percorrermos mais alguns quilômetros, a resposta surgiu. Aos poucos, começamos a ouvir sons de água e de crianças brincando. Estávamos nos aproximando de um pequeno riacho. A terra foi ficando cada vez mais úmida e escura. Então começaram a aparecer alguns roçados verdes. Mulheres e seus filhos pequenos cultivavam hortícolas.

O chefe Coelho estava conduzindo até a machamba de Luzia, uma reassentada que pertencia à comunidade de Malabwe que ele lidera. A história dela exemplifica o que aconteceu com a agricultura de subsistência em Cateme. No hectare fornecido pela Vale, Luzia não conseguiu produzir. Ela tentou, mas não crescia "nada mesmo", porque a terra era dura, "com pedrinhas". "Não saía alimento", desabafou. Já ali, perto de curso de água, Luzia encontrou condições de plantar couve, tomate e verduras. Porém, não bastava chegar e ocupar. Aquele chão já pertencia a alguém e Luzia teve de alugá-lo. Essa foi a "sua maneira" de sobreviver.

Com um regador desses de jardim, Luzia aguava sua diminuta plantação. Duas bicicletas novas estavam encostadas em uma árvore. De cor branca e verde, tinham o logotipo da Vale. Era sobre elas que Luzia transportaria até Cateme a produção de couve que colhera naquele dia. Levaria até três horas de caminhada até o reassentamento. Pedalando, 40 minutos.

A bicicleta fazia parte de um dos projetos-piloto que a Vale executava para criar alternativas de renda em Cateme. Ou seja, uma tentativa de reverter os danos provocados pela instalação do reassentamento em um local onde havia pouca possibilidade de trabalho e sustento.

O principal projeto é o cultivo de gergelim e feijão boer, produtos com alto valor de venda. O plantio é feito em uma área da mineradora, que doa sementes e bicicleta. Foram oferecidas vagas para menos de um terço das famílias reassentadas. Em outra iniciativa, cem famílias receberam três bois ou ajuda para montar criadouros de frangos. Também foi construído um viveiro, que disponibiliza mudas de plantas frutíferas e hortaliças.

– Agora o desafio é ajudar essas pessoas a melhorar sua vida pelos seus próprios meios, através de emprego. Uma das coisas de que mais tenho orgulho é ver que vamos poder contratar aqui na mina 75 jovens que são das duas comunidades – falou Ricardo Saad, diretor da Vale.

Os reassentados, contudo, esperavam muito mais que 75 vagas:

– A mina está a tirar carvão. Por que não leva esses reassentados para lá? Significa que eles não podem extrair carvão? Por quê? Isso é que é mal. Eu quero emprego. Quero emprego para toda gente que foi reassentada. Tem que ter emprego! – revoltou-se o chefe Saize.

– Minha senhora, a Vale é um problema para essa coisa de trabalhadores. A Vale fez cinquenta anos de contrato, está a ver, né? Mas o pessoal nosso é um mês, dois meses de contrato. Tá a ver o problema? – emendou o tijoleiro Refo Agostinho, que foi removido da área da Vale.

***

– Tá a ver essa carrinha? Eu paguei nela 700 mil meticais (cerca de 50 mil reais). Eu comprei! Com o trabalho na olaria. Para agora ficar nessa situação – lamentou Refo.

Refo Agostinho é um homem de quase 1,90 metro, corpulento, forte. O episódio da carrinha não era mais uma história que ele contava. Era o desabafo derradeiro. Ao ouvir como as palavras soaram, Refo olhou levemente para o alto, como que tentando captar delas o sentido. Depois, virou o rosto para os lados, tal qual um bicho ferido que procura um esconderijo próximo. Não encontrou nada. Sem saída, aproximou-se da sua "carrinha", um pequeno caminhão de transporte. Cruzou os dois braços sobre a lateral da carroceria e num movimento circular meteu a cabeça entre eles. Aquele homem, daquele tamanho, de repente desabou em choro.

Ele é um dos cerca de quinhentos oleiros (produtores de tijolos de barro) removidos pela Vale. Antes, tinham um pequeno negócio, geravam uns poucos empregos e obtinham uma pequena renda na área que foi concessionada para a mineradora. "Pequenos e poucos" comparados aos "grandes e muitos" do empreendimento do carvão. O solo que ocupavam era úmido, banhado pelo rio Rovubwe e outros cursos de água, o que favorecia a retirada de terra barrenta a fim de produzir os blocos para construção, vendidos em toda a província de Tete e no país vizinho Malaui. Depois de serem removidos da área, os oleiros não encontraram outro lugar onde pudessem continuar o trabalho.

Refo estava abalado. No dia anterior ao nosso encontro, fora solto da prisão. Sentia vergonha, medo e raiva daquela situação, que julgava ser uma grande injustiça. Preso por quê? Na companhia de outros oleiros, Refo esteve na linha de frente do segundo protesto contra a Vale, em 16 e 17 de abril de 2013 – o primeiro foi o bloqueio da ferrovia pelas famílias de Cateme, em 10 de janeiro de 2012.

Na troca do tijolo pelo carvão, a Vale ofereceu 60 mil meticais por cada forno retirado (4,5 mil reais), em 2010. No total, foram 785 pagamentos (3,5 milhões de reais). O valor foi negociado com o governo moçambicano e é considerado suficiente pela Vale. Já os oleiros argumentam que tratou-se de uma compensação inicial para que saíssem da área e que, em seguida, haveria uma indenização de fato, levando em conta quanto os oleiros ganhavam por ano. O valor de 60 mil meticais seria pouco, dizem, equivalente a um ano de trabalho. Haveria, inclusive, quem vendesse esse montante em tijolos em apenas um mês.

O tamanho da produção era variado. Alguns tinham apenas um forno. Outros fabricavam em maior escala. Era o caso de Refo: tinha dez fornos, nos quais trabalhavam até 170 pessoas – a maioria paga por diária de serviço e sem contrato de trabalho, conta ele. Sua produção ultrapassava 100 mil tijolos por mês. Depois da remoção, Refo abriu um pequeno comércio de refrigerantes em Moatize, com o qual sustenta as duas esposas e os sete filhos. Diz tirar um décimo do que lucrava com a olaria.

Durante três anos, os produtores de tijolos não protestaram. Até que a mineradora australiana Rio Tinto, concorrente da Vale, se instalou em Moatize e indenizou com um valor superior os oleiros que estavam na sua área. Sentindo-se enganados, os que foram removidos pela empresa brasileira começaram a contestar os 60 mil meticais recebidos. Além da insatisfação com o pagamento, eles também estavam frustrados: esperavam realizar outras atividades na economia de Tete que se desenvolveria com a exploração do carvão – o que não ocorreu.

– Indenização não é para que a pessoa não precise nunca mais trabalhar no resto da vida. Indenização é fazer com que essa mudança não gere prejuízo ou cubra a sua dificuldade temporária. As pessoas não perderam sua capacidade de produção, só mudaram de lugar (...). Teve um oleiro, o que mais reclama, que teve dezesseis compensações, 960 mil meticais (72 mil reais) – rebateu o diretor da Vale, Saad.

– Nós não pedimos para a Vale retirar nossos projetos. Estávamos a trabalhar normalmente. Estávamos a produzir normalmente. Aqui [tivemos] problema de prejuízo. Temos completa razão de reivindicar – defendeu-se Refo.

Sem uma resposta conclusiva da Vale, os oleiros resolveram protestar naquele abril de 2013 e fecharam as entradas da mina. A carrinha de Refo teve seu protagonismo, estacionada de modo a barricar a principal via de acesso ao empreendimento. O veículo é símbolo de uma economia informal de baixa escala, que não consegue ser incorporada às promessas de desenvolvimento que chegam ao país pelas mãos de multinacionais. Assim, tenta se opor a elas.

Por ação dos oleiros, a mineradora brasileira e maior investidora em Moçambique ficou sem operar naquele dia. Ninguém entrou na mina. Nem a embaixadora do Brasil, Lígia Scherer, que embarcou em um avião para Tete justamente no dia do protesto. Segundo ela, foi apenas uma "coincidência". Scherer já poderia saber, contudo, que o clima estava tenso. Os ânimos se acirraram no dia anterior ao bloqueio.

– A Vale dialogou com manifestantes e governo moçambicano. Eu assisti, estava lá o dia todo. Foi coincidência, já estava marcada a visita. Mas não visitei a planta, porque estava bloqueada. O governo brasileiro, que eu represento, não teve participação – explicou a embaixadora.

A polícia foi chamada e no final da tarde começou um confronto. Refo foi logo preso. Depois da detenção, as forças policiais dispararam balas de borracha para dispersar os manifestantes. No dia seguinte, um novo protesto se rascunhou, sem a mesma efetividade.

Na sequência, a Vale chamou os oleiros para dialogar. Não aceitou pagar novas indenizações, como pediam os manifestantes. Em vez disso, se propôs a ajudar na profissionalização das olarias e comprar parte dos tijolos. A opção não agradou ao grupo que liderava o movimento de oposição.

– A Vale fez tantas promessas para o povo daqui e não cumpriu nada. Estamos pessimistas. A Vale trabalhar conosco? Não queremos – disse Refo, incisivo, sobre a proposta da multinacional.

Em 2014, os problemas entre a Vale e os reassentados ainda estavam longe do fim.

– Muitas empresas passaram por aqui. Nunca teve problema como essa empresa, a Vale. Tem que haver sempre-sempre greve! Ora greve da olaria. Ora greve das machambas. Ora greve das casas. Vamos viver assim? Diz: há desenvolvimento? Desenvolvimento que aparece sempre greve? É desenvolvimento este? Hã? Não é nenhum desenvolvimento para os reassentados. Não! Já para aqueles grandes ou para os chefes máximos, pode dizer que há desenvolvimento para eles. Mas para as pessoas que foram reassentadas, zero! – conclui o chefe Saize.

O PERDÃO E AS OBRAS

A Vale foi a âncora do Brasil em Moçambique. Depois dela, as primeiras multinacionais brasileiras a desembarcarem no país africano foram grandes construtoras, contratadas para erguer o empreendimento de carvão de Moatize.

A primeira fase, que incluiu a mina Moatize I, ficou a cargo de um consórcio entre a Odebrecht e a Camargo Corrêa. A fase de expansão, com Moatize II, era executada pela Odebrecht. Parte da construção do porto de Nacala foi concedida à OAS. A Andrade Gutierrez assinou acordo para também atuar no porto – mas acabou preterida por uma firma chinesa.

Uma vez em Moçambique, as empreiteiras se desgarraram da Vale e começaram a explorar novas fronteiras de negócio. A principal delas era o mercado de obras públicas. O país tinha necessidade de tudo: infraestrutura de transporte, saneamento, energia. Sozinhas, contudo, as construtoras não iriam longe. Precisavam de ajuda do governo brasileiro: além de apoio político, crédito para o Estado moçambicano contratá-las.

Com uma economia muito pequena, embora em crescimento, Moçambique não tinha dinheiro suficiente em caixa para pagar pelas obras que as brasileiras desejavam erguer. O Estado é deficitário e não consegue nem custear suas próprias contas internas. Em 2013, um terço do orçamento foi bancado por doações e empréstimos internacionais de um grupo de países e instituições financeiras do norte. Por isso, China e Portugal, os maiores empreiteiros em terras moçambicanas, financiavam suas construtoras para depois serem reembolsados a longo prazo pelo país africano. Se o Brasil quisesse concorrer, teria de fazer o mesmo.

Na verdade, o Brasil já implementava uma política parecida em Angola, desde os anos 1990. O Brasil dava crédito e, como garantia, o país africano oferecia vendas de petróleo. É a chamada "conta-petróleo", a base do relacionamento privilegiado entre os dois países – e um acordo envolto em sigilo.[1] Isso permitiu às empreiteiras brasileiras erguerem impérios econômicos em solo angolano. Mesmo no período em que o Brasil e a África se afastaram, de meados dos anos 1980 até o fim dos anos 1990, esse arranjo manteve as relações com Angola sólidas.

A estrela desse *modus operandi* é a Odebrecht. A construtora baiana foi a primeira beneficiada pela troca de crédito brasileiro por petróleo angolano, em 1984, antes da conta-petróleo, com as obras da hidrelétrica de Capanda. Foi a construção número um em Angola da Odebrecht, que nunca mais saiu do país, nem no período mais duro da guerra civil. Ao longo dos anos, o portfólio de negócios da empresa foi se ampliando. Hoje é a maior empregadora privada de Angola.

Nos anos Lula, Angola ficou pequena para as ambições brasileiras. A abertura de embaixadas e as viagens presidenciais acompanhadas de missões empresariais ajudaram a criar oportunidades de negócios em outros países africanos. Então, um número grande de empresas passou a pedir crédito ao Estado brasileiro para viabilizar seus interesses. O Planalto, empenhado em ampliar as fronteiras econômicas na África, buscou atender a nova demanda por financiamento.

As construtoras, sobretudo, foram as que mais pediram e as que mais receberam. Assim, a expansão delas pelo continente africano está diretamente ligada ao apoio financeiro fornecido pelos bancos públicos do Brasil. Vale notar: não é uma expansão qualquer. Hoje a África é a segunda região do mundo em importância para os seus negócios, atrás da América Latina.[2]

Moçambique foi o primeiro beneficiado na África depois de Angola. O chute de largada foi dado com o Aeroporto Internacional de Nacala, um empreendimento da Odebrecht, contemplado com um financiamento de 125 milhões de dólares do BNDES. Em seguida, a Andrade Gutierrez aprovou junto ao banco de desenvolvimento um crédito de 466 milhões de dólares. O dinheiro será usado na construção da barragem de Moamba Major, a 60 quilômetros de Maputo, destinada a abastecer de água potável a região metropolitana da capital, iniciada em 2014

***

Não era trivial emprestar para empresas brasileiras que queriam fazer negócios na África (exceto Angola, onde já havia uma política de crédito em funcionamento). O primeiro passo não envolvia bancos, mas o Ministério da Fazenda.

O Brasil só pode aprovar crédito de vulto para aqueles com o nome limpo na nossa praça. Não era o caso de Moçambique e da maioria dos países africanos com que os empresários vislumbravam possibilidades de negócios. No início dos anos 2000, a África devia para o Brasil mais de 1 bilhão de dólares.[3] O débito foi contraído na primeira empreitada brasileira para a África, na ditadura militar, que ofereceu crédito para a compra de produtos industrializados.[4]

O maior devedor era justamente o país onde as novas ambições brasileiras chegaram primeiro: Moçambique, com um débito de 331,7 milhões de dólares. Então, em agosto de 2004, os presidentes Lula e Joaquim Chissano assinaram o acordo de reestruturação da dívida, anulando 95% (315 milhões de dólares). Foi o primeiro perdão do governo Lula. Até hoje, é o maior já concedido pelo Brasil.

Lula, contudo, não foi o autor da ideia. Fernando Henrique Cardoso foi quem anunciou o perdão para Moçambique, em visita ao país em julho de 2000. A medida estava em sintonia com um movimento global pela anulação das dívidas dos países em desenvolvimento. A situação deles era trágica. No final dos anos 1980, a África devia o equivalente a 67% do seu PIB.[5] Em Moçambique, o endividamento era ainda mais dramático: acima de 5 bilhões de dólares, em 2000 – mais que seu PIB, de 4,3 bilhões de dólares naquele ano.[6]

Pressionados pela campanha internacional, FMI e Banco Mundial lançaram uma iniciativa pela qual diversos credores poderiam anular, de uma só vez, os débitos de países pobres altamente endividados. Para participar, os devedores precisavam aplicar medidas neoliberais para sanar a economia e criar um plano de redução da pobreza. Moçambique fez as duas coisas e foi um dos primeiros autorizados a ser perdoado. A seguir, França, Itália e Portugal anularam as dívidas moçambicanas. O Brasil foi chamado a fazer o mesmo.[7]

Porém, não foi fácil justificar o perdão para os eleitores brasileiros. O Brasil também tinha nome sujo no exterior. Em 2000, sua dívida externa era de 231 bilhões de dólares – 41% do PIB brasileiro.[8] Mas o país não era considerado pobre o bastante para ser perdoado. Sendo assim, a oposição interna a Fernando Henrique começou uma campanha pedindo o calote. O auge foi o Plebiscito Nacional da Dívida Externa, em 2000, organizado pela Central Única dos Trabalhadores (CUT), pelo Movimento dos Trabalhadores Rurais Sem-Terra (MST), entre outros.

Seis milhões de pessoas votaram no plebiscito. Destas, mais de 95% responderam que o Brasil não devia continuar pagando a dívida. José Dirceu, na época deputado federal do PT, apresentou na Câmara a proposta de um plebiscito oficial, que não ocorreu. Já o perdão para Moçambique começou a tramitar. No périplo à África, em 2003, Lula despachou, sem citar o antecessor:

– Bem sabemos como o endividamento externo pode representar um peso insuportável para o desenvolvimento de um país. Por essa razão, o Brasil decidiu perdoar grande parcela da dívida de Moçambique. Estamos certos de que, além de um gesto de solidariedade, trata-se de medida de senso econômico prático.[9]

Lula colocava as cartas na mesa de forma clara. O perdão da dívida não era apenas um altruísmo do Brasil. Era um dos primeiros passos práticos para estimular as relações econômicas entre credor e devedor. Nos anos seguintes, o petista perdoou 85 milhões de dólares da Nigéria e 1,2 milhão de Cabo Verde. Já a sucessora Dilma Rousseff concedeu o maior perdão da história do Brasil, renegociando 898 milhões de dólares de doze países africanos, em março de 2013.[10]

Todas as remissões de dívidas precisam ser aprovadas pelo Legislativo. Quando a medida de Dilma chegou ao Congresso, irritou a oposição. Uma das críticas era que o perdão poderia beneficiar regimes não democráticos e que não respeitam os direitos humanos. Durante a votação sobre o cancelamento de 278 milhões de dólares devidos pela República do Congo, o senador Aécio Neves (PSDB-MG) fez outra crítica:

Estamos garantindo perdão de dívida sem que tenha havido por parte do governo a mesma ação enérgica para perdoar dívidas dos agricultores do Nordeste, que foram abatidos pela mais grave seca dos últimos quarenta ou cinquenta anos.[11]

***

Qual foi o grande favor que nós fizemos? Nós liberamos as pessoas para fazerem novas dívidas. É apenas isso. Eles não iam pagar porque não tinham dinheiro – afirmou Lula, na entrevista que concedeu para este livro.

Foi o que ocorreu em Moçambique. Após a anulação de 315 milhões de dólares em dívidas, o Brasil voltou a emprestar para o país africano, aprovando quase o dobro deste valor em novos créditos. Até 2014, 132 milhões de dólares foram liberados e 560 milhões de dólares estavam engatilhados para serem concedidos nos anos seguintes.[12]

A vantagem também é brasileira. Todos os empréstimos que o Brasil concede são destinados a financiar suas exportações, tanto de produtos como de serviços. No caso das obras de infraestrutura, entram na conta dos créditos a venda de materiais de construção e o trabalho de profissionais brasileiros. Por isso, o dinheiro sempre termina nas mãos das empresas verde-amarelas.

Já era assim na primeira vez em que o Brasil emprestou para a África, durante o regime militar. A diferença é que, naquela época, a maior parte dos créditos foi destinada à venda de produtos industrializados, como locomotivas e barcos. No governo Sarney, o jogo mudou. Os maiores financiamentos migraram para construtoras brasileiras em Angola devido à conta-petróleo.

Com Lula, essa vertente de empréstimos para engenharia e construção se manteve, abocanhando 96% dos recursos concedidos para a África pelo BNDES. Metade foi para infraestrutura de transportes e 20% para água e esgoto. Do total de obras africanas, metade ficou a cargo da Odebrecht.[13]

As empreiteiras mantêm uma estreita relação com o Estado brasileiro. Levantamento do jornalista José Roberto de Toledo, do jornal *O Estado de S.Paulo*, mostrou que nenhum outro setor econômico recebeu tanto dinheiro do governo federal – 1,2 bilhão de reais em 2010. Além disso, o segmento de construção está entre os principais doadores eleitorais no Brasil. Também em 2010, foi o que mais contribuiu para a campanha de Dilma Rousseff.[14]

Publicamente, as relações do poder público com as empreiteiras eram relativamente saudáveis. Até que em 2014 foram esgarçadas pela Operação Lava-Jato, da Polícia Federal, que investigou um suposto esquema de lavagem de dinheiro e evasão de divisas, com movimentações de cerca de 10 bilhões de reais. A Petrobras e seus negócios com empreiteiras entraram no alvo da operação. Em uma das fases, foram presos presidentes de construtoras, entre elas OAS e Camargo Corrêa.

O caso também respingou na África. A OAS foi acusada de ter usado sua subsidiária africana para enviar 4,8 milhões de dólares para uma conta do doleiro Alberto Youssef, apontado como um dos operadores do esquema, segundo a *Folha de S.Paulo*.[15] O desenrolar da operação poderia vir a apontar mais conexões africanas.

***

Lidar com as velhas dívidas era apenas o início de uma política para satisfazer o apetite das empresas de construção civil na África. De fato, assim que o perdão de Moçambique foi aprovado pelo Congresso brasileiro, em setembro de 2005, o Banco do Brasil voltou a emprestar para o país. Porém, em volumes modestos e insuficientes para erguer uma obra. Até 2010, menos de 1 milhão de dólares. Seis anos foi o tempo entre o cancelamento da dívida e a liberação dos primeiros financiamentos de vulto.

Antes, era preciso conseguir o dinheiro. No início dos anos 2000, o Brasil já tinha um caixa de empréstimos para a África, mas praticamente todo ele era absorvido pela conta-petróleo de Angola. De 1997 a 2002, foram concedidos 513 milhões de dólares para o continente africano. Angola ficou com nada menos que 511 milhões.[16] O dinheiro era fornecido através do Programa de Financiamento às Exportações (PROEX), no Banco do Brasil, que tem um gargalo: é atrelado ao Orçamento federal e, assim, conta com limitada margem de expansão.

– Assistimos a uma maior pulverização das empresas brasileiras na África. Elas passaram a demandar o apoio do governo como um todo e financiamento para exportação. O PROEX ficou pequeno, subdimensionado, considerando o papel que as empresas começaram a ter – explicou Luciene Machado, superintendente de comércio exterior do BNDES.

Para resolver o problema, o governo Lula colocou o BNDES no jogo, em 2007. O banco tem caixa próprio, não atrelado ao Tesouro, e poderia oferecer mais recursos. Logo de cara, o BNDES absorveu a conta-petróleo angolana. A medida aliviou o caixa do Banco do Brasil que, imediatamente, começou a atender outros países. Em 2010, a participação de Angola no PROEX já tinha caído quase pela metade.[17] As operações também se afastaram das construtoras e passaram a contemplar outros setores interessados em exportar, como os de máquinas e transportes.

A entrada do BNDES também triplicou o volume anual de empréstimos para a África – atingindo mais de 500 milhões de dólares, em média.[18] Condições de financiamentos, como prazo de pagamento e juros, também ficaram mais atraentes. Assim, o poder de fogo do Brasil na disputa por oportunidades no continente africano aumentou. Segundo o BNDES, não há até agora casos de inadimplência nas operações.

– Os instrumentos de governo destinados a apoiar a inserção internacional das empresas tiveram que se ampliar, se sofisticar e ganhar mais abrangência. Não queremos que as ambições das empresas na África fiquem restritas por falta de financiamento – afirmou Luciene, do BNDES.

O objetivo principal do novo arranjo de crédito era ajudar empresas brasileiras a ganharem novos mercados além das fronteiras de Angola. Por um lado, a meta foi atingida com a pulverização dos recursos do Banco do Brasil. Por outro, o BNDES ficou atrelado à barra da saia angolana. Até 2012, o país absorveu 96% do total de 2,8 bilhões de dólares financiados pelo banco na África. O dinheiro custeou 79 operações, sendo 72 de construção civil, 34 delas da Odebrecht.[19]

A concentração dos financiamentos em Angola ocorreu porque lá já estava tudo mapeado e em funcionamento, segundo Luciene Machado. O petróleo garantia os empréstimos. Já em outros lugares, foi preciso começar do zero. A principal tarefa era verificar o que os candidatos a novos devedores tinham a oferecer de salvaguarda para o Brasil.

Em Moçambique, a ideia inicial era tentar repetir o *modus operandi* de Angola e utilizar como garantia, em vez do petróleo, os royalties do carvão a serem pagos pela Vale. Seria a "Conta-Carvão". O Brasil passou, então, a sondar a possibilidade e questionou Moçambique sobre qual seria o valor total dos royalties da Vale. A resposta veio em telegrama da Embaixada do Brasil em Maputo para Brasília, em 29 de dezembro de 2008. A documentação é confidencial e inédita:

– Por carta, o ministro da Indústria e Comércio, Antonio Fernando, presta algumas informações e dados sobre receitas futuras do país, com vistas a esclarecer a capacidade do governo moçambicano de oferecer garantias bancárias para lastrear empréstimos brasileiros destinados à exportação de bens e serviços para este país [...] A receita estimada dos royalties do carvão a serem pagos pela Vale durante os 35 anos de vida útil da mina será de 425 milhões de dólares, ou seja, uma média anual de 12 milhões de dólares; os royalties começarão a ser pagos em 2011, com frequência mensal.[20]

Essa primeira sondagem sobre a "Conta-Carvão" foi um banho de água fria nas intenções do Brasil. Os royalties totais da Vale, de 425 milhões de dólares, eram tão ínfimos que, ao longo de 35 anos, não seriam suficientes nem para bancar a barragem de água da Andrade Gutierrez. Sem contar que, para isso, o Brasil iria absorver todo o pagamento de royalties do carvão da maior mineradora instalada em Moçambique, não deixando nenhum contributo para as receitas locais.

"O royalty é pouco", disse o então ministro do Desenvolvimento, Fernando Pimentel, no seminário "Investindo na África", promovido pelo BNDES no Rio de Janeiro, em maio de 2012.[21] Por isso, Pimentel pretendia incluir parte do "faturamento da operação" da mina de Moatize da Vale como garantia. Não deu certo.

O Brasil acabou por arrumar outro jeito. As garantias passaram a ser analisadas caso a caso. Podem ser financiados projetos comercialmente viáveis e cuja renda futura possa entrar como proteção ao empréstimo. Assim, caso o país não quite a dívida, o Brasil fica com o saldo. Foi o caso do aeroporto da Odebrecht, em Moçambique. Quando estiver em operação, parte das tarifas aéreas recebidas deve ser depositada em uma conta-garantia para o Brasil.

Depois de Moçambique, o BNDES ainda tentou replicar o modelo de empréstimos angolano em Gana, que descobriu petróleo. Mas dificilmente será possível reproduzir a conta-petróleo. A África vive um momento de assédio global. Todo o mundo quer fazer negócios no continente. Assim, acordos privilegiados, como o assinado com Angola, dificilmente serão repetidos. É o padrão de relações construídas com Moçambique que deve se expandir.

– Quando foi criada a conta-petróleo, o grande parceiro de Angola era o Brasil. Muitos países desenvolvidos deram as costas para Angola, e o Brasil o apoiou desde o primeiro momento. Não tinha concorrência. Mas hoje Moçambique diz: por que eu vou fazer uma conta-carvão só para o Brasil, se chineses, portugueses não me pedem? Precisa flexibilizar Como é que podemos aumentar a capacidade de emprestar para esses países? E emprestar é exportar bens e serviços brasileiros. Você não está fazendo grandes favores – opinou Miguel Peres, executivo da Odebrecht.

***

O pressuposto da política de crédito do Brasil para a África é aumentar as exportações. Nesse aspecto, vale a pena fazer um parêntese. Os empréstimos dos anos 2000, que beneficiaram sobretudo as construtoras, não tiveram impacto substancial na pauta de vendas para o continente. O que mais exportamos não é material de construção, mas açúcar e carnes congeladas. Respectivamente, 28% e 12%, no acumulado de 2003 a 2013. Ou seja, quatro em cada dez reais das nossas vendas acabaram na mesa dos africanos. Veículos, tratores e suas peças ficaram em terceiro lugar, com 9%. Os aviões da Embraer somaram 1,6%.[22]

Já as compras brasileiras da África continuaram concentradas em petróleo. A busca pelo produto foi um dos principais motivos da aproximação do Brasil com a África entre os anos 1970 e 1980, uma vez que o país produzia pouco e havia crise no mercado mundial. Na década de 2000, a produção nacional aumentou, mas a balança comercial com o continente africano continuou tingida pelo ouro negro. Metade de tudo que o Brasil comprou da África, de 2003 a 2013, foi petróleo nigeriano. Outros 16% foram petróleo da Argélia e de Angola e 4% de outros países. E 15%, derivados do óleo. Somando tudo, sobraram apenas 15% para todas as importações restantes.

Por causa do petróleo, a balança comercial do Brasil com a África tem saldo positivo para o continente. Excluído o produto, o país vende quase cinco vezes mais do que compra. Em 2013, por exemplo, importamos 17 bilhões de dólares, dos quais 15 bilhões no combustível, e vendemos 11 bilhões. Quando a produção do pré-sal brasileiro estiver em alta, é provável que as compras do óleo africano caiam, desequilibrando as relações comerciais entre as duas regiões.

Moçambique não tem petróleo. Por isso não desperta o interesse dos importadores do Brasil. Em 2007, por exemplo, compramos do país africano o cúmulo de 37 dólares. Isso mesmo, 37 dólares, gastos com equipamentos de impressão. Apenas quando a Vale começou a produzir, em 2011, passamos a importar algumas dezenas de milhões de dólares do país africano. O diplomata Nei Bittencourt, que foi ministro-conselheiro da Embaixada do Brasil em Maputo, definiu a situação:

– O Brasil só vai ter relação mais equilibrada quando Moçambique começar a se desenvolver. Nosso papel agora é mais de ajudá-los a se desenvolverem e investir do que comprar, porque não há o que comprar. A relação é extremamente desigual para Moçambique. Teve ano em que exportamos 32 milhões de dólares e eles exportaram dois mil dólares. É orçamento de pipoqueiro.

***

O aeroporto de Nacala, a primeira obra africana fora de Angola a ser financiada pelo BNDES, fica 2,2 mil quilômetros ao norte de Maputo. A região é alvo dos negócios do Brasil. Está localizada no extremo da ferrovia da Vale que vai escoar o carvão de Moatize. Também está na ponta do corredor agrícola que atrai produtores de soja do Sul e do Centro-Oeste do Brasil. Assim, o novo aeroporto deve atender empresários brasileiros.

A necessidade dessa infraestrutura para Moçambique é questionável. O país tem apenas dez aeroportos, nove deles em capitais de província e outro ao lado de um dos maiores pontos turísticos moçambicanos, o arquipélago de Bazaruto. Nacala, por sua vez, não é nem uma capital nem um ponto turístico e está localizada a apenas 170 quilômetros do aeroporto de Nampula, a principal cidade da região norte do país. Ainda vale recordar que a população de Nacala tem necessidades mais urgentes do que voar de avião: apenas um quarto tem eletricidade e metade, água encanada.

A obra é emblemática por conta da concorrência dos emergentes por espaço na África. Foi uma empresa chinesa que reformou o aeroporto de Maputo, o mais importante do país. Na comparação entre as duas construções, os brasileiros esperam sair na vantagem. Argumentam que são melhores que os chineses por contratar mão de obra local, realizar projetos sociais e oferecer maior qualidade.

O ritmo do trabalho foi ágil, para mostrar que o Brasil pode ser tão rápido quanto a concorrência chinesa. Em 2013, visitei o canteiro de obras. Fazia apenas dois anos que os créditos do BNDES haviam sido liberados. Toda a estrutura do terminal de passageiros já estava de pé e parte da pista de 3 quilômetros estava pronta.

Depois do aeroporto, a Odebrecht apresentou mais duas propostas para o governo moçambicano e o BNDES: o zoneamento aeroportuário de Nacala, também voltado para os investidores estrangeiros que se instalariam na região; e um plano de mobilidade urbana em Maputo, uma cidade com trânsito caótico e sem sistema de transporte público. A ideia era replicar o modelo de corredores de Curitiba e vender ônibus da fabricante brasileira Marcopolo.

— Em Angola, estamos há trinta anos. Moçambique é hoje para nós o segundo mercado mais importante na África. É um país com uma economia pequena, que oferece poucas oportunidades nas obras públicas. Mas nós conseguimos montar um nicho. Desenvolvemos o projeto e, no âmbito da cooperação com o governo brasileiro, trouxemos financiamento. Foi uma forma de abrir uma porta de mercado em um país onde a economia ainda não chegou a um ponto que justificasse nossa vinda pra cá. A demanda é imensa. O país precisa de tudo. Então, dizemos: estamos no lugar certo, na hora certa – falou Peres, que também já viveu em Angola.

Peres ficava sediado em Maputo. Da janela do executivo, era possível ver uma capital agitada, cheia de gruas de construções. O próprio edifício onde está a Odebrecht fica em um dos novos pontos no *skyline* da cidade.

Por enquanto, a atuação da construtora brasileira em Moçambique está apenas começando e ainda não chama muita atenção. Já em Angola, onde está há mais tempo, é muito polêmica. A Odebrecht é criticada por supostamente ter associações empresariais com autoridades locais ou pessoas ligadas a elas. João Fellet, repórter da BBC Brasil que viveu em Angola, mostrou algumas das conexões. Em um investimento, a Odebrecht teria se associado a filhos do presidente angolano, José Eduardo dos Santos. Também seria sócia, em uma usina de açúcar, etanol e eletricidade, a Biocom, de um dos homens mais próximos do chefe de Estado.[23]

No caso da Biocom, as reprovações são ainda maiores. Em dezembro de 2013, Fellet publicou denúncias de operários brasileiros levados para atuar no empreendimento. As condições de trabalho seriam degradantes. Um dos funcionários teria perdido dezesseis quilos em um mês, com crises de vômito e diarreia. Os motivos, segundo ele, seriam falta de higiene e baixa qualidade da comida. Alguns trabalhadores também disseram que seus superiores teriam retido seus passaportes. A Odebrecht negou as acusações.[24]

Seis meses depois da reportagem da BBC, o Ministério Público do Trabalho abriu uma ação denunciando a companhia por ter mantido, segundo o órgão, quinhentos trabalhadores em situação análoga à escravidão. Como punição, pediu indenização de 500 milhões de dólares por danos coletivos. E foi além: solicitou que a Odebrecht deixasse de receber empréstimos de bancos públicos do Brasil.[25] Em outras palavras, que fosse tirado da empresa o instrumento que deu sustentação para sua atuação em Angola. E que, esperava-se, ajudasse a expandi-la para outros países africanos. O primeiro deles, Moçambique. Até agosto de 2014, a ação corria na Justiça.

O AMIGO CHINÊS

O aeroporto de Maputo lembrava uma antiga e ajeitadinha rodoviária de cidade do interior. Era um pequeno prédio de dois andares com 200 metros de comprimento, construído no tempo colonial. O piso tinha quadradinhos brancos escalonados aleatoriamente com quadradinhos vermelhos, azuis e amarelos. Placas de madeira cobriam teto e paredes e deixavam o ambiente escuro e abafado. Os letreiros desbotados das lojas tinham o visual gráfico dos anos 1980.

A sensação era de que o tempo era um velho de bengalas no saguão do aeroporto, alheio ao movimento de chegadas e partidas. Há anos ele aguardava pacientemente que o presente desembarcasse e tomasse o seu lugar. Em vão.

A saída do avião dava o primeiro sabor local. O turista desavisado era cortejado com berros militares se tentasse tirar uma foto. Imagens não autorizadas de prédios e funcionários públicos são uma ofensa ao Estado. A narrativa oficial é a que vale. Na parede do guichê de migração, um retrato do presidente Armando Guebuza recebia os visitantes com um olhar perdido e um sorriso embaraçado no rosto.

Ao lado do modesto aeroporto, uma obra acelerada e barulhenta começou em 2009. Um novo terminal de passageiros era erguido por uma construtora chinesa, contratada pelo governo moçambicano. Parte dos operários eram chineses. O financiamento também. O Banco de Exportação e Importação da China (China Exim Bank) ofereceu mais de 100 milhões de dólares para a construção. Deste montante, uma fatia era doação e a outra tinha condições especiais de pagamento. A capacidade de passageiros deveria dobrar de 500 mil para 1 milhão por ano.

Mais que um novo aeroporto, as obras simbolizavam uma transformação econômica e geopolítica. Concluído o terminal internacional, a China iria demolir o velho aeroporto, que lembrava o país que Moçambique queria deixar para trás: velho, pobre, subdesenvolvido. Em 2008, o PIB era de 10,4 bilhões de dólares, 56% das contas públicas eram custeadas por países desenvolvidos e Moçambique tinha um dos dez piores IDHs do mundo.[1]

Já o novo aeroporto incorporava as promessas para o Moçambique do futuro. O país crescia a uma média de 8% ao ano,[2] um dos mais notáveis avanços econômicos da África. Estrangeiros chegavam para explorar minérios, realizar obras de construção civil, plantar, vender mercadorias e oferecer serviços. Não vinham apenas do Ocidente. Agora, Moçambique também era assediado pelas economias emergentes, como o Brasil e, especialmente, a China.

O progresso anunciado pelo aeroporto da China não significava, contudo, o abandono das tradições africanas. Antes que as obras começassem, foi realizada no local uma cerimônia tradicional, a Ku Phahla. Na presença do presidente Guebuza, foram sacrificados animais para evocar espíritos e garantir força e prosperidade ao empreendimento.[3] Ninguém ousaria desagradar aos antepassados justamente em uma construção de tamanha importância.

O novo terminal internacional entrou em operação em fins de 2010. Em 2012, foi a vez do terminal doméstico. Para quem conheceu o prédio antigo, a diferença é desconcertante. Ao pisar no aeroporto chinês, meu estranhamento foi tanto que questionei se eu não chegara ao país errado. Era o primeiro sinal das mudanças pelas quais Moçambique passava.

O desembarque não era mais na pista, mas em túneis conectados a porta da aeronave. A construção era espaçosa, com o pé-direito alto. Clara, com paredes de vidro. Fresca, com condicionadores de ar. Moderna, com escada rolante, esteiras automáticas para as bagagens e painéis luminosos para informar sobre as chegadas e partidas. O movimento também era maior, cheio de portugueses que migravam para a ex-colônia em busca de oportunidades que Portugal em crise não podia mais oferecer. Pelo menos ali, Moçambique anunciava que estava no passo do desenvolvimento. O velho de bengalas dera lugar a um jovem ansioso por negócios.

A China não parou no aeroporto. Em seguida, se transferiu para o coração do poder político de Moçambique, o edifício da presidência da República. Ao contrário do Palácio do Planalto, em Brasília, a sede moçambicana do Poder Executivo é murada. É proibido andar na calçada que ladeia o local, estacionar na via ou tirar fotos. Placas sinalizam as três interdições. Originalmente, a estrutura era modesta, formada de pequenas construções térreas, que não podiam ser vistas do lado de fora. Já em 2013, um prédio moderno era erguido pelos chineses, ultrapassando pela primeira vez os limites do muro, deixando antever o avanço chinês na política moçambicana.

O gigante asiático também construiu, por exemplo, o edifício da Procuradoria-Geral da República e o Estádio Nacional (a maior construção esportiva do país). Depois viriam iniciativas chinesas ainda maiores: dois projetos de transporte em Maputo, financiados pelo China Exim Bank. Um deles é uma estrada circular em volta da capital, com mais de 70 quilômetros e custo estimado de 400 milhões de dólares. O outro, uma ponte sobre a baía da cidade, facilitando a conexão terrestre até a África do Sul, por cerca de 1 bilhão de dólares. Enquanto isso, diga-se de passagem, o Brasil apoiou o aeroporto da Odebrecht em Nacala e prometia uma barragem de água da Andrade Gutierrez.

É fácil reconhecer um canteiro de obras da China. Logo na entrada, há um passaporte: um pórtico vermelho e dourado com um grande letreiro em mandarim. Operários chineses completam a cena. A impressão é de um empreendimento deslocado do seu entorno. Como se pertencesse a outro local, outro povo e outra cultura, e estivesse ali por engano.

***

Moçambique não era o único país africano com fortes relações com a China. O gigante asiático começou a olhar a África com apetite em 2000 e, aos poucos, foi conquistando um espaço antes ocupado quase que exclusivamente pelas potências do norte. Menos de uma década depois, ultrapassou os Estados Unidos como o maior parceiro comercial do continente.

Para entender a aproximação sino-africana, é preciso voltar para a virada do século XXI. A China crescia a passos largos e buscava novas parcerias econômicas. Um dos marcos desse movimento foi a política *go global*, pela qual o país concedeu crédito e incentivos tributários para empresas chinesas investirem no exterior. Os focos eram extração de recursos naturais, serviços de construção civil e produção industrial de baixo valor agregado, mantendo na China a cadeia de maior valor. Além disso, o país pretendia obter apoio diplomático para fortalecer uma ambicionada posição de potência global alternativa aos Estados Unidos.[4]

A África foi um dos principais destinos dessa nova estratégia internacional. Era uma postura radical. A China decidia apostar na África justo no momento em que o Ocidente olhava para o continente com irreparável pessimismo. O emblema da visão ocidental foi estampado na capa da revista *The Economist*, em maio de 2000. Um africano segurava uma arma e a manchete disparava: "O continente sem esperança."

"Moçambique e Madagascar sofreram inundações por enchentes, a fome começou a reaparecer na Etiópia, o Zimbábue sucumbiu à selvageria promovida pelo governo, a pobreza e a peste continuam inabaláveis. Mais grave, guerras ainda ocorrem de norte a sul e leste a oeste. Ninguém pode culpar os africanos pelo clima, mas a maioria das deficiências do continente resultam menos de atos de Deus do que de atos do homem. Esses atos não são exclusivamente africanos – brutalidade, despotismo e corrupção existem em todo lugar –, mas as sociedades africanas, por razões sedimentadas nas suas culturas, parecem especialmente suscetíveis a elas", ajuizava a revista, despejando seu preconceito determinista sobre os africanos.[5]

Pois apenas cinco meses depois, a China deu um passo decisivo em direção à África. Em outubro de 2000, lançou o Fórum de Cooperação China-África (FOCAC), a base do relacionamento entre as duas regiões. É o responsável por estabelecer parâmetros e metas para a atuação chinesa no continente africano, com reuniões a cada três anos.

A partir de então, as conexões sino-africanas dispararam. Até 2011 o governo chinês prometeu 75 bilhões de dólares para quase 1.700 projetos em cinquenta países africanos, de acordo com o mais extenso levantamento sobre o tema, realizado pela base de dados on-line *AidData* (os únicos quatro países que não receberam apoio chinês são aqueles com relações diplomáticas com Taiwan). Desse total, iniciativas no va lor de 50 bilhões foram finalizadas ou estariam em curso até 2013. É um valor próximo do montante de ajuda internacional enviada à África nesse período pelos Estados Unidos, o país que mais fornece recursos para o continente.[6]

O dinheiro vem sobretudo de bancos estatais da China. Um levantamento do jornal inglês *Financial Times* estimou que o Exim Bank e o Banco de Desenvolvimento chineses emprestaram mais para regiões em desenvolvimento do que o Banco Mundial, entre 2008 e 2010.[7]

Na esteira do avanço do governo vermelho, o comércio com a África aumentou trinta vezes, entre 1999 e 2012: de 6,5 bilhões de dólares para 198 bilhões. Comparando com o Brasil, é possível ter uma dimensão desses números. Em 1999, o volume de compras e vendas Brasil-África era de 3,6 bilhões de dólares (metade do valor chinês na época). Em 2012, passou para 26 bilhões de dólares (cerca de um décimo do total da China naquele ano).[8]

A entrada da China na África contou com alguns empurrões do Ocidente. Os investimentos foram facilitados pela liberalização econômica, pregada nos anos 1980 e 1990 por países e instituições ocidentais. Além disso, a intervenção ocidental na condução da política e da economia da África gerou certa antipatia entre os dirigentes africanos, estimulando a procura por parceiros alternativos para financiar o desenvolvimento. A China também aproveitou para se aproximar de regiões deixadas de lado pela comunidade internacional. Não é à toa que um dos países onde mais anunciou projetos é o Zimbábue, cujo presidente Robert Mugabe, no poder desde 1980, o Ocidente não digere.

Aos poucos, China e África foram se tornando importantes parceiras. Suas relações, contudo, são anteriores aos anos 2000. Em Moçambique, por exemplo, o governo chinês ofereceu apoio político e militar à FRELIMO durante a luta de libertação nacional, nos anos 1960 – ao contrário do Brasil, que se manteve ao lado do colonialismo português. O mesmo aconteceu em outros lugares da África. Em comum, a China e os movimentos de libertação africanos tinham ideologias favoráveis à cooperação entre os países do então chamado terceiro mundo (do sul). São ideias consolidadas na Conferência dos Países Não Alinhados, em

Bandung, Indonésia, em 1955. Foi esse encontro que marcou o início da primeira aproximação entre a China e a África.

Os vínculos foram crescendo até que, em 1964, a China formulou os princípios básicos da sua atuação internacional. Segundo eles, a nação asiática pretendia ajudar outros países a "ingressarem passo a passo na estrada do desenvolvimento econômico independente". Mas isso não ocorreria com filantropia. Os principais instrumentos de cooperação seriam empréstimos sem juros ou com juros baixos e projetos econômicos com impacto rápido, como obras de infraestrutura e fábricas. As ações teriam como base igualdade e benefício mútuo. Haveria respeito à soberania, de modo que cada um pudesse escolher seu caminho econômico e político.[9] Naquela época, a maior colaboração chinesa foi a ferrovia Tanzânia-Zâmbia, de 1.860 quilômetros, financiada e executada pelos chineses. Calcula-se que 50 mil pessoas trabalharam nas obras.[10]

Nos anos 2000, o apoio à construção de infraestrutura ou plantas produtivas continuou a ser a principal forma de cooperação da China. Os volumes são tão expressivos que o país está se tornando a fonte mais significativa de cooperação nesses dois setores, enquanto as nações desenvolvidas focam em áreas sociais, segundo o órgão de comércio da ONU, a UNCTAD.[11]

As obras também continuam a contar com suporte financeiro chinês. É fornecido de diferentes maneiras: doação, empréstimos sem juros com prazo longo para pagar ou créditos subsidiados (com um percentual de doação, chamados de concessionais). São executadas por construtoras chinesas, assim como nos anos 1960.

Entre as grandes obras realizadas pela China na África desde 2000 estão ferrovias na Nigéria e no Sudão. Já a maior doação chinesa é o majestoso Centro de Conferências da União Africana, instância política que reúne os países do continente. Inaugurado em janeiro de 2012 em Adis Abeba, capital etíope, o empreendimento custou 200 milhões de dólares. Tem 52 mil metros quadrados, distribuídos entre a construção principal, um hall de conferência circular para mais de 2,5 mil pessoas e uma torre de escritórios de 21 andares – o edifício mais alto da Etiópia.[12] É um símbolo da ascensão da África, exaltou o primeiro-ministro etíope Meles Zenawi durante a cerimônia de inauguração:

– A China, [com] sua impressionante reemergência e seus compromissos para uma parceria de ganhos mútuos com a África, é uma das razões para o início do renascimento africano.[13]

A mão de obra dessas construções é sobretudo chinesa. Isso tem sido apontado como um problema, por não gerar empregos para os africanos. Lula é um dos críticos:

– A Vale estava disputando uma mina de ferro no Gabão, em 2003, 2004, e perdeu. Os chineses ganharam. Nada contra os meus amigos chineses. Pelo contrário, são grandes parceiros nossos. Mas a verdade é que, às vezes, eles ganham uma mina e trazem todos os chineses para trabalhar e ficam sem gerar oportunidade para os trabalhadores do país – contestou o então presidente do Brasil, em visita à Tanzânia em 2010. Sua fala dava uma forcinha para a Vale, que tinha interesses no país.[14]

Além de construírem infraestrutura, os chineses estão na África prestando cooperação técnica. Ou seja, transferindo conhecimento e tecnologia, sobretudo em agricultura, saúde e educação. Existem no continente, por exemplo, quinze centros de demonstração agrícola chineses (sendo um em Moçambique). Equipes médicas da China atenderam 5,6 milhões de pacientes africanos, entre 2010 e 2012. O país também formou 30 mil técnicos africanos e concedeu bolsas de estudo para outros 20 mil estudantes, no mesmo período. Adicionalmente, a China cancelou dezesseis dívidas da África.[15]

Em 2010, a nova parceria completou uma década. Era momento de fazer um balanço: "Valorizando a igualdade e o benefício mútuo e buscando resultados concretos, sem impor nenhuma condição política para os países receptores, a ajuda chinesa emergiu como um modelo com características próprias", diz um documento elaborado pela China a respeito da sua ajuda externa. É um discurso que coloca China e os países por ela auxiliados do mesmo lado da trincheira e, no lado oposto, as relações norte-sul. "A China continua a ser um país em desenvolvimento, com uma baixa renda per capita e uma grande população assolada pela pobreza. Apesar disso, tem feito o seu melhor para oferecer ajuda internacional", continua o texto.[16]

***

O discurso base do apoio da China à África é a não intervenção em assuntos internos. Na prática, isso significa que a China não se meteria na forma como cada país conduz sua política e sua economia. Assim, estaria disposta a apoiar o desenvolvimento nos moldes decididos pelos próprios africanos. Se eles dizem que o importante é construir um novo aeroporto, um centro de conferências ou novas instalações para prédios públicos, o parceiro asiático não vai dizer que o mais importante é usar os recursos em áreas sociais, por exemplo.

Quando nós dizemos que a Procuradoria-Geral é prioridade em Moçambique, os chineses concordam conosco – afirmou a então primeira-ministra de Moçambique, Luísa Diogo, em 2007, durante a visita ao país de Hu Jintao, que era o presidente da China.[17]

A China tem cooperado de forma pragmática. Pergunta quais são as necessidades e diz: os recursos estão aqui – comentou Sérgio Hele, coordenador do Departamento de Cooperação do Ministério de Planificação e Desenvolvimento, pasta responsável por gerir toda a ajuda recebida por Moçambique.

Não é uma unanimidade que essa postura seja vantajosa, contudo. "A construção do novo edifício do Ministério dos Negócios Estrangeiros de Moçambique, pela China, oferece instalações de cinco estrelas para conferências e escritórios de luxo, mas não tem qualquer impacto, evidente ou tangível, sobre as necessidades de desenvolvimento críticas e urgentes do país", criticou o Centro de Estudos Chineses da Universidade de Stellenbosh, da África do Sul, um dos mais importantes institutos de pesquisa sobre a China na África.[18]

A não interferência em assuntos internos não significa que a China não exige nada em troca da ajuda que fornece à África. Há condições relacionadas a oportunidades econômicas. Entre elas, a contratação de empresas chinesas para construir as obras de infraestrutura financiadas e o acesso privilegiado à matéria-prima e combustível. A própria ministra Luísa Diogo assumiu certa vez que a China queria que Moçambique desse recursos naturais como garantias, algo que o país africano não poderia oferecer devido a sua legislação.[19]

O principal recurso natural africano que interessa aos chineses é o petróleo. Um terço da importação chinesa do produto vem da África, principalmente de Angola.[20] Os Estados Unidos também são importantes compradores do combustível africano, sobretudo da Nigéria – até 2010, a África concorria com o Golfo Pérsico como a primeira fonte do combustível para os norte-americanos.[21] Por isso, os Estados Unidos observam os movimentos da China com temeridade, preocupados que o país asiático esteja tentando barrar o acesso ao produto na fonte. Em 1980, a Ásia consumia 16% do petróleo mundial. Em 2010 passou a consumir 29%, ultrapassando a América do Norte.[22]

Em Angola, por exemplo, a forma que a China usou para garantir o acesso ao petróleo foi um acordo de financiamento. Angola entra com o combustível e a China com um pacote de crédito para obras de reconstrução do país pós-guerra civil, como rodovias, rede elétrica, escolas e hospitais. Até 2010, foram concluídos no país africano projetos na ordem de 3 bilhões de dólares.[23]

Já no caso de Moçambique, que não tem petróleo, um dos principais produtos de exportação para a China é madeira em toras. É um negócio controverso. Há denúncias de envolvimento dos chineses no comércio ilegal do produto.

Esse interesse nos recursos naturais africanos é a principal fonte de críticas à China. Ex-metrópoles e outras potências olham o movimento concorrente como uma "invasão" da África e acusam os chineses de promover uma nova forma de colonialismo, na qual o interesse maior seria apenas "pilhar" as riquezas do continente. Há africanos que pensam da mesma forma:

> A China pega nossos bens primários e nos vende manufaturados. Esta também era a essência do colonialismo. Os britânicos foram para a África e para a Índia para assegurar matéria-prima e mercado. A África está agora se abrindo de bom grado para uma nova forma de imperialismo [...] A África deve reconhecer que a China (como os Estados Unidos, Rússia, Inglaterra, Brasil e o resto) está na África não pelos

interesses africanos, mas dela própria – escreveu o então presidente do Banco Central da Nigéria, Lamido Sanusi, em artigo no jornal *Financial Times*, em 2013.[24]

Porém, outra parte das lideranças africanas não faz eco a esse discurso. Um dos aguerridos no debate é o guineense Carlos Lopes, que comanda a Comissão Econômica para a África das Nações Unidas (UNECA):

– É um discurso não africano. Algumas vozes na África poderão replicá-lo, mas vêm das ONGs que estão ligadas à rede de contatos com a mídia ocidental. O discurso africano [sobre a China] que eu noto é diferente. É um discurso de preocupação relativa. Não é ingênuo [...] A China é uma lufada de ar fresco. Se os chineses têm interesse e nós temos interesse, vamos negociar. Eles têm um discurso mais pragmático. É interesseiro? É, claramente. Eles estão aqui porque querem negócio. Portanto, as pessoas sabem que não é um mar de rosas. Mas não é uma tentativa de fazer assistência social. As elites políticas veem a relação com a China de forma muito mais genuína do que com o Ocidente, que dá lições e é muito hipócrita – disparou Lopes.

Quem defende a China, como Lopes, argumenta que o país asiático ajudou na recuperação econômica da África. Além de financiar infraestrutura e projetos produtivos, a China aumentou suas aquisições de produtos africanos. Em 2000, 4% das exportações e importações da África eram para a China. Em 2012, a fatia tinha subido para 18% das exportações e 14% das importações.[25] Hoje, a China é a principal compradora das matérias-primas africanas. É um volume tão expressivo que faz com que a balança comercial entre as duas regiões seja favorável ao continente africano.

Cerca de 90% de tudo que os chineses adquirem na África são recursos naturais.[26] A China até chegou a oferecer estímulos tributários para diversificar suas importações, como tarifa-zero para 60% dos itens de exportação de seis entre dez países africanos, os menos desenvolvidos.[27] Os resultados foram poucos, já que as economias são pouco industrializadas. Matéria-prima continua a ser o que a África tem a vender de principal.

Em 2013, Pequim reconheceu os desequilíbrios nas relações sino--africanas pela primeira vez, durante visita do presidente Xi Jinping à África. A viagem ocorreu poucas semanas depois da ascensão do chinês ao poder, um gesto simbólico da importância que a China dava ao continente. Ao parar na Tanzânia, Xi Jinping disse que seu país iria tomar medidas práticas para resolver os percalços, "de modo que os países africanos ganhem mais com essa cooperação".[28] Não seria nada fácil.

Cinco meses depois, em agosto, cerca de quatrocentos camponeses levantaram enxadas e catanas contra a China, no Baixo Limpopo, sul de Moçambique. Os moçambicanos protestavam contra uma empresa chinesa que fizera um plantio de arroz. O investimento teria invadido as terras dos agricultores locais, removendo plantações prestes a serem colhidas e limitando pastagens de gado. Um dos manifestantes explicou sua humilde angústia ao jornal moçambicano *O País*:

– Nós estamos a assistir à devastação das nossas machambas e do nosso pasto. Mais do que a nossa sobrevivência, o problema é a sobrevivência do nosso gado.[29]

***

A chegada da China à África estimulou o início de uma nova fase africana. Se a década de 1990 foi marcada por crise, fome e guerras, o século XXI começou diferente. O número de conflitos violentos diminuiu, mais países passaram a ter eleições regulares e a economia entrou em uma inédita fase de crescimento. Enquanto ao longo dos anos 1990 a renda nacional per capita na África Subsaariana era representada por uma linha estagnada, em 2000 tornou-se uma curva ascendente. De lá até 2012, o crescimento foi de 35%.[30] A tônica dos anos 2010 tem sido o "renascimento africano".

Toda a porção sul do globo ganhou uma importância inédita no ainda curto século XXI. Alguns números ilustram as transformações. Em 2000, o comércio sul-sul perfazia menos de 15% das trocas mundiais e o norte-norte, mais de 45%. Em 2011, havia praticamente um empate de 30%. Em 1990, o sul tinha 26% da classe média mundial. Em

2010, 58%.³¹ Contribuíram para isso não apenas o crescimento do sul, mas a crise mundial de 2008, que forçou a queda do norte. Essa ascensão do sul, sobretudo da China, fortaleceu a África.

Os números da nova África impressionam pelo seu tamanho e potencial. A classe média representa um terço da sociedade, mais de 300 milhões de pessoas. É mais do que toda a população brasileira. O PIB do continente também é maior que o do Brasil. Sem contar que a região concentra reservas minerais pouco exploradas, vasta área disponível para a agricultura e tem uma forte intenção de se industrializar.

Todas as comparações com a Índia, que tem população do tamanho da africana, são favoráveis à África. Tudo isso é desconhecido, não se faz essa análise – reclamou Carlos Lopes.

Aos poucos, as maiores instituições multilaterais foram aderindo ao discurso otimista sobre a nova África. Até que a revista *The Economist* decidiu que o jogo tinha virado. Em dezembro de 2011, publicou uma capa com o título "A África em ascensão: o continente esperançoso". A imagem desta vez era de um menino correndo na savana e segurando um balão colorido com o formato de um mapa africano. A esperança havia vencido. A visão que ficava para o Ocidente não era mais a dos africanos carregando uma arma, mas erguendo um sonho.[32] Em março de 2013, a revista repetiu o título, em um texto ainda mais otimista:

"Guerra, fome, ditaduras têm se tornado raras. As pessoas ainda batalham para sobreviver, assim como na China e na Índia. Eles nem sempre têm algo para comer, podem não ter acesso à educação, se desesperam frente a injustiças diárias e muitos querem emigrar. Mas a maioria dos africanos não teme mais um fim violento ou prematuro e pode ter esperança de ver suas crianças viverem bem", escreveu a revista. E continuou:

"Os números sugerem que o desenvolvimento humano na África Subsaariana tem dado grandes saltos. As matrículas nas escolas secundárias aumentaram 48% entre 2000 e 2008. Na última década, mortes por malária em alguns dos países mais afetados recuaram em torno de 30% e as infecções por HIV diminuíram 74%. A renda real per capita aumentou mais de 30%, enquanto nos vinte anos anteriores ela encolheu aproximadamente 10%. A África é o continente que cresce mais rápido no mundo neste momento."

Em uma década, a narrativa africana se transformou. O continente que antes repelia passou a atrair interesses econômicos. Entre eles, dos Estados Unidos. Em uma tentativa de reconquistar o espaço perdido para a China no começo do século XXI, o presidente dos Estados Unidos Barack Obama convidou líderes de países africanos para um encontro inédito na Casa Branca, em Washington, em agosto de 2014. Mais de quarenta chefes de Estado atenderam ao chamado. Foi o maior evento Estados Unidos-África já realizado. Os norte-americanos não queriam ficar para trás na corrida pela amizade da África.

Obama deu ênfase à "ascensão africana" e a "oportunidades de negócios". Criticou a China, sugerindo que ela tem interesse nos recursos minerais africanos, não usa mão de obra local em projetos na África e constrói infraestrutura que beneficia seus próprios negócios. Para selar o compromisso dos Estados Unidos com o continente, Obama anunciou 33 bilhões de dólares em novos investimentos e financiamentos, tanto do setor privado como de agências governamentais.

– Apesar de a África ainda enfrentar enormes desafios, apesar de muitos africanos ainda enfrentarem pobreza e conflitos, fome e doenças, apesar de nós trabalharmos juntos para enfrentar esses desafios, nós não podemos perder de vista a nova África que está emergindo – discursou Obama.[33]

OS DOADORES DO NORTE

– Nós não podemos fechar os olhos e nos esquecer dos nossos parceiros tradicionais. Mas nós precisamos da cooperação com a China – disse Luísa Diogo para um público desgostoso.[1]

A ex-primeira-ministra de Moçambique tentava negociar o ponto do meio enquanto palestrava em Londres, em 2010. Era como se carregasse um longo bambu com um balde cheio de água em cada uma das extremidades. Se um dos lados vazasse, o país iria desequilibrar. Os europeus, os mais importantes "parceiros tradicionais", faziam cara feia para a cooperação sino-moçambicana. Moçambique não poderia deixar o bambu perder densidade do lado da Europa, mas também não poderia retirar o peso da ponta contrária, onde estava a China.

A China oferece cada vez mais apoio à África e avança sobre um espaço antes cativo dos "parceiros tradicionais". Porém, eles ainda desempenham um papel fundamental, que não pode ser eliminado a curto prazo nem preenchido pelos chineses. Os dois vão continuar em atuação, ao mesmo tempo. E a disputa entre eles pela atenção e afeição do público africano é inevitável.

Os tais parceiros tradicionais são países membros da Organização para Cooperação e Desenvolvimento Econômico (OCDE), quase todos no Hemisfério Norte, como os europeus, Estados Unidos e Japão, além de instituições multilaterais, como Banco Mundial e FMI. Juntos, são responsáveis por uma importante operação de apoio à África, que já dura cinco décadas.

Não se trata apenas de envio de alimentos, roupas ou remédios para mitigar a fome e a miséria, nem de contribuições pessoais por meio de ONGs. Trata-se principalmente de uma ajuda financeira transferida anualmente, de forma coordenada, para os países africanos. Pode ser oferecida na forma de doações, créditos especiais e perdão de dívida. Em troca, pede o cumprimento de condições econômicas, políticas e sociais.

É a chamada ajuda norte-sul, em referência à direção em que flui o dinheiro – do Hemisfério Norte para o Sul. Os países e organizações que prestam esse tipo de apoio são conhecidos como "doadores".

Ao longo dos últimos cinquenta anos, foram concedidos mais de 800 bilhões de dólares para a África dessa maneira.[2] É um volume robusto, mas, dependendo da referência, nem é tanto assim. A Grécia, com um centésimo da população africana, foi contemplada a partir de 2010 com um pacote de 150 bilhões de dólares para tentar salvar sua economia, cujo naufrágio poderia impactar a União Europeia.[3]

Seguindo nas comparações, só em subsídios e tarifas alfandegárias para seus agricultores, Estados Unidos, União Europeia e Japão gastaram 219 bilhões de dólares, em 2008, oito vezes mais do que enviaram em ajuda para o continente africano naquele ano.[4] A retirada dos subsídios seria de grande valia para os países pobres e é um dos principais pleitos da África e do Brasil na Organização Mundial do Comércio. Eles querem competir de igual para igual, fortalecendo seus produtores e sua economia.

Moçambique está entre os dez maiores beneficiários de ajuda norte-sul no mundo. Anualmente, o país recebe cerca de 2 bilhões de dólares.[5] Sem esse apoio externo, as contas públicas moçambicanas não fecham. Em 2013, as receitas nacionais cobriram somente dois terços das despesas. Foram os países da OCDE, Banco Mundial e FMI que bancaram os outros 33%. O dinheiro é usado desde investimentos até custeio de serviços públicos, como saúde e educação. O percentual é alto, mas já foi muito pior. Em 2008, a ajuda internacional completou 56% do caixa moçambicano. Em 2004, foram 66%.[6]

A origem da ajuda para Moçambique está em 1986, o terrível ano em que o país ocupou a posição de mais pobre do mundo. A guerra, que completara uma década, matara todos os sonhos da independência. Estima-se que mais de 1 milhão de pessoas morreram, 1,7 milhão se refugiaram em países vizinhos, 3 milhões se deslocaram dentro de Moçambique. Os prejuízos são calculados em 20 bilhões de dólares.[7]

A natureza também tomou sua parte no conflito. Entre 1983 e 1984, uma grave seca matou as plantações. O pouco que se conseguiu produzir não podia ser escoado, porque as estradas e ferrovias eram intransitáveis, alvos constantes de emboscadas dos "bandidos armados", como eram chamados os guerrilheiros da RENAMO. O repolho foi um dos poucos alimentos disponíveis e ajudou famílias inteiras a sobreviver, ganhando o apelido de *Se Não Fosse Eu*. Nas cidades, prateleiras de mercados ficaram vazias e, do lado de fora, formavam-se filas de dobrar quarteirão. No interior do país, abundavam crianças de barrigas infladas e olhos vazios, e adultos de ombros e joelhos salientes na rasa pele a cobrir músculos atrofiados.

Para piorar, Moçambique foi ficando só, sem seus antigos aliados. O principal era o bloco socialista, que entrou em derrocada no final dos anos 1980. O Brasil, que chegou a ser o maior credor, também interrompeu o financiamento para compra de bens industrializados e abandonou negociações de projetos econômicos considerados importantes, como exploração de carvão, plantios agrícolas e obras de infraestrutura.

Em guerra, em crise, com fome e sem parceiros, o socialismo moçambicano de Samora Machel ficou sem saída. Até que surgiu uma opção: os países do bloco capitalista. Eles ofereceriam ajuda para Moçambique escalar o poço, contanto que se afastasse do socialismo e colocasse em prática recomendações do FMI e do Banco Mundial.

Moçambique aceitou. Em poucos anos, trocou a economia planificada pela economia de mercado, em um movimento que ficou conhecido como "a viragem para o capitalismo". O marco da mudança foi o Programa de Reabilitação Econômica (PRE), de 1987. Ele implementou em Moçambique medidas neoliberais também pregadas para o Brasil na década de 1990.

O objetivo geral do programa era promover uma reforma econômica para sanar as contas públicas. A recomendação era fortalecer as forças do mercado e limitar o papel do Estado – acabar com subsídios e controles de preços, privatizar empresas públicas, cortar drasticamente as despesas do governo, restringir o crédito, desvalorizar a moeda e controlar a inflação. Machel morreu antes que pudesse ver a transformação, em um acidente aéreo em 1986.

– A mudança era nítida. As lojas fervilhavam mercadorias, as pessoas movimentavam-se de forma muito mais destemida, falava-se mais à vontade do ponto de vista político. Houve a explosão capitalista em Moçambique – recordou Aurélio Rocha, professor de Sociologia da Universidade Eduardo Mondlane (UEM), a principal do país.

A partir de então, ocorreu um choque de ajuda externa. Em 1985, antes do plano de ajustamento econômico orientado pelo FMI, Moçambique recebeu 295 milhões de dólares. Em 1990, o valor subiu para 1 bilhão de dólares. Quando a "viragem para o capitalismo" completou 25 anos, em 2012, a soma de toda a ajuda concedida no período ultrapassou 30 bilhões de dólares. Nem todo esse dinheiro entrou no país. Desse valor, cerca de 3 bilhões são perdões de dívidas – operações que não envolvem dinheiro de fato, apenas uma limpeza nos registros.[8]

Os doadores aportaram em Moçambique com dinheiro, especialistas, receitas econômicas e filiais das suas agências de cooperação (as instituições que gerem e aplicam a ajuda fornecida). Também chegaram as ONGs internacionais. Em 1980, apenas sete tinham permissão para operar em solo moçambicano. Em 1990, eram 180.[9] Parte do dinheiro da ajuda norte-sul passou a fluir diretamente para elas.

Até o final da guerra, em 1992, os doadores forneceram principalmente ajuda alimentar e crédito para importação de mercadorias não produzidas em Moçambique. Depois, o apoio migrou para a reconstrução da nação. Seis entre dez escolas e quatro entre dez postos de saúde estavam destruídos ou fechados. A dívida externa era de quase 200% do PIB. Cerca de 80% da população viviam em situação de pobreza.[10]

No pós-guerra, Moçambique começou a se recuperar. A economia alcançou um dos crescimentos econômicos mais altos da África Austral. A dívida externa caiu para níveis abaixo de 35% do PIB. Da mesma forma, os indicadores sociais melhoraram. A miséria no país foi reduzida para 54,7% em 2009. Em 2003, 67% das crianças com idade para frequentar o primário estavam na escola; em 2009, 77%. Também nesse intervalo, o acesso a postos de saúde a menos de 45 minutos de caminhada subiu de 54% para 65% da população.[11]

A comunidade internacional celebrou os frutos. Moçambique foi considerado um "caso de sucesso" na África e se tornou "o queridinho dos doadores". Mas também havia motivos para lamentar. O país continuava a rastejar na comparação com outras nações. Em 2010, tinha o quinto pior IDH do mundo. Em 2011, oscilou mais uma posição para baixo. Em 2013, amargou o terceiro pior lugar.[12]

***

A operação de apoio para Moçambique não era inédita. Ela já funcionava em outros locais desde os anos 1960, quando os países do bloco capitalista criaram um sistema de ajuda a regiões pobres. Na época, havia entusiasmo com o sucesso do Plano Marshall, que forneceu ajuda para a recuperação da Europa após a Segunda Guerra Mundial, e acreditava-se que tal modelo poderia ser replicado em mais lugares.

Então a organização que geria o Plano Marshall foi ampliada, dando origem à OCDE e reunindo países comprometidos com "a democracia e a economia de mercado". Dentro dela, surgiu um "comitê de doadores", que se propôs a destinar parte dos orçamentos domésticos para apoiar outros países. A meta, estabelecida em 1970, é que seja remetido para ajuda internacional 0,7% do PIB anual.

No início, o grosso do dinheiro beneficiava os países não alinhados ao bloco socialista. Com o declínio da divisão do mundo leste-oeste, a ajuda internacional se propagou para outros lugares, como Moçambique. Em pouco tempo, se tornou dominante nos países pobres. Ainda hoje, o comitê de doadores da OCDE responde pela maior parte da ajuda internacional à África.

Assim como o apoio chinês, a ajuda norte-sul não chega em troca de nada. No princípio, estava vinculada a mudanças neoliberais na economia pregadas por FMI e Banco Mundial. Em muitos países africanos, isso facilitou negócios dos países doadores, ao abrir a economia para investimentos estrangeiros e limitar a intervenção do Estado. Já Moçambique era um dos mais pobres do mundo e não tinha nenhuma atividade econômica relevante até o final dos anos 1990. Assim, ficou à margem dos interesses privados.

Isso não significa, porém, que Moçambique ficou livre de exigências. Uma delas sufocou aquele que foi um dos mais importantes setores econômicos do país, a indústria da castanha de caju. Moçambique já foi o maior produtor da amêndoa do mundo e fazia o processamento no próprio país. Para proteger a atividade, a castanha bruta só podia sair das fronteiras moçambicanas com o pagamento de uma taxa acima de 20%. Assim, os fabricantes locais tinham vantagem na compra de matéria-prima em relação aos concorrentes estrangeiros.

No fim dos anos 1990, FMI e Banco Mundial avaliaram que Moçambique ganharia mais se a exportação da castanha bruta fosse liberada. Ou seja, se fossem zeradas as taxas cobradas para vender para fora do país o produto não processado. Dessa forma, as fábricas nacionais e estrangeiras poderiam competir de igual para igual pela matéria-prima. O argumento era que a indústria moçambicana pagava mal pela castanha, além de ser precária e ineficiente, enquanto a internacional remuneraria melhor.

Sindicatos, fábricas e imprensa se mobilizaram contra a exigência, dizendo que ela arruinaria a indústria nacional. Não teve jeito. Uma diretora do Banco Mundial fez uma grave ameaça: caso a cadeia do caju não fosse liberada, seria tomada uma medida que acabaria por suspender toda a ajuda norte-sul para Moçambique. Naquela altura, o apoio era da ordem de 1 bilhão de dólares por ano, quase um terço do PIB moçambicano. O valor não poderia ser colocado em risco.

Acuado, o país aceitou. A consequência veio nos anos 2000: a falência da indústria de processamento de castanha. Mais de 10 mil pessoas perderam seus empregos. "Não podíamos dizer não", disse uma vez Joaquim Chissano, o presidente moçambicano na época. Segundo ele, a liberalização fechou fábricas e mandou trabalhadores para o desemprego, mas teria sido pior se Moçambique tivesse perdido a ajuda.[13]

– Essas pessoas estão hoje no mercado informal, nas ruas a vender, ganhando a vida como podem. A ajuda internacional para Moçambique deveria criar e proteger indústrias, não destruí-las – reclamou Boaventura Mondlane, presidente do Sindicato dos Trabalhadores da Indústria do Caju, na modesta sede da organização, em Maputo.

O caso do caju moçambicano se tornou um dos símbolos do movimento antiglobalização, demonstrando efeitos danosos que o neoliberalismo poderia produzir em países pobres. Duas décadas depois, o Banco Mundial faz o mea-culpa:

– O Banco Mundial mudou. Há quem diga que ele impunha, mas hoje tem outra forma de fazer e ser. Estamos mais descentralizados, ouvimos mais e nosso *modus operandi* é fazer o que o governo solicita. Ele é que tem que ter políticas de desenvolvimento. Não podemos impor agendas, não é ético. O que podemos é sugerir discussões de política econômica – falou Rafael Saute, então responsável pelas relações externas do escritório do Banco Mundial em Moçambique, ao me receber em 2010.

As reformas neoliberais também tiveram trágicos impactos sociais. Em Moçambique, foram exigidos severos cortes nos salários dos funcionários públicos, jogando enfermeiros e professores para baixo da linha da pobreza, em 1992 – e, no ano seguinte, abaixo da pobreza absoluta.[14]

– A verdade é que os mais pobres ressentiram-se grandemente das medidas de austeridade. Mas, pondo em perspectiva, eram medidas necessárias porque o país começou a crescer, fruto desses ajustes na gestão macroeconômica – defendeu Saute.

Em seu favor, FMI e Banco Mundial ainda argumentaram ter mudado de estratégia no final dos anos 1990. Em vez de ajustes econômicos, começaram a priorizar aspectos sociais. O combate à pobreza também se tornou a meta principal da ONU, cristalizada nos Objetivos de Desenvolvimento do Milênio (ODM), lançados em 2000. São um conjunto de oito metas a serem atingidas pelos países signatários até 2015, como erradicação da pobreza absoluta e da fome, acesso universal à educação básica, redução da mortalidade infantil.

A mudança das prioridades externas fez o eixo da ajuda internacional para Moçambique se deslocar novamente. Desta vez, da necessidade de reconstruir o país destruído pela guerra civil, marca dos anos 1990, para o combate à pobreza, a partir de 2000.

Nessa nova fase, os doadores de Moçambique se associaram em um grupo para atuar em conjunto. Fazem parte Estados Unidos, Banco Mundial, Comissão Europeia, Portugal, Inglaterra, Nações Unidas, Banco Africano de Desenvolvimento, Suécia, Alemanha, Países Baixos

Dinamarca, Canadá, Noruega, Irlanda, Finlândia, Espanha, Itália, Suíça, França, Bélgica e Áustria – em ordem decrescente dos desembolsos. Até no pós-crise internacional de 2008, o apoio desse grupo ficou estável. Na África como um todo, a ajuda norte-sul não recuou devido à crise.

Todos os anos, o grupo de doadores de Moçambique traça um extenso e detalhado conjunto de metas políticas, econômicas e sociais que condicionam a entrega da ajuda. Antes da liberação de recursos para o ano seguinte, é feita uma revisão para verificar se o acordo foi ou não cumprido.

Em 2009, por exemplo, eram quarenta metas, tais como: beneficiar em programas de proteção social 204.827 pessoas (o país conseguiu um número de 205.742 – portanto, meta atingida); esclarecer 76% dos processos criminais (chegou a 81%, mas os doadores consideraram que houve problemas nos dados e reprovaram o país); diminuir o tempo necessário para uma importação (de 32 dias para 20, estagnando em 30 dias, no entanto).[15] Exigências muito mais incisivas e impositivas que as chinesas.

***

Passadas cinco décadas desde o início da ajuda norte-sul, apenas dois dos países menos desenvolvidos conseguiram melhorias significativas. Quem anunciou essa fatura foi a UNCTAD, órgão de comércio e desenvolvimento das Nações Unidas. "Um fracasso total de todos os lados", criticou o secretário-geral em 2010, Supachai Panitchpakdi.

Moçambique não é um dos dois. Continua com um dos piores IDHs do mundo. Se por um lado educação e saúde melhoraram, por outro a população ainda é muito pobre e não consegue se alimentar satisfatoriamente. A incidência da pobreza absoluta, de 80% da população em 1990, caiu para 69%, em 1997, e 54%, em 2003. Depois estagnou. Em 2009, ficou em 54,7%, o que representa 2 milhões de pessoas a mais, considerando os aumentos populacionais do período. O número decepcionou todo o país e a comunidade internacional.[16] Lembrando que a meta da ONU era que o indicador chegasse a 40% em 2015

A tragédia não é apenas moçambicana. Entre 1981 e 2005, a incidência da pobreza caiu de 70% para 47% da população no conjunto dos países em desenvolvimento. Já na África Subsaariana, a mudança foi pífia: de 54% para 51%, segundo os Indicadores Mundiais do Desenvolvimento de 2010. Isso significa que, em números absolutos, a quantidade de miseráveis quase dobrou, devido ao crescimento da população.[17]

Há uma vasta literatura tentando justificar por que a ajuda norte-sul não ajudou a África a conquistar melhores resultados. Um dos argumentos é que elites africanas corruptas teriam desviado parte dos recursos fornecidos pelo norte. "Os fundos dos doadores destinados ao desenvolvimento muitas vezes têm o efeito não desejado de enriquecer ainda mais uma pequena elite de indivíduos ricos e politicamente poderosos, reduzindo assim o impacto global da ajuda ao desenvolvimento", argumentou a USAID, a agência de cooperação norte-americana, em um comunicado de 2005 sobre a corrupção em Moçambique.[18]

Moçambique está entre os setenta países mais corruptos do mundo, segundo ranking da Transparência Internacional de 2010, quase cinquenta posições pior do que o Brasil. A corrupção ganhou até um apelido "carinhoso": *cabritismo*. O cabrito amarrado a uma árvore come tanto capim quanto consegue alcançar. Se a corda que o prende é comprida, o espaço que alcança é maior e ele come mais. Se é curta, come menos. Isso significa que quem tem nas mãos possibilidades de desviar pouco assim o fará, mas se tiver oportunidade de desviar muito vai comer bem.

Outro apontamento é que a ajuda teria falhado porque não expandiu as capacidades produtivas dos países africanos. Em outras palavras, deu o peixe durante décadas, mas não ofereceu rede, vara, anzol e treinamento para pescar. De fato, mesmo após décadas de apoio, a África continua dependente.

Há uma disputa teórica sobre a eficácia do modelo norte-sul. Além disso, há uma cisão política entre doadores e governos africanos. Em Moçambique, isso ficou evidente em 2010. Naquele ano, os doadores ficaram insatisfeitos com o resultado das metas anuais acordadas, principalmente nas áreas de governança e combate à corrupção. Além disso, viram problemas nas eleições presidenciais de 2009, quando grande parte dos candidatos de um novo partido oposicionista foi considerada inapta e não pôde concorrer.

Em represália, no início de 2010, os doadores não repassaram os recursos previstos para o ano, dando origem ao episódio conhecido como "greve dos doadores". O governo precisou fazer ginástica para segurar as contas do Estado. O Banco de Moçambique anunciou que os recursos do país para o ano inteiro só durariam cinco meses e meio. Os outros seis meses e meio seriam cobertos pela ajuda norte-sul, que fora bloqueada. Um pânico tomou conta do país e foi necessário negociar com os doadores para que eles não cortassem a ajuda.

Após alguns meses de embate, o apoio foi retomado. Em seguida, foram colocadas em prática medidas alinhadas às demandas dos doadores. A Assembleia da República começou a discutir a revisão da legislação eleitoral e mudou seu regimento interno para permitir que o partido prejudicado nas eleições pudesse formar uma bancada e, assim, ampliar seu poder na casa legislativa. O Ministério da Justiça, por sua vez, anunciou discussão sobre a revisão da lei de declaração de bens dos governantes – área ligada ao combate à corrupção.

O episódio gerou mal-estar na sociedade moçambicana. Criticava-se a "intervenção" e a ameaça à "soberania". "Como, então, persuadir o cidadão a votar num programa de governação e nele acreditar se, uma vez este programa aprovado, pode mudar consoante os desígnios de quem o vai financiar?", escreveu o comentarista político Jeremias Langa no jornal *O País*.[19] A crítica encontra eco em toda a África. As relações com o norte rangem, enferrujadas. Enquanto isso, novas portas se abrem para o sul.

BRASIL, O NOVO DOADOR

– O que nós queremos com essa opção pela África é levantar a cabeça juntos e construir um futuro em que o sul não seja mais fraco do que o norte, não seja dependente do norte. Se acreditarmos em nós mesmos, poderemos ser tão importantes quanto eles – defendeu Lula, em Maputo, em novembro de 2010.

Era sua viagem de despedida à África como presidente do Brasil, com parada apenas em Moçambique. Em menos de dois meses, o posto seria assumido por Dilma Rousseff. O petista aproveitou, então, para reafirmar um dos pontos basilares da sua política africana e endossar que sua sucessora o manteria: trabalhar por uma nova geopolítica, pró--sul. A mensagem tocava fundo nos dirigentes africanos, insatisfeitos com as relações norte-sul e interessados nos emergentes.

Nos governos petistas, o aumento dos negócios foi o principal meio para fortalecer as relações sul-sul. Porém, o Brasil precisava propor algo mais à África, caso contrário estaria "pensando com a mesma mesquinhez que, historicamente, os colonizadores pensaram", segundo Lula.[1]

Esse algo mais era a mensagem de que o país, além de negócios, queria cooperar com o desenvolvimento africano sem receber nada em troca – principalmente nos setores de saúde, educação, agricultura e fortalecimento de instituições. Havia uma justificativa altruísta para fazê-lo: pagar a dívida da escravidão. Assim, aos poucos, o Brasil começou a realizar projetos de cooperação sul-sul na África, garantindo a si próprio uma boa imagem entre as lideranças africanas.

Não se tratava de uma repetição da cooperação norte-sul. Ao contrário desta, o Brasil não dá dinheiro nem financia orçamentos de Estado africanos, as duas principais formas de apoio dos doadores tradicionais. Vale lembrar que os créditos que o Brasil oferece são comerciais para beneficiar exportações brasileiras

Então como o Brasil coopera? De outras quatro formas principais que também estão no cardápio do norte: 1) doação de alimentos e remédios em situações de emergência, como conflitos armados, desastres naturais e crises alimentares – a cooperação humanitária; 2) projetos para transferir tecnologia e compartilhar experiência em gestão pública – a cooperação técnica; 3) oferta de bolsas de estudo em instituições brasileiras – a cooperação educacional; 4) perdão de dívidas.

Perto dos negócios, a cooperação é muito pequena. Mas é menos controversa. Assim, na sua despedida à África, Lula buscou realçar mais esse aspecto "solidário" da presença brasileira. Participou de uma cerimônia da fábrica de medicamentos contra a aids, da Fiocruz, a mais importante iniciativa de ajuda do país à África. E lançou as primeiras unidades africanas da Universidade Aberta do Brasil, projeto do Ministério da Educação, com orçamento de mais de 30 milhões de dólares. No término da viagem, resumiu:

– Moçambique é o maior parceiro da cooperação brasileira.

De fato. De 2003 a 2013, mais de trinta instituições públicas do Brasil cooperaram com Moçambique, entre elas um terço dos 39 ministérios. Além dos projetos da Fiocruz e do Ministério da Educação, a Embrapa montou três campos agrícolas experimentais e um escritório regional no país. O SENAI (Serviço Nacional de Aprendizagem Industrial) projeta um centro de formação profissional. Há ainda mais de 100 atividades menores, como cursos e treinamentos. Também foram doadas 5 mil toneladas de arroz. E oferecidas 260 bolsas de estudo. Uma dívida de 315 milhões de dólares foi perdoada. Nos dez anos anteriores, no entanto, foram menos de uma dezena de projetos, nenhum de grande porte.[2]

O caso moçambicano não deixa dúvidas: o Brasil é um novo doador. Porém, não gosta de ser definido assim. Prefere ser chamado de "parceiro para o desenvolvimento". A resistência tem um motivo. O país quer se distanciar do modelo norte-sul e se firmar como uma alternativa sul-sul. Porém, na prática, não há como negar: o Brasil já é doador, adornado com o discurso da solidariedade com a África.

***

O Brasil nem sempre foi um doador. Até o final da década de 1990, era basicamente receptor de ajuda norte-sul. Já na virada do século, começou a oferecer apoio e passou a ocupar uma posição intermediária: tanto receptor como doador. O mesmo movimento ocorreu simultaneamente com China e Índia, reposicionando as peças do tabuleiro da ajuda internacional.

"O sul está em posição de influenciar e até remodelar velhos modos de desenvolvimento com mais recursos e lições aprendidas em casa", defendeu o Relatório de Desenvolvimento Humano do PNUD, da ONU, de 2013. A edição como um todo é um elogio às relações entre o sul. O título é "Sul em ascensão". A imagem de capa, uma bússola de ponta-cabeça, onde o sul aparece no lugar do norte.

No caso do Brasil, o país obtete ajuda do norte no total de 1,9 bilhão de dólares, de 2005 e 2010. Os recursos foram concedidos de diferentes formas. Desde doações para combater o trabalho escravo até créditos em condições especiais para construir infraestrutura sanitária. A maior parte proveio da Alemanha. O valor representa cerca de 10 dólares por brasileiro. É equivalente ao que chegou à Índia por habitante. Para comparação, a China obteve 6 dólares e Moçambique cerca de 415 dólares per capita.[3]

No mesmo período, o Brasil gastou pelo menos 2,6 bilhões de dólares com cooperação internacional. Se somarmos os perdões de dívidas, dá 3 bilhões de dólares. São 60% a mais do que recebeu.[4] É uma mudança importante de papéis. Contudo, perto dos "velhos doadores" o país é uma formiga. Entre 2005 e 2010, o grupo de países que fornecem ajuda norte-sul desembolsou 690 bilhões de dólares. Só o Reino Unido, a sexta maior economia do mundo, uma posição à frente do Brasil, despendeu 69 bilhões de dólares. Grécia e Portugal, pequenas economias em crise na Europa, aplicaram tanto quanto nós: cerca de 3 bilhões de dólares cada.[5]

Apenas uma pequena parte desta cooperação internacional de 2,6 bilhões de dólares do Brasil foi destinada para a cooperação sul-sul propriamente dita. Ou seja, para o apoio ao desenvolvimento de países mais pobres. No total, 622 milhões de dólares. Isso significa que a cada

10 reais gastos a rubrica ficou com 2,30 reais. Desses, 90 centavos custearam a ajuda humanitária, 80 centavos projetos de apoio técnico e 60 centavos bolsas de estudo.

Onde está o restante do dinheiro? Dos 10 reais, 5,30 foram contribuições obrigatórias e voluntárias para instituições multilaterais, como Banco Mundial e Nações Unidas. Outros 2,40 reais foram consumidos por operações militares de manutenção de paz, a principal delas no Haiti.

Até para gastar o restrito orçamento de cooperação sul-sul o Brasil tem enormes dificuldades. Grande parte das iniciativas é realizada ao longo de mais de um ano. No entanto, não há garantia de recursos para o setor além do ano corrente. A consequência é que o orçamento varia muito, comprometendo a execução das atividades.

Para piorar, o Brasil não delimitou regiões e áreas temáticas de atuação e tem atirado para todos os lados. África e América Latina concentram as atenções, mas também foram enviadas missões de cooperação desde o Vietnã até a Arábia Saudita. O leque de projetos se abre de treinamentos para técnicos de futebol do Quênia passando por aproveitamento de materiais recicláveis na Colômbia. Além disso, falta clareza e transparência sobre os resultados alcançados.

Atuando de forma desorganizada, os princípios da cooperação sul-sul têm sido ditados pela tradição do Itamaraty. São basicamente os mesmos usados pelo Brasil na sua primeira aproximação com a África, entre os anos 1970 e 1980, e parecidos com os aplicados pelos chineses. O principal é a não interferência em assuntos internos de outros países. Isso quer dizer que o Brasil não deve dizer como eles têm que agir. Outro princípio correlato é o respeito à soberania, ou seja, à autoridade de cada país escolher seus próprios rumos.

Seguindo essa orientação, o Brasil teve contatos com regimes acusados de violar direitos humanos e cujos chefes de Estado são considerados ditadores, como Guiné Equatorial. Por outro lado, não temos conexões indiscriminadas. Rompemos com a Guiné-Bissau depois de um golpe militar em 2012.

Outro fundamento é não impor condições em troca do apoio. Ao contrário dos doadores do norte, o Brasil não dever exigir adoção de políticas públicas, reformas na gestão do Estado, aplicação de políticas macroeconômicas ou obtenção de vantagens comerciais. Diretamente, de fato, o país não faz exigências. Porém, a ajuda brasileira acaba dando um empurrão aos negócios. Um exemplo é o perdão da dívida de Moçambique com o Brasil, que "contribuiu para a boa vontade das autoridades" locais antes da escolha da Vale para explorar o carvão de Moatize.

Uma terceira diretriz determina que os projetos sejam realizados sob a demanda do país que quer recebê-lo. É como se o Brasil fosse um velhinho sentado na calçada de casa, oferecendo um cafezinho apenas para o visitante que pedir um gole. Em outras palavras, o Brasil só agiria quando solicitado. Não é sempre assim. O ProSAVANA, por exemplo. Programa de cooperação agrícola, surgiu como um interesse do Brasil e do Japão em apoiar a agricultura na África, sem foco inicial em nenhuma região. Só depois o país-alvo foi escolhido, Moçambique.

O pressuposto da ideia de que o Brasil é demandado a prestar cooperação é que a África enxergaria em nós respostas para seus próprios dilemas. "Para todo problema africano tem uma solução brasileira" gosta de repetir o embaixador Paulo Cordeiro de Andrade Pinto, responsável por África e Oriente Médio no Itamaraty no governo Dilma

Interessaria aos africanos o modelo de desenvolvimento brasileiro, que combinou crescimento econômico e redução da miséria e da desigualdade. Aqui, a pobreza extrema caiu de 25% para 4%, de 1990 a 2012. Já a África está crescendo muito mais do que o Brasil, mas sem melhorar os indicadores sociais na mesma velocidade. Os demais emergentes também tiveram conquistas sociais. Na China, a pobreza extrema caiu de 60% para 13% da população e na Índia, de 50% para 33%, de 1990 a 2010.[6] A luta contra a miséria coloca o sul do mesmo lado da trincheira.

***

Na cooperação do Brasil, a vertente humanitária vem se tornando a mais dispendiosa. Começou a ganhar corpo em 2004, com a criação de um departamento no Itamaraty específico para cuidar da área, a Coordenação-Geral de Ações Internacionais de Combate à Fome (CGFome). Antes, as ações eram pontuais e pouco expressivas.

O objetivo do novo órgão era ser a interface internacional do Fome Zero, o programa de combate à miséria extrema lançado no começo do governo petista. Dele, surgiu o Bolsa Família, o maior programa de transferência de renda do Brasil e um dos maiores do mundo.

A cabeça, o coração e os braços e pernas da CGFome estão personificados no diplomata Milton Rondó. Ele é um raro quadro do Itamaraty. Dispensa rodeios de discurso, tradicionais no mundo da diplomacia, e diz o que quer, sem preocupações. Se considera da ala à esquerda da chancelaria e não tem problema nenhum em assumir isso. "Entenda-se: direita são os monarquistas, os hegemônicos, e esquerda são os republicanos", falou, irônico, enquanto tomava chimarrão na sua sala em Brasília.

Rondó é mais fiel aos seus ideais do que ao Itamaraty. Militante do PT desde o começo dos anos 1980, se desligou temporariamente das atividades diplomáticas quando Collor venceu Lula, em 1989. No governo de Fernando Henrique Cardoso, se recusou a ficar em Brasília e foi trabalhar com o Movimento dos Trabalhadores Rurais Sem Terra (MST). Atuou ainda no governo estadual do petista Olívio Dutra (1999-2002), no Rio Grande do Sul, do qual também participou Dilma Rousseff, como secretária de Minas, Energia e Comunicação

A entrada de Lula na presidência, em janeiro de 2003, retomou o ânimo de Rondó com o Itamaraty e lhe deu uma ideia: criar uma unidade do Fome Zero dentro da chancelaria. Fez a proposta e foi chamado para coordená-la no ano seguinte. Até hoje, Rondó lidera a CGFome e é seu único diplomata. No total, sua equipe tem apenas quatorze pessoas.

Com relação à África, a principal atividade da CGFome é a doação de alimentos. Eles saem dos estoques públicos do Brasil, comprados pelo governo federal de agricultores nacionais – contanto que isso não comprometa as necessidades internas, inclusive de atendimento a vítimas de desastres naturais no próprio país.

Nos primeiros anos da CGFome, as contribuições foram tímidas porque o Brasil não tinha um mecanismo adequado para realizá-las.

Qualquer alienação de bens do Estado precisa ser aprovada pelo Congresso. O prazo de tramitação parlamentar, contudo, é incompatível com a urgência das calamidades. No começo do governo Lula, por exemplo, a Libéria pediu ao Brasil a doação de um avião de pequeno porte para pulverizar veneno contra uma terrível praga de gafanhotos, que estava destruindo os campos agrícolas e poderia gerar uma grave fome. Sobre o caso, um diplomata na África resmungou:

– Fazendo escavação legal, descobrimos que não havia maneira de doar. O Brasil não estava preparado para ser doador. A China, que não tem que aprovar nada, em uma semana doou o avião e ocupou o espaço que o Brasil poderia ter ocupado.

Somente em 2008, o Brasil buscou uma forma de reverter esse quadro. Naquele ano, o então presidente Lula editou uma Medida Provisória (MP) autorizando a doação de 47,5 mil toneladas de alimentos para quatro países da América Latina e Caribe, que foi aprovada e virou lei.[7] A ideia não era doar tudo de uma vez, mas criar um banco pré-aprovado. Assim, se um tufão atingisse o Haiti, por exemplo, o Brasil teria condições de doar parte do estoque de alimentos imediatamente. Superava-se a barreira da votação parlamentar caso a caso e conquistava-se mais agilidade e autonomia na ajuda humanitária.

Porém, a solução foi temporária. Tão logo as toneladas reservadas se esgotaram, o Brasil deixou de ter como doar alimentos de forma ágil. Então, em fevereiro de 2010, Lula repetiu a tática. Editou uma segunda MP autorizando mais 262 mil toneladas para doze países. Desta vez, a África entrou no bolo, com seis países. Mas a medida não foi aprovada no Congresso. O governo não desistiu. No penúltimo dia de Lula no Planalto, 30 de dezembro de 2010, tentou uma nova cartada, apostando alto. Uma terceira MP criava um banco de doações inédito, de 511 mil toneladas de alimentos, que poderia ser destinado a um grupo de 20 países, doze africanos.[8] Era um legado que Lula tentava deixar para sua sucessora. Em maio de 2011, ocorreu a votação.

– Do Palácio do Planalto, me ligaram dizendo: "Milton, esquece, não dá mais, não vai passar!" A MP ia cair. Eu estava na sede do Itamaraty no Rio de Janeiro. Na mesma rua, tem a igrejinha de Santa Rita. Aí eu falei: vou pedir para Santa Rita, que é a santa das causas impossíveis. E foi aprovado! No dia seguinte, eu liguei para eles e falei: Santa Rita é mais! – lembrou Rondó, às gargalhadas.

Não foi a "solidariedade" que tocou os parlamentares na hora da votação, mas um interesse econômico prático. Para doar alimentos é preciso antes comprá-los de agricultores brasileiros, um setor com um considerável lobby no Legislativo. Então, congressistas do Rio Grande do Sul, um Estado grande produtor de arroz, compraram a briga. Entre eles, os deputados federais Luis Carlos Heinze (PP e membro da bancada ruralista) e Pepe Vargas (PT e ministro do Desenvolvimento Agrário de 2012 a 2014).

– Quem aprovou essa doação de alimentos foram eles! Não foi o governo. O governo demandou a proposta, mas quem aprovou, quem colocou embaixo do braço, foram eles. Eu vi o esforço. Na verdade, lógico, interessava a eles tirar o arroz daqui – comentou Rondó.

A aprovação da MP, que virou a Lei nº 12.429 de 2011, veio muito melhor que a encomenda. Em vez de 511 mil toneladas, totalizava 711 mil – sendo 500 mil de arroz. Era um montante suficiente para diversos anos. Até 2013, todas as doações brasileiras foram feitas sob os auspícios dessa medida. A MP que Lula assinou aos 45 do segundo tempo garantiu a cooperação humanitária da maior parte do mandato de Dilma.

Da aprovação da lei até 2013, foram doadas para a África cerca de 200 mil toneladas de comida, ao custo aproximado de 90 milhões de dólares.[9] Os principais destinos foram Somália e Etiópia, com 65 mil e 24 mil toneladas, respectivamente. Moçambique recebeu 5 mil toneladas. Quase tudo foi intermediado pelo Programa Mundial de Alimentos (PMA), das Nações Unidas, fazendo do Brasil o décimo país que mais contribuiu com a organização em 2011, na frente de qualquer outro emergente. Doamos basicamente arroz. Apenas a Somália recebeu milho, durante a fome de 2011-2012, que matou 260 mil pessoas.

– A África não aceita doação do nosso milho, transgênico, porque a poluição genética é irreversível. Os bravos africanos! – suspirou Rondó, o diplomata vermelho.

Por um lado, o governo Dilma pouco teve que se preocupar com doações de alimentos, herdando de Lula um legado de centenas de milhares de toneladas. Por outro, deu um segundo foco de atuação para a CGFome: a realização de projetos para aumentar a produção de alimentos na própria África.

O primeiro deles tenta adaptar para a realidade africana o Programa de Aquisição de Alimentos (PAA), um dos principais pilares do Fome Zero e considerado peça-chave da redução da miséria no Brasil. Consiste na compra de comida produzida por agricultores familiares e, em seguida, na distribuição para a merenda de escolas públicas, ações de combate à insegurança alimentar e formação de estoques. Moçambique, Etiópia, Malauí, Níger e Senegal foram escolhidos para dar largada à iniciativa.

Em Moçambique, um piloto foi montado na província de Tete, onde estão as minas da Vale. Os trabalhos no campo começaram em 2013, previstos para durar cinco anos. A meta é comprar a colheita de seiscentas famílias e distribuí-las em cerca de 170 escolas primárias. Até 2013, o Brasil gastou mais de 1 milhão de dólares na iniciativa. No Senegal, a ideia é mais ambiciosa: criar também um programa de transferência de renda nos moldes do Bolsa Família.

"Quem tem fome tem pressa", diria o Betinho [Herbert de Souza, sociólogo e ativista brasileiro]. Ensinar a pescar é em um outro momento Mas você não vai ficar mandando alimento para os outros a vida inteira não é isso Senão você vai estar prejudicando o país   teorizou Rondó

***

O trabalho da CGFome, apesar de ser a forma mais dispendiosa de cooperação do Brasil, não chama muita atenção. Quase não é comentado em eventos entre o país e a África e nunca aparece nos discursos de autoridades brasileiras no continente. Já a cooperação técnica faz bastante barulho. Seu foco é a transferência de tecnologia e conhecimento nas áreas de agricultura, saúde, educação e reforço institucional, na América Latina e na África, mas há um pouco de tudo no portfólio do Brasil.

A responsável é a Agência Brasileira de Cooperação (ABC), uma autarquia ligada ao Itamaraty. Suas atenções estão em Moçambique.

De 2003 a 2012, o país recebeu o maior número de projetos da ABC na África. Foram 140, contra 86 em São Tomé e Príncipe, no segundo lugar. Em volume de recursos, ficou com 1 em cada 5 dólares gastos no continente – 43 países africanos foram contemplados. Isso dá 10,4 milhões de dólares em iniciativas moçambicanas.[10]

Os projetos usam a experiência brasileira com políticas públicas. Esse é um diferencial em relação à cooperação chinesa, que atua mais na área de infraestrutura, e à cooperação norte-sul, que apoia os orçamentos de Estado – diferenciou Daniel Furst, oficial de programas de cooperação sul-sul do PNUD, parceiro do Brasil nessa área.

A cooperação técnica com a África começou de forma tímida entre os anos 1970 e 1980, durante o regime militar, com poucos projetos de grande porte, como a implantação de uma unidade do SENAC (Serviço Nacional de Aprendizagem Industrial), em Moçambique, em 1981.

No final da década de 1990, Fernando Henrique Cardoso ampliou a cooperação técnica com a África portuguesa. Em Angola, foi construída uma unidade do SENAI. Em Moçambique, foi replicado o Bolsa Escola (programa de transferência de renda do governo tucano que está na origem do Bolsa Família), pagando cerca de 20 dólares para 100 famílias moçambicanas cujos filhos tivessem frequência escolar de no mínimo 90%. Os resultados de ambos foram considerados um sucesso. No total do segundo mandato de FHC, a ABC gastou 4 milhões de dólares no continente.[11]

Com Lula, a cooperação técnica viveu seu auge. O orçamento da ABC com programas na África passou de 527 mil dólares, em 2003, para 13 milhões de dólares, em 2010, último ano do petista. É um aumento de 24 vezes. Porém, no governo Dilma, a tendência ascendente se inverteu. O valor caiu para 8 milhões de dólares em 2012. No total, de 2003 a 2012, a ABC gastou 49 milhões de dólares em seiscentos projetos, realizados em 43 dos 54 países da África – em média, 80 mil dólares por projeto.[12]

A cooperação técnica é marcada por iniciativas pontuais, com baixo orçamento e curto prazo de trabalho. São sobretudo missões de funcionários públicos para cooperar com algum órgão estatal estrangeiro em atividades de pequeno porte. O custo principal é a compra de passagens aéreas e pagamentos de diárias para hospedagem, alimentação e transporte.

Entre os principais projetos moçambicanos está o Cozinha Moçambique, do SESI (Serviço Social da Indústria). O objetivo era replicar o Cozinha Brasil, que ensina a comer bem gastando pouco. Entre 2008 e 2012, foram treinados mais de mil moçambicanos. A estimativa de gastos era de 1 milhão de dólares. Empresas brasileiras também deram uma força: a Camargo Corrêa doou dois caminhões equipados com uma cozinha-escola e a Vale contratou uma nutricionista.

Outra iniciativa relevante foi realizada pela Caixa Econômica Federal com prestigiadas universidades públicas, como a USP, para formular uma política habitacional para a população de baixa renda e construir casas-modelo de baixo custo. O orçamento previsto ultrapassava 2 milhões de dólares. Já o Instituto Nacional de Segurança Social (INSS) apoiou a implantação de um sistema de previdência social moçambicano, no total de 2,8 milhões de dólares. O Ministério da Saúde tentava criar um laboratório de prótese dentária, por 270 mil dólares. O Arquivo Nacional prestava auxílio para organizar um sistema de arquivos do Estado, por 450 mil dólares.

Todos esses projetos são considerados de pequeno porte. Além deles, foram assinados mais de uma centena de outros desse tipo em Moçambique. Já a partir de 2008, o Brasil passou a desenvolver programas de cooperação de grande porte, com maiores orçamentos e prazos de vigência. Foram chamados de "estruturantes" porque tinham o objetivo de promover mudanças estruturais, ou seja, provocar grandes impactos, com efeitos multiplicadores. Além das missões de funcionários públicos, construíam infraestrutura, compravam equipamentos e contratavam pessoal com dedicação em tempo integral. Fiocruz, SENAI e Embrapa são os principais parceiros desse tipo de cooperação.

A Fiocruz abriu um escritório em Moçambique, onde coordena a fábrica de medicamentos genéricos, e montou o primeiro banco de leite humano na África, em Cabo Verde. O SENAI ajudou a criar centros de formação profissional em Angola, Guiné-Bissau, Cabo Verde, São Tomé e Príncipe, além do projeto em curso em Moçambique.

A Embrapa montou um escritório africano em 2008, em Gana. No ano seguinte, começou a realizar seu primeiro projeto de grande porte, o Cotton-4, que transferiu tecnologia brasileira na produção de algodão para Mali, Benin, Chade e Burkina Faso (medida complementar à atuação do Brasil na OMC, contra os subsídios dos Estados Unidos para o algodão), até 2013. Tanto o escritório quanto o Cotton-4 são apresentados com grandeza, mas são ínfimos. Em Gana, não há nada mais do que uma sala e um brasileiro. No Mali, havia somente um único pesquisador.

Assim como nesse caso da Embrapa, é fácil encontrar anúncios dos projetos de cooperação do Brasil, mas quase impossível achar informações sobre suas execuções e resultados. Outro exemplo emblemático é uma iniciativa do Ministério do Esporte, que criou uma fábrica de bolas de futebol em Moçambique.

Mais de 17 toneladas de equipamentos foram transportadas em um navio da Vale, em 2008. Eram maquinários e matéria-prima para a confecção das bolas. Em 2009, o então ministro do Esporte Orlando Silva foi a Moçambique fazer a inauguração. Um primeiro lote foi costurado por aprendizes moçambicanos treinados pelo Brasil e distribuído em comunidades carentes.[13]

Oito meses depois, a fábrica de bolas parou de funcionar. A matéria-prima doada pelo Brasil havia acabado e não foi encontrada em Moçambique e na África do Sul. Poderia ser comprada do Brasil, mas o preço era proibitivo para o país africano.

— O material só pode ser obtido no Brasil e está um preço extremamente elevado. Avaliamos a situação e chegamos à conclusão de que era insustentável. É um projeto de grande impacto social, por gerar emprego digno e por permitir acesso a equipamentos desportivos. Faltou o Brasil ajudar mais, providenciar matéria-prima para dar seguimento às operações – disse Elias Wiliamo, diretor da organização moçambicana parceira do projeto, o Centro Juvenil de Artesanato Mozarte.

No Brasil, o Ministério do Esporte nada sabia sobre a fábrica de bolas. Questionado sobre o desfecho do projeto via Lei de Acesso à Informação, disse que toda a equipe "pediu desligamento, comprometendo sobremaneira a gestão e o acesso às informações". Depois, comunicou via assessoria de imprensa que foram destinados 283 mil reais para a iniciativa e que a participação do ministério já havia sido encerrada, tentando se eximir de qualquer responsabilidade.

Se do lado do Brasil não é fácil encontrar informações, do lado moçambicano – e africano em geral – é pior ainda. Nem o Ministério de Planificação e Desenvolvimento de Moçambique (que coordena toda a cooperação recebida pelo país, tanto dos doadores do norte como dos emergentes) tem uma dimensão do valor total do apoio brasileiro.

Isso deixa-nos não muito satisfeitos, porque queremos saber e monitorar o que o Brasil financia. Queremos ter os dados e colocá-los em nossa base de dados, para qualquer um acessar e ver a contribuição do Brasil na área de cooperação para o desenvolvimento. Talvez haja a necessidade de sensibilizar o país [para ser transparente] – disse Sergio Hele, coordenador do Departamento de Cooperação do Ministério.

COOPERAÇÃO COM JEITINHO

Aqui não está a abrir. A internet deles já está a fugir. Está a gaguejar – riu, envergonhada, a moçambicana Maria Rosa Manuel Sabite, professora da rede pública e estudante de Ensino de Biologia na Universidade Aberta do Brasil (UAB) em Moçambique.

Maria Rosa tentava mostrar na tela do computador como funciona vam as aulas da UAB. O projeto de cooperação do Ministério da Educação (MEC) oferece cursos de graduação a distância em parceria com faculdades brasileiras. Sentada na sala de informática de um dos polos de ensino onde funciona o projeto, Maria Rosa não passou do segundo clique. A internet caiu e não voltou mais.

Antes fosse um episódio isolado. Era uma rotina. A rede sempre caía. Ainda assim, Maria Rosa continuava a frequentar a sala de informática porque não tinha outro meio para se conectar e estudar a distância. Os baixos salários dos professores do Ensino básico, em torno de 6 mil meticais (450 reais), não permitiam que eles comprassem computadores.

– Em casa, não tenho computador. Sempre estou aqui, para vir investigar, ver se tem atividade, baixar, resolver e mandar para o Brasil. Os professores são do Brasil e nós falamos com eles através da internet. Nós mandamos dúvidas para eles. E eles nos atendem.

A professora tinha 49 anos bem-escondidos no rosto sem rugas e seis filhos, os partos camuflados no vestido longo azul-anil a escorrer pelo corpo. Apesar das dificuldades, não via motivos de desânimo. Estava exultante com o curso de Biologia e era grata aos brasileiros. Depois de dezessete anos dando aulas de Ciências Naturais e Matemática em escolas públicas, aquele seria seu primeiro diploma universitário, com logotipo da Universidade Federal de Goiás.

Eu sempre cobicei esse curso para ser bióloga. Então, quando chegaram esses brasileiros para pôr esse curso aqui, foi o primeiro curso a eu escolher. Eu gosto muito de biologia!

A UAB Moçambique tem o maior orçamento previsto entre os todos os projetos de cooperação do Brasil na África. Estão separados para a iniciativa 30 milhões de dólares até 2019 (a fábrica da Fiocruz, por exemplo, deve custar aos cofres públicos 20 milhões de dólares). Realizada pela Coordenação de Aperfeiçoamento de Pessoal de Nível Superior (Capes), ligada ao MEC, seu objetivo é aprimorar a formação de professores em exercício e de quadros do setor público.

São oferecidos quatro cursos com duração de cinco anos cada, em parceria com diferentes universidades: além de Ensino de Biologia, Ensino Básico (Universidade Federal do Estado do Rio de Janeiro), Ensino de Matemática (Universidade Federal Fluminense) e Administração Pública (Universidade Federal de Juiz de Fora). Também participam as maiores instituições de ensino superior moçambicanas, a Eduardo Mondlane e a Pedagógica.

A aula inaugural foi dada por Lula, em novembro de 2010, na sua última viagem à África como presidente. No ano seguinte, as atividades começaram com 630 estudantes em três polos: em Maputo, no sul; em Lichinga, no norte (onde estuda Maria Rosa); e na Beira, no centro. A meta era abrir novas turmas nos anos seguintes, até atingir 7.290 alunos em 2014. No entanto, apenas essas turmas iniciais (menos de um décimo do previsto) estavam em formação até 2013.

Entre abril e maio de 2013, fiz três visitas aos polos de Maputo e de Lichinga e em nenhuma delas era possível acessar a internet. Ou não havia rede, ou as salas estavam trancadas. Na unidade da região norte, a situação era grave. As contas de energia e internet não eram pagas havia quatro meses. Não era o Brasil que devia na praça. O responsável por esses custos era Moçambique, de acordo com os termos da cooperação assinada entre os dois países. Porém, o cofre da educação pública estava vazio. Os doadores do norte, que custearam 36% do orçamento moçambicano para o setor,[1] ainda não haviam liberado o dinheiro. Os dilemas das parcerias norte-sul e sul-sul se cruzavam nas aulas da UAB.

"Problemas com conectividade à internet existem em Moçambique, mas não são determinantes para a execução de cursos de ensino a distância. É fato que a instabilidade de conexão pode intervir na ação pedagógica, mas os currículos têm sido rigorosamente cumpridos", respondeu a Capes, em nota por e-mail. Só que internet não era o único recurso de aprendizagem faltante. Não havia bibliotecas com materiais de referência e os estudantes não recebiam apostilas dos cursos.

– O projeto foi tocado na base da boa vontade das pessoas – pontuou Oreste Preti, o coordenador brasileiro da UAB Moçambique.

Preti foi escolhido para liderar a iniciativa devido a sua experiência no Brasil. Nos anos 1990, participou do primeiro programa de graduação a distância brasileiro, no Mato Grosso. O objetivo era o mesmo da UAB, formar professores da rede pública. Já o método de ensino era mais tradicional: tutorias presenciais e materiais impressos. Naquela época, as tecnologias digitais eram menos avançadas e o acesso a elas mais difícil e caro.

A função de Preti em Moçambique era solitária. Era o único brasileiro a trabalhar em tempo integral na iniciativa. Algo como um diretor de uma escola de 630 alunos, com planos de ultrapassar os 7 mil, sem equipe adicional para ajudá-lo. As tarefas iam desde a gestão do projeto até a solução de problemas simples. Durante um ano, por exemplo, Preti comprou do próprio bolso crédito de internet para os tutores moçambicanos, que dão auxílio presencial à aprendizagem a distância. Até que decidiu que não podia cobrir para sempre um custo que deveria ser do Brasil.

A expectativa era que Preti coordenasse a experiência moçambicana por dois anos, até 2012, e, em seguida, fosse replicar o programa em Cabo Verde, um arquipélago africano no oceano Atlântico, também colonizado por Portugal. A UAB era vista como um piloto, a ser expandido para os demais países de língua portuguesa. A premissa do sucesso era simples. Para unir professores brasileiros e alunos lusófonos, bastaria aproximá-los via plataformas digitais conectadas à internet. Não foi tão elementar assim. Em vez de seguir para Cabo Verde, Preti continuou em Moçambique para contornar os problemas.

O principal deles não eram as falhas de internet ou a falta de materiais de estudo, mas a remuneração dos tutores moçambicanos. As normas brasileiras não autorizavam pagamentos para estrangeiros.

Assim mesmo, os profissionais foram convocados. O problema só foi contornado com uma medida provisória da presidente Dilma Rousseff, em 2012, autorizando os ordenados.[2]

Foi um "imprevisto legal" que impossibilitou a expansão, na explicação de Preti. Contudo, o Brasil não poderia ter feito uma varredura da legislação antes da execução do projeto? E, ao verificar gargalos, procurar solucioná-los antes de lançar a UAB? Talvez não desse tempo. Lula tinha poucos meses restantes no cargo. A intenção era que ele desse a aula inaugural.

– O programa veio por vontade política. Em seis meses, muito pouco tempo, estava montado. No Mato Grosso, foram três anos para montar – deixou escapar Preti.

***

Mesmo com os percalços, a primeira turma da UAB Moçambique prosseguiu com esmero. Os estudantes-professores já estavam acostumados a contornar dificuldades no cotidiano da rede educacional.

Maria Rosa, por exemplo. Ela começou a dar aulas poucos anos após o fim da guerra civil. Naquela época, ser professor era um ato de bravura. Foi recrutada entre a massa de 60% de analfabetos que o país tinha, em uma altura em que apenas quatro entre dez crianças com idade para frequentar o primário estavam na escola. Seis entre dez escolas primárias estavam destruídas ou fechadas. Na falta de infraestrutura, a sombra do cajueiro foi uma importante sala de aula. Para piorar, todo educador vivia abaixo da linha da miséria, devido aos trágicos cortes nos salários efetuados pelas políticas de austeridade dos anos 1990.[3]

Perto disso, a falta de internet na UAB era um problema menor. Tanto que o índice de abandono do curso foi menor que 20% nos três primeiros anos, considerado um bom resultado para uma graduação a distância.

Apontada como a aluna mais dedicada do seu curso, Maria Rosa era uma das duas estudantes presentes na sala de computação quando visitei o polo de Lichinga em um dia de semana. Localizado em um prédio construído com recursos do Banco Mundial, ficava cheio apenas aos sábados, quando havia atividades presenciais, como aulas, tutorias e provas. Os demais dias eram para o estudo a distância.

Maria Rosa disse que estava aprendendo muito no curso brasileiro. E que já transmitia os conteúdos para suas turmas – uma de 64 alunos da 6ª classe, outra de 56 alunos da 7ª. Falou com paixão das aulas de Anatomia e Botânica e, ao mencionar a disciplina de Genética, sorriu como se guardasse um segredo que só quem estuda Biologia pode carregar. Nesse país permeado por feitiços e crenças ocultas naquilo que não se vê, a professora se apropriava de um saber mágico e se tornava uma feiticeira da ciência.

Apesar do entusiasmo, foi preciso encontrar uma forma de contornar a instabilidade da internet. Maria Rosa e os demais estudantes logo criaram estratégias de auxílio mútuo e encontraram um instrumento de estudo alternativo ao computador: o celular.

A África é o mercado de celulares que mais cresce no mundo e hoje só a Ásia tem mais usuários. Em Moçambique, o acesso a celular já é maior que à energia elétrica. Cinco entre dez pessoas têm um telefone móvel, enquanto menos de duas entre dez têm eletricidade. A conjugação dessas duas estatísticas gerou um novo negócio: venda de tempo na tomada para carregar o aparelho.

A telefonia móvel se tornou a única tecnologia de comunicação com presença real entre a população africana, graças aos preços muito baixos dos serviços O minuto da chamada varia de 15 a 35 centavos de real, contra uma média de 45 centavos no Brasil. O custo é o mesmo para qualquer lugar do país – não há interurbano. A ligação é, contudo, o serviço menos popular. O que pegou mesmo é o SMS, mais barato.[4]

Como exatamente os alunos da UAB usam o celular? No polo de Lichinga, quando um estudante tem acesso à internet, anota quais são as atividades a serem entregues. Em seguida, avisa aos colegas por SMS. Já quando o grupo tem dúvidas mais urgentes, todos se reúnem e telefonam para um dos tutores moçambicanos, dividindo os custos da recarga do celular. É uma realidade muito diferente da brasileira, em que o foco do ensino a distância é o computador.

– Nesse curso de ensino a distância, a pessoa tem que ter telemóvel [celular]. Se não tiver, não vamos estudar nada, porque não há de haver comunicação. Nós estudamos através de telemóvel – falou com firmeza Maria Rosa.

A UAB não leva essas características em consideração. O processo de aprendizagem foi construído de acordo com o molde brasileiro, com base no computador, e não prevê atividades por celular. Esse é um dos riscos da cooperação do Brasil. O discurso oficial é que o país e a África têm problemas comuns e, portanto, as soluções brasileiras são mais eficientes do que as oferecidas pelo norte. Porém, ao exaltar semelhanças, corre-se o risco de minimizar diferenças.

– Aqui usa-se mais telefone móvel. Quase toda a gente tem! A partir do telemóvel, o estudante pode ver qual é o trabalho que está na internet. Pode se comunicar com o professor, com colegas, telefonar ou mandar SMS. Já no computador é mais difícil. Aqui em Lichinga há só três cafés-internet na cidade. Por isso, a internet no computador é mais cara que o telefone. O telefone você recarrega com 5 ou 10 meticais (de 40 a 75 centavos de real) e consegue ter uma pequena informação – esclareceu o gestor do polo da UAB de Lichinga, Calisto Mussa.

Além de Maria Rosa, estava presente na sala de computadores da UAB de Lichinga Augusto Bernardo. Com cinquenta anos, também era funcionário da rede pública e estudante da graduação de Ensino Básico. Mexeu em computador pela primeira vez no polo da UAB. Com a ajuda dos colegas, aprendeu a usá-lo. O domínio da máquina não foi um problema para ele. As barreiras foram outras:

– O curso está sendo bom, embora tenhamos algumas dificuldades. Aqui em Lichinga, essas tecnologias não estão bem-bem. Mas está a se fazer tudo o possível, estamos a trabalhar! Todos os dias venho para cá. Sou aplicado, mas o que me faz vir é falta de computador. Na cidade tem computadores, mas para acessar internet tem que pagar. E eu não tenho dinheiro. Imprimo os materiais das aulas quando tenho possibilidade. Como às vezes os módulos de aulas são grandes, com mais de cem páginas, costumo não ter dinheiro para imprimir. São dois meticais por página (15 centavos de real). Aí fica difícil – desabafou Bernardo.

Vestido à social, com a camisa abotoada até o colarinho, o professor falava pausado e baixo. Era um senhor sério e não poderia ser outra coisa que não um aluno dedicado. Em menos de dez anos, deveria se aposentar. Sua principal motivação para estudar na UAB foi melhorar de vida.

– [O curso na UAB] há de ajudar a melhorar a minha vida muito mais na parte do salário, porque ele vai subir. Por exemplo, eu agora recebo 7 mil meticais (pouco mais de 500 reais). Quem tem bacharelado, ganha 17 mil (1,2 mil reais). Também melhora o país, porque as experiências que eu ganhar aqui terei que transmitir – falou.

Devido à queda da internet, Bernardo reuniu celular, pen drive, pasta, caderno e lápis, desligou o computador, se levantou e foi embora. Não levou consigo nem aulas impressas, nem material didático, indisponíveis. Só a frustração de não ter como estudar no curso a distância do Brasil.

Apesar dos problemas, o MEC decidiu ampliar a UAB Moçambique. Em maio de 2013, o então ministro da Educação Aloísio Mercadante aprovou a criação de cinco polos adicionais. A nova meta era que eles entrassem em operação em 2015 e que outras 2 mil vagas fossem ofertadas. "Temos que sair de projetos pulverizados e passar a desenhar políticas estruturantes", disse o então ministro. Mesmo se o objetivo for atingido, será menos do que a meta inicial de 7.290 alunos, anunciada por Lula em 2010. Por que criar novas unidades se há dificuldades de implantação do programa nos polos já existentes? A Capes tergiversou na resposta, enviada por e-mail:

"Como qualquer ação que envolva intervenientes em dois países de realidades diversas, a UAB Moçambique teve sua fase de implantação sucedida por um processo de avaliação, para detectar percalços em seu desenvolvimento, mas também muitas oportunidades. No estudo da viabilidade da expansão, os intervenientes identificaram a necessidade de expandir a oferta com a interiorização no país, garantindo um acesso mais equânime e democrático das oportunidades de formação em Moçambique."

Quanto aos desafios, a Capes foi direta: "Claramente, uma expansão quantitativa do programa só poderá ocorrer com a solução dos problemas atuais de infraestrutura e acesso à rede de internet."

***

As dificuldades na UAB Moçambique não são uma exceção na cooperação do Brasil. São antes uma regra entre os projetos de tipo estruturantes, maiores, mais caros e com maior duração. O Brasil passou a realizá-los a partir de 2008, com a ideia de estimular mudanças estruturais nos países que apoia, mas ele próprio não criou estruturas, regras e instituições que o permitissem executar iniciativas de tal porte. Dito de outro modo, o país se tornou doador com um marco legal de quem apenas recebe ajuda internacional. Até 2014, não havia sinal de mudança.

O principal gargalo é a dificuldade do Brasil de gastar com a cooperação. Isso fica evidente no *modus operandi* dos principais órgãos da área. Um deles é a CGFome, departamento do Itamaraty que coordena as doações de alimentos, feitas mediante medidas provisórias que estabelecem quantas toneladas podem ser doadas. É um quebra-galho. Assim que o montante é atingido, o Brasil perde a capacidade de doar e fica dependente da aprovação de outra MP.

Situação pior afeta a Agência Brasileira de Cooperação, responsável por gerir as ações de transferência de conhecimento e tecnologia Nos anos Lula, o volume de recursos disponíveis para realizá-las disparou: o gasto da ABC na África aumentou 24 vezes, de 527 mil dólares para 13 milhões de dólares.[5] Porém, por mais paradoxal que pareça, a agência não pode aplicar nenhum centavo no exterior justamente onde os projetos são realizados.

Só o Brasil mesmo para se lançar nas coisas assim, sem nenhuma organização prévia institucional. A ABC precisa se estruturar definitivamente e o Brasil tem que ter uma legislação muito clara sobre o que é cooperação e como fazê-la. Não pode continuar desse jeito! Nós já fizemos um projeto de lei para dotar o país de uma agência de verdade, capaz de executar diretamente, como qualquer outra agência, como a Jica [japonesa], a GTZ [alemã]. Espero que seja adotado por esse governo ou pelo novo o quanto antes – desabafou o diplomata Marco Farani, no fim de 2010

Farani foi o diretor da ABC durante seu auge orçamentário e político, no segundo mandato de Lula. É um entusiasta da cooperação. Quando estava fora do Brasil, falava com grandiloquência sobre o tema, contornando os problemas que se acumulavam e antevendo um futuro glorioso. Já internamente, brigava por uma reforma na agência. Para Farani, não era mais possível que o Brasil tivesse uma pauta crescente de cooperação sem poder gastar nenhum real no exterior.

Na impossibilidade de aplicar diretamente os recursos da ABC, a solução do Brasil foi usar um intermediário. O país repassa os recursos para o escritório brasileiro do PNUD, o órgão de desenvolvimento das Nações Unidas, que em seguida realiza todos os pagamentos e contratações no exterior em nosso nome. O jeitinho dado pelo Brasil é algo inédito no mundo. Outros países emergentes são apoiados pelo PNUD na execução de projetos sul-sul, mas nenhum deles depende exclusivamente da agência, como é o caso brasileiro.

A parceria traz custos. Os recursos da cooperação são transferidos ao PNUD via sistema de transações das Nações Unidas, que cobra uma taxa de 5% do valor. Em 2013, a previsão do órgão era executar até 20 milhões de dólares em projetos de cooperação do Brasil e obter com a tarifa em torno de 1 milhão de dólares. O valor custeia todas as operações do PNUD Brasil.

Depois de transferido o dinheiro, a unidade de cooperação sul-sul do PNUD em Brasília passa a atuar em nome do Brasil. Se é preciso contratar alguém, o PNUD faz a seleção e assina o acordo de trabalho. Para comprar passagens aéreas, o setor de viagens e de finanças do PNUD é que faz os pagamentos. Para adquirir objetos, desde uma lixeira para a fábrica de medicamentos da Fiocruz até um debulhador de grãos para os campos da Embrapa, o PNUD aciona sua unidade no país onde o projeto é realizado para fazer a operação. O PNUD de Moçambique é um dos principais parceiros, já que a pauta de projetos brasileiros no país é a maior no mundo.

A solução é tão exótica que, no início, o PNUD brasileiro precisou justificar para os demais escritórios da organização qual era o motivo do pedido de ajuda: o Brasil não tinha estrutura para prestar cooperação com as próprias pernas. Quem dava essa resposta era Daniel Furst, oficial de cooperação sul-sul do PNUD Brasil.

– Até explicar para outro escritório como funciona a cooperação brasileira, é um monte de teleconferência! – relatou Furst, desanimado, na sede da organização, em Brasília, em 2013.

O PNUD pretende que a parceria com a ABC seja temporária e defende a criação de "uma arquitetura institucional dentro do governo brasileiro". Em outras palavras, um novo marco legal que autorize o Brasil a executar diretamente sua cooperação, como acontece nos demais países doadores. A mesma ideia que era defendida por Marco Farani e que o Brasil está empurrando com a barriga.

– Na atual circunstância, é a parceria com o PNUD que permite que a cooperação brasileira possa operar. Funciona bem, acho que era a única alternativa que havia. Mas o ideal é que a ABC tenha uma estrutura própria – disse, sem rodeios, Daniel Furst.

***

A falta de um marco legal para a cooperação não é o único problema do setor. Nos dois primeiros anos do governo Dilma, os recursos da ABC para a África foram cortados em 40% – de 13 milhões para 8 milhões de dólares.[6] A presidente também reduziu o ritmo de viagens e não abriu embaixadas no continente. Ou seja, freou três das principais táticas de Lula para aproximar os vizinhos do Atlântico. Por isso, foi tachada de "morna" nas relações africanas.

Por falta de verba, o Brasil deixou de assinar novos projetos de cooperação. Enquanto em 2010 foram 141 novas iniciativas na África, em 2013 foram pouco mais de dez.[7] A avaliação do governo era que a ABC tinha se envolvido em projetos demais e que, com menos dinheiro, executava cada vez menos. Houve então uma mudança de orientação. A prioridade passou a ser descongestionar a agência, finalizando projetos firmados em anos anteriores. Farani, que continuava a brigar por uma reforma na ABC, foi removido do comando pela porta dos fundos. Em seu lugar, entrou o embaixador Fernando Marroni de Abreu, com a tarefa de dar um perfil mais pé no chão à agência. Segundo Paulo Lima, um dos diplomatas da ABC, não seria nada fácil:

– Se não aumentar o orçamento, vamos levar até 2016 para atender as demandas assumidas até 2012. A orientação da nova gestão é frear. A gente faz o que está assinado e freia novas demandas. Mas acho que não vão segurar politicamente um orçamento desse tamanho. Por mais que não execute conforme o cronograma, não tem como não assinar novos projetos – comentou.

Assumir essa postura tem um custo político. A assinatura de protocolos de cooperação passa um comprovante de que o Brasil quer e pode apoiar o desenvolvimento da África. Interromper essa praxe pode sinalizar que o país não vai mais ajudar.

O corte do orçamento da ABC para a África ainda prejudicou a execução dos projetos já acordados. Viagens foram canceladas, compras e pagamentos atrasaram. Em Moçambique, uma das principais consequências foi a pausa na implantação do centro de formação profissional do SENAI. Assinado em 2009, não havia sinal dele até 2013. O novo diretor, Fernando Abreu, que manteve a demanda do seu antecessor por uma reforma na ABC, embora com menos dentes à mostra, justificou:

– Não estamos podendo incluir todas as atividades e projetos, porque não temos recursos para tudo. Não é por falta de capacidade! Nós executamos 100% do orçamento. Cada centavo que entrar aqui, vamos executar.

A situação de um dos campos experimentais da Embrapa em Moçambique também escancarava as dificuldades. Em uma área de 10 hectares em Nampula, norte do país, a Embrapa testa desde o final de 2012 variedades e técnicas para cultivo de soja, milho, arroz, feijão de corda e algodão. O trabalho faz parte do mais amplo programa de cooperação do Brasil na África, o ProSAVANA, realizado em conjunto com o Japão. O ponto de partida é que a savana e o cerrado são semelhantes, facilitando a transferência de tecnologias agrícolas.

Em maio de 2013, visitei o local. A equipe estava terminando de colher e processar a primeira safra. Era para ser a segunda, mas atrasos burocráticos no Brasil postergaram o início em um ano. Recursos e instrumentos técnicos previstos ainda não haviam chegado, exigindo criatividade da equipe. Todo o trabalho era manual, a começar pela colheita.

Sete trabalhadores estavam sentados no chão, sob o alento da sombra de uma árvore alta. Eram homens e mulheres contratados na região. Suas pernas repousavam esticadas para a frente – o jeito tradicional de se sentar nessas áreas, equivalente ao apoio de cócoras brasileiro.

Batiam com um pedaço de pau de meio metro em sacos cheios de soja para soltar as vagens dos galhos e desprender os grãos. O som era um martelar oco e ritmado, lembrando um tambor grave e lúgubre. Depois, o material ia para uma peneira de palha inteiriça, sem furos. Era jogado para o alto, recolhido e remexido, em um movimento repetitivo. Os grãos, mais pesados, desciam para o fundo, enquanto galhos e vagens, mais leves, eram retirados pelas mãos das mulheres. O barulho parecia um chocalho em movimentos circulares. A atividade tinha sua própria percussão.

– Esse trabalho pode ser feito utilizando máquinas que infelizmente ainda não temos no âmbito do projeto, mas que estão previstas ao longo dos seus cinco anos de duração – justificou o brasileiro Henoque Silva, então coordenador técnico da estação.

Não havia nenhum galpão para guardar a colheita. A solução foi improvisar. Uma lona azul amparada por estacas criava um abrigo em forma de tenda triangular. A parte mais alta tinha cerca de 2 metros e o comprimento não chegava a 6. As duas extremidades eram vazadas, não havendo qualquer proteção contra as raras chuvas, os frequentes furtos e a fome dos animais silvestres.

Dentro da tenda, técnicos contavam os grãos já debulhados, um a um, até atingir o número de mil, usado em análises técnicas. É uma tarefa que poderia ser feita com equipamentos simples e baratos, de que o projeto não dispunha.

– Montamos os ensaios ali no alpendre [na tenda], com dificuldade e muito sacrifício. Imagina se cai chuva! Vamos perder tudo. Faltam recursos! – reclamou o engenheiro-agrônomo Antônio do Rosário Ipo, moçambicano que trabalha no projeto.

— Se tivesse dinheiro no bolso, isso aqui seria um paraíso — lamuriou-se Henoque Silva.

Mineiro, de Campos Altos, cidade de 14 mil habitantes na região de Araxá, Silva olhava para o campo experimental com um misto de entusiasmo e desânimo. Pesquisador da Embrapa há três décadas, especializado em irrigação, ele se candidatou à vaga de coordenador técnico do ProSAVANA, foi escolhido e se mudou para Nampula. Sua expectativa era alta. Queria ajudar a desenvolver a agricultura africana a partir da sua experiência no Brasil. Porém, as dificuldades foram se acumulando e Silva deixou de crer que poderia fazer um bom trabalho.

Além dos problemas no campo, o pesquisador tinha difíceis condições de serviço. Transporte, por exemplo. Prometeram-lhe um carro para que se locomovesse até a área do projeto. Em um país com deficiência de transporte coletivo como Moçambique, um veículo é um instrumento essencial para as atividades de cooperação, especialmente na zona rural, como o ProSAVANA. Contudo, não chegou carro nenhum e Silva precisou dar um jeito.

No início, pegou táxi. Eram 600 meticais na ida, mais o mesmo valor na volta. Em dois dias, ele já gastara quase um salário mínimo moçambicano, em torno de 2,5 mil meticais para o trabalho agrícola (175 reais). "Desse jeito eu vou quebrar", pensou Silva. Até a chegada do carro do projeto, o táxi estava descartado.

Em seguida, decidiu se aventurar no machimbombo, os raros e abarrotados ônibus. Os colegas de trabalho se surpreenderam. Em Moçambique, as classes sociais são rigidamente divididas pelas opções de transporte. Quem tem possibilidades, uma minoria, anda de carro. Quem não tem, quase toda a população, usa o precário transporte coletivo até o fim da vida (perto do qual os ônibus brasileiros são um luxo). Os estrangeiros em missão de cooperação invariavelmente se enquadram no primeiro grupo. A solução do machimbombo durou dois meses. Beirando os sessenta anos, Silva desistiu da luta diária contra a lotação, o calor, o desconforto e a demora.

A terceira e última saída foi comprar uma moto. Era uma ideia inusitada, porque Silva nunca tinha subido em uma. "Nem na garupa!", disse. Não fez caso com isso. Foi a uma loja, escolheu rapidamente um modelo, "desses *xing ling*", pediu para o vendedor ensiná-lo a pilotar e após uma tarde de "aulas" já era um motoqueiro. Aos poucos, se apaixonou pela "motinha".

A cada problema que surgia, Silva resolvia com improviso e bom humor. Transporte, galpão, máquinas para debulhar grãos, equipamentos de análises técnicas, doenças dos funcionários contratados para plantar e colher. Até que ele se cansou e desistiu. Rompeu o contrato de trabalho (intermediado pelo PNUD) e voltou para o Brasil em julho de 2013.

– Eu não posso arriscar minha carreira de trinta anos aqui. Vão dizer: "Você foi para Moçambique e não fez nada!" Nessas condições, fica muito difícil fazer um bom trabalho – lamentou.

Dificilmente as soluções viriam rápido. Nada na cooperação brasileira era fácil. Bastava olhar para o maior projeto do Brasil na África, a fábrica de medicamentos contra a aids. Da assinatura da iniciativa até a primeira produção em caráter de teste, dez anos se passaram.

A FÁBRICA CONTRA A AIDS

– Eu chamo-me Florência Tamelle. Sou uma mulher HIV positiva. Florência tem um jeito de falar de quem não tem pressa. Conhece o tempo das palavras e as pronuncia com delicadeza, para não deixar nenhuma sílaba solta no ar. Tece a história da sua vida com a calma da senhora que faz crochê sem se abalar com o mundo ao redor. É uma mulher séria, com um quê misterioso por causa das sobrancelhas finas, emoldurando o olhar penetrante.

– Descobri que minha irmã era soropositiva, mas foi tarde. Ela perdeu a vida. Tive a curiosidade de saber o que é o HIV. Descobri que eu era soropositiva. Fui explicar para meu marido. Ele foi fazer o teste e está negativo. Temos filha de onze anos, negativa. Meu cotidiano, vivo normalmente. Estou a viver de TARV [tratamento antirretroviral, o coquetel de medicamentos contra o HIV]. Mas estou bem.

Ela dá rosto à epidemia da aids em meio a uma massa anônima. Em Moçambique, a doença está em todos os lugares e é a principal causa de morte de adultos – quatro em cada dez. Considerando o conjunto da população, só perde para a malária.[1] Mas sobre a aids não se fala, não se ouve, não se vê. O tema é um tabu. Dele só há poucos indícios silenciosos: o alto número de velórios de jovens, a imensidão de crianças órfãs que vai viver nas ruas, os outdoors espalhados pelas cidades com campanhas de saúde pública.

Moçambique tem uma das oito maiores incidências de HIV no mundo. Dos adultos, 13% das mulheres e 9% dos homens têm o vírus, totalizando 1,6 milhão de pessoas infectadas. No sul do país, onde fica Maputo, a taxa é ainda maior, 18% da população. Só de crianças que perderam o pai, ou a mãe, ou ambos por causa do HIV, estima-se que sejam 740 mil, o equivalente à população de João Pessoa (PB).[2] Para se ter uma medida de comparação, calcula-se que 630 mil pessoas sejam soropositivas no Brasil inteiro, menos de 0,5% da população.

Para fazer frente a essa realidade, o coquetel anti-HIV começou a ser administrado em vítimas da aids em Moçambique em 2003, atendendo

3 mil pessoas. Em 2012, já eram 270 mil – entre elas Florência.[3] É um avanço espetacular, porém o número ainda representa menos da metade dos que precisam ser tratados com a medicação, segundo a ONG Médicos Sem Fronteiras. Enquanto isso, no Brasil, o coquetel chega a todos os que precisam dele, política considerada modelo no mundo inteiro.

Conheci Florência em 2010 no Centro de Saúde de Albazine, periferia de Maputo, onde ela prestava auxílio a mulheres e crianças soropositivas. A região parece um povoado do interior do Nordeste. Estrada de chão batido, casas simples com quintais, pequenas hortas, galinhas e pintinhos ciscando, um movimento de vizinhança em fim de tarde. O posto de saúde não era muito diferente dos que existem nas áreas afastadas do Brasil. Estava bastante limpo e era equipado com medicamentos e objetos essenciais.

Naquela altura, os Médicos Sem Fronteiras espalhavam um alerta pelo mundo. Os gastos com o combate ao HIV são custeados pela ajuda norte-sul em muitos países africanos, mas a crise internacional ameaçava a continuidade dessa política.[4] Era o caso de Moçambique. Os doadores bancavam 100% dos medicamentos contra a aids fornecidos na rede pública (além de todo o estoque para tuberculose e malária). Davam o dinheiro e o país fazia as compras – sobretudo da Índia, que produz genéricos baratos. As doações também pagavam os testes que verificam se a pessoa tem o vírus e promoviam campanhas nacionais de conscientização. Praticamente, apenas os salários eram custeados pelo governo moçambicano.

Alguns países doadores já estavam cortando fundos de combate à aids. Além de impedir que novos pacientes fossem tratados, isso poderia forçar os que já recebiam tratamento a interrompê-lo. Quem começa, no entanto, não pode parar.

– Tomo dois comprimidos por dia, um de manhã, às 10h, e outro às 22h. O horário tem que ser seguido. Se cortam o financiamento, me dizem "Só podemos dar quinze comprimidos. Venha na próxima semana". Na próxima semana dizem "Ah, não tem..." Eu vou morrer! Vou criar uma resistência no vírus. Gravíssimo! Isso não pode acontecer. Temos que aceitar que o nosso país não tem capacidades financeiras para custear as despesas. Estamos a viver num país que está no caminho do subdesenvolvimento. Temos que aceitar. Temos que pegar esses doadores... amarmos esses doadores! E sabermos conquistar mais doadores. Que sejam de todo o mundo, de onde vierem – desabafou Florência.

Era um tema vital, literalmente, para Florência, que trocou a fala sem sobressaltos pela voz exaltada. Tomou ar para recuperar o fôlego e liberou uma última frase:

– Sobretudo se tivesse uma fábrica de antirretroviral aqui seria muito bom!

Antirretroviral é o nome dado aos medicamentos usados para combater a carga viral do HIV no corpo e controlar a infecção. Florência não sabia, mas o Brasil se mobilizava para criar uma fábrica pública de antirretrovirais em Moçambique desde 2003. A ideia era replicar a experiência brasileira de produção de genéricos contra a aids.

Era a mais importante iniciativa de cooperação sul-sul do Brasil na África, mas passou por tantos percalços que quase não saiu das intenções. Apenas no final de 2010 as instalações ficariam prontas, ainda sem nenhum maquinário para começar a operar. Finalmente, em 2013, depois de uma década, o primeiro lote de antirretrovirais seria fabricado.

***

É uma responsabilidade muito grande! Para além de produzir, temos que ter em conta que vamos salvar não só a população em geral, mas também os nossos familiares – disse Joaquim Hilário Govene, um dos moçambicanos treinados pelo Brasil para produzir os remédios.

Estive na fábrica em abril de 2013, quando eram feitos os últimos preparativos para a fabricação do primeiro lote. Govene falava ao lado de quatro colegas, sem tirar o sorriso do rosto. A cena era uma imagem em preto e branco. Só a pele da equipe era negra. Todo o resto era esterilizadamente claro. Calças e jalecos estavam impecáveis. Pés e cabeças eram cobertos por protetores. Paredes, teto, chão e portas brilhavam. Uma câmara especial, protegida por portas de segurança codificadas, garantia que o espaço interior não fosse contaminado pelo colorido de fora.

Os cinco homens fabricariam toda a medicação prevista na fase inicial de operações. Depois, eles próprios treinariam outras equipes. O objetivo final do projeto era que os moçambicanos tocassem as atividades sozinhos, sem depender do Brasil.

– Esse é o grande ponto desse projeto. Você não está visando ficar com essa empresa, vendê-la. É uma pesquisa que estamos dando... praticamente de graça! E capacitando pessoas. Você está só fazendo o bem! – defendeu Hélio Lopes Vieira, farmacêutico brasileiro que faz parte da equipe da Fundação Oswaldo Cruz (Fiocruz), instituição que ficou responsável pela tarefa.

O Brasil doou para Moçambique fórmulas e modo de fabricação de medicamentos genéricos. Também ofereceu máquinas de produção de comprimidos, equipamentos de controle de qualidade e matéria-prima para a fabricação dos primeiros lotes. Custeou o estudo de viabilidade e o plano de negócios da fábrica. Treinou dezenas de moçambicanos. E bancou a equipe brasileira que tocou as atividades. Três brasileiros estavam fixos em Moçambique. Além deles, a doutora Lícia de Oliveira, coordenadora do projeto pela Fiocruz, vivia na ponte aérea do Atlântico.

Tais custos fizeram da fábrica o projeto de cooperação brasileiro que consumiu mais recursos até agora (a Universidade Aberta do Brasil pode ultrapassá-la). A Fiocruz estima que o total de gastos do governo brasileiro vai chegar a 20 milhões de dólares. A Vale doou outros 4,5 milhões de dólares e o governo moçambicano contribuiu com 11 milhões de dólares. No total, 35,5 milhões de dólares. A iniciativa também é a mais longa do Brasil. Assinada na primeira viagem da comitiva de Lula à África em 2003, deve se tornar autossustentável a partir de 2018.

Ligada ao Ministério da Saúde, a Fiocruz é a mais importante instituição brasileira de pesquisa em saúde e fabricação de vacinas e remédios para a rede pública. Uma das suas unidades serviu de referência para a fábrica moçambicana. É Farmanguinhos, o maior laboratório farmacêutico público do Brasil, no Rio de Janeiro, que produz medicamentos contra aids, tuberculose e malária.

— Tudo que é utilizado em Farmanguinhos está sendo aplicado aqui. Temos que garantir que haja a reprodução exata do que ocorre lá – explicou Francisco Leal, brasileiro que trabalha no projeto.

Há uma diferença entre Farmanguinhos e a fábrica de Moçambique: esta última é muito pequena. Tem uma unidade de fabricação de soros e duas linhas de comprimidos, uma contra a aids e outra para a atenção básica de saúde. Quando atingir a plena capacidade, deve fabricar cinco medicamentos para tratar a infecção por HIV e dezesseis para atenção básica, como anti-inflamatórios, antiparasitários e substâncias para controle de diabetes. No total, 21 genéricos. No futuro, também poderá produzir outros comprimidos, contra malária, por exemplo, se houver demanda do mercado africano. Vacinas e pomadas não estão contempladas.

O tamanho enxuto não reduz a importância do projeto, que ganhou o nome de Sociedade Moçambicana de Medicamentos (SMM). É a única unidade pública de produção de remédios contra a aids na África. Em Moçambique, é ainda mais inusitada: trata-se da única indústria farmacêutica do país. Antes dela, todos os medicamentos eram importados – da Índia, de Portugal e até do Brasil. O projeto brasileiro inclui ainda um laboratório de controle e garantia de qualidade, para testar matérias-primas e depois avaliar a produção final. Também é pioneiro. Toda a medicação que o país usava era analisada em países vizinhos.

Se criar uma fábrica de remédios é um processo de alta complexidade em qualquer lugar do mundo, em Moçambique é ainda mais difícil. O país tem apenas uma faculdade de Farmácia, o que limita as opções de mão de obra. Além disso, por não existir outra indústria farmacêutica no país, foi difícil encontrar fornecedores de insumos e matérias-primas. A rede de energia instável poderia comprometer a produção.

— A fábrica é a primeira aqui em Moçambique, até em África. Temos muita expectativa e muita responsabilidade. Nesse momento, olhamos para isso e estamos a ver uma coisa pequena. Mas, daqui a meses, isso será uma coisa muito grande. Depois de vermos essa fábrica cheia, com movimento, nós vamos ficar descansados, felizes da vida. Porque realmente é difícil, é muito difícil chegar nessa fase! – disse Feniosse Macuacua, outro dos operadores moçambicanos.

Minha visita à fábrica não era a primeira. Em 2010, eu fizera uma rápida incursão, mas ainda não havia o que ver além do exterior do prédio. Lá dentro, nada de máquinas, medicamentos, funcionários. Do lado de fora, uma cena de abandono: uma caçamba de lixo transbordava. Por isso, voltar ao local em 2013 foi surpreendente. Em três anos, um galpão vazio havia se transformado em uma indústria de ponta, preparando-se para debutar.

A SMM fica em Matola, região metropolitana de Maputo. Para chegar até ela, dei como indicação ao taxista a vizinha indústria da Parmalat. Se eu perguntasse pela fábrica de antirretrovirais, ninguém saberia dar informações. Era um projeto pouco conhecido.

– O que tem aqui? – perguntou o taxista, curioso.

– É uma fábrica de medicamentos contra a sida, que o Brasil está ajudando a construir – respondi, usando a sigla moçambicana para aids.

– Ah! A fábrica do Lula da Silva? É aqui? Não sabia – falou o moçambicano.

– O senhor conhece o Lula da Silva? – perguntei.

– Não pessoalmente! Mas conheço, sim. Foi presidente do Brasil. Amigo de Moçambique.

Lula apostou na fábrica de antirretrovirais como um exemplo da contribuição que o Brasil poderia dar para o continente africano e cobrou pessoalmente o avanço do projeto. Os moçambicanos que trabalham na iniciativa têm ainda mais apreço pelo ex-presidente:

Para nós, ele é o pai da fábrica. Quando está aqui, nós o tratamos como o dono dessa fábrica – confidenciou a diretora moçambicana da SMM, Noémia Muíssa, treinada no Brasil.

A equipe da fábrica tem adoração pelo Lula. Toda vez que alguém chega lá, perguntam "Cadê o presidente Lula?", o que deixa outras autoridades brasileiras um pouco enciumadas – contou, rindo, a coordenadora Lícia de Oliveira.

***

Em agosto de 2013, faltando poucos meses para o aniversário de dez anos do projeto, a fábrica produziu pela primeira vez um remédio genérico que faz parte do coquetel anti-HIV, a lamivudina. Em outubro, repetiu a dose com um segundo componente, a nevirapina.

– Foi um esforço sobre-humano! A equipe está numa felicidade danada! Assistimos aos moçambicanos tocando sozinhos a produção, nossa equipe [brasileira] ficou supervisionando. Agora, tem várias análises sendo feitas. Ainda temos um caminho grande! É o início da produção! – celebrou Lícia, uma semana depois do feito.

Ela estava exultante. Falamos por telefone e o tom de voz reproduzia o sorriso que eu não podia ver no seu rosto. A fala de ritmo apressado dava a toada do coração, que batia mais forte. Chamá-la de coordenadora do projeto é uma injustiça. Talvez o mais adequado seria dizer que a doutora Lícia de Oliveira é a mãe da fábrica de antirretrovirais. Mãe adotiva. Foi ela que cuidou do projeto desde seu nascimento, depois de uma gestação política que levou cinco anos, de 2003 a 2008, se envolvendo pessoalmente nas muitas batalhas para viabilizar a fábrica.

A felicidade dela com a primeira produção não era a de uma médica que completa um ciclo de operações físicas e químicas ou de uma administradora que finaliza um projeto. Mas a de uma mãe que entrega o diploma para o filho, enquanto relembra os anos de dificuldades para criá-lo. "A gente se apaixona pelo que faz!", disse ela.

Lícia de Oliveira não foi a única a abraçar o projeto. Diversos brasileiros, especialmente da Farmanguinhos, se dedicaram para que ele pudesse chegar ao momento da produção. A fabricação do primeiro lote foi acompanhada por todos eles com a apreensão da equipe espacial que aguarda em solo, em silêncio e angústia, a espaçonave sair da atmosfera terrestre. E, uma vez cumprido o objetivo da missão, se solta em gritos, aplausos, pulo, choro.

Era a celebração da vitória de criar a primeira indústria farmacêutica pública de medicamentos contra a aids na África. Mas não era só isso. Havia um componente de revanche.

Nosso projeto causa um nível de desconfiança muito grande por parte dos doadores tradicionais de Moçambique. Eles sempre diziam que não ia sair do papel – contou Lícia.

A equipe brasileira vinha colecionando uma pilha de descrenças vindas dos países que fornecem ajuda norte-sul para Moçambique. Primeiro, quando o governo moçambicano aceitou o estudo executivo da Fiocruz com as características gerais da fábrica, "falaram que o fez só para pagar ao ex-dono das instalações, que era ministro", disse Lícia. Depois, disseram que a obra não ia sair porque Moçambique não teria condições de pagar sua parte.

– Bom, isso acabou acontecendo e imediatamente nos mobilizamos. Quando o presidente Lula esteve no país [em novembro de 2010], fechou acordo com a Vale para a empresa financiar 80% da obra – lembrou a doutora Lícia.

Os 4,5 milhões da Vale impediram o fracasso da fábrica. Foi a primeira vez que os negócios se misturaram com a cooperação brasileira para a África, ao menos em tão larga escala. Em seguida, a comunidade internacional duvidou de que os moçambicanos seriam capazes de operar a indústria sozinhos. Até agora, 55 pessoas foram treinadas e tocam as atividades, mas ainda sob a supervisão brasileira.

As descrenças não acabaram depois que a produção de remédios começou. Questiona-se "se os medicamentos vão ser mais baratos que os indianos [comprados por Moçambique], se o preço vai ser competitivo", segundo o coordenador da ONG Médicos Sem Fronteiras em Moçambique, Alain Kassa.[5] Ainda existia o receio de que a fábrica desse prejuízo para o já deficitário Estado moçambicano.

– Todo o mundo fala que precisa produzir em grande escala para ter preço competitivo. E nós fizemos na lógica ao contrário. Uma fábrica do menor tamanho possível, com manutenção e corpo técnico enxutos. O custo é muito menor que o do Brasil, muito mais para custo Índia e China. Também conseguimos políticas tributárias favoráveis. O programa de negócios aponta para uma fábrica que ao final de cinco anos opera sozinha [a partir de 2018], sem precisar de outros investimentos – rebateu Lícia de Oliveira.

Em resumo, o projeto abriu uma disputa entre modelos de cooperação. O norte-sul, doador de 100% dos medicamentos antirretrovirais que Moçambique utilizava, desconfiava da ideia brasileira de compartilhar tecnologia de produção de genéricos de alta complexidade. E o Brasil criticava o modelo concorrente, exaltando a fábrica como um exemplo do diferencial do apoio nacional:

– Uma das coisas que me fizeram entrar no projeto é o ineditismo. Normalmente, a cooperação norte-sul não é feita dessa forma. Os países chegam e dizem "Olha, tá aqui o medicamento". É a velha história: em vez de você dar o peixe, ensina a pescar. Nossa finalidade é ensinar eles a pescarem. Ensinar que produzam seu medicamento e se tornem independentes – disse, os olhos brilhando, o brasileiro Francisco Leal.

***

A fábrica de antirretrovirais representou uma das maiores dores de cabeça da cooperação do Brasil. Isso fica evidente na história da negociação do projeto, registrada nas correspondências confidenciais do Itamaraty trocadas entre Maputo e Brasília a partir de 2003. É um material inédito. O sigilo cai apenas quinze anos após a publicação dos documentos.

O Brasil não estava preparado para realizar uma iniciativa da magnitude da fábrica, considerada ambiciosa demais. O Itamaraty a via como um embaraço diplomático, já que uma série de atrasos irritou os parceiros moçambicanos. Se não desse certo, a imagem que o país queria construir na África sairia abalada.

– Nós tínhamos a convicção de que estávamos no caminho certo. Essa é a parte bonita da história. Mas nem Moçambique nem o Brasil sabíamos onde estávamos nos metendo – resumiu a doutora Lícia de Oliveira.

A ideia de construir uma fábrica de medicamentos contra a aids foi apresentada pelo então chanceler Celso Amorim ao presidente moçambicano, em maio de 2003.[6] Os primeiros ecos do projeto vinham da passagem de Fernando Henrique Cardoso por Moçambique, em 2000, quando anunciou-se a possibilidade de transferir tecnologia brasileira para a produção de oito remédios.[7] Então, na primeira visita de Lula, foi assinado um protocolo de intenções.

O Brasil não era o único parceiro que Moçambique tinha em mãos. Outros emergentes que se aproximavam da África também ofereciam ajuda no combate à epidemia. A Índia fazia um forte lobby pela compra de seus genéricos. Já a China entrou em uma disputa direta contra o Brasil. Apenas cinco meses depois que a proposta brasileira foi aceita, os chineses começaram a negociar com o governo moçambicano a construção de uma indústria de antirretrovirais privada. Diziam ter tudo pronto para iniciar a construção imediatamente, a um décimo do custo estimado pelo Brasil.[8]

Moçambique não comportava duas indústrias de antirretrovirais de uma vez só. Assim, precisaria escolher entre dois modelos: uma unidade privada da China, que tinha fama de resolver tudo muito rápido, ou uma fábrica pública com apoio do Brasil, em que Moçambique seria o detentor da tecnologia de produção, mas ainda sem prazo para sair do papel.

Depois das cartadas da China, o governo Lula sentiu o interesse de Moçambique esfriar. A fábrica era a menina dos olhos da política africana petista. Poderia demonstrar a importância que o Brasil queria conferir às suas novas conexões com a África, bem como o diferencial da cooperação brasileira em relação à prestada pelo resto do mundo. O Brasil não abriria mão sem brigar.

Em abril de 2004, o diretor do Departamento da África do Itamaraty foi enviado para Maputo em viagem urgente para tratar do assunto. Se reuniu com o ministro da Saúde moçambicano e citou "a importância política para os dois países", "já que se trata da primeira experiência de transferência de tecnologia em área de alta sensibilidade social e econômica, num contexto de efetiva cooperação sul-sul".[9]

O ministro admitiu a existência do arranjo com os chineses e disse que Moçambique não tinha como assumir o ônus da gestão da fábrica brasileira. "A ajuda internacional ainda chega a 55% do orçamento do Estado", disse.[10] O diplomata brasileiro deu-lhe razão. O Brasil precisava financiar a iniciativa. Assumido esse compromisso, Moçambique ficou com a opção brasileira.

Vencida a briga com a China, o projeto foi avançando, mas muito lentamente. Uma das primeiras atividades, o estudo de viabilidade, atrasou um ano. O estudo definiria quais medicamentos seriam produzidos, as necessidades de treinamento profissional, o local de instalação. Quando ficou pronto, em 2007, a Fiocruz agendou uma apresentação para o ministro da Saúde de Moçambique. De última hora, foi orientada a cancelá-la, porque o documento não tinha passado pelo crivo do Itamaraty. Ao contrário do que pensava a fundação, não era uma questão meramente técnica e científica, mas sim um tema nevrálgico das novas relações internacionais do Brasil.

– Rogo evitar tal cancelamento. Qualquer razão burocrática, por mais justa que seja, e de quem quer que seja, não pode de última hora danificar a ocasião talvez mais importante para a relação dos dois países e suas futuras repercussões no continente africano – clamou a embaixadora Leda Lúcia Camargo ao Itamaraty, em telegrama confidencial, em 13 de março de 2007.[11]

Não adiantou. A missão foi adiada. E coube a Leda informar o ministro da Saúde de um novo atraso brasileiro. Telefonou para ele e disse que "o gato subiu no telhado", segundo relatou ao Itamaraty.[12] O "ok" da chancelaria levaria quatro meses. Finalmente, em julho de 2007, o estudo foi apresentado. Mas a demora teve impactos negativos. Leda já tratava da fábrica no condicional: "Caso o governo moçambicano decida levar o projeto adiante."[13] Fazia três anos que Moçambique desistira da fábrica chinesa pela brasileira, sem nada ter saído do papel.

A entrega do estudo não resolvia tudo. Havia ainda uma grande pedra no sapato: como financiar a fábrica, conforme o Brasil prometera quando venceu a disputa contra os chineses? Foram consideradas diversas alternativas, mas a que prevaleceu foi a doação. Lula encaminhou para o Congresso Nacional um projeto de lei que autorizava a doação de recursos para a primeira fase de instalação da fábrica, no valor de 13,6 milhões de reais.[14]

A data do documento era de 9 de outubro de 2008. No dia 16, Lula desembarcou em Moçambique para apresentar a boa-nova: o Brasil financiaria a fábrica. Para firmar o compromisso, anunciou ainda o lançamento do primeiro escritório africano da Fiocruz, em Maputo. Não foi o suficiente para agradar aos moçambicanos. Durante uma reunião entre os ministros dos dois países, Lula entrou na sala de supetão e determinou, irritado, que todas as iniciativas lançadas em suas visitas fossem concluídas até o final da sua gestão, em 2010.[15]

Porém, não era simples concretizar a doação para Moçambique. Depois de chegar ao Congresso, o projeto de lei foi apreciado por três comissões antes de ser sancionado. No total, o processo levou um ano e dois meses.[16] Nesse período, Lícia de Oliveira se tornou especialista em direito da saúde, aprendeu a fazer lobby e rodou a Câmara e o Senado atrás de apoio. O parecer favorável do senador Eduardo Azeredo (PSDB-MG), relator da última comissão, evidenciou a importância da fábrica para fortalecer o avanço do Brasil na África. Não era só um projeto de cooperação:

– É importante para o Brasil confirmar sua disposição em subsidiar a iniciativa, visto que esse tema vem atraindo a atenção de outros possíveis doadores. A eventualidade de apropriação do projeto por terceiros países acarretaria a perda de valioso instrumento de cooperação e de afirmação dos interesses brasileiros na África. O projeto reveste-se de forte conotação humanitária, representando também meio para adensar as relações com a África.

Então chegou 2010, a data da promessa de inauguração da fábrica. Em novembro, Lula fez uma viagem exclusiva para Moçambique, a sua última à África como presidente, com o objetivo de cumprir o compromisso. As obras foram aceleradas, porém faltava o principal.

O maquinário para produção de remédios, comprado com a doação aprovada pelo Congresso, só seria entregue em março de 2011. Era o recheio da fábrica e, sem ele, não dava para realizar cerimônia nenhuma. O que fazer? No dia 27 de outubro de 2010, pousou no aeroporto de Maputo um avião Hércules da Força Aérea Brasileira transportando uma emblistadeira, máquina para montar e embalar comprimidos. Era um empréstimo da Fiocruz para treinar os técnicos moçambicanos na utilização do equipamento – naquele momento, ainda com placebos.[17]

Isso poderia ser feito no Brasil, como tantos outros treinamentos. Afinal, era mais barato pagar voos de carreira para os técnicos do que transportar o equipamento com o Hércules para a África. Esse cálculo, contudo, leva em conta apenas os aspectos econômicos. Na balança política, era preciso aplacar os ânimos em Moçambique e mostrar que o Brasil não estava fazendo corpo mole. Duas semanas depois da emblistadeira, Lula pousou em Maputo.

— Às vezes, eu fico num misto de excesso de otimismo pelas coisas que fizemos e num misto de excesso de tristeza, porque elas não andaram com a rapidez que eu imaginava que fosse andar. Essa fábrica de antirretrovirais e outros medicamentos é um exemplo disso – discursou Lula no evento, que era para ter sido uma inauguração.[18]

Ainda assim, a data não era só desânimo. Havia tantos funcionários da Fiocruz em Maputo para celebrar o momento que Lula brincou que achava que a fundação estivesse em greve no Brasil.

— O fato de nós estarmos construindo a primeira fábrica de medicamento genérico para combater a aids no continente africano pode ser anunciado quase como uma revolução. Na hora em que ela estiver produzindo, ela vai libertar o povo de Moçambique de ficar subordinado à importação de remédio – falou.

Lula não se desligou da fábrica depois que saiu do Planalto. Em novembro de 2012, fez sua primeira viagem à África como ex-presidente e quis parar em Moçambique para visitar o projeto. No entanto, muitas coisas estavam paradas. Então entrou em curso no Instituto Lula uma operação para destravar o que estava emperrado, envolvendo contatos com os governos dos dois países. Deu certo. A fábrica ficou a mil, em uma correria de pinturas e arrumações. Quando Lula chegou, viu tudo funcionando.

— Muita gente fala do tempo que levou. Mas o tempo é esse. Quanto tempo essa produção de genéricos levou no Brasil? Muito tempo! E o Brasil tem indústria farmacêutica forte, de peso. Moçambique não. E você tem que treinar e capacitar pessoas. Quantas faculdades de Química e Farmácia tem no Brasil? Aqui é só uma – justificou Hélio Lopes Vieira, da equipe da Fiocruz.

— O presidente Lula disse que uma questão igual [à fábrica é] só as hidrelétricas. Não queira construir hidrelétrica, vai ter que passar muito tempo brigando. Com a fábrica foi isso que aconteceu. Vamos atravessar quatro governos no Brasil e em Moçambique. Quantos ministros de Saúde de um lado para o outro? São relações de alta complexidade. Demorou muito? Eu olho para trás e digo: ninguém tem noção do quanto a gente trabalhou. Sim, demorou muito! Mas não sei como [o Brasil] teria realizado isso de forma diferente. Cumprimos a experiência de criar um mundo novo – disse a doutora Lícia de Oliveira, emocionada.

Porém, seu ânimo começou a baixar no final de 2013. "Você parece que é psicóloga! Está percebendo que estou diferente, é?", disse Lícia ao telefone. Sim, ela estava fatalmente desanimada. Sua voz ficava distante e não tinha a mesma felicidade ao contar sobre os lotes produzidos. Agora que o projeto finalmente estava em funcionamento, surgia um novo desafio.

Indústrias farmacêuticas indianas estavam interessadas em uma parceria com a fábrica, vista como uma porta de entrada para o mercado africano de medicamentos. A Índia tentava seduzir o governo local dizendo que o projeto brasileiro demorou demais, gastou além do necessário e que a paleta de produção de 21 medicamentos era pequena. Juntos, poderiam fazer mais na mesma planta industrial, prometiam. Caso o negócio com os indianos desse certo, o projeto poderia se tornar privado e sair da influência brasileira. Acuado novamente por um país emergente, o Brasil voltava a se mobilizar para colocar mais dinheiro na fábrica e se manter na sua liderança.

A Índia competia abertamente com o Brasil por espaço na África. Mas era nossa parceira em outra disputa: a reforma do Conselho de Segurança das Nações Unidas.

Vista da mina de carvão da Vale em Moatize, Moçambique. No último plano da foto, na superfície, o baobá é maior do que a caminhonete 4x4 no canto direito.

Família reassentada pela Vale em Cateme. Na lateral, a cozinha foi transformada pelos moradores em um novo dormitório. Ao fundo, foi construída uma cozinha tradicional.

Casa do reassentamento de Cateme, para onde foram enviadas mais de setecentas famílias que viviam no local onde hoje funciona a Vale. Os alicerces, base sobre a qual se assenta a construção, ficaram aparentes poucos anos após a entrega das moradias. Preocupados, moradores preencheram com pedras o buraco que se formou embaixo das casas. Em muitas residências, até o telhado ganhou uma segunda utilidade, sendo transformado em celeiro de milho.

Produtores de tijolos indenizados pela Vale preparam-se para reunião de negociação com a empresa em abril de 2013. Eles paralisaram a mina duas vezes naquele ano, reivindicando mais indenizações.

Operário da OAS, construtora brasileira responsável por parte das obras do terminal portuário de carvão da Vale em Nacala.

Vista das obras do Aeroporto Internacional de Nacala, a cargo da Odebrecht, com financiamento do BNDES, em maio de 2013. A construção fica localizada a apenas 150 quilômetros de um dos dez aeroportos do país. Na cidade, três quartos da população local não têm eletricidade e metade não tem água encanada.

Membros da associação de camponeses Mputo, na região de Nampula, norte de Moçambique, reunidos para receber a autora do livro (ao centro) e a fotógrafa Brisa Chander (à esquerda).

Mulher mostra a enxada de cabo curto, principal instrumento de trabalho dos camponeses. Sete entre dez moçambicanos estão na zona rural e vivem da agricultura de subsistência. A tarefa é eminentemente feminina.

Camponesa mostra alho colhido em Lichinga. Deficiências nas culturas reduzem o tamanho dos produtos.

Aldeia camponesa na estrada entre Sanga e Lichinga, norte de Moçambique. As casas são feitas de taipa e palha.

Camponeses vendem suas colheitas para passageiros do trem de Cuamba a Nampula. A linha férrea deve ser reformada pela Vale para escoamento do carvão.

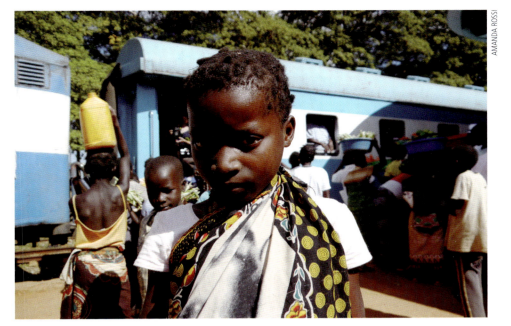

Menina camponesa na ferrovia Cuamba-Nampula.

Fazenda de soja gerenciada pela empresa brasileira Grupo Pinesso, no Corredor de Nacala. No primeiro plano, a área que passou pela primeira colheita, em 2013. Ao fundo, uma faixa amarela de soja ainda não colhida.

Propaganda moçambicana contra o frango congelado importado do Brasil, vinculada na imprensa local em 2009. No vídeo publicitário, um frango com fantasia de carnaval canta uma paródia de "Garota de Ipanema", de Vinicius de Moraes. Em seguida, uma rechonchuda galinha em vestes moçambicanas entra em cena e espanta a brasileira: "Afasta, magricela, você só tem costela. O frango nacional é melhor." A campanha é da agência Ogilvy Moçambique.

Trabalhadores do campo experimental da Embrapa em Nampula, norte de Moçambique, preparam colheita de soja para análises técnicas. Todo o trabalho é manual devido à falta de equipamentos. Ao fundo, uma lona azul, amparada por estacas, foi o improviso brasileiro para lidar com a demora na construção de um galpão.

Operadores moçambicanos da fábrica de medicamentos antirretrovirais, coordenada pela Fiocruz.

Maria Rosa Sabite, estudante de licenciatura em Ensino de Biologia na Universidade Aberta do Brasil em Moçambique, projeto de cooperação brasileiro.

Locomotiva importada da "indústria brasileira" abandonada ao largo da ferrovia de Sena, no centro de Moçambique, em setembro de 2002. A máquina foi comprada durante o regime militar brasileiro, que tentou se aproximar da África na década de 1970. Em meados dos anos 1980, a linha de Sena se tornou um dos principais palcos da guerra civil moçambicana, episódio que travou o avanço brasileiro. A locomotiva ficou parada e esquecida durante mais de 20 anos. Em 2011, o caminho de ferro passou a ser percorrido por novas locomotivas brasileiras, da Vale.

Manifestantes seguram pedra e pá de construção na revolta popular contra o aumento do custo de vida, no bairro Costa do Sol, em Maputo, 1º de setembro de 2010.

Menino aponta para policiais que avançam na direção contrária dos manifestantes do bairro Costa do Sol, na revolta popular de 1º de setembro de 2010.

O CONSELHO DE SEGURANÇA

O embaixador alemão falava em nome do grupo dos quatro, o G4. A primeira-ministra de Moçambique, Luísa Diogo, o recebia em sua sala e ouvia com paciência. Representantes dos outros três países também estavam lá para dar peso e respaldo à reunião: Japão, Brasil e Índia. Era junho de 2005, o mês decisivo para o G4. E Moçambique era a desejada carta na manga que podia ajudar a trazer o baralho da África inteiro. A reunião era de extrema importância.

Ulf-Dieter Klemm começou com clareza e definição alemãs. Há vinte anos ele acompanhava o tema. Agora, finalmente, tinha chegado a hora. Passava pelas mãos a oportunidade – única, ressaltou – para implementar a reforma das Nações Unidas. Mas era preciso urgência. A mobilização precisava ocorrer antes que o interesse começasse a desvanecer e todo o processo voltasse a perder prioridade. Nunca antes na história da ONU a reforma esteve tão perto. O ineditismo não trazia apenas entusiasmo, mas angústia e ansiedade.

O embaixador se referiu genericamente à reforma das Nações Unidas, mas o que estava em jogo era a recomposição do Conselho de Segurança. Brasil, Índia, Japão e Alemanha pretendiam ter assentos permanentes. Nove meses antes daquela reunião em Moçambique, eles se uniram no G4 para apresentar uma proposta de mudança e brigar por ela em conjunto. A ideia era aproveitar o clima geral de apelo por uma reforma e votá-la na Assembleia Geral da ONU ainda em 2005, ano do sexagésimo aniversário da organização.

A busca por um assento permanente no Conselho de Segurança foi um dos motivos que estimularam as ações do Brasil na África nos anos 2000. A diplomacia brasileira estava empenhada em conquistar mais espaço para o país nos fóruns de decisão globais e o Conselho de Segurança era o mais importante. É ele que tem o poder de autorizar o uso de força contra alguma nação para manter ou restabelecer a paz. Também pode adotar medidas de coerção, como a interrupção de relações econômicas.

Alguns detalhes da mobilização do Brasil em prol da reforma do Conselho, como o encontro do G4 com a então primeira-ministra de Moçambique, estão registrados na documentação confidencial trocada entre o Itamaraty e a Embaixada em Maputo, de 2004 a 2005. Novamente, são materiais inéditos. O acesso a eles só deve ser liberado quinze anos após a data de publicação.

São quinze os países membros do Conselho de Segurança. Cinco são permanentes e têm poder de vetar qualquer decisão: Estados Unidos, França, Reino Unido, Rússia e China. Os outros dez não têm direito de veto e são rotativos, eleitos pela Assembleia Geral para mandatos de dois anos, sem possibilidade de reeleição direta. É preciso dar uma pausa antes de se candidatar novamente. O Brasil e o Japão são os recordistas, tendo passado vinte anos cada no Conselho.

A composição do Conselho de Segurança era basicamente a original, de 1945. Uma única mudança havia ocorrido em 1965 para acrescentar novos assentos rotativos. Porém, o mundo que o Conselho de Segurança representava em 2005 não era, definitivamente, o mesmo da data de sua criação. O número de Estados-membros da ONU havia disparado de 51, em 1945, para cerca de 190, no início dos anos 2000.[1] Além disso, Alemanha e Japão, duas das maiores potências do mundo, já tinham dissipado a sombra da Segunda Guerra Mundial, pela qual foram punidos na criação das Nações Unidas.

A distribuição da riqueza global também era outra. Em 1950, Brasil, China e Índia representavam juntos apenas 10% do PIB do mundo. O grupo formado por Estados Unidos, Alemanha, Reino Unido, França, Itália e Canadá respondia por mais de 50%. Nas décadas seguintes, os emergentes conquistaram espaço. A última projeção da ONU era que as três economias do sul ultrapassariam o conjunto das seis potências em 2020 e a partir daí começariam a abrir distância.[2]

Desde a década de 1990, a ONU refletia sobre a necessidade de mudanças no Conselho de Segurança. A reforma era necessária para tornar o órgão mais representativo, portanto mais legítimo e com maior credibilidade. Também acreditava-se que uma composição mais equilibrada poderia dar origem a decisões mais eficazes. Até que, em 2003,

Moçambique, o Brasil é aqui

a Assembleia Geral passou a ser percorrida por um insistente burburinho de insatisfação. O desconforto tinha um motivo específico. Naquele ano, os Estados Unidos invadiram o Iraque sem aprovação do conselho, tirando sua autoridade.

O fato animou o desejo de mudança e "deixou entrever contornos de um sistema internacional em que não é possível a um único Estado, nem mesmo ao mais poderoso, atingir seus objetivos isoladamente ou determinar por si só o conjunto das regras de convivência internacional", escreveu a representante permanente do Brasil na ONU, Maria Luiza Ribeiro Viotti.[3] No ano seguinte à invasão, 2004, a discussão sobre a reforma do Conselho de Segurança ganhou contornos mais evidentes. Em 2005, finalmente estourou.

Para qualquer resolução passar no conselho, era preciso não ter nenhum voto contrário dos cinco países com direito a veto, bem como a aprovação de dois terços do total de membros da ONU, o que perfazia 128 votos. A África, com 53 países naquela altura, tinha 41% dos votos necessários e a tradição de se posicionar unida em temas de interesse comum. Seu apoio poderia definir uma eventual votação sobre a ampliação do conselho e era cobiçado. Isso levou o grupo dos quatro a uma batalha diplomática na África.

No encontro com a primeira-ministra de Moçambique, o objetivo do G4 era apresentar o rascunho da sua proposta, que estabelecia uma linha geral de composição de um novo conselho. Em vez de quinze membros, ele passaria a ter 25. Dos dez novos, seis seriam permanentes: dois da Ásia (possibilitando a entrada do Japão e da Índia), um da América Latina e Caribe (espaço aberto para o Brasil), um da Europa Oriental (lugar da Alemanha) e dois africanos (de escolha do próprio continente). Outros quatro seriam novos assentos rotativos para um país asiático, um latino-americano, um europeu e um africano. Os detalhes da reunião estão em telegrama enviado em caráter urgentíssimo para o Brasil, em 15 de junho de 2005.[4]

O embaixador alemão enfatizou para Luísa Diogo: a aprovação da proposta do G4 na Assembleia Geral da ONU significaria apenas o aumento do número de membros do Conselho de Segurança. Já a escolha dos novos países representantes seria feita posteriormente. Ou seja, o G4 não pedia apoio ao pleito de cada um dos países do grupo de ingressar no Conselho. Ao menos não naquele momento. Nem queria opinar sobre quais seriam os africanos indicados.

Só então Klemm tocou no assunto delicado da reunião. O direito de veto. O primeiro rascunho da proposta do G4 previa que não houvesse distinção entre os cinco membros permanentes originais e os seis novos. Todos teriam igual direito de vetar qualquer matéria em votação. Ao longo da negociação do texto, porém, o grupo percebeu que a exigência de veto iria ser vetada por países que já tinham este direito. Avaliou, então, que ela seria um entrave para a reforma e a retirou dos rascunhos seguintes.

Em vez de dizer claramente que os membros adicionais não teriam direito ao veto, o G4 usava o jeitinho diplomático. Haveria igual direito a veto, mas os novos membros abririam mão dele por quinze anos e, em 2020, a questão seria rediscutida.

A União Africana tinha fechado posição. Não abria mão do direito de veto para os novos membros permanentes do Conselho de Segurança. Em essência, era contra a existência do poder de veto, mas, uma vez que existia, todos os membros deveriam ter condições de usá-lo. Caso contrário, "os africanos estariam sentados num banquinho mais baixo que os demais", resmungou um embaixador moçambicano em uma das reuniões com diplomatas brasileiros, relatada em outro telegrama, de 11 de julho de 2005, também "urgentíssimo".[5]

As diferenças entre o G4 e a União Africana em torno do veto pareciam insolúveis, mas se apequenavam frente à sugestão de mudança de um terceiro grupo: o Uniting for Consensus, surgido de rivalidades regionais. A Argentina e o México não eram simpáticos ao ingresso do Brasil. O Paquistão, ao da Índia. A Itália, ao da Alemanha. A Coreia do Sul, ao do Japão. Unidos a outros países, eles formularam uma proposta alternativa, segundo a qual o Conselho de Segurança teria dez novos assentos, todos não permanentes. Ou seja, nada de cadeira definitiva para Brasil, Índia, Alemanha ou Japão. Nem para a África.

Ainda na reunião moçambicana, a primeira-ministra respondeu que seu país seguiria a posição da União Africana. Mas prometeu tratar o assunto imediatamente com o presidente Armando Guebuza, "tendo em vista o pedido efetuado por quatro países tão importantes para Moçambique". Ressaltou também a relevância para o continente africano dos assentos permanentes no Conselho de Segurança.

O representante brasileiro presente na conversa, José Roberto Procopiak, calado até então, tomou a palavra. Uma manifestação de apoio moçambicano antes da reunião seguinte da União Africana era muito importante, porque "poderia atrair outros países africanos, à luz do papel de liderança que Moçambique tem exercido em termos continentais". Procopiak não ganhou uma resposta. A reunião, em tons de cordialidade burocrática, foi encerrada.

***

– A dificuldade está no processo de reforma em si e na resolução, pois desconheço país africano que tenha problemas com a candidatura específica do Brasil – disse a então embaixadora brasileira em Moçambique, Leda Lúcia Camargo, em telegrama confidencial para o Itamaraty, doze dias depois da reunião com a primeira-ministra moçambicana.[6]

– Com a discrição necessária, tenho procurado levantar junto a autoridades moçambicanas 1) a necessidade de flexibilizar posições que vão além do desejo e acerto dentro da União Africana (questão do veto) para obter aprovação na Assembleia, 2) deixando no ar a pergunta de se a África, com o poder de decisão de seus 53 votos, estaria disposta em arcar com a responsabilidade de ajudar a fracassar a possibilidade tão próxima e necessária de uma reforma das Nações Unidas – acrescentou Leda na mesma mensagem.

Leda Lúcia Camargo teve um importante papel na briga pela vaga no Conselho de Segurança. Era uma das principais negociadoras do Itamaraty na África. Além disso, tinha boa circulação entre a alta elite política de Moçambique, país visto como central para amenizar as diferenças entre o G4 e a União Africana e mobilizar todo o continente em torno da proposta do grupo.

— Moçambique, diante da função exercida por Chissano, é o país cujo apoio se revelaria talvez o mais importante — avaliou Leda, em telegrama de 20 de maio de 2005.[7]

Joaquim Chissano, contato pessoal de Leda, foi presidente de Moçambique de 1986 a fevereiro de 2005 e também o segundo a liderar a União Africana, de 2003 a 2004. É um homem de grande prestígio na África, designado para atuar em difíceis missões de negociação no continente. E estava do lado do Brasil. Na abertura da Assembleia da ONU em 2003, quando as discussões apenas germinavam, Chissano discursou:

— O continente africano merece uma representação justa, com pelo menos dois membros permanentes. Nós igualmente desejamos ver nações em desenvolvimento que mostraram compromisso para a manutenção da paz e segurança internacionais presentes. Nesse aspecto, apoiamos o Brasil como um membro permanente de um conselho alargado.

Uma nova manifestação de apoio de Chissano ou um posicionamento de Moçambique eram vistos como importantes conquistas na batalha da ONU. Por isso eram desejados pelo Brasil. Porém, nenhum deles ocorreu e o impasse com a África continuou em aberto.

Apesar disso, o G4 decidiu formalizar sua proposta de reforma do Conselho de Segurança, em julho de 2005.[8] Logo em seguida, o Japão anunciou que aplicaria uma fatia maior do seu orçamento em ajuda internacional — o que significava mais recursos para os países africanos. Também disse que poderia cortar suas remessas para a ONU caso não ganhasse um assento permanente. Naquela altura, o país asiático era o segundo maior contribuinte, atrás dos Estados Unidos. Indignada, a Itália, do rival Uniting for Consensus, acusou o G4 de tentar comprar assentos com promessas e ameaças.[9]

Já o Brasil optou por outra estratégia. Designou diplomatas para viajar para países africanos e ter encontros de alto nível, com a finalidade de solicitar apoio ao texto do G4. À embaixadora Leda foi dada a missão de ir a Seychelles, Malaui e Namíbia. No Malaui, foi recebida diretamente pelo presidente do país, em uma reunião que durou uma hora. Alguns dias depois, já em Moçambique, Leda também entregou o texto para o responsável moçambicano para assuntos multilaterais.

Sobre o encontro, "confessou" ao Itamaraty "ter saído preocupada".[10] A África insistia que todos os membros permanentes deveriam ter direito ao veto.

Havia ainda uma pimenta na divisão entre a União Africana e o G4. A África estava sendo pressionada por Estados Unidos e China. Ambos os países se opunham à ampliação do Conselho de Segurança, do qual faziam parte, e tentavam bloquear a questão. O problema da China era específico: o Japão. Beijing queria impedir a todo custo o ingresso japonês e tinha na África um grande poder de barganha, já que se tornara um importante parceiro. Os EUA, por sua vez, argumentavam que um conselho expandido dificultaria a tomada de decisões e tentava mantê-lo como um clube de privilegiados.

Eis que, então, a União Africana deu uma cartada surpreendente. Em vez de se juntar a algum dos grupos que a cortejavam, decidiu formalizar uma proposta própria na ONU também em julho de 2005. Pediu seis novos membros permanentes com direito de veto, cinco novos assentos rotativos (em vez dos quatro que propunham Alemanha, Japão, Brasil e Índia).[11]

Nem assim as tentativas de obter apoio africano cessaram. Havia uma esperança. Em agosto, a União Africana teria uma última reunião para deliberar sobre o tema. O G4 continuou insistindo e conseguiu algum sucesso. No encontro, ficou evidente um racha na África. O então presidente da Nigéria, Olusegun Obasanjo, por exemplo, aconselhou seus pares:

– A principal questão a nossa frente é decidir se a África vai se juntar à maioria do resto do mundo para dar conclusão a uma demanda para a reforma das Nações Unidas. Ou se a África vai assumir uma posição inegociável que certamente vai frustrar as reformas. [...] Aumentar a representação africana naquele conselho para seis [dois permanentes e quatro rotativos] será um enorme avanço.[12]

O nigeriano argumentou também que assuntos ligados aos conflitos africanos ocupavam em torno de 70% da agenda do Conselho de Segurança, sem presença permanente de nenhum país do continente. Não adiantou. A reunião final da União Africana manteve a posição anterior. Sem acordos, 2005 acabou sem que o G4, a União Africana nem o Uniting for Consensus colocassem suas propostas em votação. Foi o ano perdido para a reforma da ONU.

Os anos seguintes foram a ressaca daquele 2005. A cada ano, houve uma nova tentativa de retomar a discussão, sem sucesso. Na reunião de junho de 2005 com a primeira-ministra de Moçambique, o embaixador alemão Klemm tinha razão. Depois do auge da discussão, o interesse pela reforma do conselho começou a desvanecer.

Dez anos depois, 2015 poderia repetir a dose de 2005. O novo motivo é mais uma vez os Estados Unidos. Mais especificamente, a espionagem norte-americana, revelada em 2013 por Edward Snowden, ex-funcionário da CIA. Na abertura da Assembleia Geral das Nações Unidas, em setembro de 2013, Dilma Rousseff fez um duro discurso contra a vigilância dos EUA, que chegou a atingi-la pessoalmente. E renovou a mensagem política em prol da mudança do mais importante organismo multilateral. Não haveria melhor data que 2015, o 70º aniversário das Nações Unidas:

– Será a ocasião para realizar a reforma urgente que pedimos. Impõe evitar a derrota coletiva que representaria chegar a 2015 sem um Conselho de Segurança capaz de exercer plenamente suas responsabilidades no mundo de hoje. É preocupante sua limitada representação, em face dos novos desafios do século XXI. Somente a ampliação do número de membros permanentes e não permanentes e a inclusão de países em desenvolvimento em ambas as categorias permitirão sanar o atual déficit de representatividade e legitimidade do conselho.

É um discurso que caberia, sem tirar nem pôr, em 2003. Nada havia mudado desde então. Além de Dilma, a chefe de Estado da Alemanha, Angela Merkel, foi espionada pelos Estados Unidos, o que reforçava a união do G4. Contudo, 2015 prometia uma oposição mais forte para enfrentar: a China, que desde 2005 avançou ainda mais na África a ponto de se tornar sua parceira comercial número um. Beijing continua a se opor à entrada do Japão.

– Existe uma coisa que não é apenas perturbadora, mas que nos incomoda, que é a atuação da China junto aos países africanos para desencorajá-los quanto à reforma do Conselho de Segurança – resmungou o embaixador Piragibe Tarragô, em 2010, quando era responsável no Itamaraty pelas relações do Brasil com a África.[13]

***

A vaga permanente no Conselho de Segurança das Nações Unidas não saiu. Em compensação, as tentativas de ampliar a presença do Brasil em fóruns de decisão global resultaram em duas importantes vitórias. A África teve papel central ao apoiar os pleitos brasileiros.

Em 2012, o agrônomo José Graziano da Silva assumiu o comando da Organização das Nações Unidas para Alimentação e Agricultura, a FAO. No ano seguinte, o diplomata Roberto Azevêdo foi para a direção da Organização Mundial do Comércio, a OMC. São áreas onde o Brasil se destacou na defesa dos interesses dos países do sul, entre eles os africanos.

Graziano foi ministro da Segurança Alimentar e Combate à Fome de Lula e coordenou a elaboração do Fome Zero, um conjunto de ações integradas para enfrentar a fome. Entre elas, Bolsa Família, Programa de Aquisição de Alimentos (PAA) e Programa Nacional de Alimentação Escolar (Pnae), que se tornaram referências internacionais – da ONU, por exemplo – e são vistos como modelos a serem replicados na África.

O Brasil fez lobby junto aos países africanos pela eleição de Graziano. A última tacada da campanha ocorreu apenas um dia antes do início da votação da FAO, sediada em Roma. A Embaixada do Brasil na capital italiana organizou o seminário "Cooperação técnica brasileira: agricultura, segurança alimentar e políticas sociais", do qual participaram o então chanceler Antônio Patriota, o candidato José Graziano e delegações de países africanos. A cooperação, tema do evento, é uma peça-chave do prestígio do Brasil na África.

Patriota exaltou o caso brasileiro, dizendo que o país se tornou um dos maiores exportadores de alimentos do mundo, produziu mais biocombustíveis, reduziu a insegurança alimentar e preservou o meio ambiente. Tudo isso em apenas uma geração, porque soube "inovar, incluir e compartilhar". Sobre "inovar", citou a Embrapa. A respeito de "incluir", falou de Graziano e do Fome Zero. Quanto a "compartilhar", se referiu à Agência Brasileira de Cooperação (ABC) e à assistência sul-sul.[14]

Era um jeito indireto de pedir votos. O evento tentava convencer sobre a existência de um modelo de sucesso no Brasil, que estava desejoso de levar essa experiência para o órgão de agricultura e alimentação da ONU.

Graziano venceu em uma eleição apertada. Recebeu apenas quatro votos a mais do que seu concorrente, um espanhol. Foi o primeiro latino-americano eleito para o comando da FAO. O anúncio oficial de sua vitória, feito em Roma, teve jeito de premiação de Oscar. Após a leitura do nome do brasileiro, ele se ergueu de súbito entre a numerosa delegação enviada pelo Brasil, apertou mãos, deu abraços, trocou sorrisos cúmplices e foi à frente para um breve discurso:

– Quero agradecer a todos os países, começando pelos de língua portuguesa, os primeiros a dar respaldo a nossa candidatura. Aos países latino-americanos e caribenhos, que deram demonstração de unidade. Quero agradecer de forma muito especial e carinhosa aos países africanos, que logo viram na cooperação sul-sul o caminho para avançar. Agradecer aos países do G77 [grupo das nações em desenvolvimento], que se juntaram para nos respaldar nesses momentos finais. Agradecer aos países europeus e a outros desenvolvidos, porque aqui não houve uma eleição do norte contra o sul e sim um exercício democrático, legítimo e soberano.

A força e duração das palmas indicavam que o discurso de Graziano era diplomático. Houve sim uma eleição do norte contra o sul. Após falar dos países de língua portuguesa, América Latina e Caribe e, sobretudo, África, houve aplausos intensos. Depois da citação à Europa, a claque foi magra e tímida. E, após negar a oposição entre os hemisférios, fez-se um silêncio constrangido.

– Os avanços no combate à fome que o Brasil conseguiu nos últimos dez anos são uma inspiração para muitos outros países. Eles ouvem falar do Fome Zero e querem o mesmo. Isso ajuda a explicar minha eleição – disse Graziano em entrevista por e-mail.

Após a vitória, Graziano começou a implementar um plano estratégico com cinco pilares. O primeiro e principal é focar a atenção da agência na erradicação da fome. O último é aumentar a cooperação sul-sul. É uma agenda brasileira levada para a FAO. Em 2013, Graziano também juntou União Africana e Instituto Lula, a organização do ex-presidente, para propor novas abordagens para acabar com a fome na África.

Depois de Graziano, o Brasil apresentou a candidatura do diplomata Roberto Azevêdo para a OMC. Desde 2002, o país brigava na organização contra subsídios dos Estados Unidos aos produtores de algodão, política que também prejudicava a África. Em 2009, os brasileiros venceram a disputa e os Estados Unidos se comprometeram a pagar uma compensação mensal.

Como parte da pendenga, o Brasil também se aproximou do Cotton-4, um grupo de países africanos produtores de algodão, e levou a Embrapa para aprimorar a produção dos integrantes. Foi um dos primeiros projetos brasileiros de cooperação de grande porte e ajudou a selar amizades na África. Além disso, o Brasil decidiu usar parte da multa americana em ações na área do algodão em Moçambique e Malaui.

A OMC era, então, uma arena onde a África e o Brasil já estavam próximos. Quando o país resolveu concorrer à direção do órgão, partiu em busca do apoio africano. Em fevereiro de 2013, o nome de Azevêdo foi anunciado por Dilma na Guiné Equatorial, onde a presidente estava para participar da Cúpula América do Sul-África (inaugurada em 2006 por iniciativa de Lula e do então chefe de Estado da Nigéria). Dilma também apresentou o diplomata a líderes políticos e defendeu maior abertura nos organismos multilaterais.

Na sequência do evento, Roberto Azevêdo e o diretor da ABC, Fernando Abreu, seguiram em uma peregrinação pela África em busca de apoio para a candidatura. Também participou da viagem um representante da Embrapa. Assim, enquanto pedia apoio, o Brasil falava da sua cooperação, especialmente na agricultura, tentando atrair os corações africanos.

Em nove dias, a comitiva visitou quatorze países. Na escala, estavam Egito, Senegal, Burkina Faso, Benin, Nigéria, Tanzânia, Angola, Moçambique, Cabo Verde, África do Sul, entre outros. Chegou-se a percorrer três nações em um só dia. Pela manhã os brasileiros se reuniam com autoridades de um local, à tarde tinham encontros em um segundo país e à noite embarcavam rumo a um terceiro.

– Imagina o esforço! Felizmente tínhamos um avião da FAB [Força Aérea Brasileira], senão seria impossível! – lembrou Abreu, em entrevista na ampla sala da diretoria da ABC, em Brasília.

No início de maio, Roberto Azevêdo repetiu o feito de Graziano. Tornou-se o primeiro latino-americano no comando da OMC. Dilma e Lula fizeram discursos afirmando que a eleição dos brasileiros era um sinal do prestígio conquistado pelo Brasil na África, mas também um alerta. O país precisava se comprometer mais com o continente, como forma de retribuir e garantir a continuidade do apoio africano. Especialmente na área que era sua maior moeda de troca: a cooperação.

Um dos maiores projetos em curso, inclusive, andava precisando de cuidados extras. Tinha potencial para se tornar uma vitrine do apoio do Brasil, mas também para ser seu teto de vidro. Era o ProSAVANA, em Moçambique.

OS CAMPONESES

Camponeses debatiam um tema de vital importância, no outono de 2013, ao longo do Corredor de Nacala (a região no norte de Moçambique por onde vai passar a ferrovia da Vale). Não se tratava de assuntos corriqueiros, como a próxima colheita, doenças da lavoura, falta de chuva, conflitos com animais selvagens, ritos e cerimônias para os espíritos. Falavam era do futuro. Até pouco tempo atrás, ele era como um ancião conhecido, que trazia sempre os mesmos destinos. Mas, agora que Moçambique crescia com os investimentos estrangeiros em minérios, obras e grãos, o futuro surgia como um forasteiro que prenunciava um imponderável devir.

A vida dos camponeses seguia sem se abalar com as mudanças econômicas do país. Plantavam o que comiam, da mesma forma que seus antepassados. Amendoim, transformado em farinha para dar liga e sabor ao caril. Milho, pilado para cozinhar a xima, polenta branca que é o arroz com feijão do cardápio da África Austral. Mandioca, feijões e legumes. E coletavam nas árvores silvestres frutas e carvão vegetal, o combustível que cozinha os alimentos. Esse é o modo de vida de sete entre dez moçambicanos.[1]

O pouco que sobrava do uso para sobrevivência era vendido, resultando num magro dinheiro para comprar o essencial: sal, sabão, óleo, capulana (tecido africano), caderno escolar e giro de telemóvel (crédito de celular). Nos mercados de rua, os comerciantes oferecem tudo em pequenas quantidades, para o preço caber na conta de quem tem muito pouco. Mais da metade da população moçambicana vive com menos de 18 meticais (1,4 real) por dia.[2] Sabão em pó, por exemplo, é comercializado em saquinhos de 35 gramas. Óleo, em potinhos de 50 ml.

Essa rotina poderia ser impactada pelo futuro que os camponeses debatiam nas línguas nativas: o ProSAVANA. Dele sabiam muito pouco. Apenas que se tratava de um programa agrícola dos governos do Brasil e do Japão no Corredor de Nacala, uma área com 14,5 milhões de hectares (o tamanho do Ceará), em formado de "L", onde vivem 4 milhões de pessoas. O tema era polêmico e não havia consenso sobre ele. Duas associações camponesas (uma espécie de pequena cooperativa), localizadas cada uma em um dos extremos do Corredor, refletiam bem as divergências.

– Nós camponeses lamentamos muito com esse programa ProSAVANA. Não é que não queremos o desenvolvimento do país. Não. O que estamos a pedir é o esclarecimento, como vamos ser tratados e como vamos viver. Isto é muito triste para nós – lamentou Antônio Lima, o rosto e a voz tensos pela preocupação, enquanto observava sua pequena roça de arroz, em Nampula, a ponta leste do Corredor de Nacala.

Lima tem os ossos da face bastante marcados. Os dentes são tingidos de um amarelo-alaranjado pela raiz da mulala, uma escova de dente natural. A casca é retirada e depois masca-se o interior até que ele se desfaça em cerdas. É camponês desde sempre, dedicado a sua lavoura e apaixonado pela terra. "Só trabalhei na enxada, desde minha vida, 48 anos de idade." Além das roças individuais, cultiva terras coletivas do grupo camponês Paulo Samuel Kankhomba. Também integra um movimento social camponês, onde ouviu falar do ProSAVANA. Tinha medo de ser expulso de sua terra para dar lugar a grandes plantações do Brasil.

Na ponta norte do Corredor, na região de Lichinga, o camponês Zacarias Aide discordava:

– Os brasileiros, como são irmãos, se vierem para cá nos ensinar a nova tecnologia, será uma vantagem para nós. E eles devem vir mesmo, para nós deixarmos de fazer coisas que não têm rendimento. Nesse momento, por hectare, a gente nem uma tonelada não consegue fazer.

Aide se vestiu à social para me receber: camisa de mangas curtas brancas, calças cinza, sapato preto, cinto marrom – todos maiores que o corpo magro. Além dele, me aguardavam outras nove pessoas do grupo Chitucuco, que na língua local quer dizer "desenvolvimento". O local do encontro era a terra deles. Em 6 hectares, plantavam milho entremeado com feijão e dividiam a pequena renda. Em volta das plantas, havia pequenos montinhos pretos, originados das cinzas da lenha queimada no preparo dos alimentos. Era o único adubo que tinham à disposição. O sonho dos camponeses, segundo Aide, "é transformar isso aqui como uma empresa, para mudar nossa forma de ser, de vida".

***

O ProSAVANA é o maior e mais polêmico projeto de cooperação do Brasil na África. Não se trata apenas de pesquisa agrícola, como as atividades da Embrapa em outros países africanos. Pretende desenvolver uma cadeia agrícola completa no Corredor de Nacala, com ações de estímulo tanto à produção como à comercialização.

Originalmente, são dois os grupos-alvo. Primeiro, os agricultores familiares. A ideia é que colham mais alimentos e tenham mais opções para vendê-los. Segundo, os agricultores de escala comercial. Esse grupo é uma novidade em si. Praticamente toda a agricultura moçambicana é familiar. Plantações médias e grandes representam menos de 4% das áreas agrícolas do país.[3] O programa iria, então, estimular a instalação de investidores na região – do Brasil, inclusive – para que produzissem grandes quantidades.

Assim, o ProSAVANA é o primeiro projeto brasileiro que mistura cooperação e interesses econômicos. A fábrica de medicamentos contra a aids já havia recebido dinheiro da Vale, mas era um patrocínio. A mineradora não tinha objetivo de fabricar remédios no futuro. No caso do ProSAVANA não. Os brasileiros desejam produzir soja e outros grãos no Corredor de Nacala.

Esta não é a única novidade do ProSAVANA. Nenhum outro projeto brasileiro de cooperação tem um horizonte tão longo. São vinte anos – de 2011 a 2030. A fábrica contra a aids, a mais antiga iniciativa até agora, deve completar quinze anos no final das atividades da Fiocruz. O ProSAVANA também é o que tem o maior número de beneficiários estimados: 400 mil pequenos e médios de agricultores. O orçamento total, revisto e drasticamente reduzido em 2014, é de 3,3 milhões de dólares.

O ponto de partida do programa é a semelhança entre a savana e o cerrado, um celeiro de grãos. Acredita-se que o resultado agrícola brasileiro – com produtividade de seis a dez vezes maior – possa ser replicado na África. Lula foi um grande entusiasta dessa ideia:

— A savana africana tem as mesmas características do cerrado, que quarenta anos atrás era tido como terra imprestável e que hoje é a que mais produz grãos por hectare no mundo. Nós achamos que uma parte da savana pode ser a revolução agrícola da África – falou, na Tanzânia, em 2010.[4]

Se traçarmos uma linha reta do Corredor de Nacala até o Brasil, cairemos em Minas Gerais, Goiás e Mato Grosso, polos do agronegócio brasileiro. O pesquisador da Embrapa Henoque Silva, que coordenou os campos experimentais da instituição na região, explica:

— No Brasil, a região do cerrado está entre as latitudes 13º e 17º sul. Se você pega a 13º e a 17º sul em Moçambique, exatamente aqui temos o Corredor de Nacala.

O Mato Grosso, por exemplo, fica localizado entre as latitudes 10º a 17º sul. No paralelo 13, estão sete das dez cidades que mais produzem soja no Brasil, todas nesse estado: Sorriso, Sapezal, Nova Mutum, Campo Novo do Parecis, Diamantino, Nova Ubiratã e Lucas do Rio Verde. Juntas, elas colheram 10% de toda a soja nacional em 2010 – entre 1.800 municípios com a cultura.[5] A região de Lichinga, onde o setor agrícola brasileiro mais tem interesse, fica exatamente na latitude 13° sul.

— Tudo que foi produzido no Brasil em termos de tecnologia durante quarenta anos e tornou o Brasil o maior produtor de grãos serviria aqui – continuou Silva.

No Brasil, uma das iniciativas públicas para fomentar a agricultura no cerrado foi o Programa de Cooperação Japão-Brasil para o Desenvolvimento dos Cerrados (PRODECER). Iniciado nos anos 1970, forneceu apoio técnico e financeiro por cerca de vinte anos para produtores que se instalassem em regiões como Minas Gerais. Isso favoreceu a ocupação das terras por migrantes do Sul do Brasil. Nessa época, a Embrapa surgiu e começou a desenvolver soluções específicas para clima e solo tropicais.

Na visão japonesa, o PRODECER fez com que o cerrado se tornasse um dos maiores produtores agrícolas do mundo, ajudando a balancear a oferta e demanda de comida no mundo. O país oriental é um grande importador de grãos e refém da alta nos preços das commodities. Porém, na opinião de movimentos sociais brasileiros, o projeto removeu quem ocupava a terra originalmente, favoreceu a expansão do agronegócio e devastou o cerrado.

A proposta do Brasil e do Japão é atualizar a experiência do PRODECER em Moçambique. Para as organizações camponesas locais, o histórico brasileiro é mais um problema do que uma vantagem:

– Colegas tiveram oportunidade de ir ao Brasil e disseram que lá tem programa idêntico e que as pessoas não ficaram satisfeitas – afirmou, preocupado, o agricultor Antunes Raimundo, da União de Camponeses do Niassa, uma das províncias alvo do projeto.

As miúdas notícias sobre o ProSAVANA se espalhavam pouco a pouco pela zona rural do Corredor de Nacala, num buchicho que fermentava curiosidades, expectativas e preocupações. As informações circulavam especialmente entre os camponeses organizados em grupos cooperativos. A maioria deles estava sob o guarda-chuva de movimentos sociais e ONGs, que preparavam uma dura oposição ao programa nas suas sedes em Maputo. O principal era a União Nacional de Camponeses (UNAC).

O temor era que o vínculo do ProSAVANA com a agricultura comercial gerasse uma corrida por terras, expulsando famílias que produzem na região. O governo moçambicano rebatia: havia áreas desocupadas que poderiam ser usadas por investidores sem prejuízo social. As estatísticas oficiais mostravam que o país tinha 36 milhões de hectares de terra arável (equivalente ao Mato Grosso do Sul) e apenas 16% eram cultivados.[6] Os grupos camponeses retrucavam que os habitantes estavam espalhados, não havendo grandes extensões contínuas disponíveis.

Um dos auges da campanha contra o ProSAVANA ocorreu em maio de 2013, quando foi enviada uma carta aberta para os chefes do Estado de Brasil, Japão e Moçambique, para "deter e refletir de forma urgente" sobre o programa.[7] "Como se justifica que a cooperação internacional que devia promover a solidariedade entre os povos converta-se num instrumento de facilitação de transações comerciais obscuras e promova a usurpação de terras comunitárias que de forma secular usamos para a produção de comida para a nação moçambicana?", questionou.

A correspondência era assinada por 23 grupos moçambicanos. A eles se juntaram nove do Japão e trinta do Brasil, como o Movimento dos Trabalhadores Rurais Sem Terra (MST). Em uma das reuniões entre a equipe do ProSAVANA e a sociedade civil local, um diplomata de Brasília disse que a redação da carta lembrava o português brasileiro, sugerindo que a oposição ao ProSAVANA em Moçambique era manipulada pelas organizações do Brasil. O comentário indignou os moçambicanos, que abandonaram o encontro.

***

Em maio de 2013, percorri o Corredor de Nacala por terra, ao longo de doze dias. Meu objetivo principal era apurar o que os camponeses sabiam e esperavam do ProSAVANA.

Comecei a viagem pela ponta norte do "L", a região de Lichinga, onde a Embrapa montou um campo de cultivo experimental. De lá, o Corredor de Nacala desce vertical por mais de 300 quilômetros. O ponto de entroncamento do "L" é Cuamba, cidade à qual vai chegar a nova linha férrea construída pela Vale, vinda das minas de carvão.

Fiz esse trajeto de chapa (a van que faz o transporte coletivo). Parte era de estrada de terra, parte de asfalto. A paisagem lembra muito o cerrado mineiro, onde cresci. Em um terreno com poucas variações de altitude, nasce uma vegetação aberta de savanas, formada por árvores baixas com galhos retorcidos e solo coberto por gramíneas. Seca, mas verdejante.

De Cuamba parte um outro trecho ferroviário que será reformado pela multinacional, com 350 quilômetros pela base do "L", até chegar ao município de Nampula, a extremidade leste do corredor. Percorri esse trajeto no trem, antes da reforma. Pelo caminho, a paisagem vai ficando mais seca, até se tornar parecida com o semiárido do Nordeste.

Para ouvir os camponeses, não bastava simplesmente aparecer no campo e dar início a uma conversa, como se faria no Brasil. Em Moçambique, é preciso respeitar algumas formalidades. A primeira é ter um intermediário. É ele que estabelece o contato entre as duas partes e faz as introduções. No meu caso, o papel foi feito pela UNAC. Em seguida, é necessário agendar um encontro formal, ao qual comparece não apenas uma pessoa, mas a comunidade.

Em todas as reuniões que tive, homens, mulheres e crianças se juntaram embaixo de uma árvore para aguardar a chegada da "jornalista". O primeiro momento da conversa era o mais importante: a apresentação. Não pode ser um mero encadeamento de respostas às dúvidas principais, em que o estranho diz quem é, de onde veio, por que veio. É um ritual que deve ser seguido com respeito e atenção.

Quem fala não tem pressa. Quem ouve olha, observa e avalia em silêncio de vozes e gestos. Estamos no ponto sutil onde se tenta construir confianças – que não existem *a priori*, especialmente quando você é branco, estrangeiro e mulher. É aqui a hora de cativar todos os membros do encontro, não apenas quem fala português. Por isso, entonação, pausas, o instante e o local do olhar e a maneira de gesticular são por vezes mais importantes do que o que é dito.

Em um desses encontros, a influência do Brasil estava escancarada. O camponês Calixto Adida, da região de Lichinga, vestia uma camiseta de futebol do "Brazil", cor azul, número 11 e o nome do jogador Robinho. Às gargalhadas, me garantiu que não estava com a roupa de propósito. Nem sequer sabia que a "visita" era brasileira. Disse que comprou a peça por menos de 100 meticais (7,5 reais). Mais que isso seria inviável. Sua renda familiar não chega a 30 mil meticais por ano (2.250 reais). Adida tem cinco filhos. Está abaixo da linha da pobreza, porém melhor que muitos dos membros da sua comunidade.

Nas visitas, os camponeses foram narrando suas práticas agrícolas. O principal instrumento de cultivo é a enxada de cabo curto – um símbolo agrícola moçambicano, presente até na bandeira nacional, cruzada com uma AK-47. Também usa-se catana (tipo de facão), machado e embalagens plásticas transformadas em regador. A aplicação de insumos é rara. Os fertilizantes são esterco, folhas, restos de cultura e cinzas do carvão usado para cozinhar.

Para combater pragas, há muitas receitas naturais. Uma delas é um repelente feito com diversos produtos com cheiro – folhas de eucalipto, alho, gasolina, sabão, tabaco – e pulverizado com o chacoalhar de uma vassoura. A ideia é afastar os bichos pelo odor forte. Nem sempre dá certo. Eventuais adversidades naturais, como chuvas em excesso ou secas, também podem prejudicar a colheita.

As roças camponesas, chamadas de machambas, são diminutas. Das áreas agrícolas de Moçambique, 99% têm menos de 10 hectares (no Brasil, propriedades deste tamanho não são nem metade do total); 70% têm menos de dois hectares.[8] Praticamente não há serviço assalariado no campo e quem trabalha a terra é a família. A machamba de Antonio Lima, no extremo leste do Corredor de Nacala, se encaixa bem nessa descrição. Com menos de dois hectares, cabe toda dentro dos limites do olho. Nela, o camponês produz arroz, mandioca, batata-doce, feijão, amendoim. Seu orgulho é o arrozal, já dourado, prestes a ser colhido. A esposa e três dos seis filhos participam do trabalho.

A terra moçambicana é muito fértil. Mais que o cerrado, segundo pesquisas iniciais da Embrapa e de investidores brasileiros. Mas, devido às simples técnicas usadas, perde nutrientes em cerca de dois anos de uso. Então, os camponeses as deixam em repouso por mais dois ou três anos, para que se recuperem. Depois, voltam a cultivar nela. Ou seja, é uma agricultura itinerante.

Segundo o pesquisador da Embrapa Henoque Silva, os camponeses moçambicanos conseguem fazer milagres com o mínimo que têm à disposição. São muito competentes no trato com a terra. Mas não é fácil produzir dessa maneira. Por isso, há camponeses ansiosos por receber apoio. Entre eles, Francisco Mulomba, colega de Zacarias Aide no grupo Chitucuco, norte do Corredor de Nacala:

– Nós estamos a chorar! Nossos antepassados faziam isso. Até agora, é assim mesmo e não tem rendimento. É só para consumo. Só! Como é à mão, com enxada, só conseguimos um pouco! Podia ter tantas toneladas de produção... e não consegue! Mas nossa terra pode tudo! [...] Pelo menos se fosse um doador para nos ajudar, para deixarmos de trabalhar com enxada... Podia vir tratores, instrumentos de trabalho, técnicos bem-formados para ensinar técnica e nós apanharmos mais rendimentos. As comunidades poderiam produzir mais. Se vem uma nova forma de trabalhar, é vantagem para nós! Nós agradecemos muito os brasileiros! Bem-vindos!

As dificuldades de produção são muitas, mas são apenas uma parte do problema. Outro obstáculo é a venda dos excedentes. Costa Estevão, do grupo camponês Mputo, região de Nampula, explicou:

– Venda aqui? Ihhhh. É uma grande preocupação. Há muita falta de mercado. Só há esses comerciantes ambulantes, que vêm aqui com as balanças deles e começam a nos roubar. Eles dão a ordem: esse amendoim vou comprar por tanto. Não tem outra maneira de vender.

Perto dali, um "desses ambulantes" negociava com sua balança amarrada em uma árvore. Pesava o amendoim de um camponês da região e dava o preço. Era visto como uma pessoa poderosa, ditando as regras do jogo, mas não passava de um homem pobre como todos os demais. Junto dele, estavam alguns poucos sacos já comprados naquele dia. Enquanto os homens adultos acertavam a venda, duas crianças de menos de cinco anos e com as roupas surradas almoçavam sentadas no chão de terra. Em um pratinho azul de plástico, apenas alguns pedaços de abóbora cozida, nada mais.

Se houvesse um sistema para comprar a produção, seria bom? Fiz essa pergunta no grupo camponês Mputo, sem pretensões, esperando apenas um sim ou um não de resposta. E recebi uma enxurrada de apoios, como se a pergunta descortinasse a possibilidade de uma vida nova. Depois de um breve silêncio, todos disseram "sim", caindo na risada e aplaudindo em sinal de agrado.

– Sim! Sim! Seria bom! Muitíssimo bom. Bom mesmo! Se houvesse esse sistema de comercialização, nós poderíamos pelo menos ter três, cinco, sete hectares [de plantio]. Trabalhamos pouco porque não há sistema de comercialização. Por que eles [os brasileiros] não vêm comprar [a produção]? – disse um porta-voz do grupo.

A vida dos camponeses é difícil. O modo de cultivo é o mesmo dos antepassados. Somente com enxada, fica difícil aumentar a área plantada. As pragas combatidas com inseticidas naturais reduzem a produção. Com as técnicas usadas, a terra logo se esgota e é preciso trabalhar de forma itinerante. As possibilidades de venda do excedente agrícola são mínimas. Extremos naturais trazem de volta a sombra da fome.

Por isso, os camponeses pedem mudanças. Querem apoio para produzir mais e melhor, como máquinas e novas técnicas. Além de compradores para suas colheitas. A grande questão que debatem é como se darão essas mudanças e qual será seu impacto no seu modo de vida.

***

– Nós ficaríamos satisfeitos se viessem procurar saber de nós quais são as nossas dificuldades. Falta de represa, falta de um cliente que compre os produtos a um preço satisfatório, falta de máquinas para nos ajudar a lavrar a terra. E sermos nós os responsáveis pela prática da atividade. Eles serem os compradores dos produtos e só ajudarem.

Foi dessa maneira que um camponês do grupo Kankhomba, o mesmo de Antônio Lima, região de Nampula, anunciou as demandas do grupo, em português, após um longo debate na língua local. Eles não pretendiam virar empregados de outros que fossem produzir ali. Queriam continuar a trabalhar nas machambas e a viver de acordo com seus costumes, no chão dos seus antepassados.

Em Moçambique, a terra se ocupa por tradição. Onde avós ou pais fizeram machamba, netos e filhos também podem plantar por direito. O régulo (o chefe local) mobiliza as famílias para saber que área é de quem e onde há terrenos disponíveis. Não se assinam papéis, apenas se ocupa. É um código legal oral.

Mas a terra em que se planta não é a única que se usa. Também são aproveitados cajueiros, mangueiras, bananeiras, árvores que nascem e vivem em solo comum, sem dono. Há ainda os locais sagrados, onde enterram os mortos e evocam os antepassados. Assim, a conexão com a região onde se vive é material e imaterial. Retirar-se para dar lugar a um investimento estrangeiro significa deixar para trás a história e a cultura do grupo.

Era o que me explicavam os camponeses do grupo Kankhomba. São macuas, um dos povos mais numerosos do norte de Moçambique. Separaram para mim uma das poucas cadeiras e, diante dela, colocaram uma pequena mesa coberta por uma capulana. Pequenas delicadezas em um cenário de pobreza. A maioria das casas eram palhotas, um tipo de construção com barro e galhos, similar à taipa. Não havia energia elétrica ou água encanada.

Na minha frente, dispostos como uma plateia, os camponeses se acomodaram no chão sob esteiras de palha. A maneira de sentar é impossível para os ocidentais: as pernas esticadas para a frente e o tronco reto, sem nada onde encostar e sem apoiar as mãos no chão. Os homens estavam separados das mulheres. Algumas tinham bebês amarrados no colo, que iam se amamentando conforme a fome chegava – são eles que pegam o peito, não é mãe que oferece. Elas não usavam sapatos. Mas estavam lindas, com as capulanas de cores vibrantes que as macuas gostam de usar – vermelho, amarelo e verde.

O sol queimava como se fosse dezembro. Ainda assim, o calor não provocava agitação. Quem detivesse a vez da voz, teria os ouvidos respeitosos do resto do grupo. Eu ouvia com atenção redobrada, tentando decifrar o sentido do que não era traduzido. Entremeadas no idioma macua, havia palavras em português. Eram pistas do que se discutia, assim como o tom e a melodia do orador e as onomatopeias de reação eram o indício de como estava o ânimo da conversa.

Antônio Lima, além de membro do grupo, fazia parte da UNAC. Pediu a fala para explicar as últimas notícias que vinham de Maputo sobre o ProSAVANA. Todos mantiveram os olhos nele e exprimiram sincronizados sons de surpresa conforme as novidades eram costuradas.

Uma semana antes, a UNAC realizara uma assembleia nacional com a participação de representantes de todos os cantos do país. O tema mais importante discutido foi justamente o programa brasileiro. Na mensagem final do encontro, a organização dizia ter constatado "muitas discrepâncias e contradição nas insuficientes informações disponíveis, indícios e evidências que confirmam a existência de vícios de concepção; irregularidades no suposto processo de consulta e participação pública; sérias e iminentes ameaças de usurpação de terras dos camponeses e remoção forçada das comunidades".[9]

Conforme os representantes voltavam para suas bases, transmitiam as informações que tinham recebido. Era o que Lima fazia. Na fala dele, em macua, era possível entender um pouco do que explicava. Citou o nome das três províncias onde o programa era realizado (Niassa, Nampula e Zambézia) e resumiu qual era a função de cada país no "programa ProSAVANA". "Brasil" e "brasileiro" vinham acompanhados de "técnica". "Japão" traria a "máquina". E "Moçambique" participaria com "etthaya", que na língua local significa terra.

Depois de uma longa discussão, um dos membros do grupo resumiu em português: "Terminamos de analisar [o ProSAVANA] e vimos que de fato não estamos tão satisfeitos." Lima deu continuidade:

– Não sabemos como é que eles do ProSAVANA vão nos tratar quando encontrarem os camponeses. A UNAC está informada de que vamos ser retirados das nossas zonas para uma zona que não sabemos. Temos dificuldade. Onde vamos alimentar, onde vamos produzir? Na comunidade, produzimos aqui, alimentamos aqui e é aqui que fazemos todas as nossas atividades camponesas. Aqui tem mangueiras, bananeiras. Não sei o que eles vão fazer com nossos cajueiros. Temos aqui uns lugares sagrados. Nascemos aqui, enterramos aqui. Sim. E as crianças que nós temos? Quando crescem [dizemos]: você planta aqui, você aqui.

– Eu tive a opinião de que o governo seria o primeiro a falar com as comunidades, a explicar o que é o ProSAVANA, o que vem, por quanto tempo e vai começar quando. O governo não deixou clareza, nem explica nada. Vai sair grande confusão, porque faltou ter consultas indicou Lima.

O processo de consulta comunitária, de que falava Lima, está enraizado na sociedade rural moçambicana. Antes da realização de qualquer empreendimento, quem vive na terra é reunido para discutir e deliberar em conjunto. Só depois de finalizada essa etapa é que as atividades podem começar. Contudo, os primeiros movimentos do ProSAVANA foram tomados sem essa preocupação. De acordo com os documentos oficiais, foram ouvidos apenas mil agricultores para basear o plano de desenvolvimento do projeto. O número representa uma em cada 4 mil pessoas que vivem no Corredor de Nacala.

A poucos quilômetros da Kankhomba, o presidente do grupo Mputo, Costa Estevão, também voltara havia poucas semanas do encontro da UNAC e recebera as primeiras informações sobre o ProSAVANA. Com o grupo reunido à sombra de uma árvore, Estevão explicou:

– Ouvimos que está a vir o programa ProSAVANA. É preocupante para nós, que somos camponeses. Estive na assembleia da UNAC. Estão a dizer que querem usar 14,5 milhões de hectares. Onde é que vão conseguir isso?

A pergunta do líder camponês soou tão absurda que movimentou uma risada extravagante entre o grupo. 14,5 milhões de hectares? Para quem conta o tamanho da roça em unidades de hectare, imaginar a área-alvo do ProSAVANA era uma abstração matemática. Além disso, o grupo ficava em uma das áreas mais habitadas do Corredor de Nacala e lhes parecia uma ideia de maluco achar que havia tanta terra disponível.

As mulheres, sérias e caladas, colocaram um largo sorriso à mostra e depois levaram a mão ao rosto, para se esconderem em timidez. Os homens fizeram um movimento de bater nas pernas e nos braços uns dos outros, sacolejando o corpo, fazendo o riso fluir.

Na verdade, nenhum dos documentos do ProSAVANA falava que toda essa área seria ocupada. Apenas usava a medida de 14,5 milhões de hectares para caracterizar o tamanho da região que era foco do programa. O engano pode ser atribuído à escassez de informações oficiais.

Os governos brasileiro, japonês e moçambicano não davam nenhuma resposta satisfatória. Assim, a falta de transparência se tornou o principal adubo para as dúvidas e para o crescimento da oposição ao ProSAVANA. Se havia algo a esconder, bom não haveria de ser. Assinado em 2009, o programa ainda não tinha apresentado com clareza quais seriam as ações desenvolvidas.

***

Não era a primeira vez que os camponeses tinham de lidar com um projeto de desenvolvimento agrícola vindo do exterior. No final da década de 1990, o grupo camponês Kankhomba, por exemplo, foi beneficiado pela cooperação canadense, que estimulou o surgimento de cooperativas, forneceu apoio técnico e disponibilizou maquinário.

– O Canadá colocava máquinas, nós lavrávamos e produzíamos. Depois eles vinham comprar. Produzíamos bem dinheiro! Havia grande trabalho e a gente gostava muito. Desde que eles foram embora, ficamos areados. Mas não paramos, estamos a tentar. Estamos a chorar que venha projeto nos apoiar, mas não vem! – disse um camponês do grupo.

O projeto canadense agradou aos camponeses e teve resultados enquanto durou. Quando acabou, os frutos deixaram de ser colhidos e a situação voltou para o ponto em que estava anteriormente. Da mesma forma, o grupo camponês Mputo recebeu da Oxfam, uma ONG internacional, uma moageira para fabricar farinha. Tudo foi muito bem, até que houve a primeira avaria no equipamento. Os camponeses não tinham treinamento para fazer o reparo e não havia na região peças de reposição. Já fazia quase uma década que a máquina estava parada.

Além dessas, existiram muitas iniciativas norte-sul antes do ProSAVANA. Há uma diferença de modelos. Enquanto aquelas eram pontuais, do tipo "projetos-piloto", com atividades em uma ou outra comunidade, o ProSAVANA pretende abranger todo o Corredor de Nacala e gerar mudanças estruturais. A chave para isso seria o fomento ao desenvolvimento de toda a cadeia agrícola, da produção ao comércio, dos camponeses até os empresários do agronegócio. Assim, os impactos, positivos ou negativos, devem ser maiores.

Um dos grandes defensores da ideia de conciliar agricultura comercial com familiar é Lula, em cujo governo foi assinado o ProSAVANA.

– Nós vamos enfrentar em Moçambique o mesmo problema que enfrentamos no Brasil. Aqui, ainda tem gente que acredita que é incompatível a convivência da agricultura familiar com o agronegócio. É plenamente compatível. O agronegócio vai produzir, vai exportar. E ele não substitui o pequeno negócio. Nem o pequeno empresário vai suprir a capacidade produtiva do agronegócio. Nós temos que respeitar a cultura de cada local, mas a gente não pode permitir que continue o conceito de agricultura de subsistência. Que o cidadão ache que nasceu para plantar uma mandioquinha, para fazer sua farinhazinha para comer com seu peixinho. Temos que fazer ele entender que, se tiver acesso à tecnologia, vai produzir muito mais coisa no mesmo hectare – defendeu o ex-presidente Lula, na entrevista que concedeu para este livro.

Movimentos sociais do campo no Brasil não concordavam. Duas semanas antes da entrevista, ocorreu uma conversa fechada sobre o ProSAVANA no Instituto Lula. Estavam presentes MST, Movimento dos Pequenos Agricultores (MPA), Federação dos Trabalhadores na Agricultura Familiar (FETRAF), Confederação Nacional dos Trabalhadores na Agricultura (CONTAG). O título do encontro era "Moçambique, corrida às terras e a presença do Brasil". Um representante moçambicano da UNAC foi convidado para fazer a abertura. Em uma fala incendiária, disse que nada do ProSAVANA poderia ser aproveitado em proveito dos camponeses e que era preciso rasgar o programa e começar do zero, assustando os brasileiros.

– Eu sou militante do PT há quinze anos e fico assustado com essa cooperação. Me parece que a gente deixou a condição de explorado e passou a explorar – desabafou um diretor da CONTAG.

– A atitude que o governo brasileiro tem com o ProSAVANA muito nos envergonha. Tem um novo colonialismo em curso – disse um representante da FETRAF.

– Nossa cooperação não é para levar as contradições que temos aqui. Você não dá uma vaca doente. A cooperação tem que dar o que temos de melhor – criticou um agricultor do MPA

– Passamos da fase de sondagem para a fase de enfrentamento de situações reais. Tive vários arrepios sobre os desafios que estão postos nessa mesa – falou Matilde Ribeiro, ex-ministra da Secretaria Especial de Políticas de Promoção da Igualdade Racial, no governo Lula.

A SAVANA VAI VIRAR CERRADO

Afinal, o que é o ProSAVANA?
Ao longo do trajeto pelo Corredor de Nacala, camponeses me fizeram essa pergunta com frequência. Não era fácil responder a ela. Nem as instituições que coordenavam o programa explicavam de modo concreto o que ele era além das intenções. Quais ações seriam desenvolvidas? Nada era dito. A justificativa era que pontos específicos continuavam em estudo. Sem respostas definitivas, é compreensível que houvesse dúvidas.

O ProSAVANA é um conjunto de três projetos diferentes. Primeiro, "Pesquisa e Investigação", para testar em Moçambique tecnologias criadas para o cerrado. Segundo, "Plano Diretor", um amplo desenho de ações para desenvolver uma cadeia agrícola no Corredor de Nacala. E, por fim, "Projeto de Extensão e Modelos", para estudar formas de transmissão de técnicas mais modernas para os camponeses.

Os três são executados separadamente, por diferentes instituições com pouca articulação entre si. A Embrapa toca a vertente de pesquisa. O Plano Diretor ficou a cargo da FGV Agro, que se define como "um *think tank* voltado ao agronegócio brasileiro e seu desenvolvimento". E as ações de extensão ficaram com a ASBRAER (Associação Brasileira de Assistência Técnica e Extensão Rural) e o SENAR (Serviço Nacional de Aprendizagem Rural). O último é ligado à Confederação Nacional da Agricultura (CNA), o grupo ruralista liderado pela ministra da agricultura Kátia Abreu (DEM-TO).

Embrapa, FGV Agro e SENAR têm vínculos com o agronegócio. Já organizações brasileiras voltadas à agricultura familiar não fazem parte do ProSAVANA. Este é outro fator de combustão para as críticas ao programa.

A gestação política do ProSAVANA foi muito rápida. Em abril de 2009, Brasil e Japão assinaram um documento expressando interesse em cooperar para desenvolver a savana tropical africana.[1] Naquele momento, ainda não se falava de Moçambique. Nos meses seguintes, missões técnicas confirmaram a semelhança entre o cerrado e o Corredor de Nacala. Em julho, o primeiro-ministro japonês e Lula concordaram em promover o desenvolvimento agrícola de Moçambique, a partir da experiência do PRODECER no cerrado. Em setembro, foi assinado um documento com as linhas-mestras do ProSAVANA.[2] O processo todo levou cinco meses.

"A savana africana tem em torno de 700 milhões de hectares, dos quais 400 milhões são aráveis. É a maior área agricultável não utilizada no mundo. O desenvolvimento agrícola sustentável, incluindo Moçambique, vai contribuir não apenas para conquistar a segurança alimentar da população local e promover o desenvolvimento socioeconômico da região, mas também fortalecer a segurança alimentar global", anuncia o documento.[3]

***

Até 2013, as atividades da Embrapa eram as únicas palpáveis do ProSAVANA – o Plano Diretor e o Projeto de Extensão continuavam em estudo. São as ações mais importantes já realizadas pela Embrapa na África.

Para coordená-las, foi aberto um pequeno escritório em Maputo. Na prática, não é nada além de uma sala dentro do prédio do Instituto de Investigações Agrárias de Moçambique (IIAM). A vantagem é que a estrutura demanda profissionais residentes no país, para atuar exclusivamente nos projetos locais. Em Moçambique, são três. Além do coordenador na capital, um em Lichinga e outro em Nampula, onde a Embrapa montou campos de experimentos agrícolas.

Neles, são cultivadas diversas variedades de plantas e realizados experimentos com diferentes técnicas de produção. O trabalho não visa a desenvolver novas tecnologias. Tudo que é testado é resultado de décadas de pesquisas da Embrapa no Brasil para encontrar soluções adequadas às condições tropicais.

O que é feito, então, é verificar se a tecnologia de produção brasileira pode se adaptar em Moçambique. A premissa é que as condições do cerrado e da savana são parecidas, aumentando as chances de fazer funcionar em solo moçambicano aquilo que deu certo no brasileiro. Em regiões de clima temperado, como a Europa, há menos possibilidades de sucesso na transferência de tecnologias para regiões tropicais.

O trabalho nos campos está previsto para durar cinco anos – de 2011 a 2016. A ideia é que os experimentos resultem em sugestões para dois grupos de agricultores: camponeses, que cultivam roças de subsistência, e investidores de larga escala, que o ProSAVANA pretende atrair. No caso do primeiro grupo, o objetivo é encontrar variedades de alimentos que produzam mais, sejam mais resistentes a pragas e doenças, tenham valor nutricional maior e possam ser cultivadas com insumos e tecnologias baratos – como pequenas maquinetas.

Em relação à agricultura de larga escala, o interesse é em variedades de elevada produtividade, cultivadas com maquinário de grande porte. De olho nas oportunidades que devem se abrir, empresários brasileiros já visitam os campos da Embrapa desde seu primeiro ano de operação. De um deles, saem "maravilhados": o de Lichinga, a menina dos olhos da instituição na África.

Capital do Niassa, Lichinga fica na latitude 13° sul – a mesma da região do Mato Grosso que mais produz soja no Brasil. É uma zona montanhosa, com 1,4 mil metros de altitude, amenizando as temperaturas. O clima tem duas estações, uma quente e úmida e outra fresca e seca. A vegetação é baixa, com gramíneas, como no cerrado. Os solos também são parecidos. Argilosos e de coloração vermelha, são ácidos, podendo ser corrigidos com calcário ou gesso. Já a fertilidade "é muito melhor" que a brasileira, contou Henoque Silva, brasileiro que coordenou o trabalho nos campos da Embrapa em Moçambique até meados de 2013.

Os produtos da terra, contudo, não são semelhantes. No labirinto de vielas do movimentado mercado público de Lichinga, estão à venda legumes, verduras e frutas de tamanho diminuto, resultado de frágeis cultivos que não conseguem fazer os alimentos crescerem. Parecem miniaturas, empilhadas delicadamente em forma de pirâmide pelas mãos rachadas das vendedoras.

A área da Embrapa onde são feitos os experimentos em Lichinga é pequena, com apenas 5,5 hectares. O primeiro plantio, realizado no final de 2012, teve soja, trigo, milho, feijão e arroz. Ao longo da safra, especialistas de diferentes unidades da Embrapa visitaram o campo para auxiliar no desenvolvimento do trabalho. A colheita de estreia ocorreu no início de 2013 e deixou os pesquisadores de queixo caído. Variedades brasileiras se adaptaram muito bem, cresceram vistosas e tiveram excelente produtividade – falava-se em aumento de 50% em relação às moçambicanas. Pragas e doenças foram raras, não se justificando o uso de agroquímicos.

– O feijão se saiu muito bem, olhe as vagens! Veja o milho como ficou! É só ver como estava carregada a soja! Foi semeada em três datas diferentes, parecia uma escadaria. Ficou muito lindo! O trigo ficou uma beleza. Queremos que se fomente o trigo aqui, porque Moçambique é um dos maiores importadores de trigo. Uma coisa espetacular! Se você aparecesse em fevereiro, ah, era um espetáculo! – exultou Celso Mutadiua, mostrando fotos das plantas adultas.

Eu chegara ao campo poucos meses após a colheita. Mutadiua não se contentava em mostrar as fotografias, queria que eu tivesse visto as plantas carregadas. Naquela altura, o campo experimental estava praticamente todo colhido, restando poucos lotes com arroz e milho. Em um pequeno galpão, foram guardados os frutos da colheita: ramos de soja e trigo pendurados em vigas de madeira e grãos armazenados em saquinhos. Tudo organizado com esmero.

O entusiasmado Mutadiua é o responsável pelo campo experimental da Embrapa em Lichinga. Jovem agrônomo moçambicano, fez mestrado na Universidade Federal de São Carlos, no interior de São Paulo, e retornou ao seu país para trabalhar no ProSAVANA. Trata as variedades da Embrapa como um jardineiro cuida de orquídeas. Com os olhos brilhando e a voz embargada por um sorriso farto, celebrou os primeiros resultados.

A estrutura de trabalho que Mutadiua tinha à disposição era muito simples, cedida pelo instituto agrário moçambicano. Uma sala para o agrônomo e o galpão onde ficavam as colheitas que passariam por análises técnicas fora de Moçambique – o país não tinha a tecnologia para fazê-lo. Não havia instrumentos e equipamentos de ponta.

O segundo campo experimental da Embrapa fica na outra ponta do Corredor de Nacala, em Nampula, a cerca de 700 quilômetros de Lichinga. Lá, o entusiasmo não é tão grande. A região se parece mais com o semiárido do que com o cerrado. Chove menos e de forma inconstante, os solos são mais arenosos e secos, as temperaturas mais altas. Por isso, as variedades cultivadas são diferentes, com destaque para o algodão. Além disso, a densidade populacional da região é muito maior e dificilmente serão instalados ali grandes empreendimentos agrícolas.

– No cerrado, grandes áreas foram facilmente transformadas em zonas de produção agrícola. Na província de Nampula, temos uma propriedade agrícola a cada dois hectares. Ou seja, cerca de 5 mil propriedades a cada 10 mil hectares. Isto dificulta muito uma agricultura de áreas extensas para produção de excedentes agrícolas exportáveis. Por outro lado, no Niassa já existem essas áreas extensas – diferenciou Henoque Silva, da Embrapa, que morou em Nampula por cerca de um ano.

O Niassa se tornou então a área focal do interesse brasileiro em grãos, uma espécie de Mato Grosso africano. Além de se parecer mais com o cerrado e ser mais fértil que Nampula, é a maior e menos povoada província do país e a que mais tem terras disponíveis – 2 milhões de hectares, segundo o Ministério da Agricultura. É cinco vezes a área ocupada pelos mais de 200 mil camponeses existentes na província. Até agora, eles são praticamente os únicos agricultores. Em escala comercial, há somente seis, ocupando juntos menos de mil hectares.[4]

– E 99,99% da agricultura é familiar, em quase nada nós temos a agricultura comercial. Por isso, nós estamos mais interessados no ProSAVANA, para começarmos a ter uma agricultura voltada para o mercado – disse o diretor de Agricultura da província do Niassa, Eusebio Tumuitikile, na sede do governo local.

Como os campos experimentais foram as primeiras atividades concretas do ProSAVANA, foi natural que dúvidas, críticas e expectativas confluíssem primeiro para os seus coordenadores. Mutadiua e Silva já estavam cansados de ser abordados. Explicavam que seu trabalho era apenas o componente científico e diziam que questões sobre remoção de famílias e atração de investidores, por exemplo, deveriam ser endereçadas a outras vertentes do programa.

Silva ainda argumentava com convicção que havia diferenças entre o que o Brasil fez no cerrado e o que a Embrapa pretendia na savana. Os riscos não eram os mesmos, garantia. Em Moçambique, a instituição trabalhava em vertentes de pesquisa que "não existiram no cerrado" para não repetir os danos. Entre elas, recomendações específicas para a agricultura familiar e estudos de impactos socioambientais.

O próprio Mutadiua fez mestrado em agroecologia no Brasil, cujos aprendizados pretendia aplicar em Moçambique. Sua intenção era ter ganhos de produtividade com o mínimo uso de agrotóxicos e adubos minerais. Isso seria possível com a adoção de sementes menos suscetíveis a pragas e doenças e com a conservação da qualidade dos solos, explicou. Não é uma utopia, confia o agrônomo, já que a safra inicial de Lichinga foi uma agricultura "praticamente orgânica". Resta saber se os investidores topariam participar dessa empreitada.

– Não queremos cometer os mesmos erros que o Brasil. O cerrado quando foi desenvolvido teve problemas. Era um desmatamento louco! Hoje é um mar de soja! Teve problemas de agrotóxicos etc. Estamos a tentar contornar esses erros que foram cometidos na altura – defendeu Mutadiua.

***

Enquanto a Embrapa testa tecnologias agrícolas, a FGV Agro elabora o Plano Diretor. A instituição é privada, um braço da unidade de assessoria técnica da Fundação Getulio Vargas, e foi escolhida para realizar o projeto através de uma licitação internacional realizada pelo PNUD, órgão da ONU que intermedia a cooperação brasileira. Segundo informações de bastidores, a FGV Agro cobrou um preço baixo para aumentar suas chances de vencer – cerca de 1 milhão de dólares. Pouco depois, lançou por conta própria um fundo de investimentos privado para produzir e comercializar no Corredor de Nacala, com expectativa de captar até 2 bilhões de dólares.

O coordenador da FGV Agro é Roberto Rodrigues, o primeiro ministro da Agricultura de Lula, no cargo até 2006. No governo, foi o grande entusiasta de levar o modelo nacional de biocombustíveis para a África. Até agora, porém, o foco dos projetos do *think tank* tem sido outro: cereais. "Não acho que seja estratégico começar com o telhado, mas com o alicerce: comida, alimentos. Depois, biocombustíveis. Espero que aconteça", afirmou Rodrigues, por telefone.

O Plano Diretor é considerado o cérebro do ProSAVANA, traçando as ações que devem ser implementadas, até 2030, para criar um polo agrícola no Corredor de Nacala. O objetivo é que a agricultura na região não seja mais orientada para a subsistência, mas para o mercado. Os camponeses produziriam mais do que precisam para se alimentar e venderiam o excedente. Empresas de processamento agrícola, por exemplo, fábricas de farinha e alimentos industrializados, se instalariam na região para comprar a colheita local. Além disso, seriam atraídos investidores para plantar culturas com alto valor de mercado, voltadas para a exportação – soja e gergelim, principalmente.

Por isso, era o Plano Diretor que teria condições de sanar as dúvidas mais concretas. Qual era a escala do ProSAVANA? Quantas famílias camponesas ele abrangia? Quais atividades elas desenvolveriam? Comunidades poderiam ser reassentadas para abrir espaço para grandes fazendas? Quais comunidades? Qual seria a participação do setor privado? Como Brasil, Japão e Moçambique pretendiam atrair investidores? A resposta oficial era sempre a mesma: não era possível dar informações porque o Plano Diretor ainda estava em estudo e era preciso esperar pela sua finalização.

Como parte do trabalho, o Plano Diretor já tinha feito um raio X de todo o Corredor de Nacala. Analisou condições de clima e solo e tipos de cultivo adequados para cada região. Registrou a distribuição populacional na área e traçou qual era a disponibilidade de terras para novos plantios. Verificou como era o acesso a sementes, insumos e implementos agrícolas e também a oferta de mão de obra. Ainda pesquisou o estado da infraestrutura de escoamento e armazenamento agrícola. E estudou o potencial do mercado consumidor local e internacional.

A principal crítica ao Plano Diretor era que o trabalho ocorria a portas fechadas, sem a participação das populações rurais que eram seu público-alvo e que poderiam ter suas vidas impactadas pelo ProSAVANA. Em 2012, foram realizadas rodadas de reuniões com as "partes interessadas" em apenas cinco cidades. Quatro eram capitais, longe das zonas rurais e das famílias camponesas. Talvez isso explique o ínfimo número de agricultores ouvidos no processo: quatorze. Vale lembrar que a população estimada do Corredor de Nacala é de 4 milhões de pessoas.[5]

Depois que a oposição ao ProSAVANA começou a ganhar corpo, foram organizadas consultas públicas em todas as regiões do Corredor de Nacala. O objetivo era "disseminar informações corretas", em uma resposta ao que eram considerados boatos. Também pretendia-se "coletar opiniões, questionamentos e demandas", que seriam levados em conta na preparação do Plano Diretor. No primeiro semestre de 2013, foram ouvidos cerca de mil agricultores.[6]

Porém, enquanto os camponeses ainda eram ouvidos, em abril de 2013 vazou na internet um rascunho do Plano Diretor datado de março, dando mais combustível para a oposição ao ProSAVANA. Eram papéis bastante detalhados, de 214 páginas, em inglês.[7] Sendo um rascunho, é elementar que seria revisado e modificado. Ainda assim, o material fez revelações importantes. Ao contrário do que a coordenação do ProSAVANA dizia, muito já estava desenhado.

O cronograma para a execução do Plano Diretor estava dividido em três fases. A primeira, de 2014 a 2020, previa a transição da agricultura de pousio (na qual a terra entra em descanso para recuperar a fertilidade) para a fixa. Essa seria a principal premissa para o aumento da produtividade dos pequenos e médios agricultores. Não era um objetivo modesto. Pretendia-se modificar um modo de trabalho rural secular, realizado por milhões de pessoas.

Depois de fixados, alguns camponeses seriam estimulados a obter a documentação da posse da terra, deixando de ter acesso a elas somente com base no direito oral e ancestral. Era uma ideia ainda em estudo, que facilitaria "a identificação de áreas para a promoção agrícola de grandes agricultores, empresas privadas e agricultores médios".[8]

Ainda na primeira fase, estavam previstas ações de apoio aos camponeses, como acesso a sementes e fertilizantes a preços acessíveis e oferta de crédito rural. Outra meta era o início do investimento privado no plantio, no processamento e no comércio agrícola.

Na segunda fase, de 2021 a 2025, a intenção era iniciar clusters, áreas para as quais seriam canalizadas ações. Estavam previstos sete. Dois de plantio comercial de grãos (especialmente soja) e um para produção de sementes em larga escala (soja, inclusive). Outro de logística de distribuição e armazenamento agrícola. Dois para renovar as culturas de chá e caju, já existentes na região. E o sétimo para produção familiar de alimentos.

Na terceira e última fase, de 2026 a 2030, a meta era que a nova cadeia agrícola do Corredor de Nacala estivesse em funcionamento. A produção agrícola teria aumentado, tanto dos camponeses como dos produtores de larga escala. Nesse último caso, desejava-se que "uma substancial quantidade de soja e gergelim fosse exportada". Esperava-se também que indústrias de processamento agrícola local estivessem em operação.[9]

Para atingir esses resultados, o rascunho do Plano Diretor propunha que fossem realizados dezesseis "projetos de impacto rápido". Metade deles teria financiamento público e a outra metade, investimento privado. Dentre eles, "seis podem eventualmente implicar a necessidade de reassentamento involuntário" de comunidades, diz o documento. Caso isso "seja inevitável", devem ser oferecidas "condições para que as pessoas removidas possam aproveitar o benefício derivado do projeto. Elas devem ser consultadas extensivamente e ter a oportunidade de participar no planejamento e implementação do plano de reassentamento". O maior temor dos camponeses, de serem removidos de suas terras, não era nenhum disparate.[10]

O rascunho do Plano Diretor também previa um Data Book de investimentos, uma cartilha para diminuir a percepção de risco dos investidores e dar o caminho das pedras para aqueles interessados. Mas não eram quaisquer negócios que o ProSAVANA pretendia atrair. Por isso, também seria elaborado um documento com os Princípios de Investimento Responsável em Agricultura. Só receberiam apoio oficial aqueles empreendimentos que atendessem a exigências predeterminadas.

A resposta da equipe do ProSAVANA ao vazamento foi a mais crua possível: não se tratava da versão final do Plano Diretor e era preciso aguardar a publicação do documento oficial. O lançamento, contudo, atrasou. Deveria ter ocorrido em novembro de 2013, vinte meses após o início do projeto. Porém, em vez do Plano Diretor, foi divulgado apenas o que seriam suas linhas gerais. O novo papel foi chamado de "Nota Conceitual".[11]

Não significava apenas um atraso, mas uma mudança de orientação. O propósito era debater o documento com os camponeses, amparando a preparação da versão final – a falta de consulta popular era uma das principais críticas ao Plano Diretor. Além disso, a Nota Conceitual buscava contornar o mal-estar provocado pelo vazamento do rascunho do Plano Diretor, cinco meses antes.

Um olhar cuidadoso nota diferenças no tom dos dois documentos. O oficial fala muito mais dos agricultores familiares do que o rascunho vazado. Ao tratar dos clusters, refere-se a apenas três: chá, castanha de caju e processamento de mandioca. Não faz menção aos outros quatro sugeridos na versão que vazou – três deles propunham produção de soja.[12]

Em meio a tantos rodeios, em pelo menos um aspecto a Nota Conceitual foi direto ao ponto: "Espera-se que o setor privado seja a força propulsora do desenvolvimento."[13]

A TERRA MAIS BARATA DO MUNDO

– A terra em Moçambique é a mais barata que existe em nível mundial. Posso dizer que é *free*. Tu pagas menos de um dólar por hectare por um ano.

Abdul Cesar, diretor do Centro de Promoção da Agricultura em Moçambique (CEPAGRI), não exagerou ao comentar sobre o custo da terra. Toda ela pertence ao Estado, não há propriedade privada. Portanto, não pode haver compra e venda. O único custo é o pagamento de impostos – muito baixos – para obter e manter uma concessão agrária por cinquenta anos, que pode ser renovada. É o Direito do Uso e Aproveitamento da Terra, o DUAT.

Cesar falava de um jeito decorado, sem emoção, com a voz acelerada e impaciente de quem repete o óbvio. O órgão que ele dirige faz parte do Ministério da Agricultura moçambicano e é encarregado de dialogar com o setor privado agrário. É objetivo de Moçambique se aproximar deste último para impulsionar a agricultura comercial, não voltada apenas para a subsistência. Por isso, Cesar vinha reforçando os atrativos da terra para interessados, principalmente estrangeiros.

A principal arma do Estado para conquistar investidores é a possibilidade de concessão de áreas para agricultura. Calcula-se que existam em Moçambique mais de 30 milhões de hectares aráveis não utilizados (aproximadamente o tamanho do Rio Grande do Sul). O setor privado, por sua vez, teria que oferecer aquilo de que o país não dispõe: maquinário, insumos, sementes melhoradas. O Corredor de Nacala foi incluído entre as regiões focais dessa política. E os brasileiros estão entre os principais interessados nas terras.

– O Brasil está vindo agora em massa. Com a promoção do ProSAVANA, acredito que muitos brasileiros virão trazer sua experiência do cerrado, para desenvolver o Corredor de Nacala. Não para levar nossa terra, mas para produzir e capacitar nossos produtores. Serão parceiros – defendeu Cesar.

Não significa, por conta do interesse do Estado de Moçambique, dono do chão, e da disponibilidade de terra, que basta chegar e pegar. Para obter o DUAT, há mais exigências do que para a compra no Brasil. É preciso apresentar um detalhado plano de desenvolvimento econômico e um termo em que a comunidade local aprove a instalação do empreendimento em sua vizinhança.

Esse sistema surgiu na transição para a independência, quando a propriedade privada agrária foi abolida para evitar que portugueses comprassem largas porções e as deixassem improdutivas. A partir daquele momento, não bastava somente ter capital, era preciso aprovação do Estado.

É um processo demorado, mas que tem uma vantagem imbatível do ponto de vista do investimento: elimina o primeiro e principal custo de instalação de um negócio agrícola, a compra da terra. No Brasil, ela está cada vez mais cara. Entre 2003 e 2012, a cotação média do hectare saltou de 2,3 mil reais para 7,5 mil reais. O crescimento é o dobro da inflação média anual.[1]

No município de Sorriso (MT), maior produtor de soja nacional, uma fazenda nua (sem plantação ou construção) de 10 mil hectares custa em média 50 milhões de reais. Só o Imposto Territorial Rural (o IPTU da terra) anual é de pelo menos 225 mil reais. Já em Sinop (MT), outro polo do agronegócio, os valores são de 28 milhões de reais para compra e 130 mil reais por ano de tributação.[2]

Enquanto isso, em Moçambique, paga-se menos de 10 mil meticais (750 reais) em taxas para obter o DUAT. E um imposto anual de 37,5 meticais por hectare (quase 3 reais). Assim, a mesma área de 10 mil hectares custa menos de 400 mil meticais por ano. Isso dá 30 mil reais.[3] É menos de um quarto do valor da tributação no Mato Grosso, sem nenhum custo de aquisição. A inexistência de propriedade privada, quem diria, se tornou um dos principais ímãs do agronegócio.

— É uma atração para que os investidores venham com muita força. Mas que requeiram terra para investir, não ocupar. Se em dois anos não conseguem implementar o projeto, sem justificativas aceitáveis, a terra é devolvida ao Estado — alertou Cesar, com rigidez.

O baixíssimo custo da terra não seria uma vantagem se ela não fosse produtiva. Não é o caso. O solo do Corredor de Nacala é mais fértil que o do Brasil. Quem diz isso é a Embrapa, que fez experimentos no país, e o Grupo Pinesso, que montou o primeiro plantio de soja brasileiro em Moçambique. Em ambos os casos, quase não foi necessário usar fertilizantes químicos e agrotóxicos, diminuindo ainda mais o custo de produção. Mesmo se for preciso adubar, as perspectivas são boas. Há na região uma enorme reserva de fosfato, importante componente de fertilizantes, e a Vale detém a licença de pesquisa.

Transportar a produção também é mais fácil do que no Brasil. Moçambique está na metade do caminho até a China, a principal compradora de grãos do mundo, inclusive dos produzidos no Brasil. Em 2013, 75% da soja brasileira exportada foi para o país asiático. Mais de 32 milhões de toneladas. A demanda chinesa é crescente, o que ajuda a explicar o avanço da sojicultura brasileira e seu interesse de se expandir para a África.[4]

O Corredor de Nacala também fica mais próximo do mar do que o Centro-Oeste brasileiro. Do ponto mais distante até o porto, são cerca de 800 quilômetros. No Brasil, são pelo menos 1.600 quilômetros no trajeto de Cuiabá a Santos.

O caminho até o porto de Nacala está garantido, já que a Vale está construindo a ferrovia que vai cruzar a região para escoar carvão. O empreendimento deve ficar pronto entre 2015 e 2016 e ter 18% de capacidade ociosa, que pode ser usada para grãos. A mineradora, inclusive, aposta no desenvolvimento do agronegócio no Corredor de Nacala para tornar o eixo logístico mais rentável. Segundo o presidente da multinacional, Murilo Ferreira, "vai ser uma ferrovia aberta. Qualquer empreendedor que chegar lá [e disser] 'vou plantar milho, soja, vou criar gado' vai encostar no terminal e vai exportar".[5]

O Centro-Oeste brasileiro, por sua vez, enfrenta um gargalo logístico. Os produtores dependem do transporte terrestre, mais caro que o ferroviário. Nas redondezas dos portos de Santos e Paranaguá, por onde a maior parte dos cereais é exportada, formam-se filas quilométricas de caminhões, enquanto no mar há longa espera para atracagem de navios.

Aos ouvidos do agronegócio brasileiro, Moçambique parece um Eldorado agrícola. Aos olhos do governo moçambicano, a experiência agrícola do Brasil descortina a possibilidade de uma agricultura que não seja apenas de subsistência, diminuindo a importação de alimentos e gerando mais negócios. Cesar, o diretor do CEPAGRI, resumiu:

— Nossa capacidade de explorar é muito reduzida. O objetivo é colher experiências do Brasil com vosso cerrado. Virão brasileiros com muita experiência, serão os líderes e também trabalharão com os nossos produtores. Darão uma capacitação a eles. Se há essas oportunidades de investimentos, por que não aderir? Queremos que nossa agricultura não seja só via de enxada, mas seja mecanizada. Com enxada, não iremos longe.

***

Moçambique não é o único país da África a despertar o apetite do agronegócio e o Brasil não é o único faminto. A savana africana é considerada uma das últimas fronteiras agrícolas do mundo. A produção familiar, em pequena escala e com baixo uso de tecnologia, é a predominante em todo o continente. Estimativas indicam que esse tipo de agricultura ocupa uma pequena fatia do território arável, restando grandes extensões sem atividade produtiva.

Até a década de 1990, o fato não gerou ambição. A África era vista como um território perdido, onde não valia a pena investir. O interesse na agricultura começou a surgir no final dos anos 2000, devido ao "renascimento africano" e ao aumento no preço dos alimentos pós-crise internacional de 2008.

Além disso, as perspectivas de crescimento da população mundial e de aumento da renda – que tende a introduzir a carne no cardápio, exigindo maior produção agrícola para dar de comer aos rebanhos – levaram a crer que ficaria cada vez mais caro alimentar os habitantes do planeta. Empresários e fundos de investimentos viram nisso oportunidades de lucros. Na mesma época, também houve uma explosão de expectativas internacionais sobre o biodiesel.

Tudo isso contribuiu para gerar uma nova corrida por terras na África. Um extenso cálculo sobre o tema sugere que dois terços das áreas adquiridas por estrangeiros em todo o mundo, entre 2000 e 2010, seriam africanas – 134 milhões de hectares no total, o equivalente ao estado do Pará.[6]

De uma hora para a outra, investidores de diversas nacionalidades foram para a África e começaram a negociar com os governos locais a instalação de projetos agrícolas. Em troca das terras, prometiam introdução de tecnologia, aumento de produtividade, infraestrutura para escoamento e armazenamento, além de empregos. E também mais alimentos. Com 13% da população mundial, a África Subsaariana tem 25% dos subalimentados.[7]

O Brasil, potência agrícola mundial, embarcou nesse movimento. Três grandes empresas foram pioneiras. A Guarani, da qual a Petrobras Biocombustível é sócia; o Grupo Pinesso, nome do agronegócio brasileiro, com atuação no Mato Grosso e no Mato Grosso do Sul; e a Odebrecht.

A Guarani tem 14 mil hectares de cana-de-açúcar, na região de Sena, centro de Moçambique. O plantio foi comprado de uma empresa moçambicana, juntamente com uma usina de açúcar, em 2007. A intenção da Petrobras era aproveitar o empreendimento para construir sua primeira unidade de produção de etanol na África. Outro entusiasta da internacionalização do modelo brasileiro de biocombustíveis é o BNDES, que estuda formas de participar com financiamento.

Já o Grupo Pinesso cultiva algodão no Sudão (país localizado abaixo do Egito) desde 2010, em parceria com o empresário brasileiro Paulo Hegg e o governo local. Em 2013, tinha mais de 10 mil hectares plantados. Também iniciou a produção de soja em 500 hectares no Corredor de Nacala, em sociedade com grupos de Moçambique e Portugal. A Odebrecht entrou no ramo do agronegócio africano em seguida, com uma fazenda de 42 mil hectares de cana-de-açúcar em Angola, para fabricar açúcar e etanol.

São iniciativas isoladas de empresas específicas. Já em Moçambique, a aposta é que uma leva de brasileiros atue no país, desde agricultores individuais até o grande agronegócio. Por que Moçambique despertou tanto interesse do Brasil? Segundo um consultor agrícola envolvido nos projetos brasileiros, "Moçambique vai ser o país da agricultura". Nenhum outro na África reuniria tantas condições favoráveis: terras baratas e férteis, governo aberto ao investimento, localização estratégica, ferrovia e portos em implantação. Para o Brasil, vale lembrar que há o bônus da semelhança do Corredor de Nacala com o cerrado.

O interesse de Moçambique na experiência brasileira em agricultura não é novo. Desde a independência, a FRELIMO buscou no Brasil parceiros para desenvolver o setor. No final dos anos 1970, uma consultoria agrícola carioca foi contratada pelo governo do país para elaborar projetos de cultivo e identificar grupos brasileiros interessados nas terras moçambicanas. Na época, o então embaixador do Brasil em Maputo, Ronald de Moraes Small, comemorou que a FRELIMO socialista aceitava a presença do empresariado brasileiro "pela primeira vez".[8] A história está registrada no porão de arquivos do Itamaraty, em Brasília.

A parceria vingou e agrônomos brasileiros viajaram para Moçambique para conhecer as condições locais e preparar os projetos. Durante 25 dias, percorreram quase todas as províncias do país. Ficaram em choque com a riqueza das terras e não tiveram nada a notar sobre a pobreza das gentes. Aos olhos deles, as condições sociais brasileiras eram muito mais degradantes que as africanas (aproximadamente 40% da população do Brasil era pobre no final dos anos 1970).[9] Hoje seria impossível fazer a mesma avaliação. A este respeito, o embaixador Small escreveu para o Itamaraty:

– [Os agrônomos] viram áreas de extraordinárias possibilidades para a agricultura e também para a pecuária, confirmando assim o que sempre se afirmou sobre Moçambique. Extensos vales onde "a terra poderia ser vendida a peso, de tão rica". Apesar disso, não viu a equipe fome ou miséria, gente em farrapos etc. comparável a certas áreas no Brasil. Encontraram em todos os pontos que visitaram enorme receptividade ao fato de serem brasileiros e repetidamente lhes foi assinalada a comparação com a dificuldade de entendimento com equipes de outros países. Sobretudo foi ressaltada a rapidez com que se situavam dentro dos problemas locais.[10]

Apesar do entusiasmo inicial, muitos projetos não foram para a frente por falta de financiamento. Moçambique tinha pouco dinheiro em caixa e queria que o governo brasileiro custeasse as iniciativas, o que não ocorreu. Um dos poucos frutos dessa empreitada foi a introdução da soja, da variedade Santa Bárbara. É a primeira experiência conhecida com o grão no país africano.

Mais de trinta anos depois, os brasileiros estão voltando com novas variedades nacionais da oleaginosa. A diferença é que, desta vez, não foram procurados pelo governo moçambicano, mas impulsionados pelo brasileiro, através da cooperação sul-sul.

***

A iniciativa privada mais importante do Brasil em Moçambique é um intrincado empreendimento de produção de grãos e venda de sementes, fertilizantes, agroquímicos. É elaborada pela FGV Agro, a mesma instituição responsável pelo Plano Diretor do ProSAVANA, um indicativo de que os propósitos de cooperação e econômicos se imiscuíram em determinado momento. As equipes envolvidas nos dois eixos são diferentes, mas trocam informações.

O projeto privado da FGV Agro foi lançado em 2012, com o nome de Fundo Nacala. Era um fundo de investimentos que pretendia captar até 2 bilhões de dólares no mercado para aplicar na produção de grãos – sobretudo soja, algodão, milho e arroz – em centenas de milhares de hectares no Corredor de Nacala. É o maior plano agrícola do Brasil na África. O nome completo da iniciativa, The Africa Opportunity Fund I: Nacala, sugeria que Moçambique seria apenas a primeira parada no continente africano.

O retorno esperado para os investidores era de 20% ao ano. É uma rentabilidade altíssima, garantida pela economia de capital na compra da terra e pela logística de escoamento mais barata do que no Brasil. Em um evento com empresários brasileiros e africanos em Fortaleza, em agosto de 2014, os representantes das construtoras Andrade Gutierrez e OAS suspiraram ao ouvir o palestrante da FGV Agro mencionar a cifra e comentaram entre si: "É melhor do que fazer obra."

No Brasil, a cerimônia de lançamento do Fundo Nacala foi aberta pelo então ministro da Agricultura do país, Mendes Ribeiro. Em Moçambique, teve participação do vice-presidente Michel Temer. A Embrapa e as agências de cooperação do Brasil e do Japão, países que participam do ProSAVANA, apareceram como apoiadoras. O governo brasileiro era um importante braço de suporte do Fundo Nacala.

Em seguida, o jogo virou. A chegada de um plano agrícola privado de larga escala colocou mais lenha na fogueira em que o ProSAVANA já estava metido, acusado de dar entrada ao agronegócio e, potencialmente, expulsar camponeses de suas terras. Então, a posição oficial do Estado brasileiro mudou. A Agência Brasileira de Cooperação (ABC), que coordena o ProSAVANA, passou a fazer de tudo para se desvencilhar do Fundo Nacala.

— Houve uma precipitação no lançamento do Fundo Nacala. Em vez de eles irem no vácuo do ProSAVANA, eles se anteciparam — opinou Fernando Marroni de Abreu, diretor da ABC.

Segundo Abreu, o lançamento do Fundo Nacala gerou "um mal-entendido" de que o empreendimento estivesse relacionado com o ProSAVANA. O diretor da ABC garante que não. Mas os documentos do Plano Diretor do ProSAVANA que vazaram em 2013 mostram que já estava previsto um plano para financiar "projetos de desenvolvimento agrícola de larga escala", chamado exatamente de Fundo Nacala.[11]

Em 2014, as negociações da FGV Agro com Moçambique estavam avançadas e eram realizadas em alto nível, inclusive com o ministro da Agricultura, José Pacheco. Durante uma das reuniões, ele teria dito: "Vão em frente, sem medo, Moçambique precisa parar de importar alimento."

***

Além de apoiar o começo do Fundo Nacala, o governo brasileiro despertou o interesse de agricultores individuais. Entre eles, os Peron, uma família de pioneiros agrícolas do Sul do Brasil.

— O pioneiro pode se desenvolver mais rápido que o pessoal que chegar depois. Com certeza tem mais oportunidade de crescer. Mas não se sabe o que pode acontecer. A gente sendo pioneiro o risco é bem maior – vaticinou Rodrigo Peron, de trinta anos.

Na sua fala cotidiana, o "r" puxado, as sílabas comidas, a economia nos plurais e as concordâncias despreocupadas não deixam dúvidas. Rodrigo Peron é um homem interiorano, que passou boa parte da vida no campo. A narrativa de pioneirismo agrícola da sua família começou com o avô. O patriarca saiu do Rio Grande do Sul, na década de 1960, e se tornou um dos primeiros a explorar a área de São Miguel do Iguaçu, cidade paranaense na tríplice fronteira (Brasil, Paraguai e Argentina). Na geração seguinte, os filhos homens foram plantar em Goiás. Já o cunhado subiu para o Mato Grosso do Sul e para o Paraguai.

Esse mesmo movimento ocorreu simultaneamente com milhares de pessoas. Nos anos 1970 e 1980, agricultores do Sul do Brasil partiram em massa em direção ao Centro-Oeste para explorar as terras baratas. A abertura dessa fronteira agrícola aumentou a produção, transformando o país em uma das maiores potências da agricultura mundial. Mas a exploração veio acompanhada de um rosário de problemas: desmatamento do cerrado e da Amazônia, conflitos com povos indígenas, problemas fundiários e trabalhistas.

Em Moçambique, visto como uma nova fronteira agrícola do Brasil, Rodrigo Peron deseja costurar o próximo ponto na história desbravadora da família. Pretende plantar em 8 mil hectares no distrito de Mandimba, no Niassa. Seu pai, João Peron, com quase 60 anos, deseja atuar em outros 8 mil hectares. A intenção de pai e filho é produzir soja, mas para os primeiros anos preveem milho, arroz e feijões, em um investimento de mais de 3 milhões de dólares. São os primeiros agricultores brasileiros individuais a pedirem concessão de terra em larga escala para o governo moçambicano.

– Eu ficava olhando o mapa do mundo e pensando: se dá agricultura aqui [no Brasil] vai ter que dar lá em Moçambique também! Aí a Embrapa montou um escritório lá. E o país fala português. Então eu liguei na Embrapa de lá e falaram: "Vai ter seminário em São Paulo sobre agricultura em Moçambique." E convidaram a gente para participar. A gente foi atrás numa época certa! – relembrou Rodrigo, que é agrônomo.

O evento para o qual foram chamados era o seminário internacional "Agronegócio em Moçambique: cooperação Brasil-Japão e oportunidades de investimento", promovido pelos órgãos de cooperação dos dois países, em abril de 2011. O objetivo era apresentar o ProSAVANA e falar da atração de investimentos, citada como um importante componente do programa.

O ministro da Agricultura de Moçambique voou até São Paulo para participar. Já do lado brasileiro, a presença mais ilustre foi da então senadora ruralista Kátia Abreu. Ela já conhecia bem os atrativos de Moçambique. No ano anterior, visitou o país para identificar áreas com potencial para futuros investimentos. Também apresentou o trabalho de qualificação de agricultores feito pelo SENAR no Brasil. O órgão, vinculado à organização ruralista que Kátia Abreu lidera, se tornou em seguida o executor de um dos três eixos do ProSAVANA. Naquela viagem de 2010, ela exultou:

— Estamos vendo toda a região como um polo de produção, um celeiro, não só para Moçambique como também para vários países da África.[12]

O seminário do governo brasileiro foi um empurrão para os Peron. Três meses depois, pai e filho já estavam em Moçambique, com mais meia dúzia de produtores do Paraná, para ver com os próprios olhos as terras e oportunidades. Ao chegarem ao país, pediram apoio da Embaixada do Brasil, que ajudou a marcar reuniões com o ministro da Agricultura, governadores de províncias e o responsável pela Embrapa. Alugaram um carro para percorrer o Corredor de Nacala e cristalizaram uma certeza: produzir em Moçambique seria um grande negócio. Uma mina de ouro.

— O ProSAVANA abriu as portas. Se não tivesse o ProSAVANA, acho que não ia ter mobilização de todo o mundo para fazer funcionar. Ia um agricultor, mas não ia tá integrado com outro agricultor para fazer logística. O ProSAVANA concentra quem tá interessado — falou Rodrigo Peron.

Os Peron resolveram apostar e solicitaram terras. Os pedidos caíram na mesa do ministro da Agricultura de Moçambique, autoridade encarregada de autorizar concessões de mil até 10 mil hectares. Se extrapolar esse limite, a análise compete ao Conselho de Ministros, que se reúne semanalmente para deliberar sobre os assuntos da maior importância nacional.

Junto com os pedidos, os Peron enviaram um detalhado projeto econômico, exigido pela lei moçambicana. Entre as informações, estão investimento previsto, atividades a serem realizadas, número de trabalhadores, capacidade técnica para tocar o negócio. Além de aspectos ambientais e socioeconômicos do empreendimento. No caso dos Peron, ficou acertada a construção de uma escola agrícola como benefício social. Foi uma forma de "unir o útil ao agradável", já que "o pessoal de lá não tem a mínima ideia da agricultura que se faz no Brasil", disse Rodrigo.

O processo, quando anda rápido, leva cerca de três meses, mas os Peron não tinham a mesma estrutura e o mesmo poder de negociação da FGV Agro. Enquanto esta tratava do assunto inclusive com o chefe da pasta da Agricultura de Moçambique, eles aguardavam havia quase dois anos o aval ministerial, sem nenhum retorno. No final de 2014, já não tinham muitas esperanças. A história deles prova que o interesse moçambicano na agricultura do Brasil não significa que as terras serão distribuídas com facilidade.

***

O Plano Diretor do ProSAVANA não foi o primeiro trabalho da FGV Agro em Moçambique. O *think tank* foi levado ao país pela Vale, que o contratou para realizar estudos de viabilidade de produção de biocombustíveis em terras moçambicanas. Não está claro se a mineradora pretendia investir na agricultura ela mesma ou atrair investidores, embora a segunda hipótese seja a mais provável. "A gente brinca muito com a Vale: a gente está aqui por conta de vocês", contou um membro da FGV Agro. A pesquisa resultou em um documento de quase mil páginas.[13] Foi depois disso que a instituição se aproximou do governo brasileiro para atuar no ProSAVANA.

Do lado do projeto privado da FGV Agro, o coordenador é Cleber Guarany, frequentemente no Aeroporto de Guarulhos em partida ou chegada da África. Entrou para a FGV Agro convidado por Roberto Rodrigues, ex-ministro da Agricultura de Lula, em uma época em que o grande entusiasmo agrícola pela África era a possibilidade de produzir biodiesel. Dessa área, Guarany entendia bem. Trabalhou com palma, planta usada na produção de óleo e biocombustível. Depois da crise de 2008 e da alta internacional no preço dos alimentos, contudo, o cenário internacional transferiu a atenção para os cereais.

Guarany participou de praticamente todas as etapas de negociação do Fundo Nacala, o desenrolar de um novelo emaranhado, que envolveu Moçambique, Brasil e outros países que tinham potencial para investir no projeto. Lançado em 2012, o empreendimento ainda não tinha uma cara final até 2014. Foram tantas mudanças ao longo desse período que quase toda a parte operacional mudou. Também foi tamanho investimento na estruturação do projeto que dificilmente a FGV Agro abriria mão dele.

Uma nova denominação entrou em cena em 2014: Mozil, em uma junção dos nomes em inglês dos dois países envolvidos, *Mozambique* e *Brazil*. Tratava-se de uma empresa privada que seria criada pela FGV Agro para operar o fundo de investimentos e implementar o projeto. Para isso, a Mozil pretendia fazer uma Parceria Público-Privada (PPP) em Moçambique – o governo moçambicano daria uma concessão agrícola para a Mozil, que seria remunerada de acordo com a produção.

À FGV Agro caberia a articulação com o governo de Moçambique, a estruturação do projeto como um todo e a captação financeira. Com relação a este último ponto, esperava-se que o BNDES concedesse o dinheiro necessário para dar início ao negócio – um crédito de 400 milhões de dólares para exportar máquinas e serviços agrícolas brasileiros para Moçambique. O banco não confirmou as negociações.

As atividades principais da Mozil seriam o cultivo de grãos e a comercialização do chamado "pacote tecnológico", que inclui sementes, fertilizantes e químicos para a terra. Para dar largada à produção, agricultores brasileiros seriam incorporados à Mozil para trabalhar em cerca de 50 mil hectares no Corredor de Nacala. Até meados de 2014, a FGV Agro dizia ter escolhido dez nomes – embora se negasse a divulgá-los.

Esses brasileiros teriam custo quase zero, já que a instalação do empreendimento seria bancada pelos recursos captados pela iniciativa. O mais provável é que não se mudariam para Moçambique para botar a mão na terra, como fizeram os pioneiros do Sul do Brasil na abertura de fronteiras agrícolas nas regiões Centro-Oeste e Norte. Nessa nova fase de expansão, mandariam funcionários para atuar na África. É o que já acontece com os negócios do Grupo Pinesso.

Nos primeiros anos, seria produzido arroz, que ajuda a preparar os solos. Em seguida, soja, milho e algodão. A expectativa do governo moçambicano era que apenas a soja fosse exportada e que os demais produtos fossem usados para reduzir o déficit alimentar do país. Só de arroz, faltam 220 mil toneladas por ano, dos quais a Mozil abasteceria 180 mil.

Até 2022, a produção brasileira poderia se expandir para 350 mil hectares, segundo documentos da FGV Agro. O que essa área representa? É similar à de plantio do maior produtor de soja do Brasil e do mundo, Eraí Maggi. Em 2013, ele cultivou 420 mil hectares e colheu uma produção de 1,7 milhão de toneladas – suficiente para encher 45 mil caminhões. Eraí é primo do ex-governador do Mato Grosso e ex-rei da soja, Blairo Maggi, do PMDB.[14] Assim, se os planos da FGV Agro derem certo, o empreendimento terá um dos maiores plantios de grãos do globo na próxima década.

Quanto ao "pacote tecnológico" da agricultura do Brasil, a ideia era vender tanto no Corredor de Nacala moçambicano como nos países vizinhos Malaui e Zâmbia. A largada seria dada com sementes. A maioria dos países africanos não permite transgênicos, entre eles Moçambique. Então deveriam ser exploradas opções não modificadas geneticamente, mas com produtividade de 30% a 40% maior, segundo a FGV Agro. Como a escala envolvida é alta, previa-se a instalação de uma unidade local de beneficiamento de sementes, colhidas de plantios feitos no próprio país, com potencial para ser uma das maiores da África.

O pacote seria usado, inclusive, nos plantios da Mozil. Além disso, poderia chegar a centenas de milhares de pequenos agricultores no Corredor de Nacala e nos países vizinhos, segundo o *think tank*. Para que isso ocorresse, falava-se em criar um "fundo de investimento social" para apoiar camponeses. Uma ideia avaliada era que eles pagassem pelos insumos com parte da produção futura. Também estavam previstas duas escolas técnicas para treinar cerca de duas centenas de camponeses por ano.

Por último, o projeto ainda pretendia viabilizar a logística de transporte e o armazenamento. Nesse sentido, a FGV Agro manteve conversas com a Vale para utilizar a ferrovia do Corredor de Nacala e o porto. Se a parceria der certo, os grãos produzidos pela Mozil e o pacote tecnológico do agronegócio brasileiro vão ganhar todo o norte de Moçambique, além de Malaui e Zâmbia, puxados pela locomotiva da multinacional.

Isso se o empreendimento sair do papel. Até o começo de 2015, as negociações continuavam em curso. Estavam avançadas, mas ainda não havia nada de concreto – exceto a mudança de um dos principais membros do projeto para Maputo. Não era por falta de empenho da FGV Agro. A instituição corria para dar início às plantações e colocar o empreendimento no mapa dos novos negócios na agricultura africana.

FÉ NOS IRMÃOS BRASILEIROS

– O que vocês querem que o Brasil faça? – perguntei.
– Eles devem vir, os nossos irmãos brasileiros, para nos ajudar a desenvolver a área de cereais. Nós queremos mais milho, mais soja, mais tudo! Tudo deve crescer, em vez de só introduzir em todas as áreas o pinho [madeira de reflorestamento]. O pinho para nós não vai nos ajudar nesse momento. Mas, se os brasileiros vierem, nós vamos explicar: nessa terra vamos fazer batatas... Tudo vamos produzir! – confiava o camponês Zacarias Aide.

Aide tinha fé nos "irmãos brasileiros". Sua fala estava engasgada. As coisas tinham dado errado com os estrangeiros da Europa, agora precisavam dar certo com o Brasil. O agricultor estava em uma difícil posição. Atrás de si, uma machamba de milho mais alta que uma pessoa era cultivada em linhas imprecisas por mãos camponesas, as dele inclusive. À frente, uma recente plantação de pinho se alongava em retas perfeitas, traçadas pela máquina, da empresa Chikweti, pertencente a um fundo de investimentos sueco.

Aquela pequena fronteira entre plantações estava localizada no distrito de Sanga, uma zona montanhosa e fria ao norte da capital do Niassa. Era uma das primeiras zonas em litígio entre os novos investidores interessados na terra moçambicana e os camponeses. Uma disputa que antevê dilemas que também podem acometer os projetos brasileiros. O que ocorreu, segundo Aide, foi o seguinte: a Chikweti chegou com "as árvores que não dão de comer". Pouco a pouco, o projeto cresceu e a plantação avançou. Inclusive sobre aquelas terras, que tinham dono: os camponeses do grupo Chitucuco.

– Isso aqui foi terreno dos nossos antepassados. Porque nós nascemos aqui. Então, quando crescemos, ocupamos as mesmas zonas dos nossos avós. Portanto, não somos novos aqui. Mas o outro com uma força mais forte já invadiu, nos atingiu. Sim. Isso aconteceu – reclamou Aide.

Na divisa entre os dois modos de produção havia algo curioso. De repente, a plantação de pinho penetrava sorrateira na roça de milho, por cerca de 20 metros. Depois, voltava à sua linha original, margeando atenta a produção de subsistência. Por que aquela curva? Antes, havia ali uma machamba de milho, que desmanchou-se por um momento para a colheita. Como uma erva daninha, o pinho europeu rapidamente ocupou o espaço.

– É uma situação triste para nós, que não temos nada, não é? Nosso terreno! E a gente vive através do terreno. A gente cultiva milho, feijão. Mas não está fácil produzir o suficiente para consumir. Estamos decadentes. Estamos a fazer crianças. Não sei futuramente como havemos de viver, porque a empresa apertou-nos. Aqui deste lado estão eles. Do outro lado estão eles. E nós estamos aqui. Não pode avançar nem para a frente, nem para trás – emendou a narrativa Francisco Mulomba, colega de Aide.

Se do lado camponês a curva mesquinha da plantação internacional prendia o olhar, do lado da empresa europeia outra cena chamava atenção. Ao fundo, distante das machambas camponesas, o pinho já estava alto, com mais de 2 metros e troncos em formação. Mais próximo, contudo, havia frágeis mudas recém-plantadas. O que houve?

Uma revolta camponesa

Numa noite sem lua, homens, mulheres e até crianças se juntaram silenciosamente no local. Estavam armados de catana, um tipo de facão. Antes que o sol iluminasse a terra, boa parte da plantação de pinho foi destruída. O ato de resistência foi mais simbólico do que efetivo. Logo depois, a Chikweti replantou os prejuízos, mas colheu a mensagem de que os camponeses resistiriam.

Na zona rural de Moçambique, os maiores projetos privados estrangeiros em curso não são de agricultura, mas de plantio e processamento de madeira de reflorestamento, como o da Chikweti. Apenas seis empresas pretendem cultivar quase 600 mil hectares de pinho e eucalipto até 2025.[1] É mais que qualquer plano brasileiro na região. Os responsáveis são noruegueses, suecos e portugueses. E a província alvo é o Niassa, também no foco do Brasil.

– Já observamos muitos plantios de madeira. O mundo precisa de papel e celulose, mas aquelas áreas não podem ser ocupadas totalmente por madeira – defendeu a ruralista Kátia Abreu em sua passagem por Moçambique em 2010, posicionando a produção de grãos na corrida pelas terras.[2]

Depois de ouvir a sina dos camponeses do grupo Chitucuco, palavra que significa "sucesso", "desenvolvimento", tentei pôr à prova a fé nos brasileiros. Aide respondeu inabalável:

– E se os brasileiros tentarem plantar nas machambas de vocês? – questionei.

– Pegar nossas machambas para plantar pinho?

– Para plantar cereais.

– Quando forem plantas que se consome, parabéns!

– Não pode dar o mesmo tipo de problema que deu com a Chikweti?

– Não, eu juro que não vai! Não vai acontecer. Porque os brasileiros, conosco, como somos irmãos, nós vamos fazer diálogo. E nós vamos explicar o que a gente queremos aqui. Tudo vamos explicar! Portanto, não haverá contradição. Contradições que nós temos com essa empresa de Chikweti é que eles vêm como uma força. E essa força nós não conseguimos dar resposta, porque eles vêm com dinheiro. Dão aos líderes ali, pronto, os líderes começam a trabalhar a favor deles. Quando trabalham a favor desses, nós não temos quem nos ajudar.

– E se os brasileiros fizerem a mesma coisa?

– Não, eles não vão fazer! Porque já aprendemos. Vamos explicar o que a gente quer. Havemos de explicar.

***

– Tem espaço para tudo! Nós vamos dar para os brasileiros algumas áreas onde a gente não consegue trabalhar. Aqui tem áreas com troncos grandes, que nós não conseguimos trabalhar com enxada, com machado, com as mãos. Eles vão ter instrumento, por exemplo, motosserra e não sei o quê, para fazer cair as árvores. Então, vão ocupar ali. Pronto – sentenciou Aide.

Eu pressionava, pergunta após pergunta, mas nada abalava a confiança de Aide nos brasileiros. Mesmo acuado pelo avanço internacional nas terras que eram dos seus antepassados, ele garantia que havia espaço para o Brasil na província do Niassa. A lógica do seu raciocínio era a mesma dos dirigentes moçambicanos: as famílias estão concentradas nos entornos das estradas, de chão ou de asfalto. Avançando para longe das estradas, haveria terras desocupadas.

– O Niassa tem uma densidade populacional muito baixa. O plano que está sendo desenhado no Corredor de Nacala é para ver se a ocupação do solo é feita de forma escalonada: as famílias ao longo das estradas, os médios agricultores depois das famílias e os grandes no interior. Isso é fácil de se perceber, né? Temos terras disponíveis para que o investidor possa conviver com as comunidades sem nenhum problema – explicou, um tanto impaciente, o diretor de agricultura da província, Eusébio Tumuitikile.

Ao sobrevoar a província de avião, a justificativa parece fazer sentido, porque é possível notar grandes porções desocupadas. Já ao trafegar pelas rodovias, povoados pontuam todo o caminho, cercados por uma pequena miríade de machambas. São as aldeias, na linguagem que ficou de herança do colonialismo português. A estrada é sua porta para o mundo e, por isso, à margem dela é colocado à venda tudo que é produzido pela comunidade: colheitas, farinhas, carvão vegetal, cestos. As paredes das casas são de taipa. O telhado é de palha, escorrendo lisa como fartos cabelos. Pode haver ainda umas poucas construções de tijolo sem reboco e pintura.

Para onde se olha, grupinhos de crianças se movem saltitantes, a pele negra desbotada pela poeira e o corpo colorido com as roupas surradas, emendadas, rasgadas, de tamanho desproporcional, ou muito grandes, ou muito pequenas. Elas não usam sapato, uma exclusividade dos homens adultos.

Em um desses povoados, um membro da União de Camponeses de Niassa se agachou e desenhou na terra para me explicar por que as famílias estavam aglomeradas em volta das rodovias. Segundo ele, ao longo dos dez anos da luta pela independência e dos dezesseis de guerra civil, as pessoas fugiram do interior, onde eram travados os embates, e encontraram mais segurança na beira da estrada. Já nos tempos de paz, a proximidade das vias trouxe outros benefícios: afastou animais selvagens que atacam roças e pessoas, tornou mais fácil se locomover até postos de saúde e também vender produtos, pois sempre passavam compradores.

– Estamos admirados dessa empresa Chikweti apertar as machambas. Daqui até lá, tudo é mato. Ninguém ocupou. Mas eles não querem ir lá, querem aqui aonde estão as machambas – disse revoltado Francisco Mulomba, apontando as terras distantes das estradas.

Os brasileiros não poderiam fazer igual? Não, os dois camponeses estavam confiantes que não.

***

Antes de instalar qualquer empreendimento rural em Moçambique, é necessário consultar a comunidade do local escolhido. Ela precisa concordar com o projeto e com as propostas de compensação, desde indenizações até iniciativas de responsabilidade social. Apenas com o seu aval escrito um empreendimento pode pedir o direito de uso da terra. Não é um processo para tapear, embora tenha falhado no caso da disputa entre a Chikweti e a Chitucuco. Nesse caso, os camponeses criticam à voz miúda o seu régulo, o chefe local, no acordo que fez com a empresa.

O CEPAGRI, órgão que faz o meio de campo entre o Estado e os investidores estrangeiros, aconselha "não subestimar o tempo e os recursos necessários para concluir esta etapa" de consulta comunitária. Ela precisa ser bem-feita para evitar problemas futuros.

Por isso, a família brasileira Peron, do Sul do Brasil, procurou fazer tudo nos conformes antes de solicitar duas áreas de 8 mil hectares para o Ministério da Agricultura. Em pessoa, os Peron visitaram as comunidades que vivem no local e organizaram reuniões para apresentar "qual é o objetivo social do projeto econômico, o que a comunidade vai ganhar dentro dele".

— O governo exige que a comunidade fale sim ou não, por escrito. Não é que você chega e diz "Vou falar com essa casa". Não! Tem que avisar trinta dias antes que vai apresentar o projeto, para toda a comunidade que vai ser vizinha dele. Você vai lá e tá todo mundo reunido. É bastante gente que participa, em torno de sessenta pessoas. Você faz quatro, cinco reuniões. Eu e meu pai que apresentávamos. Tem as autoridades locais te orientando, como faz a cerimônia, como é a questão das mulheres... Elas também têm que confirmar. São as que mais trabalham, mas as que menos têm voz – contou Rodrigo Peron, agrônomo que sonha em ser pioneiro em Moçambique.

Os Peron também precisaram verificar com os chefes locais se havia famílias vivendo na área do empreendimento. Em um caso como esse no Brasil, o investidor faria uma proposta de compra da terra ocupada. Em Moçambique, a saída é bem mais barata. Como não há propriedade privada, o local não pode ser adquirido a preço de mercado. Em vez disso, há uma indenização.

A palavra indenização é exagerada demais para se referir ao processo. O pagamento propriamente dito é uma ínfima compensação dada às famílias removidas pelas suas práticas agrícolas e extrativistas que serão abandonadas com a mudança de local. Os valores são estabelecidos pelos órgãos públicos de agricultura de cada província. Há uma tabela de preços para cada elemento a ser deixado para trás: casa de taipa ou de alvenaria, machambas, árvores frutíferas.

— O mais caro são as mangueiras. Cada pé de manga custa 400 meticais. As machambas deles saem em torno de 500 meticais por hectare – explicou Patrícia Batista de Assis, gerente da fazenda de soja gerida pelo Grupo Pinesso em Lioma, enquanto caminhávamos pelo local.

— Custa 500 mil meticais? – busquei confirmar, já que 500 meticais são 37 reais.

— Não! São 500 meticais! Depende do que eles têm plantado na área. Se for algodão, é mais caro. Depois, vem a soja, o milho. Aqui [na área da fazenda] havia pessoas. Acho que umas seis famílias em 500 hectares. Pra gente conseguir terra aqui no Moçambique sempre vai ter gente. Então, tem que procurar [o órgão de] geografia e cadastro, ver o tanto de gente que tem na área, marcar uma reunião com a comunidade e ver se eles tão a fim de vender [ser indenizados para deixar] a terra deles. Tudo tem um preço tabelado: cada árvore é contabilizada, o número de hectares de uma machamba, a casa, se é tijolo queimado, se é de palha... – disse Patrícia.

A tabela chega até a diferenciar a idade das árvores. Abdul Cesar, diretor do CEPAGRI, resmungou:

– Não se vai pagar o mesmo para uma planta de cinquenta anos e para uma de três anos. Ou uma que nunca deu fruto... você vai pagar pelo quê?

A razão de ser da tabela é regular o processo de remoções, justamente o maior temor dos movimentos sociais rurais em relação ao Pro-SAVANA. Mas a indenização pela área ocupada no momento não basta para remover uma família sem comprometer seu modo de vida e sua fonte de sustento. Ninguém vive apenas da terra que está em uso. Há ainda as que estão em repouso e as reservadas para os filhos plantarem quando crescerem. Há aquelas de uso comum, que fornecem frutos e carvão vegetal. Sem contar as áreas de uso religioso. Delimitar qual é a terra que está ocupada e qual está livre é antes um trabalho antropológico do que uma medida cartorial.

O advogado brasileiro Paulo Rage, que assessorou Peron e pelo menos outros três clientes do Brasil na obtenção de terras, explicou por telefone que dificilmente há uma "extensão de 100 mil hectares sem ter família morando", o que exige que sejam feitos reassentamentos. Inquiri o diretor do CEPAGRI se havia um perigo de que a instalação dos brasileiros no Corredor de Nacala removesse muitas comunidades locais. Ele foi enfático:

– Não há nenhum perigo. Pelo contrário, elas vão ganhar. Vão ganhar emprego, experiências e mercado. Não há nenhum perigo.

– Se o agricultor brasileiro chegar e não conversar com a comunidade o que vai ser bom para ela ou não, provavelmente vai haver essa incerteza. Mas, depois de conhecerem o que vai ser feito, vão diminuir a oposição. Quando apresentei o projeto, mostrei a realidade do Paraná, diferente do Centro-Oeste. Aqui, tem produtor pequeno, com 6 hectares, com qualidade de vida muito boa. Lá [em Moçambique], os camponeses também têm área pequena. Só que o pequeno precisa do médio e do grande, porque com o grande vem infraestrutura, armazém, mecânica, loja de material de construção, empresa que vende máquina. Com isso, a gente consegue formar cadeia. E o pequeno vai conseguir ir para a esteira, colher essa experiência – defendeu Rodrigo Peron.

Depois de visitar a área em disputa entre a Chitucuco e a firma europeia, conheci a casa de Francisco Mulomba. Com 63 anos, é casado com Cristina, de 43, a presidente do grupo. Uma mulher dedicada a enfrentar o avanço internacional sobre as terras camponesas. O casal vivia com os seis filhos, o mais velho com 27 e a mais nova com 1 ano. Enquanto conversávamos, as crianças brincavam no pátio de terra varrida entre galinhas e pintinhos. Também havia um pequeno silo para guardar a colheita da machamba.

– Qual é o sonho da senhora para melhorar a comunidade? – perguntei para Cristina.

– É ter uma maternidade. Energia já temos – respondeu ela.

– E o senhor, Francisco?

– Podia vir empresa. Nossas crianças que estudam não têm lugar para trabalhar. Mas, se vier empresa duma boa forma, eles vão ser integrados e hão de nos ajudar, nós que somos velhos. Que não seja a empresa do pinho. Outra empresa que pode trazer desenvolvimento.

– O que é desenvolvimento para o senhor?

– Para mim? É ter alguma coisa que eu não tenho. Aqui na comunidade não temos carro. Assim, quando há um doente grave, é preciso chapa. Agora, se fosse "aqui há desenvolvimento", alguns podiam ter carros para carregar para o hospital mais especial. Assim, estamos atrás. Sim – concluiu Mulomba, os olhos no futuro, antevendo a realização de seus humildes desejos.

Mulomba não era o único a sonhar com o desenvolvimento. Em todo o Moçambique, a população esperava o dia em que ele chegaria. O país estava crescendo com os investimentos estrangeiros e o apoio dos doadores, mas os moçambicanos comuns só observavam as mudanças bem de longe. A taxa de pobreza estava estagnada em mais da metade da população. Aos poucos, a demora na distribuição dos dividendos foi tencionando os ânimos. A primeira a perder a paciência foi Maputo, a capital do país.

A REVOLTA DO SMS

– Moçambicano, prepara-te para a greve geral 01/09/2010. Reivindicamos a subida do preço do pão, água, luz e diversos. Envie para outros moçambicanos. Despertar.

Foi assim, sucinto, direto, ousado e sem rosto ou nome que os celulares de Maputo e arredores começaram a apitar em finais de agosto de 2010, chamando seus donos para um grande protesto. O custo de vida estava para disparar. Naquele mês, foram anunciados aumentos de 17% no preço do pão, 13% no da energia e 11% no da tarifa da água, que entrariam em vigor no dia primeiro de setembro. As mensagens de celular convocavam os moçambicanos para reagir.

Antes mesmo desses aumentos valerem, a elevação do custo de vida já era sentida no dia a dia. A compra no mercado ficava mais cara e o combustível também tinha subido, motivando reclamações. Mesmo assim, fui surpreendida pela chegada do primeiro SMS, vindo de número desconhecido – até então, no Brasil, eu nunca recebera mensagem anônima de celular convocando para manifestação. Veio o segundo, veio o terceiro e aí virou corrente. Apenas para recordar: a África é o mercado de celulares que mais cresce no mundo e o SMS, o serviço mais popular.

– Moçambicano: prepare-se para o grande dia de greve. Vamos protestar contra a alta do preço da eletricidade, água, transportes e pão. Mande para outros moçambicanos.

Enquanto as mensagens circulavam, o clima era de normalidade. Parecia improvável que o protesto sairia do SMS e se materializaria na cidade. Falava-se muito que os moçambicanos eram pouco contestadores e, até aquele momento, as ruas eram palcos mais frequentes de desfiles comemorativos que de protestos – como o Brasil pré-junho de 2013.

Uma exceção foi uma revolta popular contra o aumento do preço do chapa, em 2008, também em Maputo. Inspirado no episódio, o prestigiado rapper moçambicano Azagaia, adepto do hip-hop como instrumento de crítica social, lançou a música "O povo no poder". A letra convocava para a luta os bairros da periferia de Maputo. Depois disso, Azagaia foi chamado a depor na Procuradoria Geral da República. Ainda assim, seguiu cantando: *"Subires o custo de vida / E manteres baixa a nossa renda / Esse governo não se emenda mesmo, não... / Vai haver uma tragédia mesmo, sim... / Venham com gás lacrimogênio / A greve tá cheia de oxigênio / Eu vou lutar não me abstenho."*

Uma nova e maior manifestação do poder popular se avizinhava. Quando se aproximou a data marcada, a expectativa tomou conta da capital. Todos em Maputo estavam em estado de espera e comentavam se aconteceria ou não a greve anunciada via SMS. Carregado com as nossas ansiedades, o dia 31 de agosto de 2010 anoiteceu suspenso.

***

O primeiro de setembro começou como qualquer outro dia. Trabalhadores iniciaram as jornadas e crianças foram para escola. Porém, havia uma expectativa frustrada e a cidade se movimentava em primeira marcha, aguardando um sinal para mudar de rumo. Celular à mão, fiquei à espera de que ele, que trouxe a convocação da greve, também informasse se ela começara. Às 8h, chegou o SMS derradeiro:

– Aqui tá uma loucura, pedras, ferro-velho e vidros interditando as ruas. Nenhum chapa circulando e pessoas muito agitadas. Tentamos sair mas voltamos. Sei que Triunfo e 24 de Julho também tão mal. E por aí, tranquilo?

A mensagem vinha da brasileira Joana Borges. Naquele primeiro de setembro, Moçambique a surpreendia. Fazia um ano que Joana se mudara para Maputo e a passividade do contraditório país não combinava com seu espírito combativo. Agora, finalmente, as ruas tinham acordado.

Mulher de sonhos e ideais irreprimíveis, Joana fazia faculdade no Rio de Janeiro quando conheceu o moçambicano Dover Mavila. Logo um voo sozinho virou um voo conjunto e o casal migrou a vida para o continente vizinho. Ir com a perspectiva de voltar é uma aventura. Partir sem planos de regressar é um desterro que pede consolo e colo. No início, a lembrança do Brasil castigava Joana, mas, pouco a pouco, sua poesia indomável foi se moçambicando pelo aconchego do amor e pelo abraço de um país que sabe se misturar nas nossas entranhas.

O casal, que começava a construir a vida em Moçambique, morava no bairro de Socimol, afastado do centro. Naquela manhã, pegaram o carro para ir ao trabalho, andaram poucas quadras e caíram na primeira barricada dos protestos. Deram a volta, encontraram outra. Joana achou que não conseguiriam voltar para casa. Voltaram. E naquele dia não sairiam mais.

Recebi a mensagem de Joana com um remoer de estômago. Na sequência, chegou o SMS do músico Celso Durão, de uma família de timbileiros, os fazedores e tocadores da marimba moçambicana, um instrumento de percussão que é um dos maiores símbolos nacionais. Morador da Unidade 7, no caniço (nome moçambicano para a periferia), ele escreveu:

– Tá mal por cá. Tá muita gente a manifestar e a polícia a disparar aqui no meu bairro.

Liguei para ele.

– Ontem algumas pessoas falavam "amanhã haverá greve", mas nós não sabíamos se haveria. Hoje, quando amanheceu, estava tranquilo. Lá pelas 8h, ouvimos carros de polícia com alarmes e as pessoas começaram a se aglomerar nas ruas. O povo está a reivindicar seus direitos, todo preço aumenta de qualquer maneira. Está agitado, lança pedras contra a polícia, que atira gás lacrimogêneo e balas de borracha para afugentá-lo para casa – narrou.

Todas as vezes que estivera com Celso, vira meu amigo sorrindo. Ao telefone, porém, eu o percebi indignado. Falava duro e articulava as frases com agilidade. Sua família estava toda no bairro, inclusive seus irmãos menores e sua filha pequena, Felícia, de poucos meses. Havia motivos para preocupação.

Aos poucos, o celular ia dando conta de que a população da periferia atendia aos chamados do SMS. Homens, mulheres e até crianças foram às ruas portando paus e pedras e montaram barricadas nas imediações dos seus bairros. As entradas para Maputo também foram fechadas com troncos, pedras, pneus incendiados. Enquanto isso, no centro, um profundo silêncio. A revolta que começava colocava em oposição o país que se beneficia do crescimento econômico, materializado na região central mais rica, e o que se mantém miserável, simbolizado pela periferia da capital.

A televisão seguiu as mensagens de celular e passou a apresentar as primeiras notícias. Foi quando ouvi pela primeira vez a frase que ecoaria ao longo do dia e se transformaria em hino do conflito:

– Estamos a morrer de fome!

Alarmados, milhares de trabalhadores começaram a regressar a pé para suas casas, vencendo a imensa distância que separa o cimento (o centro) do caniço (da periferia). Os chapas pararam de rodar, esvaziando as ruas da cidade e conferindo um ar ainda mais angustiado ao dia. A maior parte do comércio fechou. O centro foi ficando deserto, isolado do restante da cidade e mesmo do país. Nas rádios, a polícia recomendava que a população não saísse de casa.

– Nesta quarta-feira, primeiro dia do mês de setembro, o exíguo número de veículos faz lembrar os anos de 1993-94, quando a capital moçambicana era percorrida quase exclusivamente por viaturas da Onumoz, a força de paz que as Nações Unidas destacaram para Moçambique [logo após o fim da guerra civil] – compararia o jornalista João Vaz de Almada, do jornal gratuito *A Verdade*,[1] uma publicação com perfil crítico e independente.

O dia avançava ágil e não era tempo de espera. Enquanto eu ficava no centro, onde vivia desde março, ardia na periferia aquela que seria uma das maiores revoltas populares que o país já viu. Era hora de ir para os pontos onde a greve estourava. Separei rapidamente câmeras, bloco e caneta, além do celular, e examinei minhas alternativas: eu não tinha meio de transporte próprio, nenhum táxi era louco de ir para as áreas de conflito, os chapas pararam de circular e a pé levaria horas.

Então digitei um número de celular com pressa. Do outro lado da linha, Eduardo Castro, o correspondente na África da Empresa Brasil de Comunicação (EBC), órgão público de jornalismo, do qual fazem parte a TV Brasil e a Agência Brasil, criado em 2007.

Jornalista sênior, Castro passou por importantes redações, como Bandeirantes e CNN, antes de aportar em Maputo em meados do primeiro semestre de 2010. O cargo de correspondente na África era mais um indício do crescimento da presença brasileira no continente, que agora merecia profissional fixo da rede pública de jornalismo. Porém, o cargo não durou. Castro foi um dos últimos correspondentes. Em seguida, se tornou diretor geral da EBC no Brasil.

Ao telefone, pedi para acompanhar Castro na cobertura. Pouco depois, no carro da EBC, seguimos juntos para os locais onde a revolta ganhava corpo.

***

Nosso primeiro caminho foi a avenida beira-mar do bairro Costa do Sol e, em pouco tempo, nos aproximamos da primeira barricada. Naquela área pobre, vizinha de casas ricas de frente para o oceano Índico, um resto de fogo consumia um pneu e pintava a rua de fumaça preta e densa. Os manifestantes terminavam de preencher o asfalto. Entre eles, meninos de poucos anos, como aprendizes de vigilantes. Reduzimos a velocidade do carro.

– Somos da televisão. Queremos mostrar a greve – falou com voz grossa Eduardo Castro.

O logotipo na porta do veículo abria a passagem com duas palavras: "TV" e "Brasil", ambos amados em Moçambique nessa altura. Mas, quando o câmera da EBC saiu pelo teto solar para gravar a barricada, os manifestantes entraram em silêncio súbito. Expostos na televisão, pararam de protestar. Era o começo da greve e as pessoas ainda tinham medo de mostrar a cara para fazer críticas ao governo. Nem em mesa de bar os moçambicanos ousavam falar mal da FRELIMO – isso só começaria a mudar após a revolta popular.

Lembrei-me de uma professora do ensino primário que entrevistei em Maputo. Sua sala de aula era a sombra de um cajueiro. Ao lado da árvore, uma escola de alvenaria recém-construída não podia ser usada porque aguardava, havia meses, para ser inaugurada por um importante político que nunca aparece. A educadora resolveu reclamar em frente às lentes de uma emissora de TV e quase perdeu o emprego. Como consequência, passou a ter medo de jornalistas e não me deixou gravar a conversa banal que tivemos sobre a educação no país.

Os movimentos da greve trouxeram meu pensamento furtivo de volta. Uma mulher gorda com capulana amarrada na cintura e tranças nos cabelos, a típica *mamana* (mãe) africana, interrompeu o silêncio constrangido, virou de costas para esconder o rosto da filmadora da EBC e começou a gritar sozinha sobre o aumento dos preços e a pobreza da vida. Sua atitude deu coragem às pessoas presentes e um novo protesto se formou.

Adultos e crianças balançavam no ar seus armamentos: pedaços de paus e blocos de pedra de demolição. Estavam felizes como se comemorassem a conquista de um território inimigo. Havia barricadas na rua, que agora era deles, era do povo. Circundavam o carro como se estivessem indo contar as boas-novas, a notícia da vitória. Minha câmera estava ligada e se prendeu no rosto de um menino que, com seus 12 anos, sorria e cantava, levantando ritmadamente um pequeno tronco de árvore. Acompanhava os adultos em um jogo que não conhecia bem, mas que sentia ser seu.

Fizemos um zigue-zague para passar por entre as barricadas. Avançamos e, em direção contrária, cruzou conosco um veículo de guerra do Exército moçambicano, rodas grossas, blindado e camuflado de verde e preto. Os rostos dos soldados não eram compatíveis com o sorriso do garoto que eu acabara de filmar. Concentrados, seus olhos estavam imóveis e não se fixavam em lugar nenhum, antevendo o cenário de batalha. Não pararam na barricada que nos deteve pelo caminho, pequena demais para sua missão. A passagem do veículo levantou, como rastro de poeira, um clima de tensão que não decantou – e pairava no ar.

Ao longo do trajeto, recebíamos mensagens de texto de amigos e conhecidos que informavam sobre conflitos violentos que começavam em diferentes pontos da cidade:

Na TIM [emissora de TV] já falaram da primeira morte.
A STV [outro canal] tá cobrindo tudo. Periferias todas um caos. Principais avenidas fechadas. Não se sai nem entra em Maputo.

Seguimos beirando o mar até a rua da Dona Alice. É uma das vias principais do bairro Costa do Sol, larga e ladeada por alguns muros que escondem habitações precárias e pobres, sem saneamento básico. Estava tomada por pedaços de concreto de demolição, pneus incendiados e até um poste derrubado, fechando completamente a passagem. Dezenas de pessoas se acumulavam no local, eufóricas. Lá também havia um clima de festa.

Descemos do carro para fazer entrevistas. Não demorou muito e fui pega por um homem, que me levantou e me balançou no ar. Fiquei assim, no alto e oscilante, por algum tempo. Devem ter sido segundos, mas para mim pareceu mais tempo. O homem sorria e me exibia como um troféu entre a multidão que se aglomerou à nossa volta.

Eu não estava em risco, não era uma ameaça. Era só um movimento, como um rapaz que levanta uma moça num show de rock qualquer. Contudo, havia no ato uma ousadia. O rapaz era um moçambicano da periferia de Maputo. A moça, uma estrangeira branca, jornalista, vinda do centro, com uma câmera na mão. O que nunca poderia ocorrer em um tempo normal coube naquele momento.

Não senti medo, mas apreensão. Era preciso agir com cautela e tomar cuidado a cada passo. O assunto era sério e ganharia contornos mais tensos ao longo do dia. Nós jornalistas precisávamos de algum distanciamento. Eu me debati com insistência, sem gritar, na tentativa de voltar ao chão. Em algum momento, o homem desistiu de me carregar e me liberou.

Braços e pernas livres, voltei a gravar o protesto. Aos poucos, tateava-se no ar uma rasteira transição de ânimos: de celebração a tensão. Eis que, do lado esquerdo da rua, um grupo de algumas dezenas de pessoas surgiu de uma viela e começou a correr em nossa direção, portando paus, pedras e enxadas nas mãos. Nós não éramos o alvo, apenas estávamos no meio do caminho. O objetivo do enfrentamento estava atrás de nós: a polícia, convocada para dispersar o protesto.

No centro do combate, saquei a câmera fotográfica e disparei. Alguém entrou na frente. Perdi a foto, pensei. Somente alguns dias depois, eu olharia o registro e perceberia que o intruso era uma criança, de roupas com o dobro do seu tamanho, com o dedo apontando em minha direção.

Os manifestantes e a polícia pararam antes do corpo a corpo. Todos continuaram no local, no entanto. Até que um policial se aproximou da massa do protesto com passos firmes e rápidos, o dedo no gatilho do revólver. Ergueu o braço e deu tiros para o alto. Do carro da polícia, ao fundo, partiu gás lacrimogêneo. A multidão fugiu. No meio da confusão, um homem de camiseta vermelha, pano amarrado na cabeça, alto, forte e magro, correu com o rosto virado para trás, me encarando:

– E agora, o que vamos fazer? A polícia luta conosco e nós lutamos por pão.

Eu não tinha respostas para ele.

Perto dali, ocorria outra batalha entre a polícia e o povo em uma das fronteiras da periferia com o centro, a praça da Organização das Mulheres Moçambicanas (OMM). Em torno dela, ficam os últimos prédios de Maputo. Construídos ainda na época colonial, estão um pouco abandonados por falta de recursos dos condôminos para a manutenção. Vivi naqueles prédios por quase um semestre naquele ano. O elevador tinha horários reduzidos para funcionar e a maior parte das vezes subíamos pelas escadas. A rotina desse trajeto me fez conhecer as portas de todas as casas, com potentes travas e grades, na tentativa de prevenir frequentes furtos. Às vezes, faltava água, que armazenávamos em baldes.

Tínhamos uma ampla vista de Maputo. Do outro lado da OMM, observava-se a periferia nascer e se estender horizontalmente pela cidade, até nossos olhos a perderem de vista. O asfalto, presente em todas as ruas do centro, ainda que aos trancos e barrancos, virava terra no outro extremo da praça. Primeiro, por invasão da poeira. Depois, por falta de pavimento a ser invadido.

No dia primeiro de setembro, uma marcha partiu do caniço pela avenida Vladimir Lenine, em direção à praça da OMM e ao centro. Os manifestantes caminhavam com pressa. Ao contrário de outros focos de disputa da revolta popular, não carregavam pedras, paus, enxadas. Apenas levavam as mãos ao alto. Também não havia uma linha de frente e a marcha avançava como um corpo vivo composto de diversos outros interdependentes, que gritavam e cantavam a uma só voz.

Diante deles, policiais seguiam a pé com seus AK-47. Mais elementos da força de segurança eram transportados em uma caminhonete de patrulhamento, de onde vinha o som de tiros para o alto. A ordem era "Ninguém passa para o cimento". Conforme a marcha se aproximava da OMM e, consequentemente, do centro, a tensão crescia.

Na chegada ao ponto derradeiro, o conflito teve início. Houve correria e no meio da batalha um corpo tombou. O jornalista Almada, do *A Verdade*, estava lá. Entre a multidão, alguém o pegou pelo braço e o conduziu até o local do crime. O funeral já começara, com duas capulanas cobrindo um volume pequenino. No local jazia uma criança.

– Do seu lado esquerdo repousa a pasta com os livros da escola. Do lado direito, uma enorme poça de sangue testemunha a brutalidade do disparo. "Atingiram-no aqui na cabeça", berra uma mulher indignada, enquanto levanta o improvisado sudário. "Chamava-se Hélio, tinha onze anos e regressava da escola quando foi atingido", diz-nos Albino Massinga, pedreiro de profissão e ativista em várias organizações cívicas. "Estamos contra o aumento do custo de vida, é um protesto legítimo. Eu vivo com menos de 50 meticais por dia [3,75 reais]. Se a manifestação existe é porque as pessoas não estão contentes. Eu saí de casa porque senti o peso que outras pessoas que estão aqui sentem. Dói sermos explorados injustamente."[2]

***

– Leva os óculos dela, leva!

No carro da TV Brasil, paramos em outra barricada, em um cruzamento de ruas de terra, uma via sem importância em um canto escondido da cidade. Tínhamos deixado a Costa do Sol com o objetivo de chegar a Xiquelene, bairro pobre conhecido por seu gigantesco mercado a céu aberto, onde tudo pode ser comprado e vendido. Estávamos no meio do caminho quando Castro precisou desligar o motor do carro para pedir passagem.

Havia cerca de cinquenta pessoas. Elas grudaram no carro, de olho nas câmeras e no que mais pudesse ser levado, inclusive meus óculos. A greve ficava cada vez mais tensa e dava início a uma onda de saques e intimidações. O sol estava forte, tomando sua parte na manifestação ao atiçar os humores. Um espaço na multidão se abriu e dele surgiu um jovem, pouco mais de vinte anos, baixo, sorriso bem-feito, braços delineados, porte típico do homem moçambicano.

Era o líder do grupo e, com rispidez, autorizou que continuássemos. É possível que sua liderança não passasse dali. Talvez tenha se transformado em guia porque era um homem considerado pela comunidade, apenas isso. É provável também que não tivesse nenhuma relação com as mensagens de texto que convocaram a greve. Um dos aspectos mais impressionantes da revolta popular era a aparente falta de organização e de comando central. Tudo indicava que era um movimento espontâneo. Cada bairro tocava o seu, com intensidade e estratégias variadas.

Seguimos pelo interior da periferia e, conforme diminuía a distância até Xiquelene, aumentava a frequência dos alertas de perigo e gritos de ameaça:

– É melhor deixar o carro e ir a pé. Eles vão botar fogo.
– Vão jogar pedras.
– Vocês vão morrer.
– Vão matar vocês.
– Vão roubar a câmera. Estão a roubar tudo.

Nos aproximamos do bairro de Xiquelene o suficiente para ver que os saques eram a palavra de ordem. Muitas pessoas corriam em diferentes direções com sacos de arroz de 20 quilos nas costas. Uma delas passou na nossa frente, quando foi subitamente atacada por outras três, que tentaram roubar o que ela furtara. Uma mulher fugia com uma embalagem atacadista de óleo de cozinha. Outra, com potes de café solúvel. Dentre tudo que podia ser levado, a população parecia só querer comida. Os números finais do protesto sedimentaram essa impressão: foram saqueados três vagões de trem carregados de milho e 32 estabelecimentos comerciais, principalmente supermercados. Também foram incendiados 3 ônibus, 5 carros e postos de gasolina.[3]

O ambiente exaltado na região de Xiquelene nos levou a dar meia-volta. No caminho, nos deparamos com novas barricadas. Até mesmo em ruelas isoladas, por onde certamente nenhum carro tentaria passar num dia no qual quem era proprietário estava recolhido em casa. Uma das barreiras, formada por estopa e galhos em chamas, ocupava de forma silenciosa e tépida uma pequenina via de terra. Talvez o veículo da TV Brasil tenha sido o único a tentar cruzá-la em toda sua existência. Não havia sinal de pessoas em volta, mas sentimos presença humana de tocaia. Pequenos vultos atravessavam o silêncio e vozes escondidas engrossavam o grito de guerra geral:

– Estamos a morrer de fome!

Finalmente, voltamos para a avenida beira-mar. Desta vez, rumo ao centro, onde o Comando Geral da Polícia receberia a imprensa. Pelo caminho, passamos outra vez pelo mesmo grupo que nos deixara prosseguir havia algumas horas. Antes amistosos, os manifestantes agora se incomodavam com a nossa presença. Um homem olhou para mim com fúria e passou o dedo indicador pelo pescoço, ameaçador. Era como se dissesse: vocês, estrangeiros brancos, deem o fora daqui!

O centro estava ainda mais deserto do que quando havíamos partido para a periferia e rapidamente chegamos ao Ministério do Interior, onde ocorreria a entrevista coletiva com o porta-voz da polícia, Pedro Cossa. Durante a espera, os jornalistas de veículos locais e estrangeiros contamos em tumulto o que presenciamos ao longo do dia. Um repórter comentou sobre os corpos que viu. Outra falou que guardou uma cápsula de bala real da polícia. Em comum, todos estávamos indignados com a desproporção da reação policial.

Para controlar a revolta, que pipocou em toda a periferia de Maputo, entraram em ação magros policiais, de andar mole, carregando suas armas de forma displicente. Em tempos de calmaria, muitos deles se ocupam de pequenos subornos, como os numerosos pedidos de "refresco" (refrigerante) nas abordagens cotidianas ou o *cinquentinha*, usado para liberar veículos e motoristas por 50 meticais (menos de 4 reais) – presenciei ambas as práticas em diversas ocasiões. Foi essa polícia, pouco preparada para lidar com protestos, que saiu para as ruas com armamento letal. Inclusive fuzis AK-47. Resultado da greve, computado nos dias seguintes: quatorze mortos confirmados pelo Ministério da Saúde, entre eles crianças; cerca de quinhentos feridos; e mais de trezentos detidos.

Cossa entrou na sala da coletiva de imprensa, postura firme, e disse:

– Os policiais usaram balas de borracha e gás lacrimogêneo. Não temos informação sobre uso de munição real.

– Mas nós filmamos balas reais. O diretor do Hospital Central também nos deu entrevista dizendo que há feridos por bala de verdade – insistiu Águeda Macuácua, da estatal TV de Moçambique.

Sem paciência para respostas, Cossa logo deixou a sala de entrevistas. Houve tempo para cinco ou seis perguntas, nada mais. A atitude esquiva do porta-voz da polícia se repetiu ao longo do dia. O governo se fechou. No meio da tarde, o ministro do Interior fez o primeiro pronunciamento oficial, chamando os manifestantes de "aventureiros, bandidos, malfeitores". Depois, foi a vez do presidente da República, Armando Guebuza: eles "estão a trazer luto e dor para as famílias moçambicanas".

A alta dos preços, diziam as autoridades, era "irreversível", provocada por uma conjuntura mundial, e Moçambique não tinha culpa. No caso do pão, o país foi atingido em cheio pelo aumento internacional do preço do trigo. O pico ocorreu em agosto, quando a Rússia – que vende para Moçambique – enfrentou fortes secas e proibiu as exportações do grão para reservar o produto para seu próprio consumo. Mas essa não era a resposta que as ruas queriam ouvir. O fosso entre o poder político e o povo era profundo. O Estado se colocou do lado oposto da população, que deu seu recado na TV:

– Se o governo não negociar conosco, essa greve vai se prolongar – declarou um manifestante diante das câmeras, amparado pela multidão que o ouvia.

Os países doadores e ONGs, acostumados a palpitar no dia a dia de Moçambique, não deram as caras. Enquanto isso, a Embaixada do Brasil em Maputo enviou um e-mail para os expatriados recomendando cautela. Era natural que não opinasse, já que a tradição da diplomacia brasileira sempre foi de não intervencionismo em assuntos internos. Meses depois, a correspondência interna da Embaixada faria sua análise sobre o episódio: a greve dos doadores, no início de 2010, que bloqueou o repasse dos recursos prometidos para completar o orçamento do Estado moçambicano, impactou a moeda local e agravou a inflação, que por sua vez motivou o protesto.

A situação das ruas era grave. Manifestantes tomavam a periferia, enfrentavam a polícia, fechavam importantes vias e tentavam entrar no cimento. O Conselho de Ministros de Moçambique, órgão máximo de deliberação política, se reuniu, mas nenhuma medida foi tomada. Mais uma leva de mensagens de celular veio à tona:

> Moçambicanos: o governo se reuniu para um café e whisky e não para resolver os problemas do povo.
> Dada a situação k se vive na cidade de Maputo e Matola, o governo reuniu-se de emergência e determinou: Lixem-se pá!

A noite chegou ofegante e suada por conta dos protestos e confrontos com a polícia. Mal houve tempo para descanso, pois já circulavam novas mensagens pedindo a continuidade das manifestações:

> Moçambicanos, o Guebuza e seus lacaios estão a mentir como sempre mentiram. Não paremos com a greve até que o governo adote medidas para a redução do custo de vida. A luta continua.

***

Na manhã seguinte, o jornal estatal *Notícias*, o mais importante e antigo de Moçambique, informou sobre a greve, propagando a versão oficial do Estado: "As cidades de Maputo e Matola viveram ontem um ambiente de perturbação da ordem quando grupos de pessoas, basicamente jovens e adolescentes, entre eles gente de conduta duvidosa e exércitos de desempregados, protagonizaram tumultos que degeneraram em mortes e violência, saque a estabelecimentos comerciais, destruição de viaturas de transporte pessoal e coletivo, para além de danos profundos no asfalto de inúmeras vias públicas com o queimar de pneus. Tudo isto era a pretexto de uma manifestação, convocada via SMS por gente anônima, contra a subida do custo de vida em que de repente o país se viu mergulhado pela conjuntura econômica mundial."[4]

A greve continuou. Novas barricadas foram montadas e conflitos com a polícia voltaram a ocorrer pela cidade. Ricardo Machava, jornalista do Grupo Soico, a maior rede de mídia de Moçambique, estava próximo ao pedágio na divisa entre Maputo e Matola, onde havia grande agitação. Ele observou um jovem que, alheio ao protesto, atravessava a rodovia com uma garrafa de cerveja.

A partir de então, tudo aconteceu muito rápido. Um forte contingente policial foi mobilizado para proteger o pedágio e os agentes começaram a disparar. Todos, inclusive o jovem, fugiram. Um dos policiais o perseguiu até cerca de 50 metros no interior do bairro e atirou. À queima-roupa, no peito do rapaz. Machava foi testemunha do assassinato.

— A nossa equipa encontrou o jovem nos últimos suspiros. Entrei em direto [ao vivo] na STV [emissora do Grupo Soico, que transmite programação da Rede Globo] e reportei o caso. Foi chocante! A população do bairro ficou muito revoltada com a polícia. Curioso é que o ministro do Interior refutou que a polícia tenha usado balas verdadeiras nas manifestações, quando eu, além de presenciar a morte do jovem, apanhei e guardo comigo cápsulas de balas metálicas disparadas durante o levante popular – revelou Machava.

Enquanto isso, no centro, lojas estavam fechadas e quase ninguém circulava. Em frente aos raros mercados abertos, começaram a se formar discretas filas nervosas, que falavam sobre a greve em voz baixa e inquieta. No interior desses estabelecimentos, prateleiras de alimentos foram esvaziadas. Germinava entre os mais ricos o medo do desabastecimento – uma dura memória da guerra –, já que barricadas nas entradas da cidade interrompiam o fluxo de mercadorias.

No dia 3 de setembro a greve cessou. O comércio voltou a abrir, chapas e carros circularam novamente. Nas padarias, houve filas enormes, consequência dos dias anteriores sem pão. O assunto foi um só. Todos buscavam juntar informações e mostravam uns para os outros as mensagens de celular, ainda clamando para que a população não se intimidasse com a repressão policial e a falta de resposta política e se mantivesse nas ruas.

Até que começaram relatos de que os serviços de SMS dos celulares pré-pagos pararam de funcionar. O motivo viria à tona alguns dias depois: a operadora Vodacom confirmou que recebeu ordens do governo de bloquear a troca de mensagens, o fogo de palha da revolta.

O desdobramento mais bombástico veio em 7 de setembro. Inesperadamente, o governo voltou atrás e anulou os aumentos do pão, da água e da energia. Congelou salários de ministros e presidentes de empresas estatais para poupar dinheiro, que seria usado para subsidiar a farinha de trigo. Vitória da greve, o primeiro indício de um país que sacudia. As partículas até então inertes da política moçambicana entraram em ebulição. E a partir dali só ferveriam ainda mais.

O FEITIÇO DAS ARMAS

A tensão que transbordou na revolta do SMS, em setembro de 2010, explodiria dois anos depois. Em 4 de outubro de 2012, Moçambique celebrou duas décadas do Acordo Geral de Paz de Roma, que deu fim aos dezesseis anos de guerra civil entre as tropas do Estado controlado pela FRELIMO e a guerrilha da RENAMO. Era um momento digno de ser comemorado, mas teve apenas uma lembrança ressabiada. Algo zumbia no ar. A RENAMO, que se transformou no maior partido de oposição, e o governo moçambicano, ainda nas mãos da FRELIMO, estavam se estranhando.

O ex-líder do exército guerrilheiro e agora chefe de partido de oposição, Afonso Dhlakama, vinha propagando mensagens ruidosas desde meados de 2011. Ameaçava aquartelar os antigos combatentes da RENAMO e dizia que eles poderiam dividir o país ao meio. O sul, com a capital Maputo, ficaria com a FRELIMO. O centro e o norte, onde estava o novo eixo econômico do país – carvão, agronegócio e reservas de gás inexploradas –, sob o seu comando.

"A mensagem está assim passada: Dhlakama não quer mais esperar pelas eleições, não quer mais – como o desejou um dia – ser como Lula da Silva, que se candidatou várias vezes até realizar o sonho de ser presidente. Quer poder já! Se não for pela força das eleições, que seja pela força da bazuca", publicou o jornal *O País*, o maior não estatal de Moçambique, após as primeiras ameaças do homem forte da RENAMO.[1]

A menção a Lula não era uma alegoria. De fato, o brasileiro foi uma inspiração, o exemplo que alimentou em Dhlakama a crença de que seria possível chegar ao poder pela via democrática. Os dois se conheceram em 2003, quando tiveram uma reunião privada em Maputo. Na ocasião, o líder da RENAMO ainda era um nome importante, que merecia atenção dos chefes de Estado que visitavam Moçambique – posição que foi perdendo nos anos seguintes.

No ano em que esteve com Lula, Dhlakama já amargava duas derrotas nas urnas para a FRELIMO. Nas primeiras eleições para presidente no país, em 1994, e nas seguintes, em 1999 (nesta, a diferença em relação a Joaquim Chissano, o presidente reeleito, foi de menos de cinco pontos percentuais). Nada que impressionasse Lula: o petista perdera três disputas presidenciais, em 1989, 1994 e 1998, antes de ser eleito no seu quarto pleito, em 2002.

– Sinto-me como um doente que foi se encontrar com alguém que já teve a doença. Vim comprovar que não é uma doença incurável, que um dia posso alcançar a cura – disse Dhlakama, ao fim do encontro com Lula.[2]

No ano seguinte, 2004, Dhlakama perderia pela terceira vez, igualando o número do brasileiro. Até que chegou 2009, ocasião da sua quarta candidatura – a que foi a decisiva para Lula.

– Tal como Lula da Silva, nós queremos acreditar que é desta vez que Afonso Dhlakama governará o país – afirmou o porta-voz da RENAMO para a imprensa local.[3]

Não foi. Dhlakama perdeu novamente. O número mágico do brasileiro não se repetiu para ele. Então mudou de estratégia. Acirrou o discurso, ameaçando retomar os conflitos armados. O caso não era que a RENAMO estivesse desiludida com uma votação insuficiente. Segundo o partido, Dhlakama já fora eleito presidente de Moçambique, mas fraudes impediram que o resultado verdadeiro fosse à tona. Essa não seria a única injustiça cometida contra a RENAMO. Suas tropas não teriam sido integradas ao Exército, como previam os Acordos de Paz de 1992.

A situação foi se desgastando até que, treze dias depois dos vinte anos de paz, em 17 de outubro de 2012, o suspeito clima de ameaças verbais se materializou em uma mensagem concreta. Afonso Dhlakama se instalou nas matas da Gorongosa, no centro de Moçambique. Foi de lá que ele liderou a RENAMO durante a guerra. A data não foi um acaso. Naquele mesmo dia, em 1979, morrera em batalha, na mesma região, o fundador e primeiro líder da RENAMO, André Matsangaíssa. Desde então, Dhlakama ocupa seu lugar.

Na Gorongosa, Dhlakama montou uma base armada na zona rural do povoado de Satunjira. O local é considerado pela RENAMO um "hábitat propício para desencadeamento de qualquer ofensiva".[4] Fica a mais de mil quilômetros de Maputo, no sul, e outros 800 de Nampula, no norte. Junto com o chefe da RENAMO, seus homens se mudaram para a nova base. Não eram jovens recrutas. A idade média girava em torno dos quarenta e cinquenta anos e muitos deles haviam lutado na guerra. O episódio de Satunjira era um grave sinal de recrudescimento.

"Antigos guerrilheiros anticomunistas, que baixaram as armas vinte anos atrás, no fim de uma guerra civil devastadora, estão novamente se preparando para lutar. Eles estão nervosos, crentes que os dividendos da paz que cruzou Moçambique não os atingiu", escreveu para a *Agence France-Presse* a jornalista freelance Jinty Jackson, a primeira a visitar a base em Satunjira, menos de um mês depois da chegada de Dhlakama.[5] Os treinamentos começavam cedo, com corridas antes mesmo de o sol nascer.

– Nós tivemos que fazer uma pequena revisão de tudo que costumávamos fazer durante a guerra. É fácil lembrar. Está no sangue – relatou para Jackson o deputado da RENAMO e braço direito de Afonso Dhlakama, Armindo Milaco. Na base, ele era a única pessoa autorizada a conversar com a jornalista. E havia centenas de pessoas no local.[6]

Dhlakama era protegido por uma guarda pessoal, cuja existência foi autorizada nos Acordos de Paz. Antigos combatentes também portavam armas para patrulhamento e treinamento, configurando uma guerrilha. O deputado Milaco ainda relatou que havia armamentos escondidos – bazucas, morteiros e minas da época da guerra.

– Assim que os tiroteios começarem, todos sabem onde agarrar suas armas – garantiu Milaco.

Já não se falava mais na condicional. Os tiroteios recomeçariam. A questão era quando. A pólvora estava à espera da primeira faísca.

Pouco depois, a RENAMO passou a denunciar a movimentação de militares em direção à base de Satunjira. "Qualquer coisa está sendo tramada na perspectiva de aniquilar o homem incômodo do poder, posicionado em Satunjira", publicou *A Perdiz*, o boletim informativo do partido, em janeiro de 2013.[7] Segundo o periódico, o objetivo da FRELIMO seria acabar com os oponentes para implementar o modelo político da China, "onde os partidos da oposição são manipulados, espezinhados e reprimidos com a finalidade de perpetuar o monopartidarismo".

Apesar de se aquartelar e voltar a pegar em armas, a RENAMO não entrou na ilegalidade. Continuou atuando como partido político, a segunda maior força na Assembleia da República. Na abertura do ano legislativo de 2013, em março, o partido não proferiu nenhuma palavra a respeito de Satunjira, mas não camuflou as tensões. A exploração de minérios era pintada como o fogo que acendeu um pavio explosivo. No centro da atividade, estava a Vale.

– O povo clama por socorro e só vós, excelência, presidente Afonso Dhlakama, podereis salvá-lo, podereis salvar-nos, a terra e os homens [...] O povo deve esperar pelos resultados dos recursos naturais, mas os da nomenclatura do poder [como são chamados os membros mais influentes da FRELIMO] já se estão a beneficiar. A nossa riqueza se não for bem gerida será motivo de conflito, de guerra, e não de harmonia e os primeiros focos estão aí – discursou a chefe da bancada parlamentar da RENAMO, a deputada da RENAMO Maria Angelina Dique Enoque.[8]

No dia seguinte, a RENAMO convocou uma conferência de imprensa em que deu a mensagem que não poderia passar no Parlamento. Disse que não aceitava a realização das eleições autárquicas (municipais) de 2013 e as presidenciais de 2014, e faria o que estivesse ao seu alcance, "sem recurso à guerra", para impedi-las. Por mais paradoxal que isso possa soar, o grupo afirmou que a inviabilização das eleições era um ato "em defesa da democracia, propósito que lhe levou a desencadear a guerra dos dezesseis anos".[9]

– A RENAMO jamais permitirá as brincadeiras da FRELIMO. Se acontecia no passado foi outro tempo que terminou no dia 4 de outubro de 2012 [o aniversário do Acordo de Paz de 1992]. Foram vinte anos de humilhação e tortura à RENAMO e ao povo moçambicano que anseia por uma democracia efetiva [...] A FRELIMO, se quer continuar a provocar, então tem que aguentar com a resposta das forças gloriosas da RENAMO.

Foi o que aconteceu no mês seguinte.

***

Três de abril de 2013. Muxúngue, uma pacata cidade de 65 mil habitantes na região central de Moçambique, não podia imaginar que naquele dia escreveria seu nome na história do país. Localizada 850 quilômetros ao norte de Maputo e 250 quilômetros ao sul da base da RENAMO de Satunjira, ela é cortada pela Estrada Nacional número 1, que liga a capital ao restante do país.

Era um dia de informações esfumaçadas, que teriam se perdido ainda mais se não fosse a presença inequívoca do jornalista Luciano da Conceição, repórter do semanário *Canal de Moçambique*, um veículo de oposição cerrada ao governo e com posturas menos acirradas com relação à RENAMO. Conceição recebeu a notícia, ainda nebulosa, de que houvera uma disputa entre a RENAMO e as tropas oficiais em Muxúngue. Decidiu, então, ir ao local checar as informações.

O que apurou foi o seguinte: cerca de duzentas pessoas, a maioria homens, estavam reunidas na sede partidária da RENAMO em Muxúngue. A Força de Intervenção Rápida (FIR) então invadiu o local para dispersar o encontro. Dezesseis pessoas foram presas, mais de 50 bicicletas apreendidas.

O administrador do distrito onde fica Muxúngue, Arnaldo Fernando Major, ligado à FRELIMO, afirmaria no dia seguinte que a sede do partido de oposição "já estava transformada numa base, com os antigos guerrilheiros da RENAMO concentrados", embora não estivessem armados. As autoridades teriam solicitado que eles se dispersassem, mas não foram atendidas. No dia 3 de abril, a FIR compareceu para fazer com que as ordens fossem cumpridas.

Nem só de informações verificáveis se compõe esta história. Havia um componente mágico. A RENAMO teria colocado um feitiço no local, paralisando as tropas da FIR e garantindo a fuga da maioria dos participantes da reunião.

— Quem contou essa história foram pessoas mesmo da FIR, uns que são amigos nossos. Imagina, a polícia ficou sem ver nada! Não conseguia! Era aquilo de magia... E os da RENAMO fugiram. Foi um bocado estranho, uma coisa que ninguém esperava ver isso aí – relatou-me Conceição, um mês depois, em Maputo, com os olhos rígidos no nada e a face temerosa.

Enganam-se os leitores de Mia Couto que enxergam ficção fantástica em sua obra. Seu dom maior é ser um exímio narrador de Moçambique, registrando em palavras escritas a oralidade mágica que reveste os acontecimentos locais. A África é território dos feitiços que a racionalidade ocidental invalida. E é justamente na luta contra a feitiçaria que a brasileira Igreja Universal do Reino de Deus cresce.

O próprio Conceição garante a veracidade da história, embora não a tenha escrito no jornal. Desde criança, ele conviveu com os poderes da terra, de que os estrangeiros brancos desconfiam, e não ousa contestá-los. É algo tão palpável que nem a basilar imparcialidade jornalística pode sobrepor. Ao longo do conflito, outros veículos jornalísticos noticiaram apreensões de objetos mágicos usados pela RENAMO. O jornal estatal *Notícias*, por exemplo, contou a descoberta de "amuletos e algumas bebidas tradicionais, ainda frescas, tudo apontando que estariam os guerrilheiros da RENAMO ali envolvidos em cerimônias tradicionais".[10]

Em Muxúngue, o feitiço deu tempo para os homens da RENAMO fugirem. Correram! Não como quem faz ginástica, comparou o repórter Conceição, mas como quem precisa salvar a própria vida. Faz toda a diferença. O cansaço não se converte em interrupção ou demora porque é ele mesmo o substrato da sobrevivência. Assim, foram longe e se esconderam. Mas nem todos tiveram tal sorte. Alguns ficaram para recolher as bicicletas e os documentos e ainda estavam no local quando a magia perdeu o efeito. Sem nada para protegê-los, acabaram aprisionados.

Conceição chegou a Muxúngue por volta de 18h, quando tudo isso já tinha ocorrido. O ambiente na cidade estava tenso, refletindo os acontecimentos. Policiais faziam rondas, o comércio tinha fechado e algumas pessoas deixaram suas casas para passar a noite em locais que consideravam mais seguros. Na falta de uma pensão aberta, o repórter passou a noite dentro do carro.

– Não dormi. Era como se fôssemos ao cemitério. Você sabe que ali não se dorme – lembrou Conceição.

No meio da madrugada, Conceição estava acordado, mexendo no celular. Até que por volta de 3h30, a noite foi cortada pelo som de disparos vindos do quartel da polícia local. Foram "pelo menos cinco de uma vez. Tche, tche, tche, tche, tche". No minuto seguinte, houve uma rajada. Os disparos continuaram, na estimativa do repórter, até 4h30. Às 5h, as pessoas começaram a reaparecer nas ruas com os primeiros burburinhos do que havia se passado na calada da noite. "Apareceram homens da RENAMO", diziam elas.

Logo a notícia se confirmou. Antigos combatentes do grupo de oposição atacaram o quartel quando os soldados da FIR dormiam. Era uma retaliação ao episódio da tarde anterior e uma empreitada para liberar os seus presos. No dia seguinte, a RENAMO reivindicou oficialmente a autoria do episódio. Pelo menos quatro soldados foram mortos. Era o primeiro ataque da antiga guerrilha às tropas do Estado depois de vinte anos de paz.

Conceição escreveu a notícia e a enviou para Maputo por celular. Na capital, outro repórter do veículo entrou em contato com o porta-voz da polícia para pedir esclarecimentos a respeito do ocorrido. A resposta foi que quem passou as informações estava mentindo.

– Tá bem, estamos a mentir? Temos aqui fotos. Então, iniciamos a mandá-las e a notícia entrou no *CanalMoz* [o site do jornal *Canal de Moçambique*]. Aí foi quando a polícia viu: "afinal, aqui há jornalistas. Nós estamos a esconder informação, enquanto ela já está a circular, com fotografias e tudo" – contou, animado, Conceição.

Tais fotos são as provas do conflito de Muxúngue e do retorno das armas ao país. Foram tiradas no hospital, para onde foram levados cerca de uma dezena de soldados feridos em estado grave. Três deles estavam na carroceria de uma caminhonete improvisada como ambulância, deitados sobre dois colchões. Um tinha um rasgo na barriga e pressionava a perna com feição de agonia. Outro estava desacordado com um enorme curativo ao lado da boca. O terceiro se contorcia com a camiseta ensanguentada.

As imagens foram publicadas – a imprensa moçambicana não tem os mesmos pudores da brasileira na divulgação de fotografias violentas – e circularam na internet, acendendo o pânico da retomada do conflito entre a RENAMO e a FRELIMO.

Dois dias depois, outro episódio provocou mais medo. Uma emboscada armada na Estrada Nacional 1 matou dois civis. Assim como durante a guerra, os alvos não eram só militares. Qualquer um poderia se tornar vítima. Mas, desta vez, a RENAMO não assumiu a autoria.

A população de Muxúngue não teve dúvida: juntou seus parcos pertences sobre uma capulana, amarrou tudo em forma de trouxa e a equilibrou na cabeça. Espontaneamente, uma longa fila de refugiados se formou, partindo sem destino certo. As memórias da guerra, que ficaram amortecidas por duas décadas de esquecimento, despertaram e buscaram refúgio.

***

Pela primeira vez em vinte anos houve um motivo real para temer o retorno da guerra. As circunstâncias, contudo, são totalmente diferentes. A RENAMO não tem a mesma força militar do conflito civil. Naquele período, recebia apoio do regime do apartheid da África do Sul, que não gostava de ter um vizinho socialista em plena Guerra Fria (Moçambique adotou a linha marxista após a independência). Já agora, a RENAMO está sozinha, sem apoio estrangeiro. Além disso, sua força política em Moçambique se reduziu. Os dois novos fatores ajudam a restringir o escopo do novo confronto.

Por outro lado, a insatisfação com a FRELIMO, sobretudo nas grandes cidades, é um pano embebido em álcool. O país é um dos que mais crescem na África e vem descobrindo importantes jazidas minerais. Por enquanto, o principal alvo de exploração é o carvão e a maior mineradora, a Vale. Já a taxa da pobreza estagnou em 54% da população desde 2003.

Apesar de os clamores gerais serem contra a guerra, poucos estão dispostos a defender o governo. Prova disso é que uma marcha pela paz convocada pela FRELIMO, em junho de 2013, contou com a presença de somente poucas centenas de pessoas. Houve denúncias de que repartições públicas deram falta para funcionários que não participaram.

O ataque de Muxúngue soou o alarme e deixou os moçambicanos em alerta, aguardando o próximo movimento dos predadores. Ele veio em 19 de junho, quando um porta-voz da RENAMO convocou uma coletiva de imprensa e fez um anúncio dramático. O partido disse ter constatado movimentação de forças militares nos entornos da sua base em Satunjira. Por isso, decidiu ampliar seu "raio de defesa". A RENAMO iria bloquear as principais vias terrestres que ligam o sul ao norte do país.

– A partir da quinta-feira, 20 de junho de 2013, o raio de segurança vai partir do rio Save até Muxúngue. Nesta área as forças da RENAMO vão se posicionar para impedir a circulação de viaturas transportando pessoas e bens, porque o governo usa essas viaturas a fim de transportar armamento e militares à paisana, para se concentrarem nas proximidades de Satunjira para o ataque ao presidente da RENAMO [...] A RENAMO vai igualmente paralisar a movimentação dos comboios da linha férrea de Beira-Moatize – anunciou.[11]

Era uma forte ameaça, que feria diretamente os interesses econômicos do país em crescimento. O maior partido de oposição anunciava oficialmente que iria interromper, com recurso às armas, a circulação pelas mais importantes conexões terrestres de Moçambique. Elas são o principal eixo de escoamento de mercadorias do país e o único disponível para o carvão produzido pela Vale até aquele momento. O governo não ouviu impassível. O porta-voz da RENAMO que leu a declaração foi preso em seguida.

A RENAMO não estava jogando palavras ao vento. Dois dias depois do aviso, pelo menos duas pessoas que tentaram cruzar a Estrada Nacional 1 foram mortas em uma emboscada. A partir de então, o ataque a viaturas civis se tornou a face mais comum do novo conflito. Como precaução, a circulação rodoviária passou a ser realizada somente em horários predeterminados, em comboios escoltados – assim como ocorrera durante a guerra. Na ferrovia, trens de passageiros foram suspensos e carregamentos noturnos de mercadorias cancelados. A Vale reduziu o número de viagens pela metade e a Rio Tinto, sua maior concorrente, parou de trafegar.

Enquanto isso, em Maputo, representantes engravatados da FRELIMO e da RENAMO começaram a se reunir em semanais rodadas de negociação, que caminhavam para lugar nenhum. Na maior parte dos encontros, os homens do poder eram intransigentes, negando com respostas burocráticas todos os pontos colocados pelo grupo armado de oposição, mas fazendo de conta que colaboravam. Ao longo de 2013, foram mais de vinte reuniões, sem nenhum resultado tangível.

O ano continuou entre ataques a civis, confrontos entre guerrilheiros e tropas oficiais, negociações frustradas e marchas pela paz. Da sua base, Dhlakama continuava a tomar medidas escandalosas, impondo toque de recolher às esperanças da nação. Seu partido não se inscreveu para as eleições municipais, marcadas para novembro, e ele dizia que dividiria o país ao meio caso houvesse votações.

A base de Satunjira completou um ano em 17 de outubro de 2013 e reuniu importantes nomes da RENAMO para uma celebração. O grupo não confabulava quando dizia que o local estava sendo cercado por tropas do governo. De fato, seus movimentos estavam sendo observados. Dias depois, em 21 de outubro, Satunjira foi tomada de assalto pelas tropas do Estado de Moçambique. Na chegada dos militares, os combatentes da RENAMO e seu líder Dhlakama fugiram para as matas.

O feito foi anunciado como uma vitória, mas pareceu mais uma manobra desastrada para virar manchete no jornal oficial. Tratou-se de uma conquista de posição, nada mais. As poucas informações oficiais não davam conta de mortos. Nem presos. Nem armamento apreendido. Nem descoberta de planos e táticas usados pelo grupo. Agora, Dhlakama e seu exército não se encontravam mais aquartelados em uma base militar de localização conhecida. Sua nova posição era difusa, as matas da Gorongosa, e estavam acuados e armados.

Antônio Milaco, o deputado da RENAMO que recebera a jornalista Jinty Jackson na base pouco depois da sua instalação, declarara na entrevista que havia armamento pesado escondido na selva e que todos sabiam onde pegá-lo quando os embates começassem. Pois a estratégia de defesa de Moçambique foi atirar os guerrilheiros às armas. Parecia ser o estopim de uma onda de violência que ninguém podia prever quando cessaria nem qual magnitude viria a ter.

O assalto não foi feito sem resistência. Houve pesadas trocas de tiros. Milaco se feriu gravemente e faleceu. Em Maputo, o porta-voz da RENAMO, Fernando Mazanga, reconheceu a morte em um anúncio que arrepiou a espinha da nação, no mesmo dia do episódio de Satunjira:
– A atitude irresponsável do comandante e chefe das forças de segurança coloca um termo ao Acordo de Paz de Roma.[12]

A mensagem foi recebida pela sociedade moçambicana como uma declaração de guerra do partido de oposição. Em resposta, houve manifestações públicas em prol da paz em diversas cidades. Porém, alguns dias depois, a RENAMO voltou a público para dizer que foi "mal interpretada" e que continuava sim "vinculada" ao Acordo de Paz.

***

Na sequência do assalto à base da RENAMO, o Itamaraty se posicionou pela primeira vez. Porém, de modo bastante contido. Em nota oficial de 22 de outubro, a chancelaria manifestou preocupação com os incidentes.

Não foi o único ato oficial do Brasil naquele dia. O *Diário Oficial* publicou no mesmo 22 de outubro o pedido da presidente Dilma para que o Congresso autorizasse a doação de três aviões militares Tucano T-27, da Embraer, para a Força Aérea de Moçambique. A medida pegou mal nos dois países. O Ministério da Defesa se defendeu dizendo que a doação era objeto de diálogo muito anterior aos novos conflitos e que as aeronaves não eram de combate, mas de treinamento, usadas pelas Forças Aéreas Brasileiras havia 30 anos. Uma manobra desastrosa.

Após o ataque a Satunjira, Dhlakama ficou incomunicável. Deu sua primeira entrevista apenas em dezembro de 2013, justamente para o *Canal de Moçambique*. Na conversa, o homem da RENAMO tinha um novo tom apaziguador. Afirmou que estava certo de que os novos investidores, inclusive do Brasil, fariam de tudo para evitar uma nova escalada da guerra:
– Este ano pode não ser, mas em janeiro ou fevereiro vamos ter paz. Eu estou convencido. A guerra dos dezesseis anos durou muito, porque não havia investimento estrangeiro. Os americanos estão a fazer a

prospecção de gás e petróleo na bacia do Rovuma. Mesmo os brasileiros, da Vale, estão a gastar muito – vaticinou Dhlakama.[13]

Muita água haveria de rolar, com boas e más notícias. Entre as boas, as eleições municipais transcorreram com tranquilidade. A FRELIMO venceu na ampla maioria dos 53 municípios, inclusive em Maputo, mas a oposição saiu fortalecida. Não se tratava da RENAMO, que não participou do pleito, mas do Movimento Democrático de Moçambique (MDM), uma terceira via.

Entre as ruins, estava a continuidade dos embates armados. Eram, sobretudo, emboscadas na Estrada Nacional 1. Os trechos mais perigosos ficavam nas proximidades de Muxúngue e da base de Satunjira. Cerca de quarenta pessoas morreram e outras oitenta ficaram feridas em 2013, segundo dados da agência de notícias *Lusa*.[14]

Com o tempo, os ataques se difundiram a partir da zona central de Moçambique. Ocorreram episódios isolados no sul, na província turística de Inhambane. E também no norte, em Nampula – por onde vai passar a ferrovia da Vale e onde devem se instalar investimentos brasileiros em agricultura.

Em Moatize, onde fica a mina de carvão da empresa brasileira, homens armados que estariam vinculados à RENAMO foram vistos acampados, em janeiro de 2014. Sua presença levou algumas pessoas a fugirem para o país vizinho, Malaui.[15] Eram soldados de idade avançada, mas portando equipamento novo. Depois, em abril, um novo episódio envolvendo a Vale: um trem da mineradora foi alvejado enquanto cruzava a região central do país.

A retomada do conflito entre a RENAMO e o Estado dominado pela FRELIMO respingava nos novos interesses econômicos do Brasil. Na década de 1980, fora a guerra a principal causa da interrupção do relacionamento brasileiro com Moçambique. Os novos conflitos poderiam minar os negócios brasileiros outra vez? A Vale acreditava que não:

– Não vejo uma grande ansiedade em relação a esse tema [...] Esse próprio grupo de oposição [a RENAMO] continua frequentando o Legislativo. Portanto, demonstrando respeito às regras democráticas existentes – declarou Murilo Ferreira, o presidente da mineradora.[16]

Assim como no caso da Vale, a movimentação das maiores empresas brasileiras não era de recuo. Era de avanço. No Brasil, elas pressionavam o governo da presidente Dilma Rousseff por mais apoio aos negócios.

O LEÃO E A ONÇA

Com o clássico terninho vermelho, os recorrentes lábios apertados e as sobrancelhas empinadas, a presidente Dilma Rousseff subiu ao púlpito da celebração dos cinquenta anos da União Africana, em Adis Abeba, Etiópia, em 25 de maio de 2013. Era uma festa de africanos para africanos. Por isso, Dilma falou apenas no final, após alguns chefes de Estado da região. No total, 51 dos 54 países da África enviaram seus líderes políticos 46 presidentes, quatro primeiros-ministros e um monarca absolutista.

Dilma tinha um bom motivo para estar ali. Longe dos holofotes, seu governo tentava costurar um plano para reatar as relações entre os dois lados do Atlântico, enfraquecidas desde a saída de Lula da presidência, e alçá-las a outro patamar. A "agenda África".

– Um provérbio da África Ocidental de que eu gosto muito diz o seguinte: "Até que o leão tenha seu próprio narrador, o caçador sempre ficará com a parte mais gloriosa da história." Estou segura de que já chegou a hora de o leão africano escrever sua própria história assim como chegou a hora de a onça brasileira escrever também sua própria história – discursou Dilma.

Havia uma década que a onça se aproximava do leão e buscava se adaptar a suas savanas. Não estava ali para tomar o lugar do rei da selva, dizia, mas para ensiná-lo a dar novos saltos. O felino brasileiro tinha seus interesses. A África era vista como uma porta de saída para a economia brasileira, importando produtos e servindo de atracadouro para a expansão das multinacionais verde-amarelas. Além de uma possível apoiadora das demandas do Brasil nos fóruns internacionais.

No começo, o Brasil se saiu bem e ganhou lugar na cadeia alimentar africana. Não demorou muito, contudo, e começou a competir por espaço com outros felinos, como o tigre chinês. Refreou sua expansão e acabou restrito àqueles lugares onde já tinha marcado território, Angola e Moçambique. Nos demais, fez incursões mas não chegou a deixar legados. Agora confessava: desejava estar mais presente, participar mais da história do leão.

As relações do Brasil com a África arrefeceram com Dilma. Lula abriu dezenove embaixadas na África e um consulado, deixando apenas dezessete países sem um posto diplomático brasileiro. Dilma não abriu nenhuma. Lula fez vinte visitas ao continente no seu primeiro mandato. Dilma fez oito. Isso significa uma queda no número de missões empresariais acompanhadas pela presidência. Com Lula, os gastos do Brasil em projetos de cooperação técnica nos países africanos aumentaram 24 vezes e atingiram o recorde de 13 milhões de dólares em 2010. Com Dilma, caíram para 8 milhões em 2012.[1]

O mesmo ocorreu com os negócios. As exportações do Brasil para a África vinham num crescimento continuado desde 2001, só interrompido no pós-crise de 2008. Na média, a subida anual das vendas foi de 24%, de 2001 a 2011. Já em 2012, ficou zerado. Em 2013, houve queda de 9%. Foi a primeira vez em quatorze anos que as exportações para a África caíram enquanto as importações de produtos africanos subiram.[2]

Dilma não é a única culpada por estes resultados. Se por um lado o governo Lula expandiu a presença do Brasil na África, por outro não criou estruturas para um relacionamento estável a longo prazo. Não foram aprovados um marco legal para a cooperação sul-sul, que continuava a ocorrer na base do jeitinho, nem mecanismos definitivos para emprestar para países africanos interessados em contratar ou comprar de empresas brasileiras.

O objetivo da agenda África, que Dilma foi anunciar na Etiópia, era exatamente desobstruir esses gargalos para permitir o avanço da onça. Era preciso reagir rápido. Quanto mais o Brasil demorava, maior era o espaço ocupado pela China. Os eventos dos cinquenta anos da União Africana, por exemplo, ocorriam em um majestoso centro de conferências doado pela potência asiática, em 2012. Um presente de 200 milhões de dólares, considerado simbólico do papel chinês na ascensão da África.

A construção maravilhou os quadros do governo brasileiro que pisaram por lá. O embaixador Paulo Cordeiro, responsável pelas relações com a África no governo Dilma, mostrou, estupefato, algumas fotos do prédio, enquanto dava entrevista na sala do seu apartamento funcional em Brasília:

– A China deu um prédio para a União Africana de 200 milhões de dólares. E nós damos programas de 50 mil dólares para ajudar a melhoria do rebanho bovino e leiteiro da Etiópia. E eles ficam felizes com isso! O Brasil não pode competir. Mas a Etiópia quer que o Brasil vá para lá. [Dizem:] "Quem construiu Itaipu vem fazer aqui, não temos energia elétrica."

A tônica da comemoração da União Africana era o "renascimento da África". O continente crescia e parecia controlar melhor a sua própria narrativa. Subira o tom de voz com os parceiros internacionais e ganhara mais controle sobre suas políticas de desenvolvimento. Porém, a situação social persistia devastadora. Em 2010, 48,5% da população da África Subsaariana vivia com menos de 1,25 dólar por dia (na América Latina e Caribe, 5,5%).[3]

– Enquanto nossos fundadores se encontraram para a formação da União Africana na alvorada do período da independência, cinquenta anos atrás, é apropriado que estejamos reunidos aqui hoje quando a África está em ascensão – disse o presidente da organização, o primeiro-ministro da Etiópia, Hailemariam Desalegn.

Desalegn recordava o 25 de maio de 1963, quando os líderes da África que se tornava independente se reuniram em Adis Abeba para lançar as sementes da União Africana. Era uma época de júbilo. Desde 1960, mais de vinte países africanos tinham deixado o jugo europeu, e a união política entre eles era vista como a mais importante arma contra o colonialismo e o apartheid, bem como para construir um mundo novo africano. Estavam presentes alguns dos africanos mais importantes do século XX: o imperador da Etiópia, Haile Selassie; os presidentes Kwame Nkrumah, de Gana; Léopold Senghor, do Senegal; Sékou Touré, da Guiné; e os primeiros-ministros Ahmed Ben Bella, da Argélia; e Milton Obote, de Uganda.

Em lembrança daquela época, Dilma discursou que a sua geração política no Brasil teve o movimento de descolonização da África "como uma de suas referências políticas centrais". E concluiu:

– Nos últimos dez anos, o Brasil dedicou-se com muito empenho a fortalecer as suas relações com a África. Nosso engajamento é de longo prazo e tem um sentido estratégico. Reconhecemos não só o renascimento africano, mas também a importância estratégica que a África terá para a humanidade no século XXI. A África escreve hoje uma nova página de sua história e a escreve como uma narrativa africana sobre questões africanas. O Brasil quer compartilhar esse novo momento – anunciou Dilma para a plateia de chefes de Estado do continente.

***

Dilma tentava fazer um giro de 180°. A impressão de empresários e diplomatas, tanto brasileiros como africanos, é que a presidente era desinteressada pelos assuntos africanos, enquanto seu padrinho político, Lula, "tinha a África no coração". Dias antes da viagem de Dilma para a Etiópia, o então diretor da Odebrecht em Moçambique, Miguel Peres, resumiu a percepção do setor privado:

– Lula puxava o empresariado para a África. Agora é o empresariado que precisa puxar Dilma. Sempre foi assim, só com Lula que mudou um pouquinho. Mas ela está preocupada, ela criou esse grupo [que preparou a agenda África] para poder aumentar a capacidade de financiar as empresas aqui na África – disse Peres.

Um diplomata do Itamaraty que atuava na área de cooperação com a África foi pela mesma linha:

– Com Dilma, a gente parou, demos uma segurada mesmo.

Poucos são os que defendem a presidente. Um deles é a ministra do Desenvolvimento Social, Tereza Campello. No governo Dilma, a pasta passou a cooperar diretamente com a África, sem passar pelo Itamaraty, recebendo dezenas de missões de governos africanos interessados nos programas sociais brasileiros. Um mês depois da viagem de Dilma a Adis Abeba, por exemplo, Tereza foi para a capital etíope com Lula para apresentar os "sucessos sociais" dos governos petistas: Bolsa Família, Programa de Aquisição de Alimentos, Luz para Todos. Em entrevista na sua ampla sala em Brasília, Campello disse:

– A diferença é que a postura do presidente Lula era novidade. Antes dele, nossa presença era muito baixa. O Brasil estava de costas para a África. À medida que a gente abre uma agenda, é muito maior a necessidade de você ir lá, fazer propaganda, dar sinal de que você está aberto. Essa é a necessidade hoje? Acho que não. Hoje os sinais que o Brasil precisa dar são de outra natureza – defendeu Tereza Campello.

Pois Dilma foi à celebração de cinquenta anos da União Africana justamente para dar esses sinais. A presidente levou para o evento uma pequena, mas simbólica, comitiva oficial: Antônio Patriota, o então chanceler; Aloizio Mercadante e Fernando Pimentel, que chefiavam os ministérios da Educação e do Desenvolvimento, respectivamente; Roberto Azevêdo, diplomata que concorria para o comando da OMC; e os diretores para África do BNDES e da Petrobras.

Havia ainda um sétimo nome, menos cobiçado politicamente e bastante calado: Beto Vasconcelos, secretário-executivo da Casa Civil da Presidência da República na ocasião, o número dois da pasta, atrás da então ministra Gleisi Hoffmann.

Mais jovem membro da comitiva, com 36 anos, Vasconcelos era a figura mais importante na viagem brasileira à Etiópia, depois da presidente. Ele coordenava o Grupo África, grupo de trabalho interministerial que preparou o conjunto de ações da agenda África.

As reuniões começaram em 2012 e envolveram os ministérios das Relações Exteriores, da Fazenda, de Desenvolvimento, Comércio e Indústria (MDIC), e de Desenvolvimento Agrário (MDA). Uma semana antes da ida à Etiópia, o grupo se encerrou com a apresentação da agenda para Dilma. A intenção era que as principais ações pudessem ser anunciadas no evento da União Africana, em uma tentativa de mudar a percepção geral sobre a atuação de Dilma na África.

O Grupo África era um sinal da perda do prestígio do Itamaraty com a presidente. A chancelaria era substituída pela Casa Civil – chefiada por Dilma na época de Lula – na elaboração de uma nova agenda brasileira para o continente. "As medidas visam à intensificação das relações do Brasil com a África em bases de cooperação recíproca e desenvolvimento mútuo. Bases estas que têm diferido o país de outros que possuem relações com o continente africano", afirmou genericamente a Casa Civil, em nota enviada por e-mail. O "outros" é uma referência indireta aos países desenvolvidos e à China.

Beto Vasconcelos é um quadro de extrema confiança de Dilma e se tornou um dos seus principais auxiliares, despachando diretamente com ela. A presidente gosta de seu perfil técnico, eficiente e reservado. Mineiro de Uberaba, ele não é de dar entrevistas e aparecer em fotografias e quase não é visto fora do trabalho em Brasília. Um fator sentimental também contribuiu para unir os dois. Ainda no tempo de ministra da Casa Civil, Dilma elogiou o funcionário e quis saber quem ele era. Foi quando descobriu que se tratava do filho de um antigo companheiro de militância de esquerda e de prisão em Minas Gerais durante a ditadura militar. No começo de 2014, Vasconcelos foi nomeado chefe do gabinete pessoal da presidente, um dos cargos mais próximos do Chefe de Estado.

Entre 2012 e 2013, Vasconcelos se tornou o "homem África" do governo e ajudou a pautar o tema com Dilma. É um apaixonado pelos assuntos africanos. O continente o fisgou durante as férias de 2012 – Moçambique foi uma das suas paradas. Como tantos brasileiros que pisam em solo africano, o mineiro voltou com o sonho de um dia viver ali.

– O plano África saiu da cabeça do Beto. Tem muito a cara dele, ele mesmo queria coordenar aquilo tudo e foi sensacional. O diagnóstico das nossas deficiências veio dali. Foi então que ficou claro que do jeito que está nós não vamos a lugar nenhum – disse Milton Rondó, diplomata que coordena a cooperação humanitária do Brasil.

***

O Grupo África preparou um anúncio de peso para Dilma fazer na União Africana: o Brasil renegociaria 898 milhões de dólares de dívidas de doze países africanos: Congo, Tanzânia, Zâmbia, Mauritânia, Sudão, Guiné-Bissau, Gabão, Guiné, Costa do Marfim, Senegal, República Democrática do Congo e São Tomé e Príncipe. Era uma tentativa de estampar nos jornais do globo a foto da onça ao lado do leão. Ou seja, chamar atenção para a importância que o Brasil dava ao continente.

A estratégia deu certo. O Brasil conseguiu deixar boquiabertos os demais países que brigavam por espaço na África. O mundo inteiro noticiou a "boa vontade" brasileira, arredondando nas manchetes o número para 1 bilhão de dólares. Era uma soma inédita. Para comparação, Lula renegociou nos seus oito anos de governo metade desse valor, 487 milhões de dólares, de três países: Moçambique (até hoje o maior perdão concedido pelo Brasil), Nigéria e Cabo Verde.

Além do impacto midiático, o perdão das dívidas ajudaria a abrir fronteiras de negócios. O nome sujo restringe financiamentos e dificulta investimentos. Porém, a medida não era automática. Para entrar em vigor, todo perdão precisa ser aprovado no Parlamento e a oposição marcava duro em Dilma. Um dos argumentos era que o ato poderia estimular calotes futuros. Até o primeiro semestre de 2014, parte desses débitos ainda não haviam sido anulados.

Apesar da dificuldade de aprovar o perdão no Congresso, esta era medida mais fácil de ser tomada porque não envolvia nenhum gasto do Brasil. Representava, basicamente, uma limpeza tardia dos resquícios da política africana do regime militar. As dívidas foram assumidas entre os anos 1970 e 1980 com empréstimos para importar produtos brasileiros, concedidos sem muita atenção às garantias que os países africanos podiam oferecer.

A agenda África tinha ainda outras duas ações mais difíceis de viabilizar: a consolidação de novas fronteiras de negócio para os empresários brasileiros – com acordos de investimento e condições de financiamento remodeladas – e uma reforma na cooperação sul-sul do Brasil.

– Temos encaminhado o perdão de dívidas. Além disso, hoje eu vou anunciar aqui dois grandes instrumentos para que a gente possa ampliar as relações com a África. Nós vamos criar uma agência de cooperação, mas é uma agência também comercial. E, além disso, nós também temos muita preocupação em viabilizar financiamentos adequados – resumiu Dilma, em entrevista coletiva na Etiópia.

Com relação ao segundo ponto, "os financiamentos adequados", o Brasil iniciou uma revisão dos procedimentos para concessão de créditos para a África. O objetivo era deixar o processo mais ágil. Exportadores brasileiros e importadores africanos reclamavam da demora, que inviabiliza negócios. Também contestavam as duras exigências de garantia. O interesse deles era que o Brasil flexibilizasse.

O ator central dessa vertente da agenda África foi a Câmara de Comércio Exterior (CAMEX), responsável por implementar políticas de exportação e importação.

– Os países africanos reclamam muito: a gente é bacana, mas há muita demora, exigência, entrave burocrático. Às vezes, uma operação começa a se desenhar e leva até dois anos para sair. É um desgaste! Comparativamente aos outros [países que dão crédito] é uma dificuldade. É intenção do governo conseguir um procedimento mais célere, sem abrir mão das garantias aos empréstimos. A África é uma nova fronteira comercial para todo o mundo. Com um crescimento forte, todos os países estão correndo para lá e temos que estar presentes – esclareceu em 2013 o então secretário-executivo da CAMEX, André Alvim.

Para discutir esses temas, o Brasil mandou o Ministério do Desenvolvimento, Indústria e Comércio Exterior (MDIC) bater nas portas africanas, a partir do final de 2013. Foram enviadas missões para Angola, Moçambique, Nigéria e África do Sul, nossos maiores parceiros econômicos no continente. Mas a África se mostrava pouco interessada nas propostas brasileiras. Outros parceiros, como a China, ofereciam condições melhores.

Também com o objetivo de facilitar os negócios, Dilma assinou um decreto em abril de 2013 criando no BNDES uma diretoria para África e América Latina, a única específica para uma região do mundo. A determinação do governo com essa medida foi conferir "prioridade à expansão da presença das empresas brasileiras no continente africano" e "à abertura de novas frentes de negócio", informou por e-mail Luiz Eduardo Melin, que comanda a diretoria.

O BNDES também abriu um escritório africano, na África do Sul, em dezembro de 2013 – além da África, o banco só tem representações no Uruguai e em Londres. Oito meses depois da sua instalação, já haviam sido identificados 75 projetos africanos que poderiam ser realizados por empresas brasileiras na África. Dois terços eram de infraestrutura. Todos eles, claro, com potencial financiamento do BNDES.

***

O terceiro e último braço da agenda África, a cooperação sul-sul, era o mais difícil de sair do papel. Ao contrário dos outros dois, não contava com lobby de empresários, interessados em fazer negócios na África, e foi sendo deixado para trás. Segundo o coordenador de ações humanitárias, o diplomata Milton Rondó, Dilma reclamava de que faltava uma estratégia para o setor:

– Nós temos um problema: como colocar toda a cooperação sob um guarda-chuva coerente. A cooperação técnica vai por um caminho, a cooperação humanitária vai por outro, a cooperação educacional vai por outro, a cooperação cultural vai por outro, a promoção comercial vai por outro. Está claro que não há uma estratégia. A presidenta reclama disso com toda razão – disse.

Pois o objetivo da última vertente da agenda África era justamente estruturar a cooperação sul-sul. Para atingi-lo, a medida principal apresentada pelo Grupo África para Dilma foi a criação de um marco legal para a Agência Brasileira de Cooperação (ABC), que coordena os projetos de transferência de conhecimento e tecnologia – a cooperação técnica. Do jeito que está, o órgão é um entrave. Não tem autonomia para atuar por conta própria sem a parceria de um organismo internacional e enfrenta dificuldades de gestão.

Já a nova agência poderia executar seus projetos diretamente. Também poderia assumir a área de apoio humanitário, prestado em situações emergenciais – vertente em que o Brasil também enfrenta um gargalo, dependendo de Medidas Provisórias presidenciais. Além disso, o país deixaria de atirar para todo lado e focaria suas "ações em áreas em que tem conhecimento especializado, como combate à pobreza, educação, saúde e agricultura", segundo a Casa Civil.

Muito foi elaborado sobre o assunto, mas, em meados de 2013, a agenda África perdeu prioridade. O Brasil foi tragado por protestos que mudaram os rumos políticos do país, em junho, forçando o governo a concentrar as atenções no âmbito interno. Em março daquele ano, 65% da população dizia que o governo da petista era ótimo ou bom.

No final de junho, 30%, segundo o Datafolha. Apesar das intenções de superar problemas estruturais nas relações com a África, que não foram enfrentados por Lula, Dilma acabou enfraquecendo os laços com o continente africano.

A reforma da ABC, por exemplo, não passou de promessa. Na falta de mudanças, a agência teve um 2013 de notícias negativas. Com orçamento cortado, deixou de assinar novos projetos e passou a se concentrar naqueles assumidos em anos anteriores. Esses, por sua vez, tiveram atividades limadas, comprometendo seus resultados. A onça tentava conquistar a confiança do leão, mas tinha pouco currículo a apresentar.

***

– Moçambique fica aparecendo o tempo todo numa discussão sobre a África. Aqui não é um seminário sobre Moçambique – alertou em tom jocoso o embaixador Paulo Cordeiro para uma plateia versada no continente, em março de 2014.

O bem-humorado embaixador, que brinca ser um baiano de grande porte devido aos jantares e almoços de que é obrigado a participar na atividade diplomática, mediava o painel temático "África" dentro dos "Diálogos sobre política externa". Tratava-se de um círculo de debates do Itamaraty que ao longo do primeiro semestre de 2014 chamou extratos da sociedade para discutir a atuação internacional do Brasil. Era algo inédito. A hermética chancelaria se abria para recolher colaborações para a preparação do Livro Branco, um documento que reuniria os princípios e objetivos das relações exteriores. O Itamaraty, que perdera prestígio no governo Dilma, tentava retomar as rédeas.

O evento ocorria no palácio do Itamaraty em Brasília, na sala San Tiago Dantas, cujo nome presta homenagem ao chanceler de Jânio Quadros, responsável pela aplicação da Política Externa Independente, a primeira a buscar uma aproximação com a África. Diversas mesas foram dispostas ao lado umas das outras formando um quadrado vazado, em torno do qual se sentaram os convidados – o encontro era fechado ao público.

Éramos cerca de trinta pessoas. Diretores das multinacionais Vale, Camargo Corrêa, Odebrecht e Petrobras. O responsável pelo Fundo Nacala da FGV Agro. Representantes das áreas de cooperação de Embrapa, SENAI, Ministérios da Educação e do Desenvolvimento Agrário. Quatro deputados federais. Três membros de movimentos sociais de oposição à expansão africana do Brasil. O coordenador da iniciativa África do Instituto Lula. Professores, embaixadores, militares e dois jornalistas. Não foram Vasconcelos, coordenador da agenda África, Luiz Melin, do BNDES, o diretor da ABC nem o responsável pela cooperação humanitária.

O debate durou 5 horas. Fosse o tema das falas cooperação ou negócios, elogios ou críticas, o destaque era quase sempre Moçambique. Por isso, Paulo Cordeiro resolveu chamar a atenção dos presentes. Mas não era por acaso. Na última década, o país tornou-se a zona de testes para a aproximação do Brasil com a África, local onde diferentes atores implementaram novas e inéditas medidas.

Vamos relembrar por quê.

Foi em Moçambique que se iniciaram projetos de cooperação de porte nunca antes vistos, como a fábrica de antirretrovirais, a Universidade Aberta do Brasil (UAB) e o ProSAVANA, que embaralhou pela primeira vez interesses de solidariedade e de negócios. Foi em Moçambique que se instalou a Vale, o maior negócio brasileiro na África, e onde passaram a funcionar os primeiros mecanismos para financiar obras de infraestrutura fora de Angola. Foi em Moçambique que o agronegócio brasileiro botou os olhos. E também foi em Moçambique que ocorreram os pioneiros protestos contra a presença do Brasil, em resposta à nova aproximação.

Paulo Cordeiro podia chiar, mas não havia como não focar em Moçambique.

O país, inclusive, pode se tornar o padrão da expansão futura do Brasil em outros países africanos. Ou pode representar apenas o seu próprio caso, se o Brasil interromper seu avanço no continente. Independentemente do que aconteça além de suas fronteiras, Moçambique restará como um dos maiores símbolos da política petista para a África. E seus resultados continuarão a aparecer durante bastante tempo.

Nos próximos anos, a linha da presença brasileira em Moçambique vai continuar ascendente. O principal motor é justamente a instalação permanente da Vale, que contratou outras multinacionais verde-amarelas e ancorou os interesses nacionais no país africano. No evento no Itamaraty, após a fala de Rafael Benke, diretor global da Vale de assuntos corporativos, o embaixador Paulo Cordeiro emendou uma frase cheia de significado:

– Um ministro africano me disse uma vez: a Vale parece um baobá. Vem a Odebrecht, pousa num galho. Vem outro, pousa em outro galho. Depois outras empresas...

A atuação da mineradora em Moçambique mal começou. É a partir de 2015 que suas atividades devem mudar de patamar, com o início da segunda fase de extração de carvão, que pretende dobrar a produção até 2018. Também a partir de 2015, a Vale deve concluir as obras do Corredor de Desenvolvimento de Nacala – a ferrovia de mais de 900 quilômetros e o porto. Novos reassentamentos estão previstos ao longo desse eixo logístico.

Daqui para a frente, também ficarão prontas obras públicas erguidas por construtoras brasileiras com crédito do BNDES. Uma dúvida repousa sob a primeira delas, o aeroporto da Odebrecht, inaugurado em 2015: será que o empreendimento se tornará um elefante branco? Uma moderna infraestrutura sem passageiros? Ou ajudará no desenvolvimento local? A segunda construção de vulto, a barragem de Moamba Major, da Andrade Gutierrez, foi iniciada em 2014 e deve ser concluída antes de 2020.

Nenhum plano da Odebrecht e da Andrade Gutierrez, contudo, chega aos pés dos desejos da Camargo Corrêa. A empreiteira tem concessão para construir a hidrelétrica de Mphanda Nkuwa, com potencial para ser uma das maiores obras do Brasil no continente. Vizinho da mina de carvão da Vale em Moatize, o projeto está avaliado em mais de 3 bilhões de dólares.

No empreendimento, uma área de 100 quilômetros quadrados deve ser alagada, o que exigirá a remoção de 462 famílias. Será "um dos mais significativos impactos negativos" de Mphanda Nkuwa, segundo o estudo de impacto ambiental, do qual participou a empresa do escritor Mia Couto. Além disso, serão cobertos pela água "locais sagrados que desempenham um papel importante na vida ritual e no universo de crenças das populações locais".[4] O estudo pede especial atenção ao monte de Mphanda Nkuwa, a morada de vários espíritos, segundo a crença local. Ou seja, há potencial para problemas futuros, assim como já ocorreu nos reassentamentos da Vale.

É possível que a estatal Eletrobras se some a Mphanda Nkuwa. Já apoiou estudos sobre a construção de uma linha de transmissão de energia da hidrelétrica até Maputo e dela para a África do Sul, o maior mercado consumidor regional de energia. Outra estatal, a Petrobras, planeja criar em Moçambique sua primeira unidade africana de produção de etanol. A Guarani, da qual a empresa de petróleo é sócia, já está produzindo cana para fabricar açúcar no centro do país.

O agronegócio é outra área na qual a presença brasileira deve crescer. É algo novo para o Brasil na África. O que existe até hoje são iniciativas isoladas de alguns grupos empresariais, sobretudo no Sudão e em Angola. A escala negociada em Moçambique, contudo, não tem nenhum paralelo. Se o projeto da FGV Agro de investimento no Corredor de Nacala se concretizar, cerca de 350 mil hectares de cereais podem ser plantados nos próximos dez anos. Empresas como a Odebrecht também almejam se engajar na agricultura. Juntando todos os planos, Moçambique tem potencial para se tornar a nova fronteira agrícola brasileira.

Os próximos anos também serão decisivos para os maiores projetos de cooperação. A fábrica de antirretrovirais, cortejada pela Índia, deve começar a produzir em toda sua capacidade e tentar obter o selo de qualidade da Organização Mundial da Saúde. A Universidade Aberta do Brasil prevê a criação de cinco polos adicionais e precisa contornar os problemas dos três já existentes. O SENAI moçambicano deve ser iniciado. O polêmico ProSAVANA pretende dar largada a suas ações.

Era, portanto, inevitável que a reunião do Itamaraty respingasse toda hora em Moçambique. Apesar de sua própria ponderação, Paulo Cordeiro aproveitou uma pausa entre duas falas para dar uma notícia moçambicana. Não teve atitude parecida em relação a nenhum outro país ao longo do evento. Afinal, o seminário era ou não sobre Moçambique, como ele próprio questionara antes?

– Acabo de receber a informação de que o candidato à presidência de Moçambique pela FRELIMO foi se encontrar agora com nosso ministro da Defesa, o ex-chanceler Celso Amorim, na residência da embaixadora [brasileira em Maputo, Ligia Scherer]. É um bom diálogo!

Dentro de alguns meses, haveria eleições presidenciais em Moçambique, um tema de vital interesse das multinacionais que estavam no encontro do Itamaraty. Por isso, o anúncio de Paulo Cordeiro era tão importante. Pouco antes, Andre Clark, vice-presidente de negócios internacionais da Camargo Corrêa e responsável pelos projetos na África, foi rigoroso: "O desenvolvimento moçambicano é absolutamente necessário para o sucesso do nosso plano de negócios." Além do interesse na construção da hidrelétrica, a Camargo entrou no ramo de cimento e se tornou a segunda maior empresa industrial de Moçambique.

Do lado contrário, o Brasil também era importante no horizonte moçambicano. Tanto que Filipe Nyusi, o referido candidato da FRELIMO, esteve no país em agosto de 2014, visitando ministérios, empresários e Lula. Buscava sinalizar sua abertura aos negócios brasileiros e destravar projetos de cooperação.

O Brasil também escolheria seu presidente em 2014. Dilma Rousseff, a presidente que amornou as relações construídas por Lula na África, disputou a reeleição em um cenário eleitoral embaralhado pelos protestos de junho de 2013. Começou a campanha como favorita. Mas o jogo mudou com a queda do avião de Eduardo Campos, candidato do Partido Socialista Brasileiro, em agosto de 2014. A vice de Campos, a ex-ministra do Meio Ambiente de Lula, Marina Silva, assumiu a candidatura. Logo apareceu na liderança. Em seguida, Marina caiu e o candidato Aécio Neves, do PSDB, encostou em Dilma.

O que ocorreria com as relações Brasil-África, caso o PT saísse do poder? Os empresários com interesses no continente africano não estavam muito preocupados. No final de agosto de 2014, reuniram-se em Fortaleza para tratar de negócios. Estavam presentes representantes das "quatro irmãs", como são chamadas as maiores construtoras (Odebrecht, Camargo Corrêa, Andrade Gutierrez, OAS), Vale, FGV Agro, BNDES e outros grupos econômicos com apetites pela África.

"Pior do que está não fica", disse um membro da Andrade Gutierrez sobre o futuro dos negócios com a África após uma possível derrota de Dilma. Em todo o mandato da petista, a construtora praticamente não assinou obras africanas com financiamento do BNDES, com exceção da barragem de Moçambique. Era um contraste em relação aos anos Lula. Um diretor executivo do Sindicato Nacional da Indústria da Construção Pesada (SINICON) definiu a atuação de Dilma na África da seguinte maneira: "Um descuido." Restava saber qual seria o impacto da Operação Lava-Jato nos negócios africanos das construtoras implicadas nas investigações.

Uma coisa era certa: tanto as empresas que tinham iniciativas engatilhadas na África como as que desejavam explorar as oportunidades que se abriam no continente pressionariam o governo da ocasião por apoio político e financiamento. Não iriam desistir do jogo, apenas se reposicionar nos novos cenários, como num jogo de xadrez. A Vale, por exemplo, tinha mais de 8 bilhões de dólares de investimentos realizados e previstos em Moçambique. "Não vamos dizer para os acionistas 'Mudou o governo, vamos parar'", ironizou um executivo da mineradora presente no encontro de Fortaleza.

– O setor privado multinacional brasileiro está absolutamente, estrategicamente e muito seriamente posicionado na região e é por longo prazo. É uma posição permanente. Não foi feito para sair. Foi feito para ficar – sedimentou Clark, da Camargo Corrêa, escandindo os advérbios, na reunião de Brasília.

APÊNDICES

Entrevista – Luiz Inácio Lula da Silva, ex-presidente do Brasil (2003 a 2010)

"O Brasil não é um país imperialista, deve ser uma espécie de 'parceirista'."

O pedido de entrevista com Luiz Inácio Lula da Silva foi formalizado em maio de 2013. Sete meses de insistência se passaram até sua realização, na manhã de 18 de dezembro. Em duas ocasiões, a conversa foi pré-agendada e de última hora cancelada. A primeira, na sequência do anúncio de união entre Marina Silva (que não conseguiu fundar seu partido, a Rede) e Eduardo Campos (PSB), para a disputa presidencial de 2014, em outubro – o lance eleitoral mais surpreendente daquele ano, que pegou o ex-presidente de surpresa. Na segunda, Nelson Mandela faleceu e Lula foi convidado pela presidente Dilma Rousseff a acompanhá-la no velório.

Na volta da viagem, Lula me recebeu no instituto que leva seu nome, no bairro do Ipiranga, em São Paulo, para uma hora e meia de entrevista sobre a África. Descontraído, de camisa preta e calça jeans, o ex-presidente falava do continente com a naturalidade de um político africano. Conhecia as dificuldades e vantagens de diferentes países e os últimos detalhes dos projetos brasileiros. Para ele, a África não era tópico de filantropia, mas de interesse político e econômico. Leia a íntegra da entrevista, dividida pelos assuntos principais:

GEOPOLÍTICA

Está acontecendo uma mudança geopolítica na África? As relações norte-sul e sul-sul mudaram nesses últimos dez anos?

Acho que mudou muito. Eu digo pela experiência do Brasil. A nossa opção pela África foi feita durante a campanha [de 2002], era um compromisso partidário e de um candidato de que nós iríamos estreitar nossas relações com a África e com a América Latina. O Brasil tem muita história com a África nesses 500 anos. Durante muitos anos teve relações privilegiadas com vários países africanos. Nós queríamos reaproximar o Brasil com a África.

O Brasil teria que adotar uma política diferente daquela a que os africanos estavam habituados. Dos colonizadores, que vão lá para ser donos do país. Ou daquelas que os chineses estavam tentando fazer. Como é que os chineses fazem? Os chineses chegam na África, oferecem fazer uma série de coisas, algumas necessárias, outras não necessárias, sempre megacoisas, em troca de minério, gás, petróleo, ferro e produtos agrícolas. Fazem coisas de que se precisa, fazem palácios de governo, sede de parlamento, centro de convenções.

O que o Brasil teria que fazer?

O Brasil teria que ter uma postura diferente. O Brasil deveria se apresentar para a África como alguém que quisesse ajudar a construir uma nova parceria, em que os empresários brasileiros construíssem parceria com os empresários africanos, para que a gente pudesse construir empresas africanas também. Que o Brasil ajudasse no crescimento de uma indústria africana, uma agricultura africana. Por isso, mandamos a Embrapa para lá, por isso brigamos tanto para que nossos empresários fizessem parceria na construção de usina de álcool, açúcar. Para que os africanos pudessem ser donos da tecnologia para produzir o seu etanol, o seu açúcar e fazer as suas coisas.

Depois de dez anos, quais são os resultados?

Em dez anos a gente não consegue mudar muita coisa, mas nós demos passos muito importantes. O passo mais importante é que o Brasil virou uma referência na relação com o continente africano. As pessoas sabem que o Brasil ainda é um país pobre, embora sejamos a sexta economia do mundo. As pessoas sabem que nós ainda temos problemas sociais enormes, temos regiões em que as pessoas passam quase as mesmas necessidades que o povo africano. Mas as pessoas sabem que o Brasil pode ser mais solidário. Qual é o problema do Brasil? É que o

Brasil ainda se sente um país pequeno. O Brasil ainda é inibido. Não pensa como um país doador, pensa como um país receptor. Se você pegar os fundos que nós temos na Agência Brasileira de Cooperação [órgão ligado ao Itamaraty], é uma vergonha! Aquilo está mais para uma ONG do que para uma agência de colaboração. Nós poderíamos ter 1 bilhão de dólares naquela agência para ajudar [a fazer] projetos.

Por que nós não temos?

Porque a nossa cabeça ainda é pequena. Eu fui presidente. Toda vez que você vai discutir isso, você esbarra no Orçamento. O Orçamento está tão comprometido com as coisas velhas que você dificilmente consegue colocar coisa nova. Sobretudo quando você pensa em solidariedade. Você veja, a Dilma anistiou a dívida de alguns países e foi alvo de críticas, é um absurdo! Uma dívida que as pessoas não podiam pagar. O fato de a Dilma anistiar, qual foi o grande favor que nós fizemos? Nós liberamos as pessoas para fazerem novas dívidas. É apenas isso. Eles não iam pagar a dívida porque não tinham dinheiro para pagar.

O Brasil precisa dar esse salto de qualidade. Na hora que a gente colocou a Embrapa em Gana para fazer uma pesquisa em toda a savana africana e descobriu que as condições de produção são as mesmas do cerrado brasileiro, a gente descobriu uma coisa importante. A gente pode transformar a savana africana em um celeiro importante de produção de alimentos para o mundo. Ao constatar isso, o Brasil tem que fazer aporte financeiro para financiar a produção.

A produção dos africanos ou dos brasileiros que estão na África?

Pode ser tanto brasileiro quanto associação de empresas brasileiras com empresas africanas. Eu prefiro associação de empresas. Porque a gente ajuda a criar empresas multinacionais brasileiras e ajuda a criar grandes empresas nacionais dos países africanos. É juntar a fome com a vontade de comer. Eu sonhava com isso. Não era fácil você convencer o empresário a investir na África. Não era fácil! Porque as pessoas querem segurança jurídica, querem democracia, querem instituições sólidas, e a África não oferecia isso.

E hoje?

É importante a gente lembrar que a democracia na África é muito incipiente. A maioria dos países conseguiu sua independência nos anos 1960. Depois quase todos que conquistaram independência entraram num processo de guerra civil e levaram anos numa briga sangrenta. Somente agora, faz dez ou quinze anos, que está se consolidando a democracia. Isso é muito importante. Porque os africanos descobriram que somente com paz e democracia é possível consolidar os investimentos estrangeiros de que eles necessitam. Instituições sólidas também facilitam a entrada de capital estrangeiro. E isso está acontecendo agora.

Avançamos muito. Passamos a ser vistos como um ator na política sul-sul, na política Brasil-África. Já temos muitas empresas brasileiras trabalhando em vários países africanos. A começar pela Vale em Moçambique, a expectativa da Vale na Guiné, a Odebrecht trabalhando em Angola, empresas trabalhando na Guiné Equatorial, em Gana. Tem muita coisa acontecendo, tudo de dez anos para cá.

EMPRESÁRIOS

O senhor disse que não era fácil convencer o empresário a ir para a África. Por quê?

Sabe por quê? Durante um século, o Brasil ficou na expectativa de que a solução seria dada pelos Estados Unidos e pela União Europeia. O Brasil não se deu conta ainda de que um país que tem seu nível tecnológico... Dificilmente o Brasil poderá exportar produto manufaturado para a Alemanha. Dificilmente o Brasil poderá exportar produto manufaturado para os Estados Unidos. Esses países têm tecnologia mais avançada que o Brasil. Obviamente, eles compram aviões da Embraer, mas a aviônica é americana, não é nossa. Então onde é que o Brasil tem facilidade de colocar seu produto manufaturado? Não é teoria. Se você pegar a balança comercial no Ministério do Desenvolvimento, se você pegar para onde o Brasil exporta produto manufaturado, você vai perceber que é para a América Latina e para a África.

Três quartos do que o Brasil vende para a África são produtos manufaturados.

Pois é. Porque há muita similaridade. Nesse momento, nós deveríamos estar brigando com as fábricas de automóveis aqui no Brasil para que uma parte dos países africanos tivesse carros brasileiros. Seria a chance de a gente criar uma frota de *flex fuel* na África. Um país africano que não tem petróleo, em vez de ficar com déficit na sua conta de petróleo, poderia ter superávit na sua produção de etanol, poderia gerar emprego, produzir combustível limpo e parar de importar petróleo, poderia fazer energia de biomassa. Teria uma revolução! O que acontece é que quem vende carro para a África são as matrizes, não a filial. Eu fico até triste quando chego num país vizinho do Brasil e encontro aquelas peruas americanas que bebem três litros de gasolina por quilômetro, quando poderia estar utilizando um carro *flex fuel* para poder produzir etanol.

Eu tenho discutido muito isso com os presidentes. Não é coisa fácil de mudar, é mais fácil de falar do que mudar. Mas eu acho que nós temos que persistir. Eu tenho insistido, sistematicamente. E acho que a Dilma agora teve uma atitude importante: tem um embaixador responsável pela África, o Paulo Cordeiro, que é figura muito interessada, que gosta [dos assuntos africanos]. Porque para a relação com a África não basta diplomacia, é preciso gostar.

O senhor fala muito dos empresários. Os empresários acabaram assumindo a linha de frente nas relações com a África?

Deixa eu te contar por que eu falo muito dos empresários. É porque nós, os dirigentes políticos, fazemos o discurso, o Itamaraty prepara o memorando, mas para as coisas acontecerem tem que ter os agentes que vão fazer as coisas acontecerem. Você percebe?

E os empresários são os principais agentes?

Eles têm interesse econômico. Por exemplo, se eles estiverem construindo uma mina de carvão em Moçambique... Vamos pegar o caso da Vale. Ela tem interesse em colocar dinheiro lá, gerar emprego lá, gerar crescimento do seu patrimônio lá. Ela vai ajudar na infraestrutura. Se o empresário quer fazer investimento em energia em outro país e o projeto for importante, ele vai atrás de financiamento. As coisas começam a acontecer. O meu medo é que, se não tiver o empresariado por trás, as coisas ficam mais difíceis de acontecer. Você tem que despertar interesse neles. É por isso que eu falo muito a palavra associação, entre os empresários deles e os empresários nossos. Que o Brasil não vire um império comprando as empresas deles.

Eu participei da assinatura de um documento da Andrade Gutierrez com a maior empresa da Nigéria. Eu fico muito satisfeito quando essas coisas acontecem. Estou vendo a Odebrecht inaugurar no próximo ano uma planta [industrial] que vai representar quase 50% de todo o açúcar consumido em Angola. Acho isso extraordinário, porque são projetos como esses que fazem nascer outros projetos, que fazem nascer empresários africanos! Eu tentei convencer os brasileiros a fazer supermercados nos países africanos. Fui ver as casas que o Brasil produz em Angola, com material de Angola, mão de obra angolana. Aí eu fui visitar as casas chinesas: material chinês, mão de obra chinesa. Não tem sentido.

O Brasil está disputando [mercado] com a China na África hoje?

Eu acho que não, mas deveria disputar. Não está [disputando] porque o volume [de negócios da China] na África é quase impossível de disputar. Quando você pensa em 50 centavos, a China chega com 1 bilhão. Quando você pensa em fazer um quilômetro de estrada, a China está pensando em fazer 5 mil quilômetros de estrada. Eu não acho que o Brasil deva competir com a China. Hoje talvez só os americanos possam competir com a China. O Brasil tem que fazer sua parte. E sua parte é muito. A África tem fronteira com o Brasil, é só você pegar do Marrocos até Cidade do Cabo, tudo isso é fronteira com o Brasil. E o oceano Atlântico é o caminho que Deus nos deu para que a gente facilite os nossos negócios.

DILMA E COOPERAÇÃO

Alguns empresários e diplomatas dizem que a presidente Dilma não gosta tanto dos assuntos africanos como o Lula. Qual a avaliação do senhor?

A Dilma foi muito generosa porque, quando eu deixei a Presidência, ela queria que eu fosse embaixador plenipotenciário [agente diplomático investido de plenos poderes em relação a uma missão especial] para a África. Eu não aceitei porque eu achei que poderia ser malvisto pelos adversários e seria um pouco complicado. No fundo, o que ela queria era que eu continuasse fazendo com que, no mandato dela, a África tivesse a prioridade que eu dei na minha Presidência. Ela tem trabalhado. Ela não viajou tanto quanto eu viajei, porque ela tem problemas internos para resolver. Mas eu tenho certeza que a Dilma tem o coração voltado para a África também. Ela tem demonstrado... Já viajou para sete países africanos. O Paulo Cordeiro virou embaixador responsável por todo o continente africano. Ela criou no BNDES uma diretoria que já abriu agência agora em Johanesburgo para cuidar da África. Eu acho que é um avanço.

Os recursos para cooperação sul-sul caíram bastante.

Caíram não... Praticamente acabaram! A ABC está quase que em um processo de estruturação. Porque eu sei que a presidenta, já faz um ano e meio, criou uma equipe pra apresentar uma proposta de uma agência de cooperação mais ousada, mais forte. Precisa tomar uma atitude também, mas vai sair uma coisa mais forte.

Eu digo que tem que ter coração. Não basta ter um diretor no BNDES. Esse diretor tem que ter vontade, tem que querer fazer. Tem que falar "Eu vou fazer!", porque, se ele ficar esperando que a burocracia analise as condições financeiras para fazer um financiamento, ele vai sempre achar que faltou algum documento e não vai sair nunca esse financiamento. É uma coisa de alma, de paixão, o cara tem que gostar e fazer.

Por qual motivo?

Nós representamos para a África mais do que pensamos. A expectativa e a esperança que eles têm com relação ao Brasil me deixam preocupado, porque acho que muita gente no Brasil não tem essa compreensão; não tem a dimensão de quanto eles [os africanos] gostariam que as coisas acontecessem com o Brasil e não com a China.

Quando nós criamos a Universidade Aberta, em Maputo, qual era a ideia? Nós vamos criar uma universidade aberta em Maputo; se ela der certo, a gente vai criar em São Tomé e Príncipe, em Cabo Verde, em Angola. E aí vamos ter autoridade moral de fazer os franceses fazerem universidade aberta em países de língua francesa, de os ingleses fazerem. Era um movimento. A [Universidade Aberta] de Moçambique está dando certo.

Mas faltou recurso e está com apenas 10% dos alunos previstos.

Pois é, está faltando recurso, está faltando recurso na fábrica de remédio, está faltando... Essa é uma coisa que temos que olhar com muito cuidado, com carinho. Às vezes, o dinheiro é pouco. A burocracia brasileira não é fácil. Lamentavelmente. Ainda a cabeça de muita gente está impregnada, ou é americanizada, ou europeizada. Não está africanizada, não está... Não está ainda para América Latina.

VIAGENS À ÁFRICA

O senhor falou que tem que ter coração [para trabalhar com a África]. Qual foi seu despertar pessoal para questão africana?

Eu sempre achei que o Brasil deveria ocupar um espaço no mundo maior do que ele tinha. Eu sonhava em quebrar o complexo de vira-lata que tinham os brasileiros. E, se o Brasil ficasse tentando conquistar um espaço internacional pedindo licença para os donos do espaço internacional, jamais teria. Jamais. Jamais alguém vai emprestar a dama para dançar com o outro. Então o Brasil tinha que cavar o seu próprio espaço. Qual era o espaço do Brasil? Estabelecer relações com os iguais.

Tentar criar condições de, a partir de uma articulação política sul-sul, ter uma contrapartida de negociação com o norte. Nós tínhamos para negociar, de um lado, a América Latina; de outro, a África. Tudo isso representa uma pequena população de 1,5 bilhão de habitantes.

Em algum momento, alguém chegou e disse "Lula, a gente tem que olhar para a África"?

Não, era uma coisa da própria campanha. No programa de governo a gente colocou como prioridade. Como o Brasil era o maior país africano fora da África, tinha que mostrar seu compromisso com a África. Tentamos fazer uma combinação: a conquista do espaço negro dentro do Brasil com a demonstração de uma política forte com relação à África. Acho que ainda tem dívida com a África. A dívida que o Brasil tem com a África não será mensurada em moeda, tem que ser paga em solidariedade, em parceria, na ajuda que o Brasil pode dar para o desenvolvimento. Nós ainda temos muita coisa pra fazer. Eu por exemplo tenho frustração de ter terminado o governo e não ter feito uma empresa aérea brasileira voar para os vários países africanos. Eu cheguei até a pensar em criar uma empresa estatal só para ir para a África. Aí achei que era demais [risos].

Na década de 1980, a Varig fazia voos diretos para a África.

Viajava direto para Lagos. Agora temos voo da África do Sul e de Angola para cá. A Etiópia começou a ter voo para cá. Cabo Verde tem um voo direto para Fortaleza. Acho que o Brasil daria uma demonstração se abrisse um voo São Paulo-Gana, Rio de Janeiro-Gana, qualquer capital [africana], e de lá distribuísse para o continente africano. Para que os empresários brasileiros fossem prospectar possibilidade, para que pessoas pudessem vir comprar coisa no Brasil, para que o Brasil pudesse comprar coisa da África. Porque uma das formas que o Brasil pode ajudar os países africanos é – se eles não têm o que exportar porque produzem as coisas que o Brasil produz, e o Brasil produz com mais qualidade porque tem mais tecnologia – produzir parte das coisas lá para importar para o Brasil, para equilibrar a balança de comércio.

A balança comercial Brasil-África hoje é bastante desequilibrada.

Mas é por causa da conta-petróleo. Nossa dívida com a Nigéria... Temos um déficit com a Nigéria de quase 9 bilhões de dólares.

Cinquenta por cento de tudo que o Brasil importou de 2003 a 2013 foi petróleo nigeriano.

Não tem sentido! Essa era uma briga minha com companheiros do governo. Como pode o Brasil ter um déficit de 9 bilhões de dólares com a Nigéria e a gente não ter uma agência do Banco do Brasil na Nigéria, as empresas brasileiras não terem negócio na Nigéria, a Eletrobras não ter projeto de construção de hidrelétrica na Nigéria? Tem que propor, tem que construir, ajudar a buscar financiamento.

Qual foi a importância da sua primeira viagem como presidente, em 2003, para a construção da política africana do seu governo?

Tive a sorte de ter o Celso Amorim como ministro das Relações Exteriores, que era muito comprometido com essa relação sul-sul e com a relação com a África. Quando decidi fazer aquela primeira viagem, sabia que era uma viagem de prospecção. Nós iríamos levar empresários. Porque aqui no Brasil, quando eu falo "quem quer ir para Paris?", o avião lota. "Quem quer ir para Washington?" O avião lota. "Quem quer ir para Londres?" O avião lota. "Quem quer ir para Amsterdã?" O avião lota. "Quem quer ir para Frankfurt?" O avião lota. "Quem quer ir para Moçambique?" O avião já não lota.

Mas na primeira viagem o avião lotou com um terço dos ministros do Brasil.

A minha ideia de levar ministros e empresários era para eles perceberem que a África não é só miséria. Porque dá a impressão que a África é um pedaço de terra que só tem crocodilo comendo gnu, que só tem gente passando fome, quando não é verdade. Tem o crocodilo de verdade, tem o leão de verdade, tem fome de verdade, mas tem coisas para acontecer, tem oportunidades. Minha ideia era essa.

Eu fico muito orgulhoso quando descubro que os empresários brasileiros – independentemente do governo, mas por conta do tanto de discurso que nós fizemos e de tantas viagens – estão indo e se instalando. Esses dias recebemos dois empresários que estão no Sudão novo, que conquistou a independência. Estão produzindo algodão, mais do que no Mato Grosso. Estão felizes da vida, já estão produzindo bastante. Eu fico muito feliz quando nós vamos à Guiné Equatorial e descobrimos uma empresa brasileira que ninguém conhecia com uma carteira de 1,5 bilhão de dólares em infraestrutura. E que tem grandes empresas brasileiras se espalhando por todo o continente.

Em 2003 como era?

Não tinha nada disso. Em 2002, tínhamos duas empresas no Peru, hoje temos 66. Tínhamos uma na Colômbia, hoje temos 44. Na Argentina, temos um monte, nem se conta. No Uruguai, temos um monte. O maior investimento privado da história do Paraguai é de uma empresa brasileira que investiu numa fábrica de cimento.

O senhor se lembra do contato com o povo africano nas primeiras viagens?

Eu lembro. Fiquei muito emocionado quando eu fui na Ilha Gorée, no Senegal, naquele lugar que eles chamam de a "Porta do Nunca Mais". O pessoal [escravizado] ficava numa prisão, aí abria uma porta. Saía, era o mar. Dali entravam numa canoa para ir para o navio. Eu também fiquei muito emocionado quando fui visitar uma escola do SENAI em Angola.

Eu, que conheço a pobreza brasileira, nunca tinha visto nada [parecido]... Um potencial extraordinário de um país poder ficar rico, mas as pessoas estarem vivendo naquelas condições. Essas coisas mexiam. Sou um tipo de político motivado à emoção. E quanto mais eu via essas coisas na África, mais eu sentia que esses países têm tudo para fazer... Vale a pena investir! Eles não têm nada, então qualquer coisa que você faz é muita coisa. E, mesmo que o Brasil não tenha todo o dinheiro que a gente queira, o pouco que o Brasil tem, se o Brasil investir, ajuda demais.

Por exemplo?

Eu vi a alegria daquelas crianças no SENAI aprendendo uma profissão, em um SENAI que está longe de ser uma escola do SENAI daqui do Brasil. Eu fui agora na Universidade Aberta em Maputo e vi a expectativa das pessoas. Agora, se aqui no Brasil a gente fica apenas tratando isso de forma numérica e a gente não vai lá para ver e para sentir, a gente não faz mais do que a gente pode fazer. Nós temos que fazer mais do que a gente pode fazer.

Hoje, se eu fosse viajar outra vez, eu levaria o líder da Câmara, líderes dos partidos, líder do Senado. Seria importante que essas pessoas fossem para a África. Eu penso que o governo pode levar delegação de deputados ou que [eles] se encontrem independentemente do governo, para perceberem o quanto o Brasil tem de espaço aberto para poder trabalhar. E é importante lembrar que essa gente tem sido solidária. O Brasil ganhou a FAO [The Food and Agriculture Organization of the United Nations ou Organização das Nações Unidas para Alimentação e Agricultura] por conta da África, ganhou a OMC [Organização Mundial do Comércio] por conta da África. [José Graziano foi eleito diretor-geral da FAO, em 2012, e Roberto Azevêdo da OMC, em 2013.]

CONSELHO DE SEGURANÇA

O Conselho de Segurança continua do mesmo jeito.

O problema é que os donos... É como se fosse o clube do Bolinha. Quem está dentro, não quer abrir a porta para ninguém entrar. Nem quer sair, nem quer deixar ninguém entrar. Eu convivi oito anos conversando com todo o mundo. A França era favorável à entrada do Brasil. A Inglaterra era favorável à entrada do Brasil. A Rússia era favorável à entrada do Brasil. Quem era contra? Os Estados Unidos e a China.

Também houve uma divergência com a União Africana no auge das discussões, em 2005.

Deixa eu te contar. O Brasil propôs montar o G4. Era Brasil, Índia, Alemanha e Japão, os quatro países que deveriam entrar no Conselho de Segurança. Quando nós fizemos isso, criamos um problema para nós. Primeiro porque a China não admitia a entrada do Japão. Segundo porque a Itália e outros não admitiam a entrada da Alemanha. Todo o mundo era favorável à entrada da Índia. O Brasil tinha o México e a Argentina sem muita concordância. E o continente africano ficava numa disputa. Se ia ter a África do Sul, se era a Nigéria ou se era o Egito que poderia representar [o continente].

Onde o Brasil falhou?

Nós não conseguimos construir uma ideia. Nós não deveríamos ter discutido quais os países iam entrar, mas se vai haver mudança no Conselho de Segurança. E, depois de aprovadas as mudanças, discutir quem vai entrar. Agora, quem vai entrar tem que ter uma participação diferenciada. Por exemplo, nós deveríamos ter feito uma proposta para a América Latina que, se o Brasil fosse indicado, as decisões do Brasil no Conselho de Segurança seriam ouvidas, por exemplo, na Unasul [União de Nações Latino-Americanas] ou na CELAC [Comunidade dos Estados Latino-Americanos e Caribenhos]. Não seria uma decisão individual do Brasil. Ou seja, o Brasil levará para o conselho o pensamento de um continente. A África... Quem é que disse que a África só pode ter um país [no conselho], se a Europa tem três? A África tem muito mais países e muito mais população e só teria um? Poderia ter o Egito representando a parte muçulmana, a parte árabe. Poderia ter a Nigéria e a África do Sul, com o compromisso de que esses três países também iriam ouvir o continente africano para decidir. Nós não fizemos essa proposta. Se nós tivéssemos feito, acho que nós teríamos ganhado mais simpatia para discutir a questão do Conselho de Segurança da ONU.

Ainda há possibilidade de mudança?

A impressão que eu tenho é que por vontade própria dos membros não haverá mudança no Conselho de Segurança da ONU. Está muito confortável. Eles têm cinco representantes de uma geopolítica que não existe mais, de um mundo político que não existe mais e que decide: vamos atacar Síria, não vamos! Vamos atacar a Líbia, não vamos! Vamos fazer isso, fazer aquilo. A ONU perdeu a representatividade. A ONU, que teve a força de criar um Estado de Israel, não tem força para criar um Estado palestino. A ONU poderia evitar 99% dos conflitos nos países do mundo inteiro se tivesse força, representação política.

O Brasil precisa de uma estratégia diferente sobre o Conselho de Segurança?

É preciso. Nós chegamos muito perto. Precisamos continuar tentando. O mundo, globalizado do jeito que está, precisa de instituições globalizadas mais fortes. Vamos pegar a crise econômica. Quando ela era nos países periféricos, no Brasil, na Bolívia ou no México, o FMI sabia de tudo. O Banco Mundial sabia de tudo. Qualquer economista meia-boca de Harvard ficava dando conselho para a gente. Quando a crise foi lá, eles não sabiam como resolver! O Brasil foi o último país a entrar na crise e o primeiro a sair dela. No Brasil, o FMI não valia mais nada, o Banco Mundial não valia mais nada.

Os países africanos ainda são dependentes do FMI e do Banco Mundial. Desde os anos 1960, a ajuda norte-sul para a África ultrapassou 700 bilhões de dólares.

Primeiro é preciso saber se todo o dinheiro anunciado para a África chega na África. Eu participei de muitos anúncios de dinheiro para a África, nas reuniões que me convidavam para o G8. E, no ano seguinte, eu encontrava os mesmos presidentes na mesma reunião. O dinheiro não vai! É uma promessa atrás da outra, não vai. Segundo, comete-se o equívoco imenso de achar o seguinte: todo governo africano é corrupto. Então o dinheiro vai via ONGs. Agora esse dinheiro, quando vai para lá, ele chega muito picado, porque uma parte dele é gasto com a estrutura da própria ONG.

Se você não tem um Estado participando da definição da política pública, você fica apenas com projetos-piloto. É sempre projeto-piloto. E as coisas não se definem. Lógico que tem coisa que aconteceu que foi muito boa, mas nós precisamos dar um voto de confiança para o continente africano. Quando tiver que emprestar, emprestar o recurso para o Estado. Pode ter instituição multinacional fiscalizando, para saber se o dinheiro foi aplicado corretamente. Para ver se a gente faz no século XXI uma coisa diferente do que foi feito no século XX. Não deu certo o que foi feito no século XX. Ou melhor, falta muita coisa para acontecer.

A ÁFRICA NO MUNDO

O senhor acabou de voltar da África do Sul, do velório de Nelson Mandela [10 de dezembro de 2013]. Qual mensagem a África transmite neste momento?

A África continua a despertar o interesse, ainda um pouco difuso, de outras partes do mundo, da Europa, dos Estados Unidos e mesmo dos países da América do Sul. Do empresariado de vários países, dos políticos. Tem gente que acha que a África precisa só de solidariedade, de ajuda para cuidar de uma doença aqui, outra ali, precisa de tecnologia para resolver um problema da agricultura...

Nós cometemos alguns erros quando nós pensamos na África. As pessoas falam "eu fui à África" como se aquilo fosse um único país, uma única cultura, um único povo, [como se] não levassem em conta que ali são dezenas de países, cada um com a sua lógica, sua história, sua cultura. O brasileiro costuma dizer "Eu fui à África". Em que África você foi, cara-pálida? Você foi a São Tomé e Príncipe ou você foi a Angola? Essa é uma coisa que nós ainda não sabemos tratar direito. A outra [questão] é que eu penso que a África poderia ser uma das soluções para a crise mundial.

Por quê?

Eu disse isso já em 2008. Uma das formas de você resolver uma crise econômica da magnitude dessa de 2008 – em que você tinha uma dificuldade enorme de consumo nas grandes potências – era você incentivar o consumo nos países que precisavam se desenvolver. E fazer isso financiando o acesso a tecnologias que eles não têm. Tecnologia para desenvolver a agricultura, para resolver o problema energético, de infraestrutura... Até agora, gastaram-se 10,5 bilhões de dólares na crise do sistema financeiro. Imagina se uma parte desse dinheiro tivesse ido para a África ou a América Latina, a gente teria resolvido uma parte dos problemas, que é a queda do consumo e, consequentemente, a queda da produção. Isso não foi feito.

Aqui no Instituto Lula eu fiz questão de dizer o seguinte: nós não queremos ser uma ONG. Uma coisa [que a gente pode fazer na África] é mostrar as experiências bem-sucedidas que aconteceram no Brasil sem querer impor a eles a forma e o jeito. Eles é que têm que descobrir o jeito.

É uma postura diferente da dos países do norte?

[É] não repetir os erros dos colonizadores. Nós temos que fomentar os africanos a resolverem os seus problemas de infraestrutura, sobretudo na questão energética. Vou pegar a questão energética como o principal. Quando você chega em um país como a Nigéria, que tem 174 milhões de habitantes e apenas 4,5 mil MW de energia instalada, o problema é difícil. O rio Congo tem capacidade de produzir [o equivalente a] duas ou mais Itaipus e não tem nenhuma. E aquele povo não tem energia. O nosso trabalho é de tentar convencer as pessoas que elas podem fazer da questão energética o primeiro impulso para o desenvolvimento do continente africano. É uma forma de os países darem um salto de qualidade, de terem indústria, terem uma agricultura moderna e de se inserirem no mundo de forma mais competitiva.

Voltei da África do Sul [do velório de Mandela] com a ideia de que o continente africano precisa cada vez mais que as pessoas compreendam que ele não quer mais viver de favor, não quer mais ser colonizado, não quer mais aquela ajudazinha, que é uma coisa paliativa.

O que eles querem?

Nós fomos à União Africana, conversamos com a madame Zuma [política sul-africana que comanda o órgão], tenho conversado com vários presidentes. Eles têm um programa de desenvolvimento de infraestrutura até 2040, que envolve 360 bilhões de dólares. Estão definidas quais são as áreas prioritárias, o que é de energia, o que é de rodovia. Se você mapear quais são as prioridades, juntar vários governos, os bancos de desenvolvimento, e começar a financiar, você pode ter a chance de ter uma África muito mais desenvolvida nós próximos vinte ou trinta anos. Se não acontecer isso, nós vamos ver a África continuar crescendo, mas o desenvolvimento vai ser retardado. É isso que eu penso da África, é isso que eu pensava na primeira viagem, é isso que penso agora, nessa última viagem que fiz a Johanesburgo. A África está precisando ser compreendida de forma mais inteligente, de forma mais ousada pelos outros países.

CRÍTICAS

Uma crítica recorrente à atuação do Brasil na África é que ele apoia ditaduras, governos autoritários.

A relação de um Estado com outro Estado leva em conta os interesses estratégicos de um país. O Brasil tem que ter relação com os países e tem que respeitar que cada tipo de governo é decidido pelo povo daquele país. Não cabe ao Brasil chegar e tentar fazer o que os americanos fazem. O que é bom para eles vale, o que não é bom para eles não vale. Não é assim!

O Brasil precisa ter consciência dos seus interesses estratégicos. O Brasil tem que ter relação com países que mantêm relações com o Brasil, com países em que o Brasil tem interesse. Por que o Brasil não pode ter relação com o Irã? Porque os americanos não querem? E por que a China tem? E por que a Rússia tem? E por que as pessoas continuam comprando petróleo do Irã do mesmo jeito? Por que os americanos bloquearam a Líbia durante dez anos e a França continuou comprando petróleo da Líbia, a Itália continuou e não tinha problema nenhum? Há um clube em que as coisas valem para ele e não valem para os outros.

Tem no Brasil gente que é contra, gente que é a favor, mas você tem que pensar nos interesses estratégicos do Brasil em cada país. E, em função disso, no respeito aos direitos humanos, ao jeito das pessoas, à cultura das pessoas. Eles que decidem, não somos nós. Eu não posso chegar num país e dizer: se vocês não fizerem assim, não tem relação.

Em um evento interno do Instituto Lula com movimentos sociais sobre o ProSAVANA [programa de cooperação agrícola com Moçambique], um dos participantes disse que o governo moçambicano é como se fosse o governo de Fernando Henrique Cardoso. E concluiu que o governo do PT não deveria se relacionar com ele.

É que não é da minha responsabilidade! A relação diplomática e comercial de um país não é em função do pensamento político do presidente. Alguns babacas achavam que, quando o Lula foi eleito, os americanos não vão querer conversar com o Lula, os europeus não vão querer. É uma bobagem! Não é assim que se dá a relação. Temos relação com Moçambique porque é importante ter relação com Moçambique. Temos interesses comerciais com Moçambique, Moçambique tem interesse comercial no Brasil, temos histórias comuns. Se você tiver um governo lá que pratica genocídio e não respeita direitos humanos, você pode romper. Mas isso é levado em conta no momento histórico do país. No Brasil, rompemos com Honduras quando teve o golpe.

O maior investimento do Brasil na África está em Moçambique, que é a Vale. O governo brasileiro apoiou muito a instalação da Vale em Moçambique, foi fundamental para que a Vale estivesse lá. Por que o governo brasileiro apoiou tanto a Vale?

[Silêncio.]

Por interesse estratégico. Primeiro, porque a Vale é uma empresa brasileira. Era muito mais interessante que ela estivesse na mina de Moatize do que os chineses. [Esta é a] primeira coisa. A segunda é que o minério é uma coisa estratégica para qualquer país do mundo. E sobretudo quando se trata de carvão, que o Brasil não tem. Então, para nós, era extremamente importante a gente ter não só para exportar, mas para suprir a necessidade do mercado interno. O Brasil apoiou a Vale porque achou que era importante que uma empresa nacional estivesse lá e que a gente tivesse um potencial extraordinário de receber uma matéria-prima de que o Brasil necessita.

Aconteceram protestos contra a Vale em Moçambique. Também houve problemas no reassentamento das famílias. Isso prejudica a imagem do Brasil?

Prejudica! A Vale sabe disso. Eu quando era presidente conversei muito com a Vale. A Dilma tem que ficar atenta para isso. Porque o que nós queremos é que uma empresa como a Vale tenha – e qualquer outra empresa brasileira tenha – um comportamento diferenciado nos países africanos.

Como o governo pode garantir isso?

O governo pode conversar com a empresa. Muitas empresas para ir para lá precisam de investimento do governo, financiamento do governo e, sobretudo, apoio político. E também é uma questão de civilidade. Você tem que colocar na direção da empresa negros daqueles países, gente de lá. Você não pode ficar só querendo que os diretores sejam [brasileiros] exportados. Você precisa fazer a política de benefício, a exploração tem que gerar benefício direto para a sociedade.

E quanto aos reassentamentos da Vale?

Eu acompanho esse negócio dos reassentados de Moçambique. Parece que a quantidade menor de terra que foi dada [aos reassentados] é [responsabilidade] do governo de Moçambique, não é coisa da Vale. Aí nós não podemos fazer nada se o governo de Moçambique, em vez de dar dois hectares, deu um hectare. Já conversei com o Roger [Agnelli, presidente da Vale até 2011], com o Murilo [Ferreira, atual presidente da Vale]. É importante que o Brasil seja uma referência no comportamento. É muito gostoso para o país ter um trabalhador moçambicano dizendo: "A empresa brasileira trata a gente de outro jeito, ela é mais democrática, ela dá mais oportunidade, a gente consegue se desenvolver mais, a gente ganha mais." É importante para a imagem do Brasil.

O escritor moçambicano Mia Couto disse que há uma decepção com o Brasil. Os moçambicanos esperavam que o país fosse diferente, mas no fim as empresas brasileiras estão sendo iguais. Há o perigo de que o sul-sul seja igual ao norte-sul?

Há. Eu tenho feito apelos e mais apelos para os empresários brasileiros, que investem tanto nos países africanos quanto na América Latina, que eles tenham um comportamento diferenciado, para o Brasil não ser tratado como um país imperialista.

O Brasil é imperialista?

Não é. Não é. E não deve ter vocação para isso. O Brasil deve ser uma espécie de meeiro, muito mais um "parceirista". O Brasil precisa compreender isso. Uma empresa brasileira que vai para a Argentina precisa trabalhar com a ideia de se associar com uma empresa argentina, para que a gente tenha uma empresa latino-americana grande. Que a gente não vá engolindo as empresas deles, como os americanos fizeram conosco, os ingleses fizeram conosco. Nós temos que incentivar o surgimento de empresas. Quanto mais empresas eles tiverem, mais crescimento eles vão ter, mais distribuição de renda, mais consumo e mais comércio entre os dois países, mais gente transitando entre os países. Eu acho que precisa ter essa compreensão. Não é uma coisa simples de fazer. É muito mais fácil a gente falar, mas na hora de fazer...

MOÇAMBIQUE

Por que o senhor foi tanto para Moçambique?

Primeiro, tem uma figura em Moçambique por quem eu tenho um profundo respeito, que é o ex-presidente [Joaquim] Chissano. Eu acho que é uma das grandes figuras do pós-independência africano. Segundo, pelo potencial de relação que pode se desenvolver entre Brasil e Moçambique. Recentemente, fui a Moçambique e África do Sul para tratar de uma coisa que poderia ser interessante para Moçambique, a construção de uma hidrelétrica no rio Zambeze [Mphanda Nkuwa, projeto da empreiteira Camargo Corrêa].

O que o senhor foi fazer?

Fui levar para eles a experiência do Tratado de Itaipu. Para que não se repetisse o acordo leonino que foi feito no tempo da colonização, em que a energia da hidrelétrica de Cabora Bassa, de Moçambique, vai direto para a África do Sul e só volta 20% para Moçambique. Não! A gente foi mostrar que é possível construir uma hidrelétrica em Moçambique, sendo que a energia vai para Maputo e de Maputo distribui essa energia. Ou seja, é um produto de comércio. Agora, se precisa de dinheiro da África do Sul [para financiar o projeto], então você faz um tratado em que África do Sul utilize 50% da energia. E tudo aquilo que Moçambique não utilizar preferencialmente é vendido para a África do Sul, igualzinho nós fizemos com Itaipu.

As conversas avançaram?

Avançaram, me parece que os chineses entraram, mas agora houve uma reviravolta e outra vez estão procurando a Eletrobras. Me parece que esse novo governo chinês não está com a mesma visão do outro, está baixando um pouco a bola. O Brasil tem que ajudar não apenas com financiamento e tecnologia, mas com o gerenciamento [da hidrelétrica]. Nós temos experiência. E a Eletrobras é uma empresa qualificada. A Dilma conversou com o [presidente moçambicano Armando] Guebuza, discutiu com o [presidente da África do Sul Jacob] Zuma. Houve várias conversas.

E os outros projetos com Moçambique?

A questão da escola [Universidade Aberta do Brasil] eu comecei por Moçambique porque achava que era importante começar por Moçambique. A Vale surgiu porque houve interesse do governo brasileiro e do governo moçambicano. A fábrica de antirretrovirais a gente queria provar que era possível fazer, demorou pra caramba, mas saiu. Agora estou preocupado porque, se não tiver dinheiro do governo [brasileiro], a fábrica pode ser vendida. E o governo tem que cuidar disso com carinho. Falei para o Celso [Marcondes, coordenador da Iniciativa África do Instituto Lula] ligar para o nosso embaixador [Paulo Cordeiro, responsável pela África no Itamaraty] e falar para ele da situação.

O senhor parece ter um carinho pela fábrica.

É que é uma chance! Uma chance de as pessoas se tornarem independentes. Durante muito tempo, vários países africanos não levaram a questão do combate à aids como uma coisa séria. Até uma grande figura como o Mandela não entendeu num primeiro momento a questão da aids. É importante a gente poder levar para lá a experiência de uma coisa que o Brasil soube fazer bem.

E quanto aos projetos em agricultura?

Fiquei feliz quando li nos jornais que os moçambicanos abriram uma área enorme para que produtores brasileiros fossem fazer agricultura lá! Fiquei muito feliz quando a empresa da Petrobras de biocombustível foi fazer uma associação com uma empresa moçambicana para produzir biocombustível lá. Acho que essa é a contribuição que o Brasil pode dar. Tem que dar acesso à tecnologia. A Embrapa pode ajudar muito. Na questão da Fiocruz a gente pode ajudar naquilo que a gente já produz. O Sebrae [Serviço Brasileiro de Apoio às Micro e Pequenas Empresas] pode ajudar a África bastante. Na agricultura, podemos ajudar demais.

Em Moçambique, há tanto o ProSAVANA quanto uma adaptação do Programa de Aquisição de Alimentos (PAA) para a África. Como o senhor vê a questão da agricultura?

Nós vamos enfrentar lá o mesmo problema que nós enfrentamos aqui. Aqui nós levamos décadas e ainda tem gente que acredita que é incompatível a convivência da agricultura familiar com o agronegócio. Eu acho que é plenamente compatível. Nós temos que respeitar a cultura de cada local, mas ao mesmo tempo temos que fazer um enfrentamento.

A gente não pode permitir que continue o conceito de agricultura de subsistência. Nós não podemos permitir que o cidadão ache que ele nasceu para plantar uma mandioquinha, para fazer sua farinhazinha para comer com seu peixinho. Temos que fazer ele entender que se ele tiver acesso à tecnologia ele vai produzir muito mais coisa no mesmo hectare, vai utilizar a multifuncionalidade da terra, vai poder criar peixe, criar porco, produzir leite, plantar um monte de coisa. Vai poder ter acesso a dinheiro, vai ter mercado.

Como?

Aqui no Brasil sabemos que a agricultura familiar é responsável por quase 70% do alimento que nós consumimos. E à medida que a gente consegue criar condições de comprar o produto isso dá um salto de qualidade extraordinário. O Mais Alimentos [programa de crédito que financia investimentos da agricultura familiar] que nós criamos aqui e foi estendido para a África – mas ainda não financiou nada na África ainda – era para dobrar a produção do pequeno agricultor, produzir mais leite, carne, peixe, feijão, mais tudo. E o governo garantir que, se o cidadão plantou e colheu demais, não vai ter prejuízo porque o preço cai. Se o mercado não oferecer, a gente compra. Nós tivemos um sucesso aqui, acho que é isso que deveria ter na África.

Mas tem que levar em conta a cultura [local]. Tem muitas comunidades que vivem ainda uma cultura tribal. Nós temos que respeitar. Quando eu vejo na televisão o pessoal dizendo sobre a construção de uma hidrelétrica que o peixe que passava no rio acabou... Pode-se fazer com que um pescador tenha mais peixe num tanque do tamanho dessa sala do que num rio todo. Nós temos que mostrar para eles verem que é possível. O agronegócio vai produzir, vai exportar. E ele não substitui o pequeno negócio, o médio empresário, o pequeno empresário. Nem o pequeno empresário vai suprir a capacidade produtiva do agronegócio.

Amanda Rossi

EMPREITEIRAS E BNDES

Empreiteiras brasileiras financiaram suas viagens como ex-presidente para o continente africano. Há conflito de interesses?

Não, não há conflito de interesse. Nem com empresa de construção, nem com banco, nem com empresa de automóvel. Eu viajo e faço palestra gratuita para sindicato, para comunidade de base, para qualquer coisa. Agora, quando sou contratado para fazer palestras, eu vou com o mesmo carinho para Nova York, Madri, Paris, Londres, como eu vou para Moçambique, Guiné Equatorial, Adis Abeba [capital da Etiópia]. Quem quiser, é só me contratar. Não tenho preconceito de categoria.

Mas essas empresas foram grandes beneficiadas pelo aumento da presença do Brasil na África.

Ora, mas se não fossem não estariam lá. Se estivessem tendo prejuízo na África e não tivessem tendo contrato, não iriam pra lá. Eu não fui convidado a fazer nenhuma palestra em São Tomé e Príncipe, porque não tem nenhuma empresa lá.

Os empréstimos do BNDES para a África são pouco transparentes. O senhor é a favor de mais transparência?

Eu não sei quais são as necessidades de transparência de um banco. Eu acho que BNDES tem que ter a mesma transparência que tem o Banco de Boston, o Itaú, o Bradesco...

O Banco Mundial é bastante transparente.

O Banco Mundial, o BID. Agora eu não sei... Numa ação comercial, o que o banco tem que exigir? O banco empresta dinheiro, tem que ter garantia para ter retorno. Isso é o que interessa. Não é isso? O que mais interessa?

Saber, por exemplo, quais são os valores dos contratos, quais empresas estão sendo beneficiadas.

Isso está no contrato. A primeira coisa que está no contrato é a empresa

Mas isso não é divulgado.

O que você pode exigir – e eu acho que isso é uma coisa do governo é que um banco como o BNDES, ao emprestar dinheiro para uma empresa, tenha algumas exigências. Geração de empregos, exigências ambientais. Não existe nenhum país no mundo que tenha mais transparência do que o Brasil. É uma pena que no Brasil a única prevalência é das coisas negativas. Quando vejo, por exemplo, a imprensa dizer que no hospital público não sei de onde morreram duas crianças. É gravíssimo morrerem duas crianças! Mas quem sabe, naquele dia, aquele mesmo hospital salvou noventa. O que esse governo brasileiro faz, o que o BNDES faz... O BNDES é um banco que tem inadimplência quase zero, é um negócio absurdo. A inadimplência no Banco do Brasil é menor que no Itaú. A da Caixa, menor que no Bradesco. Você não vê isso em lugar nenhum.

Qual o papel do BNDES na África?

Eu acho que o BNDES tem que emprestar dinheiro. Tem que facilitar exportação de serviços. Obviamente que, se tiver projeto no Brasil ou projeto no exterior, de preferência você faça projeto no Brasil. Mas a ignorância aqui é de tal ordem que na campanha de 2006 as pessoas diziam: o Brasil está financiando metrô na Nicarágua e não financia metrô aqui. O Brasil está financiando exportação de serviço brasileiro para fora. Quando o Brasil investe na África, está exportando engenharia para a África.

Em 2008, eu chamei o Guido [Mantega, ministro da Fazenda] e o [então presidente do Banco Central, Henrique] Meirelles e falei: "Nós precisamos facilitar para que países do Mercosul tenham crédito brasileiro para comprar nossos produtos." Enquanto nós ficamos brigando para ver o que íamos fazer, os chineses colocaram 10 bilhões [de dólares] por conta da Argentina e ela começou a importar produto da China. E depois veio o pessoal se queixar para mim: "Poxa, Lula, estão comprando produto chinês!" Estão comprando porque a China está financiando, porra! Vocês não querem financiar, mas querem que eles comprem? Se o Brasil quiser ir para a África, o Brasil tem que financiar as empresas brasileiras a irem para a África. Como os americanos financiaram as empresas americanas a virem pra cá, como os ingleses financiaram empresas para virem construir ferrovia aqui. Sabe, é assim. É assim ou não tem

FUTURO

2014 é ano de eleições presidenciais no Brasil. Se o PT perde as eleições, as relações com a África voltam a cair?

Olha, é que eu não consigo imaginar o PT perder. Mas veja uma coisa. Eu não acredito que um tucano tenha qualquer paixão pela África. Por tudo que eu conheço deles, eu não acredito. Eles estão muito mais voltados a serem subservientes a Washington do que a construir uma política de soberania numa relação sul-sul. Eles não acreditam no Mercosul, não acreditam na Unasul, na CELAC, não acreditam em nada em que os americanos não estejam presentes.

Mas o SENAI, que o senhor visitou em Angola, em 2003, foi o Fernando Henrique que construiu.

Foi o próprio SENAI que construiu, não foi o governo. E agora tem construído outros. Tanto a CNI (Confederação Nacional da Indústria) quanto a Fiesp (Federação das Indústrias do Estado de São Paulo) têm construído outros SENAIs. Isso independe de governos, o governo pode incentivar ou não. Mas eu penso que, se nós acreditarmos que o desenvolvimento da África faz parte da política de desenvolvimento do Brasil, nós iremos muito mais longe.

De que forma?

Vou te dar um exemplo. Se você conversar com qualquer leigo [ele vai questionar]: O Brasil tem relação com o Chile; por que não tem relação mais forte com a França, a quinta economia do mundo? Quando você pega o fluxo da balança comercial, a França [tem] 10 bilhões e o Chile 10 bilhões [de reais]. [O leigo vai questionar:] O Brasil precisa ter relação preferencial com a Alemanha, porque é a terceira economia do mundo, é porreta, maior exportadora de máquinas do mundo. Sabe qual é comércio Brasil–Alemanha? É de 21 bilhões [de reais]. Brasil–Argentina? É de 30 bilhões [de reais]. O Brasil precisa descobrir isso.

Quando eu dizia em 2002 que o Brasil tinha que ter política de Ministério de Exterior como se fosse um mascate, é porque mascate não vende nada na avenida Paulista, ele vende em Itaquera. Ele vende em Santo Amaro. Ele vende na periferia. Onde o Brasil tem mais competitividade hoje? As máquinas agrícolas que nós consumimos aqui seriam muito mais adaptáveis à África do que uma máquina alemã. Por que não competir? Por que não facilitar? E a mesma coisa para Bolívia, Uruguai, Paraguai.

O que o senhor espera para a África nos próximos dez anos?

Se a África continuar crescendo a um ritmo de 5% ao ano, se continuar fazendo investimento em obra de infraestrutura, pode estar bem melhor. Hoje a África tem 300 milhões de habitantes com potencial de consumo de classe média. A África pode em dez anos chegar a 400, 450 milhões de pessoas com esse potencial, com mais poder de consumo. Significa mais escola, mais gente qualificada para o mercado de trabalho. E eu espero que o Brasil participe disso ativamente. Espero que o Brasil continue ajudando a financiar infraestrutura na África, que o Brasil continue incentivando as empresas de etanol a produzirem na África, que as indústrias brasileiras levem a sua tecnologia para o continente africano para produzir. É isso que eu espero. Se eu puder ajudar...

Eu era presidente da República. Lembro que o Bush [George W. Bush, então presidente dos Estados Unidos] veio aqui no Brasil [em 2007] e fomos visitar um negócio de etanol em Guarulhos. Tinha um carro da Ford, um carro da GM, e eu convidei o Bush a ir tirar uma foto. Ele falou: "Lula, eu não posso fazer merchandising das empresas." Eu falei: "Eu não só posso como vou fazer dos dois!" Ele foi comigo. Ele, que não quis fazer merchandising da GM, fez da Petrobras, porque estava com boné da Petrobras. Eu acho que [é] o papel do presidente da República de qualquer país... O que você acha que faz o rei da Espanha?

Viaja promovendo a Espanha?

O Obama, quando ele vem conversar com a Dilma, o que ele quer conversar? Ele quer que a Dilma compre os caças dele. O que você acha que quer o francês? Para que serve o governo senão pra isso? E acho que o Brasil faz pouco isso. O Brasil precisa fazer mais. Eu sinto orgulho de ver empresas brasileiras virarem empresas multinacionais. Eu sinto orgulho! Deveriam estar na África não apenas as empreiteiras brasileiras, as empresas de açúcar brasileiras, de etanol. Acho que deveriam estar o Banco do Brasil, a Caixa Econômica Federal, o Itaú, o Santander, o Bradesco. Porque se não for assim esses países vão ficar com os bancos dos países colonizadores. Estão lá o banco francês, o banco português ainda, o banco inglês. E nós não competimos. Estamos esperando que eles fiquem grandes para a gente ir? Ou a gente tem que ajudar eles a crescerem, estando lá presente?

Nós criamos um programa chamado Ciências Sem Fronteira. Não temos ninguém querendo ir para a África estudar. Ninguém querendo ir para a América Latina. É muito pouco, todo o mundo quer ir pra Europa. E nós precisamos construir esse intercâmbio. Precisamos tanto trazer gente para cá como levar gente para ver como funciona lá. Senão a gente fica meio vesgo, vendo a geografia política e a história um pouco enviesadas. Não acho que deva ser assim. O Brasil tem responsabilidade política, econômica, moral, histórica, racial com a África. E tem que fazer tudo o que puder ser feito para ajudar a África.

Entrevista – Mia Couto, escritor moçambicano, ganhador do Prêmio Camões em 2013

"O Brasil se revelou algo que é igual à lógica dos outros, dessas empresas poderosas do mundo inteiro."

Mia Couto pode ser apresentado como escritor quando está fora de Moçambique. Mas no seu próprio país ele não cabe nesse substantivo. Quando concedeu esta entrevista, em 21 de maio de 2013, em Maputo, Mia estava no intervalo de duas viagens. Voltava de Nova York, onde fora anunciado como romancista, e embarcaria para Cabo Delgado, província no norte de Moçambique, onde assumiria a identidade de biólogo em mais um estudo de impacto socioambiental. Entre seus clientes, havia multinacionais brasileiras.

A entrevista foi feita enquanto Mia Couto comia um espaguete, no Parque dos Continuadores. O escritor-biólogo fala muito baixo e quase não gesticula, vestígios de uma timidez, enquanto devora seu interlocutor com seus penetrantes olhos azuis, em busca de sentidos interiores às palavras. Em quase três horas de encontro, não foi abordado por nenhum fã, apenas por antigos amigos. Já no eixo São Paulo-Rio de Janeiro, três meses depois, Mia passou duas semanas reunindo centenas de leitores apaixonados. A seguir, a entrevista, dividida em blocos.

INDEPENDÊNCIA E IDENTIDADE

Moçambique é um país ainda à flor da história. Tem a idade de apenas uma geração. As pessoas carregam os fatos moçambicanos na sua própria trajetória de vida. Como a história de Moçambique se conta pela história de Mia Couto?

Eu sinto isso como se o país que eu tenho fosse um filho meu, que se mistura como um pai, um grande parente. Porque eu sou mais velho que meu próprio país. Ajudei-o a nascer. Foi uma contribuição muito pequenina, mas para mim foi muito grande, foi uma coisa muito ética na minha adolescência. Eu lutei pela independência nacional, sou coautor do hino nacional, portanto tenho ligações tão fortes, umas que posso nomear, outras que não é possível, que fazem eu pensar que eu misturei em uma só narrativa aquilo que eu sou e aquilo que Moçambique é dentro de mim. Nunca poderei, por exemplo, escrever algo que não seja enraizado naquilo que é Moçambique. Mesmo que eu partisse agora para viver em outro país qualquer, nunca sairia daqui.

Você tinha 19 anos e estava no Estádio da Machava quando Samora Machel [primeiro presidente de Moçambique] anunciou a independência. O que restou daquele rapaz?

Eu acho que ainda estou lá, em uma grande medida. Ainda tenho uma ilusão de coisas que podem ser refeitas. O que era fundamentalmente cativante, uma coisa quase embriagante naquela altura é que tudo era possível. Nós estávamos reinaugurando um mundo. Era como se tudo partisse daquela nossa vontade de construir um país novo. Obviamente que depois nós aprendemos que não era tão simples assim. Mas não tenho nenhuma marca de ressentimento. Porque não foi como eu sonhava, não culpo ninguém, não me culpo a mim, tenho uma relação tranquila, serena, como um aprendizado.

Nas últimas quatro décadas, Moçambique vivenciou um regime colonial, a luta pela independência, um governo socialista, uma guerra civil que fez do país o mais pobre do mundo, a adesão ao capitalismo. O povo moçambicano precisa ser um pouco camaleão para se adaptar a tantas mudanças em tão pouco tempo?

Ele é e não é. O que acontece é que as coisas nunca foram exatamente muito assim. Vou te dar um exemplo. Nós fomos socialistas, mas nunca fomos realmente. Tivemos uma passagem, mas é como se essa impressão digital não tivesse ficado marcada dentro de nós ou dentro da história. Por isso, nos esquecemos facilmente do que já fomos. Nunca fomos realmente, totalmente, o que pensamos ter sido. E agora, depois, veio a viragem para o capitalismo. Mas é sempre por delegação, por imitação, sempre uma cópia falseada de alguma coisa.

Portanto, isso significa que há uma permanência de um certo eu, uma certa identidade que não se faz e desfaz com tanta facilidade. Há um caroço que permanece e sabe negociar com a história, de maneira que se apresenta de diversas maneiras, conforme as consciências do momento. Há aqui uma margem de representação de nós próprios, que o país sabe fazer muito bem. Por isso que, por exemplo, houve a guerra, e a guerra foi terrível, mas hoje parece que se transformou em outra nação, uma coisa tão distante, tão estranha, de que ninguém se lembra, ninguém quer lembrar. Então há essa necessidade de esquecimento permanentemente. É uma identidade que se faz mais por aquilo que se esquece do que por aquilo que se lembra.

É uma maneira de tentar entender tantas transições em um período curto de tempo...

Curto... é preciso muita capacidade de esquecer.

Esse caroço que você cita... talvez seja essa capacidade de esquecer?

Uma das coisas sim. Não sei bem o que é o caroço, porque depois vamos caminhar um pouco para um conceito que não gosto muito: de que o país tem uma essência, a pessoa tem uma essência. É uma visão muito essencialista das coisas. As coisas são sua própria história, não é? Os moçambicanos têm uma grande aptidão, sim, e isso podemos dizer que é parte do caroço, de estarem em transição permanente para renegociarem sua identidade. E isso parte não porque tenham essa aptidão do ponto de vista biológico, mas do fato de que sua religião não é monoteísta.

É aquela religião africana antiga, que é como uma espécie de alma dos moçambicanos, que é muito convidativa à viagem. Eu aceito muito os outros, aceito trocar com os outros, porque eu tenho os meus deuses, os outros têm os deles próprios. Então não existe essa necessidade de impor uma lógica única, uma leitura única do mundo. Isso ajuda muito os moçambicanos a serem modernos. A entenderem que modernidade é essa abertura para ler o mundo e se ajustar.

Amanda Rossi

DEPENDÊNCIA E DESENVOLVIMENTO

Você escreveu uma vez que a independência não é nada mais que a possibilidade de escolhermos nossas dependências. Que novas dependências você percebe que Moçambique escolheu?

Algumas nem escolheu. Foram impostas pela história, pelo mundo. A partir do momento que Moçambique faz parte do mundo e tem uma bandeira, tem um hino e diz que quer ser um país, não tem fuga, não tem hipótese de se colocar à margem, não é? E isso tem um preço altíssimo. Para já, a integração do país, da força do trabalho e dos recursos no mercado mundial. Isso começou há dois séculos. Mas, quando chegou a independência em 1975, isso tinha tocado de maneira muito superficial, muito episódica e localizada. Qualquer política, qualquer estratégia geopolítica já passou a fazer parte do grande mercado mundial. Mas há muita gente que está chegando agora a esse estágio.

E como é essa chegada?
Agora, onde está a acontecer a inspeção do gás, em Cabo Delgado [província no norte de Moçambique], é uma dessas regiões que até agora ninguém tinha nunca trabalhado para outro [não havia trabalho assalariado]. Não se sabia o que era uma companhia, uma empresa. Então parte daqueles camponeses e pescadores trabalhava sempre para si. E agora pela primeira vez na vida assinaram um acordo. Eles não sabem ler e escrever, alguém leu e puseram uma impressão digital que determinava que eles começavam a trabalhar, com horário, com obrigações contratuais etc.

Como fazemos trabalho para empresas de gás [na Impacto, a consultoria ambiental de Mia Couto], fomos chamados e nos disseram: "Olha aqui, há um problema, as pessoas não aparecem para o trabalho. Apareceram um dia, depois nunca mais apareceram. De maneira que vamos começar a contratar pessoas do sul [de Moçambique]." As pessoas do sul há mais de um século trabalham para empresas e sabem o que é essa coisa de ser assalariado. Eu argumentei que havia riscos graves, pode-se criar um problema étnico. Estão a dizer àquelas pessoas que elas não servem, que pessoas de outro lugar é que servem. Então é preciso resolver o problema de outra maneira.

Eu fui lá e falei com um desses que era o chefe da comunidade. E ele disse: "Não, é mentira, eu sempre trabalhei. Eu fui segunda-feira. Terça-feira o mar estava bom, eu mandei o meu cunhado trabalhar na companhia. Quarta-feira mandei a minha prima. Quinta-feira mandei a minha mulher." Ele disse: "Eu sempre estive presente." Significa que ele se define numa identidade familiar. Delegar não é um problema nesse universo. Ele estava muito magoado de terem marcado falta.

Um terço do orçamento de Moçambique é custeado por países ricos e instituições multilaterais, que interferem na condução política e econômica em contrapartida. Quais os desafios que as relações norte-sul colocaram e colocam para Moçambique?

Eu acho que o maior desafio é nós rompermos o discurso da vitimização. O discurso da dependência, o discurso que aponta dedos sempre fora. Isto é, esses países têm a margem de manobra que têm por razões que são maiores que nossa vontade, mas também porque nós temos pouca vontade. Falando em linguagem moderna, há uma agenda que nos falta desenhar e cumprir. Dizer "isso é que nós queremos".

Quando se vai para esse tipo de encontro com o mundo, está-se muito dependente daquilo que eles querem. O espaço de manobra é imenso para que os outros se imponham. Falta essa abertura, sobretudo essa crença de que nós podemos ter não só um discurso, mas um pensamento que seja nosso, que seja original, que defenda nosso espaço de negociação com o mundo. Não tem nada a ver com aquele discurso do resgatar da autoestima, do orgulho da nossa própria nacionalidade. Esse é um discurso um pouco alimentado por uma certa classe política, para depois ter algum espaço de manobra interno. Sobretudo, é dizer: que ruptura somos capazes de criar com um discurso que nos foi imposto a partir de fora. Nós podemos argumentar a partir de nós mesmos.

Amanda Rossi

O BRASIL

Em oposição a essas relações norte-sul, o Brasil chega com um discurso de que tem algo mais parecido a oferecer, mais endógeno ao próprio sul. Traz a ideia de solidariedade e parceria. Você acha que essas relações chegam a ser uma alternativa, um modelo diferente? Ou as práticas são parecidas?

É uma coisa confusa. Ontem à noite vi um blog do Caetano Veloso em que ele mencionava uma intervenção que eu fiz em São Paulo sobre como Jorge Amado foi importante para moldar aquilo que eram nossos próprios caminhos literários. O título desse texto chama-se "Salvação". Caetano infere daí que talvez uma missão que o Brasil tenha é salvar a África. Obviamente que ele não tem ilusões, que ele não interpreta isso como discurso messiânico de que, agora, compete ao Brasil salvar este continente inteiro. Mas percebo que há ali um apelo para que o Brasil se salve a si próprio nesse reencontro com a África.

O Brasil pode ser diferente?

Algumas das forças que hoje conduzem o Brasil são forças que tanto faz que estejam no Brasil como nos Estados Unidos, na China ou qualquer lugar. [São] forças que se conduzem por aquilo que são as linguagens globais do lucro, do mercado, da relação com os interesses econômicos e financeiros. Não haverá grande diferença.

Por outro lado, também é verdade que existe uma História, uma possibilidade de encontrarmos afinidades. Eu acho que quando falamos das nossas afinidades entre Moçambique, a África e o Brasil não tocamos nisso que para mim é a base de entendimento. Não é só a língua. Temos a língua, mas, se o Brasil tivesse sido colonizado por outra potência qualquer ou se tivesse preservado a língua e se convertido em um país protestante, nossa relação, nossa capacidade de entendimento, seria diferente. Há essa marca que os escravos introduziram que é muito ligada a esse universo das coisas intocadas que são a apreciação de tempo, do corpo, da sexualidade, o lugar da culpa, da vergonha, tudo isso não precisamos explicar porque nos entendemos bem, sem sequer falar.

E você percebe um movimento de aproximação do Brasil com Moçambique nos últimos anos?

Sim, sem dúvida. O que acontece é que até há doze anos, dez anos, a África era uma coisa quase exótica. Uma reivindicação quase folclórica. Mesmo as comunidades e os setores africano-brasileiros tinham uma apreciação da África muito distante, muito romantizada. Hoje eu noto que isso é mais real, as pessoas estão mais próximas do conhecimento de fato do que são as dinâmicas da África. Isso é muito fruto da política do Lula. Esse é um bom significado de que política traz mudanças culturais. A perspectiva de um certo conhecimento da África ser aprendido na escola... Vou dar-te um exemplo. Ao nível da literatura. Havia no Brasil duas ou três universidades que ensinavam literatura africana. Eram [em] São Paulo, Belo Horizonte e Rio de Janeiro. E agora há não sei quantas, perdi a conta. Não é uma coisa literária só, é conhecimento do outro, muito mais fundado, fundamentado.

Você falou do Lula. Aqui as pessoas se referem a ele como "Lula da Silva", diferente do modo brasileiro de chamá-lo. Lá ele é o Lula. É como se aqui ele assumisse uma figura própria, diferente da que ele tem no Brasil. Como você acha que ele é percebido aqui?

Ele é muito crível aqui. Sabe, Moçambique ainda é muito perseguido por aquilo que era um certo sonho socialista. A política moçambicana agora é claramente pró-capitalista, mas mesmo nessa política há a sobrevivência de um discurso que a FRELIMO assumiu durante muito tempo, dos operários, dos camponeses. A terra continua a ser pertença do Estado, por exemplo, que é uma sobrevivência desse tempo socialista. Então, há a mistificação da figura de Samora Machel [primeiro presidente de Moçambique]. Diz-se sempre "no tempo do Samora não era assim...". Então o Lula vem resgatar um bocadinho essa imagem samoriana, do dirigente que se ergue a favor dos oprimidos e que traça políticas a favor dos mais pobres. Acho que isso é a ideia que as pessoas têm do Lula. Samora também era uma pessoa espontânea, que não seguia protocolos.

Sinto que as pessoas tratam o Brasil como um povo irmão. Aí chegam as grandes empresas brasileiras. Corre-se o risco de o povo irmão virar o primo rico?

Ah, sem dúvida. Acho que a percepção que as pessoas têm agora é até mais grave. Porque se esperava outra coisa. E depois se revelou algo que é igual à lógica dos outros, dessas empresas poderosas do mundo inteiro. Há aqui um ressentimento, não é? Se viesse uma empresa da França, da Inglaterra, não havia expectativa de que fosse diferente. Com o Brasil havia uma expectativa ingênua, de que "com esses vamos nos entender melhor" etc. Então o resultado final é mais grave ainda, porque há uma desilusão [com o Brasil].

Eu acho que há empresas – não vou dar o nome – que também não ajudam. Porque acham que o que funcionou no Brasil funciona aqui. Por exemplo, eu tive na mão inquéritos que empresas brasileiras fizeram para reconhecer a realidade social de Moçambique e que eram tirados *copy and paste* do que faziam no Brasil. Então no inquérito tinha: "Qual é o povo indígena a que você pertence?" "Você tem alguma referência com quilombola?" A pessoa nem sabe o que é um campeonato de futebol... Foi preciso chamar a atenção, dizer: "Olha, mas por que [essas perguntas]?" Há uma certa leviandade. Não perceber que este mundo, apesar de tudo, é um outro. E não é o fato de termos a mesma língua, compartilharmos afinidades históricas, cultural e política que também eu chego ao Brasil e vou fazer coisas que não posso.

Moçambique é um país pouco conhecido no Brasil?

Muito pouco. Aí há quase tudo por fazer. Mais grave que não conhecer é pensar que se conhece. É mais grave. Portanto, pensar que não é preciso ter o esforço de viajar. No Brasil, acho que existe muito forte este estereótipo que, se calhar, nós [moçambicanos] somos parecidos com Angola. Ou somos parecidos com alguma coisa que não se sabe bem o quê, que é a África. Portanto, trata-se simplesmente de saber onde é que estão os candomblés daqui. Um processo de se partir daquilo que são estereótipos africanos no Brasil para depois tentar reencontrá-los aqui

FUTURO

No livro *Terra sonâmbula*, você escreve sobre Junhito, um menino que é ensinado a se comportar como uma galinha e passa a viver em um galinheiro, uma metáfora de Moçambique. Ela continua atual?

Acho que sim. Continua. Junho é essa carga simbólica do que Moçambique podia ser, do que ainda podíamos ser. E isso foi domesticado, como foi Junhito no galinheiro. Há ali uma espécie de metáfora deste futuro que estava em germinação e que foi anulado. Acho que a metáfora está atual. Porém, não sou derrotista, não sou pessimista.

Existe agora em Moçambique uma nova promessa de futuro, por causa dos recursos minerais – primeiro o carvão, depois o gás. Por outro lado, os críticos dizem que Moçambique está a ser vendido para o capital internacional. Você já disse que não é um pessimista, mas como você vê essa nova promessa de futuro?

Eu acho que há um momento de conflito. Moçambique não pode virar as costas a esse caminho, que é um caminho antecipadamente falhado – do ponto de vista da promessa, de concluir esse grande propósito de redistribuir a riqueza de uma forma equitativa, encontrar soluções de fundo para grandes problemas. Por outro lado, isso introduz dinâmicas, conflitos positivos que valem a pena, digamos assim, explorar. Então o caminho não é de virar as costas e fazer que não existe.

O moçambicano está mais disposto a protestar?

Sem dúvida. Nisto que a gente chama de democracia, há uma coisa que é um aprendizado. As pessoas vão percebendo que há um jogo que tem regras, que eles vão começando a dominar melhor e que não é preciso explodir completamente para mudar o mundo. Até porque nós temos aqui uma situação em que não temos grandes alternativas. Então as pessoas também percebem que aquilo que se desenha como a oposição política formal não traz respostas de imediato. Sobretudo a camada urbana mais jovem. É claro que pessoas estão muito mais soltas para dizer e fazer o que elas querem

Você fala muito da vitimização, que é preciso que as pessoas se responsabilizem e se assumam como sujeito histórico. É um processo em curso?

Creio que sim, sem dúvida nenhuma. É um caminho lento. Ao nível do discurso popular, do homem da rua, ainda está muito presente a ideia de vitimização. A condição de vítima, de objeto. Mas nesses outros lugares, sobretudo entre a juventude urbana, esse discurso já está a ser invertido. As pessoas já não aceitam essa ruminação da argumentação de infelicidade histórica.

Como a literatura se coloca no processo de reflexão crítica sobre o país?

Eu acho que o que deveria ser importante era o livro, não o escritor. Aqui [em Moçambique] é o inverso, o escritor é mais importante que o livro. Pouca gente lê, o livro tem uma circulação muito restrita. O que o escritor diz fora do livro e faz fora dos livros, fora da literatura, tem grande apreço, porque é uma sociedade da oralidade. O escritor está investido em um poder imenso porque ele é alguém que se escuta.

No meu caso, o que escrevi nos jornais como intervenção social, cívica, teve mais importância do que aquilo que eu escrevi nos livros, infelizmente. A literatura aqui tem uma habilidade sutil de falar coisas que na política não se fala e que pode nos colocar em confronto conosco mesmos. Imagina: esse regresso ao passado recente da guerra, que está mais ou menos interdito. Ninguém quer voltar ao tempo em que a RENAMO e a FRELIMO se matavam, mas o escritor pode.

NOTAS

O Brasil é aqui

1. Neste livro, considera-se que um metical equivale a 7,5 centavos de real (ou 3 centavos de dólar). Ou que um real equivale a 13,3 meticais (média de cotação de agosto de 2013 a agosto de 2014, segundo dados da Thomson Reuters).

2. A reportagem da Rede Record está disponível no Portal R7, 15 de março de 2011, "Multidão acompanha inauguração da Igreja Universal em Moçambique" (http://noticias.r7.com/videos/multidao-lota-rua-para-acompanhar-inauguracao-da-igreja-universal-em-mocambique/idmedia/de4e83630b-27da596b323fc4909bec2b.html, acesso em 20 de abril de 2015).

3. A Vale terminou 2007 como a segunda maior empresa de capital aberto da América Latina, por valor de mercado, estimado em 154 bilhões de dólares pela consultoria Economática. A Petrobras ficou em primeiro lugar, com 243 bilhões de dólares. "Petrobras e Vale lideram mercado", *Veja Online*, 10 de janeiro de 2008 (acesso em 3 de julho de 2014). Produto Interno Bruto de Moçambique, em valores correntes, do Banco Mundial Data (acesso em 3 de julho de 2014).

4. Dados do Banco Mundial, PIB per capita PPP em dólares correntes.

5. Os números sobre a linha da pobreza em Moçambique são da "Terceira Avaliação Nacional da Pobreza em Moçambique, 2010". O crescimento da economia de Moçambique foi calculado com base no PIB constante divulgado pelo Banco Mundial.

6. Em 2007, 1,7 milhão de moçambicanos tinham o português como língua materna, dentre uma população total de 20,2 milhões. Informações extraídas do Portal de Dados de Moçambique, Instituto Nacional de Estatística (acesso em 3 de julho de 2014). Já o número de línguas moçambicanas foi registrado pelo Centro Cultural Luso-Moçambicano.

7. No Brasil, há mais línguas do que em Moçambique. O Censo de 2010, do IBGE, contabilizou 274 idiomas indígenas no país, falados por 234 mil pessoas. Esse número representa quatro entre dez indígenas ou um em cada mil brasileiros.

8. *Estadão*, 17 de maio de 2001, "Moçambique veta 'Cidade Alerta' por excesso de violência".

9. Para a área média de cultivo em Moçambique, Censo Agro-Pecuário de Moçambique 2009-2010, Resultados preliminares, Instituto Nacional de Estatística. Para os dados brasileiros, cálculos da autora com base no Censo Agropecuário de 2006, do IBGE.

10. Pobreza Infantil e Disparidades em Moçambique, 2010, Unicef Maputo, 2011.

11. De 48 mil agregados familiares em Nacala, 11,9 mil têm eletricidade e 23,5 mil têm água encanada. Portal de Dados de Moçambique, Instituto Nacional de Estatística (acesso em 3 de julho de 2014).

Lula da Silva, o africano

1. Dados calculados a partir de planilhas organizadas pela autora com informações do Sistema de Análise das Informações de Comércio Exterior (*AliceWeb*) e das Estatísticas de Comércio Exterior/Balança comercial brasileira: países e blocos econômicos, ambos do Ministério do Desenvolvimento, Indústria e Comércio.

2. O dado referente às doações foi calculado pela autora a partir de planilhas de doações de itens de primeira necessidade (alimentos e medicamentos), de 2011 a 2013, disponibilizadas no site da CGFome (http://cooperacaohumanitaria.itamaraty.gov.br/pt/acoes, acesso em 22 de julho de 2014) Até a data de acesso, não havia dados para os anos anteriores, o que não compromete a relevância da informação, já que o grosso das doações ocorreu a partir de 2011, ao abrigo da Lei nº 12.429 de 2011. Já os gastos da ABC para a África foram fornecidos pela instituição após pedido pela Lei de Acesso à Informação. O número sobre o perdão das dívidas foi levantado pela autora a partir de informações do Ministério da Fazenda, também requisitadas pela Lei de Acesso à Informação

3. Fala do presidente de Gana, John Dramani Mahama, citada em notícia do site do Instituto Lula, publicada em 15 de março de 2013, "Em encontro com Lula, presidente de Gana elogia 'modelo brasileiro de desenvolvimento'".

4. *Folha de S.Paulo*, 22 de março de 2013, editoria Poder, "Empreiteiras pagaram quase metade das viagens de Lula ao exterior".

5. *Folha de S.Paulo*, 7 de abril de 2013, editoria de Opinião, "Viaje mais, presidente", assinado por Marcelo Odebrecht

6. *Terra Magazine*, 14 de maio de 2013, "Não sou lobista, sou um divulgador das coisas que fiz no governo, diz Lula".

7. Dados calculados a partir de planilhas organizadas pela autora com informações do Sistema de Análise das Informações de Comércio Exterior (*AliceWeb*) e das Estatísticas de Comércio Exterior/Balança comercial brasileira: países e blocos econômicos, ambos do Ministério do Desenvolvimento, Indústria e Comércio.

8. Telegrama da Embaixada do Brasil em Maputo para o MRE nº 650, de 8 de outubro de 2003. "Brasil-Moçambique. Visita presidencial. Missão precursora da Ministra da Promoção da Igualdade Racial. Relato dos encontros". Confidencial.

9. Levantamento de viagens presidenciais à África feito pela autora. No caso de Lula, as visitas foram em novembro de 2003: São Tomé e Príncipe, Angola, Moçambique, Namíbia e África do Sul; dezembro de 2003: Líbia e Egito; julho de 2004: São Tomé e Príncipe, Gabão e Cabo Verde; abril de 2005: Camarões, Nigéria, Gana, Guiné-Bissau e Senegal; fevereiro de 2006: Argélia, Benin, Botsuana e África do Sul; novembro de 2006: Nigéria; outubro de 2007: Burkina Faso, África do Sul, Angola, República do Congo; abril de 2008: Gana; outubro de 2008: Moçambique; junho de 2009: Líbia; julho de 2010: Cabo Verde, Guiné Equatorial, Quênia, Tanzânia, Zâmbia e África do Sul; novembro de 2010: Moçambique.

10. Lista dos postos diplomáticos na África, com ano de criação ou de reabertura, enviada pelo Ministério das Relações Exteriores em setembro de 2013, após solicitação pela Lei de Acesso à Informação. Desde 2003, foram inauguradas embaixadas do Brasil em São Tomé e Príncipe (2003), Nigéria (2004), Etiópia (2004), Tanzânia (2005), Sudão (2005), Benin (2005), Camarões (2005), Togo (2005), Guiné Equatorial (2005), República da Guiné (2006), Botsuana (2006), Zâmbia (2006), Mali (2007), Congo (2007), Mauritânia (2007), Burkina Faso (2007), Serra Leoa (2010), Malaui (2010), Libéria (2010), além de um consulado-geral em Lagos, na Nigéria (2005).

11. Fala do presidente do Senegal, Abdoulaye Wade, citada no jornal *O Estado de S.Paulo*, edição de 15 de abril de 2005, "Lula chora e pede perdão à África por escravidão no Brasil".

12. Telegrama da Embaixada brasileira em Maputo para o Ministério das Relações Exteriores nº 620, de 21 de dezembro de 2002. "Brasil-Moçambique. Interesse da CVRD. Atualização."

13. Com a chegada da Vale, na década de 2000, as locomotivas voltaram a narrar a história das relações brasileiras com Moçambique. Em 2011, após um intervalo de quase trinta anos, a ferrovia de Sena passou a ser novamente percorrida por locomotivas importadas do Brasil, agora com a logomarca da multinacional. Em 2013, a General Elétric brasileira foi a principal exportadora para o país – entre 10 e 50 milhões de dólares, seguida pela Odebrecht, com vendas entre 1 e 10 milhões de dólares. O retorno das locomotivas foi simbólico da consolidação da nova chegada brasileira à África e do encerramento do silêncio no Atlântico.

A chegada à África

1. Despacho telegráfico nº 630, de 29 de agosto de 1975, do Ministério das Relações Exteriores para a Embaixada de Lima. "Declarações do Ministro das Relações Exteriores de Moçambique sobre o Brasil".

2. Mensagem ao Congresso Nacional remetida pelo Presidente da República (Jânio Quadros) na Abertura da Sessão Legislativa de 1961.

3. Dávila, *Hotel Trópico*, p. 65.

4. Ibid., p. 63.

5. Ibid.

6. Sobre a influência das ideias de Gilberto Freyre no colonialismo português e as relações do intelectual pernambucano com o regime de António Salazar, ver Dávila, *Hotel Trópico*, p. 23-34, 135-140

7. Dávila, *Hotel Trópico*, p. 228.

8. Amorim, *Discursos, palestras e artigos do chanceler Celso Amorim: 2003-2010*, p. 161.

9. Sobre o apoio do DOPS (Departamento de Ordem Política e Social) à polícia secreta de António Salazar na prisão de nacionalistas africanos no Brasil, ver Dávila, *Hotel Trópico*, p. 147-154.

10. Dávila, *Hotel Trópico*, p. 165-166.

11. De acordo com The Trans-Atlantic Slave Trade Database (http://www.slavevoyages.org), a mais completa base de dados sobre o tráfico de escravos africanos, embarcaram para o Brasil 5,5 milhões de escravos, entre 1500 e 1867 (ano em que chegou à América o último navio negreiro). Desembarcaram 4,8 milhões. O pico do tráfico humano ocorreu entre 1800 e

1850, quando entraram à força no Brasil 2 milhões de pessoas. O Brasil é o lugar do mundo que mais recebeu escravos. Em segundo lugar, está o Caribe inglês, com cerca de metade do número brasileiro, 2,3 milhões. Para a América do Norte, foram 389 mil escravos.

12. Costa e Silva, *Um rio chamado Atlântico: a África no Brasil e o Brasil na África*, p. 85.

13. Ibid., p. 11.

14. Tratado de Amizade e Aliança entre El-Rei o senhor D. João VI e o senhor D. Pedro I, Imperador do Brasil, 29 de agosto de 1825.

15. Sobre Angola, Alberto da Costa e Silva conta que, após a independência do Brasil, teria surgido um partido brasileiro em Benguela empenhado em unir Angola ao novo Império brasileiro (Costa e Silva, *Um rio chamado Atlântico: a África no Brasil e o Brasil na África*, p. 32). Sobre Moçambique, a província da Zambézia teria desejado ser incorporada ao Brasil na sequência de 1822. A história foi ouvida por Matilde Ribeiro, então ministra da Promoção da Igualdade Racial, de uma deputada moçambicana, durante passagem por Moçambique em outubro de 2003, pouco antes da chegada da primeira comitiva de Lula. (Citado no telegrama nº 650, de 8 de outubro de 2003, da embaixada brasileira em Maputo para o Ministério das Relações Exteriores, "Brasil-Moçambique. Visita presidencial. Missão precursora da Ministra da Promoção da Igualdade Racial. Relato dos encontros". Confidencial.)

16. Costa e Silva, *Um rio chamado Atlântico: a África no Brasil e o Brasil na África*, p. 43.

17. Ibid., p. 118.

18. *Revista Veja*, edição de 29 de novembro de 1972, "De volta da África".

19. Dado de 1970 apresentado em Sombra Saraiva, África parceira do Brasil atlântico, p. 47. Já as informações de 1985 em diante foram calculadas a partir de planilhas organizadas pela autora com informações do Sistema de Análise das Informações de Comércio Exterior (*AliceWeb*) e das Estatísticas de Comércio Exterior/Balança comercial brasileira: países e blocos econômicos, ambos do Ministério do Desenvolvimento, Indústria e Comércio.

20. Despacho do ministro das Relações Exteriores Azeredo da Silveira com o presidente da República Ernesto Geisel nº 295, de 23 de dezembro de 1974. "Relatório da visita do Ministro Ítalo Zappa à África." Compartilhado gentilmente por Jerry Dávila.

21. Ibid.

22. Pio Penna e Lessa, *O Itamaraty e a África: as origens da política africana do Brasil*, p. 70.

23. Melo, *O reconhecimento de Angola pelo Brasil em 1975*, p. 99.

24. Ibid., p. 100-101.

25. Melo, *O reconhecimento de Angola pelo Brasil em 1975*, p. 102.

26. Telegrama enviado pelo cônsul-geral O. L. De Berenguer Cesar, em 8 de julho de 1975, para o ministro das Relações Exteriores, Azeredo da Silveira, "Relações Brasil-Moçambique". Compartilhado gentilmente por Jerry Dávila.

27. Tavares e Mendonça, *Conversações com Arraes*, p. 85.

28. Dávila, *Hotel Trópico*, p. 249.

29. Melo, *O reconhecimento de Angola pelo Brasil em 1975*, p. 117.

30. García Márquez, *Operação Carlota – Cuba em Angola*, in: *Reportagens Políticas*.

31. *O Estado de S.Paulo*, 23 de dezembro de 1975, "Afastado diplomata brasileiro em Luanda".

32. Discurso do então presidente Luiz Inácio Lula da Silva na Assembleia Nacional de Angola, em 3 de novembro de 2003.

33. Melo, *O reconhecimento de Angola pelo Brasil em 1975*, p. 132.

Auge e derrocada

1. Mia Couto, "30 anos de independência – No passado, o futuro era melhor?", 16 de junho de 2005.

2. Ibid.

3. Tavares e Mendonça, *Conversações com Arraes*, p. 97-98.

4. Telegrama enviado pela Embaixada do Brasil em Maputo para o Ministério das Relações Exteriores, em 4 de janeiro de 1978, "Mensagem de Samora Machel a Luís Carlos Prestes". Compartilhado gentilmente por Jerry Dávila.

5. José Luis de Oliveira Cabaço, *Moçambique-Brasil: Os caminhos da diplomacia*, p. 92.

6. Desirée Azevedo, *Os melhores anos de nossas vidas: narrativas, trajetórias e trajetos de exilados brasileiros*, p. 153-158.

7. Telegrama enviado pela Embaixada do Brasil em Maputo para o Ministério das Relações Exteriores, em 5 de janeiro de 1978, "Mensagem de Samora Machel a Luis Carlos Prestes". Compartilhado gentilmente por Jerry Dávila.

8. Telegrama enviado pela Embaixada do Brasil em Maputo para o Ministério das Relações Exteriores nº 209, em 4 de outubro de 1978, "Cultura. Avaliação do material cultural. Formação de discoteca. Presença musical brasileira em Moçambique". Compartilhado gentilmente por Jerry Dávila.

9. Unesco, "Mozambique – Literacy and Adult Education and Non-Formal Education" (http://www.unesco.org/education/wef/countryreports/mozambique/rapport_1_2.html, acesso em 26 de agosto de 2014).

10. Telegramas da Embaixada do Brasil em Maputo para o Ministério das Relações Exteriores nº 280, de 30 de julho de 1980, "Economia Moçambique. Normalização das relações com os países de economia de mercado"; nº 390, de 1º de outubro de 1980, "Promoção comercial. Moçambique. Missão técnica brasileira". Despacho telegráfico do MRE para a Embaixada do Brasil em Maputo, nº 225, de 19 de junho de 1981, "Promoção comercial. Moçambique. Visita de missão comercial ao Brasil".

11. Telegramas da Embaixada do Brasil em Maputo para o MRE nº 472, de 15 de setembro de 1976, "Promoção comercial. Moçambique. Oportunidade para exportação de livros"; nº 7, de 4 de janeiro de 1980, "Comércio. Compra de aviões da Varig"; nº 96, de 19 de março de 1980, "Promoção comercial. Brasil-Moçambique. Visita ao Brasil do diretor dos Caminhos de Ferro de Moçambique".

12. Planilhas organizadas pela autora com informações do Sistema de Análise das Informações de Comércio Exterior (*AliceWeb*) e das Estatísticas de Comércio Exterior/Balança comercial brasileira: países e blocos econômicos, ambos do Ministério do Desenvolvimento, Indústria e Comércio.

13. Ibid.

14. Telegramas da Embaixada do Brasil em Maputo para o MRE nº 96, de 19 de março de 1980, "Promoção comercial. Brasil e Moçambique. Visita ao Brasil do diretor dos caminhos de ferro de Moçambique"; nº 390, em 1º de outubro de 1980, "Promoção comercial. Moçambique. Missão técnica brasileira"; nº 521, de 14 de dezembro de 1982, "Moçambique. Atividades de guerrilha. Projeto agrícola brasileiro".

15. Telegramas da Embaixada do Brasil em Maputo para o MRE nº 436, de 14 de outubro de 1981, "Cooperação financeira. Brasil-Moçambique. Representação do Banco do Brasil S.A.", nº 461, de 23 de outubro 1981, "TVE de Moçambique. Programação brasileira. Convite ao Senhor Calazans Fernandes"; nº 491, de 19 de novembro de 1981, "Transporte aéreo Brasil/Moçambique. Ligação aérea Rio/Maputo".

16. Planilhas organizadas pela autora com informações do Sistema de Análise das Informações de Comércio Exterior (*AliceWeb*) e das Estatísticas de Comércio Exterior/Balança comercial brasileira: países e blocos econômicos, ambos do Ministério do Desenvolvimento, Indústria e Comércio.

17. Ribeiro, *Crise e castigo: as relações Brasil-África no governo Sarney*, p. 48, 53.

18. Ribeiro, *Relações Político-Comerciais Brasil-África (1985-2006)*, p. 87.

19. Telegrama da Embaixada do Brasil em Maputo para o MRE nº 111, de 11 de abril de 1985, "Relacionamento Brasil-Moçambique. Reflexões".

20. Telegrama da Embaixada do Brasil em Maputo para o MRE nº 408, de 19 de dezembro de 1985, "Promoção comercial. Moçambique. Reescalonamento da dívida com o Brasil. A questão do carvão".

21. Ribeiro, *As relações Brasil-África entre os governos Collor e Itamar Franco*, p. 304-307.

22. Ibid., p. 308-309.

23. *Jornal do Brasil*, 6 de junho de 2010, "O poder de um homem ético".

24. Ribeiro, *Relações Político-Comerciais Brasil-África (1985-2006)*, p. 129.

25. Despacho telegráfico do MRE para a Embaixada do Brasil em Maputo nº 114, de 29 de março de 2001, "Brasil-Moçambique. Presidente Joaquim Chissano. Almoço com Presidente da República".

26. *Folha de S.Paulo*, caderno de Opinião, artigo de Celso Amorim, 25 de maio de 2003, "O Brasil e o 'renascimento africano'"

O carvão é verde-amarelo

1. Telegrama da Embaixada do Brasil em Maputo para o MRE nº 892, de 17 de novembro de 2004, "Brasil-Moçambique. Vale do Rio Doce. Avaliação". Confidencial. Documento inédito.

2. Até 2012, o Itamaraty classificava como "confidencial" todo documento que deveria ficar em sigilo por dez anos. Porém, a Lei de Acesso à Informação, que entrou em vigor em 2012, padronizou o uso de outros três graus de sigilo: reservado (cinco anos), secreto (quinze anos) e ultrassecreto (25 anos). Com isso, o Itamaraty precisaria reclassificar toda a documentação confidencial para enquadrá-la nos padrões da nova legislação. Segundo algumas interpretações, todo o material "confidencial" seria automaticamente reclassificado como "reservado". Mas o que valeu na chancelaria foi o aumento, em bloco, do prazo de resguardo para quinze anos. Todos os documentos "confidenciais" ficaram "secretos". Devido a essa postura, a Lei de Acesso surtiu um efeito inverso do desejado, limitando ainda mais a transparência do Itamaraty.

3. Despachos diplomáticos do MRE para a Embaixada do Brasil em Maputo nº 248, de 10 de julho de 2004, "Brasil-Moçambique. Carvão. Moatize. Visita dos Presidentes do BNDES e da CVRD", Confidencial; nº 365, de 15 de setembro de 2004, "Brasil-Moçambique. Visita Oficial do Presidente Chissano. Encontro com o Presidente da República. Relato", Confidencial. Documentos inéditos.

4. Telegrama da Embaixada do Brasil em Maputo para o MRE nº 892, de 17 de novembro de 2004, "Brasil-Moçambique. Vale do Rio Doce. Avaliação". Confidencial. Documento inédito.

5. Portal Terra, 12 de agosto de 2005, "Embaixadora compara moçambicanos e seu cachorro".

6. Telegrama da Embaixada do Brasil em Maputo para o MRE nº 507, de 6 de julho de 2004, "Brasil-Moçambique. Sérgio Vieira. CVRD". Confidencial. Documento inédito.

7. Telegrama da Embaixada do Brasil em Maputo para o MRE nº 552, de 21 de julho de 2004, "CVRD-Moatize. Cooperação Educacional. PEC-G/2005", Confidencial, Urgente. Documento inédito.

8. *Vertical*, 23 de maio de 2013, "Sérgio Vieira: Moçambique brutalmente carente de recursos humanos", republicado por Macua de Moçambique (http://macua.blogs.com, acesso em 7 de julho de 2014).

9. Despacho diplomático do MRE para a Embaixada do Brasil em Maputo nº 415, de 8 de dezembro de 2006, "Cúpula AFRAS. Encontro com o Presidente Guebuza. Relato", Confidencial, Urgentíssimo. Documento inédito.

10. *Revista Única* do jornal *Expresso*, edição de 30 de julho de 2011, "Grande investigação: O massacre de Moatize – Testemunhos da explosão e da chacina em Moçambique, 34 anos depois".

11. Ibid.

12. Pantie, *A paralisação das minas de carvão de Moatize e o seu impacto (1982-2003)*.

13. Telegrama da Embaixada do Brasil em Maputo para o MRE nº 387, de 1º de outubro de 1980, "Promoção comercial. Moçambique. Missão técnica brasileira".

14. Telegrama da Embaixada do Brasil em Maputo para o MRE nº 390, de 1º de outubro de 1980, "Promoção comercial. Moçambique. Missão técnica brasileira".

15. Os moçambicanos não iriam entregar o carvão de graça. O minério tinha um papel duplo para a nascente nação. Primeiro, o potencial de se tornar sua principal fonte de renda. Segundo, era uma das únicas moedas de barganha de que Moçambique dispunha para garantir recursos para outras áreas, principalmente a agricultura. No setor, a situação era grave. A guerra com a RENAMO arruinava a produção e viria a provocar desabastecimento e fome. Então, para explorar o minério, os brasileiros teriam de oferecer em contrapartida "um pacote no qual se incluem os produtos agrícolas". Telegrama da Embaixada do Brasil em Maputo para o MRE nº 398, de 7 de outubro de 1980, "Missão técnica brasileira a Moçambique. Reunião de encerramento dos trabalhos".

16. Pantie, *A paralisação das minas de carvão de Moatize e o seu impacto (1982-2003)*.

17. Telegramas da Embaixada do Brasil em Maputo para o MRE nº 111, de 11 de abril de 1985, "Relacionamento Brasil-Moçambique. Reflexões"; nº 408, de 18 de dezembro de 1985, "Promoção Comercial. Moçambique. Reescalonamento da dívida com o Brasil. A questão do carvão".

18. *O Estado de S.Paulo*, 21 de junho de 1989, "Acordo com Moçambique inclui carvão".

19. *O Estado de S.Paulo*, 13 de setembro de 1991, "Collor quer rever projeto na África".

20. Telegrama da Embaixada do Brasil em Maputo para o MRE nº 514, de 7 de julho de 2004, "Promoção comercial. Projeto carvão – Moçambique – Reunião de avaliação", Confidencial. Documento inédito.

21. Dados do Banco Mundial.

22. Telegrama da Embaixada do Brasil em Maputo para o MRE nº 141, de 23 de fevereiro de 2001, "Memorandum de entendimento para exploração do carvão de Moatize. CVRD e o Governo moçambicano".

23. Telegrama da Embaixada do Brasil em Maputo para o MRE nº 161, de 21 de março de 2002, "Brasil-Moçambique. Convite à CVRD", Confidencial.

24. Telegrama da Embaixada do Brasil em Maputo para o MRE nº 62, de 4 de fevereiro de 2003, "Moçambique. Perspectivas para a CVRD. Atualização", Confidencial, Urgente. Documento inédito.

25. Despacho diplomático do MRE para a Embaixada do Brasil em Maputo nº 51, de 20 de fevereiro de 2003, "Brasil-Moçambique. Projeto do Vale do Zambeze. CVRD. Reunião do DG do Daop com representantes da empresa", Confidencial, Urgente. Documento inédito.

26. Telegrama da Embaixada do Brasil em Maputo para o MRE nº 372, de 21 de maio de 2004, "Brasil-Moçambique. CVRD. Perspectiva", Confidencial. Documento inédito.

27. Telegrama da Embaixada do Brasil em Maputo para o MRE nº 365, de 15 de setembro de 2004, "Brasil-Moçambique. Visita Oficial do Presidente Chissano. Encontro com o Presidente da República. Relato", Confidencial. Documento inédito.

28. Telegrama da Embaixada do Brasil em Maputo para o MRE nº 945, de 7 de dezembro de 2004, "Brasil-Moçambique. CVRD. Reunião no PNUD", Confidencial, Urgente. Documento inédito.

29. Telegrama da Embaixada do Brasil em Maputo para o MRE nº 938, de 3 de dezembro de 2004, "Brasil-Moçambique. Vale do Rio Doce. Reunião do PNUD-FMI", Confidencial, Urgentíssimo. Documento inédito.

30. Telegrama da Embaixada do Brasil em Maputo para o MRE nº 945, de 7 de dezembro de 2004, "Brasil-Moçambique. CVRD. Reunião no PNUD", Confidencial, Urgente. Documento inédito.

31. Telegrama da Embaixada do Brasil em Maputo para o MRE nº 839, de 28 de novembro de 2006, "Brasil-Moçambique. CVRD. Projeto Moatize. Estudo de viabilidade. Apresentação do Resumo Executivo", Confidencial. Documento inédito.

32. Despacho diplomático do MRE para a Embaixada do Brasil em Maputo nº 415, de 8 de dezembro de 2006, "Cúpula AFRAS. Encontro com o Presidente Guebuza. Relato", Confidencial, Urgentíssimo. Documento inédito.

33. Telegrama da Embaixada do Brasil em Maputo para o MRE nº 431, de 20 de junho de 2007, "Brasil-Moçambique. CVRD. Plano de Desenvolvimento. Contrato de Concessão Mineira", Confidencial. Documento inédito.

34. Telegrama da Embaixada do Brasil em Maputo para o MRE nº 891, de 13 de novembro de 2007, "CVRD. Projeto Moatize. Cahora Bassa", Confidencial. Documento inédito.

35. Telegrama da Embaixada do Brasil em Maputo para o MRE nº 301, de 16 de abril de 2008, "Relações Brasil-Moçambique. Apresentação de credenciais. Comentários. Projeto Moatize", Confidencial. Documento inédito.

Vale, a locomotiva brasileira

1. Telegrama da Embaixada do Brasil em Maputo para o MRE nº 445, de 27 de junho de 2007, "Brasil-Moçambique. CVRD. Projeto Moatize. Contrato Mineiro. Contrato de Investimentos. Aprovação", Confidencial. Documento inédito.

2. Relatório de Sustentabilidade da Vale Moçambique, 2013.

3. Em 2012 e 2013, a Vale ocupou a posição de maior exportadora do Brasil, com mais de 100 milhões de dólares em vendas externas (não são divulgados os valores exatos, apenas faixas de valor), seguida pela Petrobras. O minério de ferro, foco de atuação da Vale no Brasil, é o principal produto de exportação do país, correspondendo a 10,6% do total exportado de 2003 a 2013. Em seguida, aparecem petróleo (6,3%), soja (6,2%), açúcar (4,6%) e carnes diversas (2,9%). A importância da mineradora na balança comercial brasileira deve crescer ainda mais. Em 2016, a Vale planeja inaugurar uma segunda mina de minério de ferro em Carajás, no Pará, dobrando a produção. Dados sobre a balança comercial obtidos no Sistema de Análise das Informações de Comércio Exterior (*AliceWeb*) e das Estatísticas de Empresas Brasileiras Exportadoras, ambos do Ministério do Desenvolvimento, Indústria e Comércio (MDIC).

4. Moçambique tinha um PIB de 14,2 bilhões de dólares em 2012, segundo o Banco Mundial.

5. Informações do Centro de Promoção de Investimento (CPI), órgão sob a tutela do Ministério da Planificação e Desenvolvimento, de Moçambique.

6. O Plano de Negócios e Gestão (PNG) da Petrobras para o período de 2013-2017, apresentado em 2013, previa investimentos de 5,1 bilhões de dólares em toda a área internacional. Desse total, o segmento de energia e petróleo respondia por 90%. A estatal não respondeu qual fatia do valor seria destinada à África, alegando que "a política da empresa é de não detalhar esse tipo de informação". Também não informou o volume de investimentos efetivamente realizados em países africanos nos anos recentes.

7. Neste livro, considera-se que um metical equivale a 3 centavos de dólar.

8. Conta Geral do Estado de Moçambique do ano de 2011, p. 35-36.

9. Telegrama da Embaixada do Brasil em Maputo para o MRE nº 1017, de 29 de dezembro de 2008, "Brasil-Moçambique. GT para estimular os fluxos comerciais. Mecanismos de financiamento. Carta do Ministro da Indústria e Comércio. Receitas e garantias". Confidencial, Urgente. Documento inédito.

10. Informações sobre a isenção no Imposto de Pessoa Coletiva fornecidas pelo Ministério dos Recursos Minerais de Moçambique. Já os prejuízos da Vale em Moçambique foram anunciados no *Valor Econômico*, 14 de julho de 2014, "Vale coloca projeto de carvão de Moçambique em xeque".

11. Para comparação, a Vale pagou 4,8 bilhões de reais em impostos no Brasil, em 2012. E teve lucro de 9,7 bilhões de reais. Dados sobre os impostos pagos em Moçambique obtidos nos Relatórios de Reconciliação da Iniciativa de Transparência na Indústria Extractiva, dos anos de 2008 a 2012. Dados sobre os impostos pagos no Brasil obtidos nas Demonstrações Contábeis da Vale, 31 de dezembro de 2012, p. 12, coletados com o auxílio da jornalista Natalia Viri.

12. Discurso do então presidente Luiz Inácio Lula da Silva durante cerimônia de encerramento do Seminário Empresarial Brasil-Zâmbia, Lusaca, 8 de julho de 2010.

13. *Reuters*, 12 de novembro de 2013, "Governo fixa novas regras de tributação do lucro de controladas no exterior".

14. *Folha de S.Paulo*, 28 de novembro de 2013, "Vale adere ao Refis e reduz dívida com o fisco em R$24 bi".

15. *Folha de S.Paulo*, 2 de abril de 2014, "Múltis brasileiras ameaçam transferir sede para o exterior".

16. *Valor Econômico*, 14 de julho de 2014, "Vale coloca projeto de carvão de Moçambique em xeque".

17. *Mozambique News* reports & clippings 265, de Joseph Hanlon, 10 de agosto de 2014, "End of Tete coal boom?".

18. A Vale era responsável por 100% dos custos do Corredor de Desenvolvimento de Nacala, mas tinha 70% da participação. Os outros 30% são de uma estatal moçambicana. Com a venda para a Mitsui, no final de 2014, a Vale ficou com 35% do Corredor. *Valor Econômico*, 9 de dezembro de 2014, "Vale vende participações em empreendimentos para japonesa Mitsui".

Os reassentados

1. Portal de dados de Moçambique.

2. Centro de Integridade Pública, "Cateme: as razões do conflito entre famílias reassentadas e a Vale Moçambique".

3. Taxa de mortalidade de crianças menores de cinco anos por mil nascidos vivos, do Banco Mundial Data (acesso em 3 de julho de 2014).

O perdão e as obras

1. Os bancos públicos brasileiros não falam abertamente sobre a contacarvão, alegando confidencialidade contratual, em uma postura nada transparente. Um mês depois de a Lei de Acesso à Informação entrar em vigor, em junho de 2012, o então ministro do Desenvolvimento Fernando Pimentel tornou secretos (o segundo maior grau de sigilo previsto na lei, de quinze anos) os documentos sobre os créditos a Angola.

2. Sindicato Nacional da Indústria da Construção Pesada (Sinicon), apresentação no 2º Fórum Brasil-África, em agosto de 2014, em Fortaleza, "A marca Brasil na África – desafios para a exportação de serviços de engenharia e construção".

3. Estimativa feita com base nos perdões concedidos pelo Brasil para países africanos de 2000 a 2013.

4. Informação fornecida pelo Ministério da Fazenda, após questionamento pela Lei de Acesso à Informação.

5. Ribeiro, *Crise e castigo: as relações Brasil–África no governo Sarney*, p. 48, 53.

6. FMI, "Republic of Mozambique – Completion Point Document for the Enhanced Heavily Indebted Poor Countries (HIPC) Initiative", p. 40.

7. Para participar da iniciativa do FMI e do Banco Mundial de perdão em bloco das dívidas de países pobres, o governo de Fernando Henrique Cardoso aprovou uma legislação que permitia a remissão de dívidas, em 1998.

8. *O Estado de S.Paulo*, 3 de setembro de 2000, "Para entender a dívida externa", artigo de Pedro Malan.

9. Discurso do então presidente Luiz Inácio Lula da Silva durante encerramento de encontro empresarial em Moçambique, Maputo, 5 de novembro de 2003.

10. Dados fornecidos pelo Ministério da Fazenda após questionamento pela Lei de Acesso à Informação.

11. *Valor Econômico*, 10 de julho de 2013, "Contestado por oposição, perdão à dívida do Congo é aprovado no Senado"

12. Do perdão da dívida de Moçambique, em 2005, até 2013, o Banco do Brasil emprestou 22,2 milhões de dólares para facilitar exportações brasileiras para Moçambique. O BNDES, outros 110 milhões de dólares. O Banco do Brasil também autorizou 97,6 milhões de dólares, com condições especiais e um percentual que não precisa ser quitado, para compra de maquinário agrícola brasileiro – a linha de crédito faz parte do programa Mais Alimentos Internacional. Além disso, o BNDES aprovou um financiamento de 466 milhões de dólares para a Andrade Gutierrez construir a barragem de água de Moamba Major, na região metropolitana de Maputo.

13. BNDES, planilha "Contratações referentes a desembolsos no apoio à exportação pelo BNDES pós-embarque – janeiro de 1998 a junho de 2013".

14. *O Estado de S.Paulo*, Blog Vox Publica, 2 de dezembro de 2010, "Empreiteiras que doaram a Dilma receberam R$ 1,2 bi do governo em 2010" (http://politica.estadao.com.br/blogs/vox-publica/empreiteiras-que-doaram-a-dilma-receberam-r-12-bi-do-governo/, acesso em 18 de agosto de 2014.)

15. *Folha de S.Paulo*, 2 de outubro de 2014, "Empreiteira deu US$ 23 mi, diz ex-diretor da Petrobras"

16. Dados calculados pela autora a partir de planilha de financiamentos para a África fornecida pelo Banco do Brasil

17. Ibid.

18. Do início do governo Lula até 2006, a média anual dos desembolsos do Banco do Brasil foi de 180 milhões de dólares. Com a entrada do BNDES, a média anual subiu para 552 milhões de dólares. O BNDES foi responsável por 85% desse valor (466 milhões de dólares anuais em média) e queria

Amanda Rossi

chegar ao patamar de 700 milhões de dólares anuais. Números calculados a partir de dados fornecidos pelo Banco do Brasil e pelo BNDES.

19. Os dados sobre o volume de financiamentos, total e por países, foram fornecidos pelo BNDES. Já os dados sobre operações custeadas e empresas beneficiadas foram obtidos na planilha "Contratações referentes a desembolsos no apoio à exportação pelo BNDES Pós-embarque", do banco de desenvolvimento (acesso em 28 de novembro de 2013). Além da Odebrecht, foram custeadas em Angola operações de construção civil da Queiroz Galvão, Andrade Gutierrez, Camargo Corrêa.

20. Telegrama da Embaixada do Brasil em Maputo para o MRE nº 1.017, de 29 de dezembro de 2008, "Brasil-Moçambique. GT para estimular os fluxos comerciais. Mecanismos de financiamento. Carta do Ministro da Indústria e Comércio. Receitas e garantias". Confidencial, Urgente. Documento inédito.

21. *O Estado de S.Paulo*, 3 de maio de 2012, "Só royalty não basta para conta-carvão, afirma Pimentel".

22. Dados calculados pela autora a partir do Sistema de Análise das Informações de Comércio Exterior (*AliceWeb*), do Ministério do Desenvolvimento, Indústria e Comércio.

23. *BBC Brasil*, 18 de setembro de 2013, "Com BNDES e negócios com políticos, Odebrecht ergue 'império' em Angola".

24. *BBC Brasil*, 20 de dezembro de 2013, "Operários denunciam condições 'degradantes' em obra da Odebrecht em Angola".

25. *BBC Brasil*, 18 de junho de 2014, "MP denuncia Odebrecht por trabalho escravo e tráfico internacional de pessoas"

O amigo chinês

1. Para o número do PIB, Banco Mundial, valores correntes. Para o dado sobre a dependência orçamental da ajuda externa, Ministério da Planificação e Desenvolvimento de Moçambique. Para a posição de Moçambique no ranking do IDH, Relatório de Desenvolvimento Humano das Nações Unidas 2007/2008.

2. Dados do Banco Mundial.

3. Portal do Governo de Moçambique, 6 de abril de 2007, "Guebuza inaugura modernização do aeroporto de Maputo"

4. Carmody, *The New Scramble for Africa*, p. 66-68.

5. *The Economist*, maio de 2000, "Hopeless Africa".

6. Os dados oficiais da China vão na mesma direção. Em 2012, empresas chinesas completaram 41 bilhões de dólares em obras. Para os dados da base Aid Data, *Guardian*, 29 de abril de 2013, "China commits billions in aid to Africa as part of charm offensive" ou China Aid Data (http://china.aiddata.org/, acesso em 10 de fevereiro de 2014). Para os números oficiais da China, Information Office of the State Council, The People's Republic of China, "White Paper – China-Africa Economic and Trade Cooperation", p. 9. Para a informação a respeito dos Estados Unidos, Query Wizard for International Development Statistics, Organization for Economic Cooperation and Development (http://stats.oecd.org/qwids, acesso em 9 de julho de 2014).

7. *Financial Times*, 17 de janeiro de 2011, "China's lending hits new heights".

8. Para o número de 1999, Ministry of Foreign Affairs of The People's Republic of China, "A Long-term Stable China-Africa Relationship of All-round Cooperation" (http://www.fmprc.gov.cn/mfa_eng/ziliao_665539/3602_665543/3604_665547/t18036.shtml, acesso em 9 de julho de 2014). Para o dado de 2012, Information Office of the State Council, The People's Republic of China, "White Paper – China-Africa Economic and Trade Cooperation", p. 3. Para as informações sobre a balança comercial Brasil–África, Sistema de Análise das Informações de Comércio Exterior (*AliceWeb*), do Ministério do Desenvolvimento, Indústria e Comércio.

9. "China's Eight Principles for Economic Aid and Technical Assistance to Other Countries", 1964.

10. O objetivo da ferrovia Tanzânia-Zâmbia era dar uma alternativa de saída para o mar à Zâmbia, que dependia da passagem pela Rodésia (hoje Zimbábue) e pela África do Sul, ambas governadas por minorias brancas racistas. Ou seja, por regimes de apartheid. Já Tanzânia e Zâmbia eram lideradas por chefes de Estado com matizes socialistas.

11. UNCTAD, *South-South Cooperation, Africa and the new forms of development*, p. 6.

12. *African Union*, Press Release, 25 de janeiro de 2011, "Chairperson visits Chinese-donated new African Union Conference Centre and Office Complex under construction".

13. *Xinhua*, 29 de janeiro de 2012, "AU Conference Center symbolizes rise of Africa: Ethiopian PM"

14. Discurso do então presidente Luiz Inácio Lula da Silva na cerimônia de abertura do Encontro Empresarial Brasil-Tanzânia, Dar es Salaam, 7 de julho de 2010.

15. Information Office of the State Council, The People's Republic of China, agosto de 2013, "White Paper - China-Africa Economic and Trade Cooperation", pg. 9-12.

16. Information Office of the State Council, The People's Republic of China, "White Paper China's Foreign Aid".

17. Portal do Governo de Moçambique, 9 de fevereiro de 2007, "Moçambique e China avaliam cooperação".

18. Centro de Estudos Chineses da Universidade de Stellenbosch, da África do Sul, "Avaliação de compromissos da Focac da China em relação à África, e pesquisa do caminho a seguir", p. 115.

19. *Mozambique News*, reports & clippings 174, de Joseph Hanlon, 13 de dezembro de 2010, "Keeping options open".

20. Carmody, *The New Scramble for Africa*, p. 77.

21. A Nigéria é a principal fonte de petróleo dos Estados Unidos, seguida por Argélia e Angola. U.S. Energy Information Administration, "U.S. Imports by Country of Origin – 2008-2014" (acesso em 9 de julho de 2014). A Nigéria também é a principal fornecedora de petróleo do Brasil.

22. US Energy Information Administration, 24 de fevereiro de 2012, "Asia is the world's largest petroleum consumer".

23. China Aid Data (http://china.aiddata.org, acesso em 10 de fevereiro de 2014).

24. *Financial Times*, 11 de março de 2013, "Africa must get real about Chinese ties".

25. Information Office of the State Council, The People's Republic of China, "White Paper – China-Africa Economic and Trade Cooperation", p. 4.

26. *The Economist*, "More than minerals", 23 de março de 2013.

27. Information Office of the State Council, The People's Republic of China, "White Paper China's Foreign Aid".

28. *The New York Times*, 25 de março de 2013, "China's Leader tries to calm African fears of his country's economic power".

29. *O País*, 23 de agosto de 2013, "Centenas de camponeses erguem enxadas e catanas contra chineses".

30. PNUD, "Relatório de Desenvolvimento Humano 2013", p. 26.

31. Ibid., pgs. 16 e 46.

32. *The Economist*, dezembro de 2011, "Africa rising, the hopeful continente", e março de 2013, "Africa rising, a hopeful continent".

33. White House, "Remarks by the President at the U.S.-Africa Business Forum", 5 de agosto de 2014, disponível em http://www.whitehouse.gov/photos-and-video/video/2014/08/05/president-obama-delivers-remarks-us-africa-leaders-summit·

Os doadores do norte

1. *Mozambique News*, reports & clippings 174, de Joseph Hanlon, 13 de dezembro de 2010, "Keeping options open".

2. Dado obtido em Query Wizard for International Development Statistics, Organization for Economic Cooperation and Development (http://stats.oecd.org/qwids/), base de dados que reúne as contribuições de países desenvolvidos e instituições multilaterais no sentido norte-sul.

3. International Monetary Fund, 2 de maio de 2010, "Europe and IMF Agree €110 Billion Financing Plan With Greece" (http://www.inf.org/external/pubs/ft/survey/so/2010/car050210a.htm, acesso em 9 de julho de 2014)

4. *The Economist*, 27 de março de 2010, "Failing to deliver – The rich countries will not meet their targets for aid to Africa"

5. Em 2012, Moçambique foi o décimo país que mais recebeu ajuda norte-sul no mundo. Dados do Query Wizard for International Development Statistics, Organization for Economic Cooperation and Development (http://stats.oecd.org/qwids/). Moçambique também é o sexto país mais dependente do apoio norte-sul do mundo. Em 2008, a ajuda correspondia a 22% do Produto Nacional Bruto (PNB) moçambicano, segundo o "World Development Indicators 2010", do Banco Mundial, p. 406-108. O valor da ajuda que chega para Moçambique foi obtido no Query Wizard for International Development Statistics, Organization for Economic Cooperation and Development (http://stats.oecd.org/qwids/).

6. Dados fornecidos pelo Ministério da Planificação e Desenvolvimento de Moçambique

7. Hanlon & Smart, *Há mais bicicletas, mas há desenvolvimento?*, p. 28.

8. Query Wizard for International Development Statistics, Organization for Economic Cooperation and Development (http://stats.oecd.org/qwids/).

9. Hanlon & Smart, *Há mais bicicletas, mas há desenvolvimento?*, p. 35.

10. Para os números sobre escolas e postos de saúde destruídos, Hanlon, *Paz sem benefício – Como o FMI bloqueia a reconstrução de Moçambique*, p. 14 Para o dado sobre a dívida externa, Ministério da Planificação e Desenvolvimento de Moçambique, "Relatório sobre os objectivos de desenvolvimento do milênio – 2010", p. 6.

11. Ministério da Planificação e Desenvolvimento de Moçambique, "Relatório sobre os objectivos de desenvolvimento do milênio", p. 6. Para o dado referente ao acesso a posto de saúde, "Terceira Avaliação Nacional da Pobreza em Moçambique, 2010"

12. Relatórios do Desenvolvimento Humano do PNUD de 2010, 2011 e 2013

13. A história da interferência das instituições multilaterais na cadeia do caju em Moçambique foi contada em detalhes por Hanlon e Smart, *Há mais bicicletas, mas há desenvolvimento?*, p. 89-118. A declaração de Joaquim Chissano foi citada na p. 99.

14. Hanlon & Smart, *Há mais bicicletas, mas há desenvolvimento?*, p. 40.

15. República de Moçambique e Parceiros de Apoio Programático (PAPs), "Revisão Anual – Matrizes QAD (Quadro de avaliação do desempenho) do governo e dos PAPs", maio de 2010

16. A incidência da pobreza em Moçambique é medida pelo Inquérito de Orçamento Familiar, tomando como base um nível de consumo que satisfaça as necessidades básicas alimentares e não alimentares. A desvantagem desse critério é que ele não mede melhorias em aspectos da vida não relacionados ao consumo, como educação e saúde. Assim, apesar de melhorias nessas duas áreas, a incidência da pobreza absoluta aumentou porque a população está se alimentando pior. O número mais recente, de 54,7% da população, medido entre 2008 e 2009 e divulgado em 2010, está bem acima das metas dos Objetivos do Desenvolvimento do Milênio (ODM), um conjunto de oito indicadores sociais estabelecidos pelas Nações Unidas que os países signatários devem buscar atingir até 2015. A pobreza absoluta deveria cair pela metade do que era no começo dos anos 1990. No caso de Moçambique, 40% da população

17. World Bank, "World Development Indicators 2010", p. 91. Em geral, a linha da pobreza é de até 2 dólares per capita por dia. A da extrema pobreza, de 1,25 dólar per capita por dia.

18. *Usaid*, "Avaliação da Corrupção: Moçambique", p. 3.

19. *O País*, 30 de março de 2010, "G19, governo e soberania"

Brasil, o novo doador

1. Discurso do então presidente Luiz Inácio Lula da Silva na sessão de abertura da Cúpula Brasil-Comunidade Econômica dos Estados da África Ocidental, em Cabo Verde, 3 de julho de 2010.

2. Dados obtidos a partir de lista de projetos publicada no site da Agência Brasileira de Cooperação (acesso em 24 de outubro de 2013), planilhas de doações da CGFome e tabelas com o número de bolsas para estudantes estrangeiros do Ministério das Relações Exteriores.

3. Dados obtidos no Query Wizard for International Development Statistics, Organization for Economic Cooperation and Development (http://stats.oecd.org/qwids/).

4. O valor de 2,6 bilhões de dólares gastos pelo Brasil com cooperação internacional, entre 2005 e 2010, foi calculado a partir de dados das duas primeiras edições do levantamento Cooperação Brasileira para o Desenvolvimento Internacional (Cobradi), do Instituto de Pesquisa Econômica Aplicada (Ipea), divulgadas em 2011 e em 2013. São os únicos registros disponíveis sobre o tema. O Ipea obteve as informações em 91 órgãos públicos. A divisão do valor total entre as diferentes áreas de cooperação fica da seguinte maneira: contribuição para organizações internacionais: 1,39 bilhão de dólares; operações de manutenção de paz: 630 milhões de dólares; cooperação humanitária: 241 milhões de dólares; cooperação técnica e científica: 207 milhões de dólares; cooperação educacional (bolsas de estudo para estrangeiros no Brasil): 174 milhões de dólares. Os montantes estão em dólares correntes, não corrigidos pela inflação. Em reais de 2012, a soma fica em 6,6 bilhões.

5. Dado obtido em Query Wizard for International Development Statistics, Organization for Economic Cooperation and Development (http://stats.oecd.org/qwids/).

6. *Carta Capital,* 15 de junho de 2014, "O combate à miséria está no rumo certo"

7. Medida Provisória nº 444, de 29 de outubro de 2008, transformada na Lei nº 11.881, de 23 de dezembro de 2008 (publicadas no Diário Oficial da União nos dias 30 de outubro e 24 de dezembro de 2008, respectivamente).

8. Medida Provisória nº 481, de 10 de fevereiro de 2010 (publicada no Diário Oficial da União em 11 de fevereiro de 2010) e Medida Provisória nº 519, de 30 de dezembro de 2010 (no Diário Oficial da União em 31 de dezembro de 2010).

9. Dados calculados pela autora a partir de planilhas referentes às doações de itens de primeira necessidade (alimentos e medicamentos), de 2011 a 2013, disponibilizadas no site da CGFome (http://cooperacaohumanitaria.itamaraty.gov.br/pt/acoes, acesso em 22 de julho de 2014).

10. Os dados sobre o volume de projetos foram obtidos a partir de lista publicada no site da Agência Brasileira de Cooperação (acesso em 24 de outubro de 2013). Ela mostra mais de seiscentas iniciativas na África desde 2000, dez delas no governo de Fernando Henrique Cardoso. Já os dados sobre os gastos da agência em Moçambique e na África foram obtidos via Lei de Acesso à Informação.

11. Dado fornecido pela ABC após pedido pela Lei de Acesso à Informação.

12. Ibid.

13. Site do Ministério do Esporte, 15 de outubro de 2008, "Ministério do Esporte do Brasil doa fábrica de bolas para Moçambique"; 26 de maio de 2009, "Bolas feitas com couro de boi são a grande novidade do Pintando a Cidadania em Moçambique"; e 19 de junho de 2009, "Ministro do Esporte inaugura fábrica brasileira de bolas em Moçambique".

Cooperação com jeitinho

1. Em 2011, os gastos com educação em Moçambique beiraram 440 milhões de dólares (14,7 bilhões de meticais), dos quais os doadores custearam cerca de 160 milhões de dólares (5,4 bilhões de meticais). Os dados estão na "Conta Geral do Estado do ano de 2011", p. 75. A publicação oficial criticou a atuação dos doadores, que disponibilizaram para a educação apenas 63% do que prometeram, provocando uma queda de 25% no financiamento para o setor (p. 56).

2. Medida Provisória nº 586/2012, transformada na lei n° 12.801, de 24 de abril de 2013.

3. Dados sobre analfabetismo e matrícula no ensino primário divulgados no Censo de 1997. Para os números sobre escolas destruídas após a guerra, Hanlon, *Paz sem benefício – Como o FMI bloqueia a reconstrução de Moçambique*, p. 14. Para a informação sobre o salário dos professores, Hanlon & Smart, *Há mais bicicletas, mas há desenvolvimento?*, p. 40.

4. As informações sobre o mercado de celulares da África fazem parte do "GSMA Africa Mobile Observatory 2011 Report". Já o dado sobre o número de celulares em Moçambique foi levantado pela União Internacional de Telecomunicações (UIT), agência da ONU. Em 2013, havia 48 aparelhos para cada cem habitantes. Em 2003, eram dois entre cem. Dados sobre o preço médio dos serviços móveis também da UIT (acesso em 17 de julho de 2014). O número sobre a população com acesso à eletricidade é do banco de dados do Banco Mundial (acesso em 17 de julho de 2014).

5. Dados fornecidos pela Agência Brasileira de Cooperação.

6. Ibid.

7. Dados sobre o volume de projetos obtidos a partir de lista publicada no site da Agência Brasileira de Cooperação (acesso em 24 de outubro de 2013).

A fábrica contra a aids

1. Instituto Nacional de Estatística, "Mortalidade em Moçambique – Inquérito Nacional sobre causas de mortalidade, 2007/8".

2. UNAIDS, "Mozambique HIV and AIDS estimates" (http://www.unaids.org/en/regionscountries/countries/mozambique/, acesso em 16 de julho de 2014); República Moçambique – National Aids Council, "2012 Global Aids Response Progress Report – Mozambique"; UNAIDS, "The Gap Report".

3. República Moçambique – National Aids Council, "2012 Global Aids Response Progress Report – Mozambique"; UNAIDS, "The Gap Report", p. 50.

4. Medecins Sans Frontieres, "No Time to Quit: HIV/AIDS Treatment Gap Widening in Africa (2010)".

5. Entrevista concedida à autora em 13 de julho de 2010.

6. Telegrama da Embaixada do Brasil em Maputo para o MRE nº 279 de 12 de maio de 2003, "Brasil-Moçambique. Visita do Ministro das Relações Exteriores. Encontro com o Presidente Joaquim Chissano". Confidencial. Documento inédito.

7. *O Estado de S.Paulo*, 18 de julho de 2000, "Brasil vai ajudar África a combater a aids".

8. Telegrama da Embaixada do Brasil em Maputo para o MRE nº 296, de 12 de abril de 2004, "Grupo privado chinês pretende construir fábrica de antirretrovirais em Moçambique". Confidencial, Urgente. Documento inédito.

9. Telegrama da Embaixada do Brasil em Maputo para o MRE nº 332, de 3 de maio de 2004, "Brasil-Moçambique. Fábrica de antirretrovirais. Visita do Diretor do DEAF". Confidencial, Urgente. Documento inédito.

10. Ibid.

11. Telegrama da Embaixada do Brasil em Maputo para o MRE nº 161, de 13 de março de 2007, "Brasil-Moçambique. Estudo de Viabilidade da Fábrica de Antirretrovirais". Confidencial, Urgentíssimo. Documento inédito.

12. Telegrama da Embaixada do Brasil em Maputo para o MRE nº 165, de 14 de março de 2007, "Brasil-Moçambique. Estudo de Viabilidade da Fábrica de Antirretrovirais". Confidencial, Urgentíssimo. Documento inédito.

13. Telegrama da Embaixada do Brasil em Maputo para o MRE nº 473, de 9 de julho de 2007, "CTPD. Brasil-Moçambique. Estudo de Viabilidade. Fábrica de Antirretrovirais. Missão da FIOTEC". Confidencial. Documento inédito.

14. Mensagem nº 765, de 9 de outubro de 2008, "Encaminhamento ao Congresso Nacional do texto do projeto de lei que 'Autoriza a União a doar recursos à República de Moçambique para a primeira fase de instalação de fábrica de antirretrovirais e outros medicamentos" (publicado no Diário Oficial da União em 10 de outubro de 2008).

15. Despacho telegráfico do MRE para a Embaixada do Brasil em Maputo nº 546, de 28 de outubro de 2008, "Brasil-Moçambique. Visita presidencial. Reunião ampliada. Relato". Confidencial, Urgentíssimo. Documento inédito.

16. A Medida Provisória virou a Lei nº 12.117, de 14 de dezembro de 2009.

17. *Revista Época*, 12 de novembro de 2010, "A inauguração de fachada de Lula em Moçambique"

18. Discurso do então presidente Luiz Inácio Lula da Silva na cerimônia alusiva à visita às instalações da futura fábrica de antirretrovirais, Maputo, 10 de novembro de 2010.

O Conselho de Segurança

1. Números calculados a partir da listagem de países-membros das Nações Unidas com as respectivas datas de ingresso (http://www.onu.org.br/conheca-a-onu/paises-membros/, acesso em 17 de julho de 2014).

2. Programa das Nações Unidas para o Desenvolvimento (PNUD), "Relatório do Desenvolvimento Humano 2013 – A Ascensão do Sul", p. 13.

3. Viotti, "A Reforma das Nações Unidas", p. 82.

4. Telegrama da Embaixada do Brasil em Maputo para o MRE nº 545, de 15 de junho de 2005, "Nações Unidas. Conselho de Segurança. Reforma. G-4. Projeto de resolução. Versão revista. Entrevista com a Primeira-ministra". Confidencial, Urgentíssimo. Documento inédito.

5. Telegrama da Embaixada do Brasil em Maputo para o MRE nº 615, de 11 de julho de 2005, "Nações Unidas. Reforma do CSNU. Moçambique". Confidencial, Urgentíssimo. Documento inédito.

6. Telegrama da Embaixada do Brasil em Maputo para o MRE nº 574, de 27 de junho de 2005, "Nações Unidas. CSNU. Moçambique". Confidencial, Urgentíssimo. Documento inédito.

7. Telegrama da Embaixada do Brasil em Maputo para o MRE nº 455, de 20 de maio de 2005, "Nações Unidas. Reforma do CSNU. Moçambique". Confidencial, Urgentíssimo. Documento inédito.

8. A proposta do Grupo dos 4 (Alemanha, Brasil, Índia, Japão) foi apresentada nas Nações Unidas em 6 de julho de 2005, com a identificação A/59/L.64, "Question of equitable representation on and increase in the membership of the Security Council and related matters".

9. Global Policy Forum, *Finance 24*, 8 de julho de 2005, "Japan ups aid by $10 bi" (https://www.globalpolicy.org/security-council/security-council-reform/41212.html?itemid=916, acesso em 17 de julho de 2014); Global Policy Forum, *Reuters*, 28 de julho de 2005, "Japan Sees Risk of UN Aid Cut If Council Bid Fails" (https://www.globalpolicy.org/security-council/security-council-reform/27312.html?itemid=913, acesso em 17 de julho de 2014); Global Policy Forum, *Associated Press*, 26 de julho de 2005, "Italy accuses countries on council seats" (https://www.globalpolicy.org/security-council/security-council-reform/41219.html?itemid=913, acesso em 17 de julho de 2014).

10. Telegramas da Embaixada do Brasil em Maputo para o MRE nº 614, de 9 de julho de 2005, "Nações Unidas. Conselho de Segurança. Malaui". Confidencial, Urgentíssimo. Documento inédito; e nº 615, de 11 de julho de 2005, "Nações Unidas. Reforma do CSNU. Moçambique". Confidencial, Urgentíssimo. Documento inédito.

11. A União Africana apresentou sua proposta nas Nações Unidas em 14 de julho de 2005, 8 dias depois do G4, com a identificação A/59/L.67.

12. Global Policy Forum, *Associated Press*, 5 de agosto de 2005, "African Leaders Reject" (https://www.globalpolicy.org/security-council/security-council-reform/41223.html?itemid=913, acesso em 17 de julho de 2014).

13. Revista *Exame*, blog de Angela Pimenta, 9 de junho de 2010, "Falta combinar com os chineses também" (http://exame.abril.com.br/blogs/esquerda-direita-e-centro/2010/06/09/falta-combinar-com-os-chineses-tambem/, acesso em 17 de julho de 2014).

14. Ministério das Relações Exteriores do Brasil, Nota à Imprensa nº 236, de 24 de julho de 2011, "Seminário Cooperação Técnica Brasileira: Agricultura, Segurança Alimentar e Políticas Sociais – Discurso do Ministro Antonio de Aguiar Patriota – Roma" (http://www.itamaraty.gov.br/sala-de-imprensa/notas-a-imprensa/seminario-201ccooperacao-tecnica-brasileira-agricultura-seguranca-alimentar-e-politicas-sociais201d-2013-discurso-do-ministro-antonio-de-aguiar-patriota-roma-24-de-junho-de-2011, acesso em 17 de julho de 2014).

Os camponeses

1. Censo de 2007 de Moçambique.

2. Terceira Avaliação Nacional da Pobreza em Moçambique, 2010.

3. Os dois grupos-alvos aparecem no documento "ProSAVANA Tec, Resumo Executivo", de junho de 2011, da Embrapa e da Agência Brasileira de Cooperação. O dado sobre a área ocupada pelas plantações médias e grandes foi calculado com base no "Censo Agro-Pecuário 2009-2010, Resultados preliminares", do Instituto Nacional de Estatística.

4. Discurso do então presidente Luiz Inácio Lula da Silva na cerimônia de abertura do Encontro Empresarial Brasil-Tanzânia, Dar es Salaam, 7 de julho de 2010.

5. A produção de soja municipal foi calculada pela autora a partir da publicação "Produção agrícola municipal, Culturas Temporárias e Permanentes 2010", do Instituto Brasileiro de Geografia e Estatística, p. 37. A latitude dos municípios foi obtida no Google Earth.

6. República de Moçambique, Ministério da Agricultura. "Plano Nacional de Investimento do Sector Agrário (PNISA) 2013 -2017", p. 21.

7. Carta Aberta para Deter e Reflectir de Forma Urgente o Programa ProSAVANA, Maputo, 28 de maio de 2013 (http://farmlandgrab.org/post/view/22136-carta-aberta-para-deter-e-reflectir-de-forma-urgente-o-programa-prosavana).

8. Censo Agro-Pecuário 2009-2010, Resultados preliminares, Instituto Nacional de Estatística.

9. Declaração da UNAC sobre o ProSAVANA na Assembleia Geral Ordinária da UNAC, 7 a 9 de maio de 2013, em Guiúa, Inhambane.

A savana vai virar cerrado

1. Japan International Cooperation Agency (Jica) e Agência Brasileira de Cooperação, "Minutes of Meeting on Triangular Cooperation for Agricultural Development of the Tropical Savannah in Mozambique", 17 de setembro de 2009.

2. Ibid.

3. Ibid.

4. Instituto Nacional de Estatística, "Censo Agro-Pecuário 2009-2010 – Resultados preliminares".

5. ProSAVANA Plano Diretor, "Elaboração do Plano Director do Desenvolvimento Agrícola no Corredor de Nacala – Nota Conceitual", setembro de 2013, p. 7.

6. Ibid.

7. Triangular Cooperation For Agricultural Development Of The Tropical Savannah In Mozambique. "Support agriculture development Master Plan in the Nacala Corridor in Mozambique (ProSAVANA-PD) – Report nº 2: Quick Impact Projects." Documento vazado e disponibilizado pela organização internacional Grain (http://www.grain.org/article/entries/4703-leaked-prosavana-master-plan-confirms-worst-fears, acesso em 17 de julho de 2014).

8. Ibid., Chapter 4 – Planning quick impact projects, p. 5.

9. Ibid., Chapter 2 – Zoning and Cluster Development, p. 12-23.

10. Ibid., Chapter 4 – Planning quick impact projects, p. 4-61.

11. ProSAVANA Plano Diretor, "Elaboração do Plano Director do Desenvolvimento Agrícola no Corredor de Nacala – Nota Conceitual", setembro de 2013.

12. Ibid., p. 19.

13. Ibid., p. 25.

A terra mais barata do mundo

1. *O Estado de S.Paulo*, 4 de março de 2013, "Preço da terra agrícola subiu 227% em dez anos, quase o dobro da inflação".

2. Tabela referencial de preços de terras no Estado do Mato Grosso, abril de 2010, Incra/MT.

3. Boletim da República de Moçambique, 4º suplemento, 24 de agosto de 2010.

4. Dados calculados pela autora a partir do Sistema de Análise das Informações de Comércio Exterior (*AliceWeb*), do Ministério do Desenvolvimento, Indústria e Comércio.

5. Almoço de fim de ano da diretoria da Vale com a imprensa, 18 de dezembro de 2013, Rio de Janeiro.

6. Bellucci, *Fome de África: terra e investimento agrícola no continente africano*, p. 4, 19.

7. Ibid., p. 6.

8. Telegrama da Embaixada do Brasil em Maputo para o MRE nº 434, de 8 de junho de 1977, "Política. Brasil e Moçambique. Exportação de serviços. Protecno. Agricultura. Impressões gerais".

9. Rocha, *Pobreza no Brasil – A evolução de Longo Prazo (1970-2011)*, p. 3.

10. Telegrama da Embaixada do Brasil em Maputo para o MRE nº 436, de 8 de junho de 1977, "Política Brasil e Moçambique. Exportação de serviços e Cooperação Técnica. Impressões gerais da equipe da Protecno".

11. Triangular Cooperation For Agricultural Development Of The Tropical Savannah In Mozambique. "Support agriculture development Master Plan in the Nacala Corridor in Mozambique (ProSAVANA-PD) – Report nº 2: Quick Impact Projects", Chapter 3 – Review of the Draft Development Plan, p. 2.

12. Agência Brasil, 19 de novembro de 2010, "Com apoio do Brasil, CNA aposta em Moçambique como grande produtor de alimentos".

13. Vale/SA, "Estudo de viabilidade de produção de biocombustíveis em países da África" (22 de abril de 2011, "Produto 4 – Módulo I – Avaliação da Capacidade de Produção e Recomendação de matérias-primas – Moçambique"; 3 de junho de 2011, "Produto 5 – Módulo II – Aspectos Socioeconômicos e Recomendação para modelos de negócio – Moçambique"; 20 de julho de 2011, "Produto 7 – Análise de Viabilidade econômico-financeira dos possíveis novos projetos"; 29 de julho de 2011, "Projeto 8 – Guia de implementação de projetos de bioenergia e recomendações ao governo").

14. Revista *Exame*, edição de 13 de novembro de 2013, "O Brasil que dá certo".

Fé nos irmãos brasileiros

1. *DW*, 13 de abril de 2013, "Empresas florestais apostam em Moçambique e no Niassa".

2. *Agência Brasil*, 19 de novembro de 2010, "Com apoio do Brasil, CNA aposta em Moçambique como grande produtor de alimentos".

A revolta do SMS

1. *A Verdade*, 3 de setembro de 2010, "No dia em que Hélio não voltou para casa".

2. Ibid.

3. *A Verdade*, 2 de setembro de 2010, "Vias de acesso à cidade Maputo desobstruídas" (http://www.verdade.co.mz/arquivo/13764-vias-de-acesso-a-cidade-maputo-desobstruidas, acesso em 17 de julho de 2014).

4. *Jornal Notícias*, 2 de setembro de 2010.

O feitiço das armas

1. *O País*, 30 de julho de 2011, "Dhlakama volta altamente armado e fala de revolução".

2. *O Estado de S.Paulo*, 7 de novembro de 2003, "Líder local pede conselhos para ganhar eleição".

3. *Jornal Notícias*, 15 de janeiro de 2009 (http://oficinadesociologia.blogspot.com.br/2009/01/lula-ganhou-quinta-por-que-no-ganharia.html, acesso em 17 de julho de 2014).

4. Conferência de imprensa da RENAMO em 3 de outubro de 2012.

5. *Agence France-Presse* (AFP), 13 de novembro de 2012, "Mozambique's ex-guerrillas regather arms".

6. Ibid.

7. Boletim Informativo *A Perdiz*, 24 de janeiro de 2013.

8. Discurso da deputada Maria Angelina Dique Enoque, chefe da Bancada Parlamentar da RENAMO, em 13 de março de 2013, na abertura do ano parlamentar.

9. "Conferência de imprensa sobre a posição da Renamo em não aceitar a realização das eleições dentro da conjuntura política atual" (http://www.renamo.org.mz/index.php/80-news/168-conferencia-de-imprensa-sobre-a-posicao-da-renamo-14-03-13, acesso em 17 de julho de 2014).

10. *Jornal Notícias*, 30 de outubro de 2013, "Base Central da RENAMO tomada em Marínguè".

11. "Conferência de imprensa – Acontecimentos de Savane"(http://www.renamo.org.mz/documentos/Conferencia.pdf, acesso em 17 de julho de 2014).

12. *DW*, 21 de outubro de 2013, "RENAMO anuncia fim do Acordo de Paz em Moçambique" (http://www.dw.de/renamo-anuncia-fim-do-acordo-de-paz-em-mocambique/a-17174192, acesso em 17 de julho de 2014).

13. CanalMoz, 10 de dezembro de 2013, "Afonso Dhlakama em entrevista exclusiva com o Canal de Moçambique".

14. *DW*, 6 de agosto de 2014, "Momentos de instabilidade política em Moçambique – uma cronologia"; A Verdade, "Mapa da 'guerra' a partir de 21/10/13" (http://goo.gl/maps/Yt1Tt, acesso em 17 de julho de 2014).

15. *DW*, 21 de janeiro de 2014, "RENAMO avança em Moatize com armamento renovado" (http://www.dw.de/renamo-avanca-em-moatize-com-armamento-renovado/a-17378228, acesso em 17 de julho de 2014).

16. Almoço de fim de ano da diretoria da Vale com a imprensa, 18 de dezembro de 2013, Rio de Janeiro.

O leão e a onça

1. Número de viagens presidenciais levantado pela autora. Dados sobre a cooperação fornecidos pela Agência Brasileira de Cooperação.

2. Dados calculados a partir de planilhas organizadas pela autora com informações do Sistema de Análise das Informações de Comércio Exterior (*AliceWeb*) e das Estatísticas de Comércio Exterior/Balança comercial brasileira: países e blocos econômicos, ambos do Ministério do Desenvolvimento, Indústria e Comércio.

3. Banco Mundial, "Annual Report 2013", "Population living below US$1.25 a day".

4. Hidroeléctrica de Mphanda Nkuwa, "Estudo de Impacto Ambiental, Volume 1", 2011.

FONTES

Fontes jornalísticas

A Verdade (Maputo)
CanalMoz (Maputo)
Jornal Notícias (Maputo)
O País (Maputo)
Mozambique Political Process Bulletin (Maputo/Londres)
Acervo da Revista Veja (São Paulo)
Folha de S.Paulo (São Paulo)
O Estado de S.Paulo (São Paulo)
Valor Econômico (São Paulo)
Jornal do Brasil (Rio de Janeiro)
O Globo (Rio de Janeiro)
Agência Brasil (Brasília)
BBC Brasil (Brasília)
Diário do Comércio (Recife)
The New York Times (Nova York)
Financial Times (Londres)
The Economist (Londres)
The Guardian (Londres)
Agência Lusa (Lisboa)
Expresso (Lisboa)
AFP (Paris)
Xinhua (Beijing)

Acervos

Acervo do Itamaraty em Brasília

Acervo Antônio Azeredo da Silveira do Centro de Pesquisa e Documentação de História Contemporânea do Brasil, da Fundação Getulio Vargas (on-line)

Obras consultadas

I Curso para Diplomatas Africanos: Textos Acadêmicos. Brasília: Fundação Alexandre de Gusmão, 2011.

II Curso para Diplomatas Africanos. Brasília, Fundação Alexandre de Gusmão, 2012.

AGUALUSA, José Eduardo. *Nação Crioula.* Rio de Janeiro: Língua Geral, 2011.

AMORIM, Celso. *Discursos, palestras e artigos do Chanceler Celso Amorim: 2003-2010.* Brasília: Ministério das Relações Exteriores, Departamento de Comunicações e Documentação: Coordenação-Geral de Documentação Diplomática, 2011.

AZEVEDO, Desirée de Lemos. *Os melhores anos de nossas vidas: Narrativas, trajetórias e trajetos de exilados brasileiros.* Campinas: 2011.

BANCO MUNDIAL E INSTITUTO DE PESQUISA ECONÔMICA APLICADA (IPEA). *Ponte sobre o Atlântico: Brasil e África Subsaariana, parceria Sul-Sul para o crescimento,* 2011.

BELLUCCI, Beluce. *Uma visão do Brasil sobre a África.* III Seminário Brasil e China, Brasília: 2010.

BELLUCCI, Beluce. *Fome de África: Terra e Investimento Agrícola no Continente Africano.* In: Revista Tempo do Mundo, IPEA, agosto de 2012.

BRITO, Luís de. *Mozambique, quelle démocratie après la guerre?* In: *Politique Africaine,* n. 117, de março de 2010.

CABAÇO, José Luis de Oliveira. *Moçambique-Brasil: Os caminhos da diplomacia.* In: Boletim de Economia e Política Internacional n. 1, de janeiro a março de 2010. Brasília: Ipea/Dinte, 2010.

CABRAL, Lídia. *Cooperação Brasil–África para o desenvolvimento: caracterização, tendências e desafios.* Rio de Janeiro: Centro de Estudos de Integração e Desenvolvimento, 2011.

CARMODY, Pádraig. *The New Scramble for Africa*. Cambridge: Polity Press, 2011.

CASTANHEIRA, José Pedro. *Grande Investigação: O Massacre de Moatize – Testemunhos da explosão e da chacina em Moçambique, 34 anos depois*. In: Revista Única n. 2022, 30 de julho de 2011. Portugal: 2011.

CASTEL-BRANCO, Carlos Nuno. *AEO 2005-2006 sobre Moçambique e Interrogações Críticas sobre Infra-Estruturas e Desenvolvimento em Moçambique*. Maputo: IESE, 2006 (Apresentação).

_____. *Economia Extractiva e Desafios de Industrialização: para além de rendas dos recursos naturais*. Maputo: IESE, 2012 (Apresentação).

_____. *Os Mega Projetos em Moçambique: Que Contributo para a Economia Nacional*. Fórum da Sociedade Civil sobre Indústria Extractiva, Maputo, 2008.

_____. *China em África: Notas de abertura da Conferência do IESE e SAIIA*. Maputo: IESE, 2010.

CENTRO DE ESTUDOS CHINESES DA UNIVERSIDADE DE STELLENBOSCH. *Avaliação de compromissos da FOCAC da China em relação à África e pesquisa do caminho a seguir*. Fundação Rockefeller, 2010.

CHICHAVA, Sérgio. *"Por que Moçambique é pobre?". Uma análise do discurso de Armando Guebuza sobre a pobreza*. II Conferência do Instituto de Estudos Sociais e Econômicos sobre Dinâmicas da Pobreza e Padrões de Acumulação em Moçambique. Maputo: IESE, 2009.

CHICHAVA, Sérgio, DURAN, Jimena, CABRAL, Lídia, SHANKLAND, Alex, BUCKLEY, Lila, LIXIA, Tang e YUE, Zhang. *Chinese and Brazilian cooperation with african agriculture: the case of Mozambique*. China and Brazil in African Agriculture (CBAA), 2013.

CHICHAVA, Sérgio, ALDEN, Chris (Org). *A Mamba e o Dragão. Relações Moçambique-China em perspectiva*. Maputo: IESE & SAIIA, 2012.

COELHO, Pedro Motta Pinto e SARAIVA, José Flávio Sombra (Org). *Fórum Brasil–África: Política, Cooperação e Comércio*. Brasília: Instituto Brasileiro de Relações Internacionais (IBRI), 2004.

CORRÊA, Sonia e HOMEM, Eduardo. *Moçambique, primeiras machambas*. Rio de Janeiro: Margem Editoria, 1977.

COUTO, Mia. *30 anos de Independência: No passado, o futuro era melhor?* Traverse, Plataforma de discussão da Agência Suíça para Desenvolvimento e Cooperação, 2005.

COUTO, Mia. *E se Obama fosse africano?: e outras interinvenções*. São Paulo: Companhia das Letras, 2011.

CRAVEIRINHA, José. *Xigubo*. Maputo: Alcance Editores, 2008.

DÁVILA, Jerry. *Hotel Trópico: O Brasil e o desafio da descolonização africana, 1950-1980*. São Paulo: Paz e Terra, 2011.

FELLET, João. *Candongueiro: viver e viajar pela África*. Rio de Janeiro: Record, 2011.

FUHRER, Helmut. The *Story of Official Development Assistance*. Organization for Economic Cooperation and Development, Paris: 1996.

GARCIA, Ana Saggioro, KATO, Karina e FONTES, Camila. *A história contada pela caça ou pelo caçador? Perspectivas sobre o Brasil em Angola e Moçambique*. Instituto Políticas Alternativas para o Cone Sul, 2012.

GARCÍA MÁRQUEZ, Gabriel. *Reportagens políticas 1974-1995*. Rio de Janeiro: Record, 2006.

GRUPO MOÇAMBICANO DA DÍVIDA. *O que o HIPC nos trouxe: O Caso de Moçambique*. Maputo: Grupo Moçambicano da Dívida, 2005.

HANLON, J. *Paz Sem Benefício: Como o FMI Bloqueia a Reconstrução de Moçambique*. Maputo: Imprensa Universitária – UEM, 1996.

____. *Mozambique: Donors on strike*. 2010.

HANLON, J. e SMART, T. *Há mais bicicletas, mas há desenvolvimento?* Maputo: Missanga, 2008.

HERNANDEZ, Leila Leite. *A África na sala de aula: visita à história contemporânea*. São Paulo: Selo Negro, 2005.

HUMAN RIGHTS WATCH. *What is a house without food? Mozambique's Coal Mining Boom and Resettlements*. USA: Human Rights Watch, 2013.

ISAACMAN, Allen F. *Cotton is the mother of poverty: peasants, work, and rural struggle in colonial Mozambique, 1938-1961*. London: James Currey Ltd., 1996.

JULLIARD, Jean-François. *Três anos após o assassínio de Carlos Cardoso, nem todos os responsáveis foram identificados*. Repórteres Sem Fronteira, 2003.

KAPUSCINSKI, Ryszard. *Ébano: minha vida na África*. São Paulo: Companhia das Letras, 2002.

KI-ZERBO, Joseph. *Para quando a África?* Entrevista com René Holenstein. Rio de Janeiro: Pallas, 2009.

LECHINI, Gladys. *O Brasil na África ou a África no Brasil? A construção da política africana pelo Itamaraty*. In: Nueva Sociedad, outubro de 2008.

MASSENA, Andreia Prestes. *Entre Brasil e Moçambique: os caminhos percorridos no exílio*. 2008-2009. Disponível em: <http://www1.tau.ac.il/eial/index.php?option=com_content&task=view&id=285&Itemid=178>. Acesso em: agosto de 2013.

MELO, Ovídeo de Andrade. *O reconhecimento de Angola pelo Brasil em 1975*. Disponível em: <http://www.cebela.org.br/imagens/Materia/2000-2%20075-133%20ovidio%20de%20andrade%20melo.pdf>.

MIGUEL, Edward, prefácio de EASTERLY, William. *Africa's turn?* Cambridge: MIT Press, Boston Review, 2009.

MOSSE, Marcelo. *Can Mozambique's New President Lead the Fight against Corruption?* In: *Review of African Political Economy*, Vol. 32, N. 104/5, Jun/Sep 2005. Disponível em: <http://www.roape.org/104/>.

____. *Corrupção em Moçambique: Alguns elementos para debate*. Sem editora, Maputo: 2004.

MUNIZ, Camille Bezerra de Aguiar Muniz. *Discursos selecionados do presidente Jânio Quadros*. Brasília: Fundação Alexandre de Gusmão, 2010.

NEGRÃO, José. *Samora e Desenvolvimento*. Maputo: 2001.

NIPASSA, Orlando. *Ajuda Externa e Desenvolvimento em Moçambique: Uma Perspectiva Crítica*. Maputo: Instituto de Estudos Sociais e Económicos, 2009.

NOSSA, Leonencio e SCOLESE, Eduardo. *Viagens com o presidente: dois repórteres no encalço de Lula do Planalto ao exterior*. Rio de Janeiro: Record, 2006.

PANTIE, Francisco A. J. J. Tomo. *A paralisação das minas de carvão de Moatize e o seu impacto (1982-2003)*. Dissertação apresentada ao Departamento de História da Universidade Eduardo Mondlane. Maputo, 2006.

PENNA FILHO, Pio e LESSA, Antonio Carlos Moraes. *O Itamaraty e a África: as origens da política africana do Brasil*. Revista Estudos Históricos. Vol. 1, n. 39, 2007.

POHLMANN, Jonas e SLAVEN, Caroline. *Algumas considerações sobre a presença chinesa na indústria extractiva em Moçambique*. Maputo: IESE, 2010.

RIBEIRO, Cláudio Oliveira. *As relações Brasil–África entre os governos Collor e Itamar Franco*. In: Revista Brasileira de Ciência Política, n. 1, Dossiê "Teoria Política hoje", 2009. Disponível em: <http://seer.bce.unb.br/index.php/rbcp/article/viewFile/6600/5325>.

____. *Crise e castigo: as relações Brasil–África no governo Sarney.* In: Revista Brasileira de Política Internacional, n. 51. Brasília: 2008.

____. *Relações Político-Comerciais Brasil–África (1985-2006).* Tese de doutorado em Ciência Política, FFLCH, USP, 2007.

ROCHA, Sonia. *Pobreza no Brasil – A evolução de Longo Prazo (1970-2011).* Rio de Janeiro: Instituto Nacional de Altos Estudos, 2012.

ROSSI, Amanda. *Discursos reunidos de "Lula da Silva" na África (2003-2010).* Inédito.

SADER, Emir. (Org.). *10 anos de governos pós-neoliberais no Brasil: Lula e Dilma.* São Paulo: Boitempo; Rio de Janeiro: Flacso Brasil, 2013.

SANTANA, Ivo. *O despertar empresarial brasileiro para o mercado africano nas décadas de 1970 a 1990.* In: Contexto Internacional, volume 25, n. 1, janeiro/junho de 2003. Rio de Janeiro, 2003.

SARAIVA, José Flávio Sombra. *África parceira do Brasil atlântico: relações internacionais do Brasil e da África no início do século XXI.* Belo Horizonte: Fino Traço, 2012.

____. *The new Africa and Brazil in the Lula era: the rebirth of Brazilian Atlantic Policy.* In: Revista Brasileira de Política Internacional n. 53, 2010.

SILVA, Alberto da Costa e. *Um rio chamado Atlântico: a África no Brasil e o Brasil na África* Rio de Janeiro: Nova Fronteira: Ed. UFRJ, 2003.

____ (Org.). *Imagens da África: da Antiguidade ao Século XIX.* São Paulo: Penguin, 2012

TAVARES, Cristina e MENDONÇA, Fernando. *Conversações com Arraes* Belo Horizonte: Vega, 1979

THE AFRICAN DEVELOPMENT BANK GROUP, *Brazil's Economic Engagement with Africa.* Africa Economic Brief, Volume 2, Issue 5, 2011.

VIOTTI, Maria Luiza Ribeiro. *A Reforma das Nações Unidas.* In: Reforma da ONU. Brasília: Fundação Alexandre de Gusmão, 2010.

ZANINI, Fábio. *Pé na África.* São Paulo: Publifolha, 2009.

DOCUMENTOS E RELATÓRIOS ESTATÍSTICOS

AGÊNCIA BRASILEIRA DE COOPERAÇÃO E EMBRAPA. *Projeto de melhoria da capacidade de pesquisa e de transferência de tecnologia para o desenvolvimento da agricultura no corredor de Nacala em Moçambique: ProSAVANA-Tec*, 2011.

AGÊNCIA BRASILEIRA DE COOPERAÇÃO, *Relatório de Atividades de Cooperação Técnica da Gerência de África, Ásia e Oceania, Países Lusófonos*, 2012.

____. *A cooperação técnica do Brasil para a África*. Brasília: 2010.

AFRICA PROGRESS PANEL. *Africa Progress Report 2010*. Geneva: Africa Progress Panel, 2010.

BANCO MUNDIAL. *World Development Indicators*, 2010.

CHINA STATE COUNCIL. *White Paper on China's Foreign Aid*. Beijing: Information Office of the State Council, abril de 2011. Disponível em: <http://www.chinadaily.com.cn/cndy/2011-04/22/content_12373944.htm>.

____. *White Paper – China-Africa Economic and Trade Cooperation*. Pequim, agosto de 2013.

HIDROELÉCTRICA DE MPHANDA NKUWA. *Estudo de Impacto Ambiental, Volume 1*. Maputo, julho de 2011.

INICIATIVA DE TRANSPARÊNCIA NA INDÚSTRIA EXTRACTIVA, *Primeiro Relatório de Reconciliação, ano de 2008*. Maputo: Boas & Associates, janeiro de 2011.

____. *Segundo Relatório de Reconciliação, ano de 2009*. Maputo: Ernst & Young, março de 2012.

____. *Terceiro Relatório de Reconciliação, ano de 2010*. Maputo: Ernst & Young, dezembro de 2012.

____. *Quarto Relatório de Reconciliação, ano de 2011*. Maputo: Intellica, março de 2014.

INSTITUTO DE ESTUDOS SOCIAIS E ECONÓMICOS. *Moçambique: Avaliação Independente do Desempenho dos PAP em 2009 e Tendências de Desempenho no Período 2004-2009*. Maputo: IESE, 2010.

INSTITUTO NACIONAL DE ESTATÍSTICA. *Inquérito de Orçamento Familiar* (dados referentes a 2009).

____. *Censo Agro-Pecuário 2009-2010 – Resultados preliminares*, Maputo: 2011.

____. *As Instituições Sem Fins Lucrativos em Moçambique: Estudos Temáticos.* Maputo: INE, 2009.

INSTITUTO DE PESQUISA ECONÔMICA E APLICADA (Ipea). *Cooperação Brasileira para o Desenvolvimento Internacional: 2005-2009*, Brasília: 2010.

____. *Cooperação Brasileira para o Desenvolvimento Internacional: 2010.* Brasília: 2013.

INTERNATIONAL MONETARY FUND FMI & INTERNATIONAL DEVELOPMENT ASSOCIATION, *Republic of Mozambique – Completion Point Document for the Enhanced Heavily Indebted Poor Countries (HIPC) Initiative.* 2001.

MÉDECINS SANS FRONTIÈRES. *No Time to Quit: HIV/AIDS Treatment Gap Widening in Africa – Médecins Sans Frontières analysis of the widening funding gap for HIV/AIDS treatment in sub-Saharan Africa.* Maio de 2010.

MINISTÉRIO DA SAÚDE. *Contas Nacionais de Saúde (2004-2006).* Maputo, 2010.

MINISTÉRIO DAS RELAÇÕES EXTERIORES DO BRASIL, *Visitas internacionais do presidente Lula e visitas ao Brasil de chefes de Estado e de chefes de governo (2003-2010).* Brasília: 2011.

MINISTÉRIO DO DESENVOLVIMENTO, INDÚSTRIA E COMÉRCIO EXTERIOR. *Oportunidades de negócios em serviços Brasil e Moçambique.* Brasília.

PROGRAMA DE DESENVOLVIMENTO DA ORGANIZAÇÃO DAS NAÇÕES UNIDAS. *Human Development Report.* 2010.

____. *Human Development Report*, 2013.

PROSAVANA PLANO DIRETOR. *Elaboração do Plano Director do Desenvolvimento Agrícola no Corredor de Nacala – Nota Conceitual.* Setembro de 2013.

REPÚBLICA DE MOÇAMBIQUE. *Plano de Acção para a Redução da Pobreza Absoluta, 2001-2005 (PARPA I).* Maputo, versão final aprovada pelo Conselho de Ministros, 2001.

____. *Plano de Acção para a Redução da Pobreza Absoluta, 2006-2009 (PARPA II) – Versão final aprovada pelo Conselho de Ministros.* Maputo: 2006.

____. *Relatório sobre os Objectivos de Desenvolvimento do Milénio.* Maputo: 2006.

____. *Memorando de Entendimento entre o Governo da República de Moçambique e os Parceiros de Apoio Programático.* Maputo: 2009.

_____. *Revisão Anual 2010 Aide-Mémoire*. Maputo: 2010.

_____. *3ª Avaliação da Pobreza: Análise e Resultados Principais*. Maputo: 2010.

_____. *Report on The Millennium Development Goals*. Maputo: 2008.

_____. *Relatório sobre os Objectivos do Desenvolvimento do Milénio*. Maputo: 2010.

_____. *Pobreza e Bem-Estar em Moçambique: Terceira Avaliação Nacional*. Maputo: 2010.

_____. *Moçambique: Contas Nacionais de Saúde (2004-2006)*. Maputo: 2010.

_____. *Plano de Acção Para a Produção de Alimentos 2008-2011*.

_____. *Programa Quinquenal do Governo para 2010-2014*.

_____. *Conta Geral do Estado do ano de 2011*. Maputo: 2012.

_____. National Aids Council. *2012 Global Aids Response Progress Report Mozambique*. Maputo: março de 2012.

TRIANGULAR COOPERATION FOR AGRICULTURAL DEVELOPMENT OF THE TROPICAL SAVANNAH IN MOZAMBIQUE. *Support agriculture development Master Plan in the Nacala Corridor in Mozambique (ProSAVANA-PD) – Report nº 2: Quick Impact Projects*. Março de 2013.

UNAIDS. *The Gap Report*. Geneva: 2014.

UNCTAD. *Economic Development in Africa Report 2010 – South-South Cooperation: Africa and the New Forms of Development Partnership*. UNCTAD, 2010.

UNICEF. *Pobreza Infantil e Disparidades em Moçambique, 2010*. Maputo: 2011.

USAID. *Avaliação da Corrupção: Moçambique*. Washington: 2005.

Este livro foi composto na tipologia Palatino
Regular, em corpo 10,5/15, e impresso em
papel off-white no Sistema Cameron da Divisão
Gráfica da Distribuidora Record.